설니홍조

■ 본문 그림은 내용과 직접적인 연관은 없을 수도 있으나, 20세기 후반에 사용되었던 농사용 도구나 비료 포대, 당시 시대상을 반영할 수 있는 광고 또는 생활용품 등을 접목한 그림 작업을 해 왔기에 참고 자료로 수록했다.
그렇게 작업한 그림 30여 점(70cm×96cm)으로 2021년 10월 2일부터 10월 7일까지(6일간) 영동 레인보우도서관 지하 전시실에서 〈별의 노래〉 전시회를 기획했다.

윤남석 쓰고 그리다

고두미

 **차례**

프롤로그 ___ 7

I. 달골엘 좀 가자

새하얀 살별 ___ 13
고등어 ___ 25
라면 ___ 43
장기 ___ 58
가마니 ___ 71
등이 푸른 자유 ___ 87
험악한 고해 ___ 101
빠담빠담 ___ 128
팻물 ___ 138

II. 달팽이 뿔 위에서

집전 ___ 155
구슬 ___ 170

귀소 ___ 188
홍게 ___ 207
비단벌레 ___ 234
날개 ___ 247
낙인 ___ 271
새알 ___ 299

Ⅲ. 진흙 위의 발자국

설니홍조 ___ 319
별의 노래 ___ 339
소풍 ___ 368
해후 ___ 386

에필로그 ___ 394

프롤로그

> And loving is hard it don't always work
> You just try your best not to get hurt
> I used to be mad but now I know
> Sometimes it's better to let someone go
> It just hadn't hit me yet
> The older I get
> ― 사샤 슬론(Sasha Sloan), 「Older」

　나무가 동강 나자마자 파닥이는 꼬리지느러미에서 물비린내가 물씬 내풍겼다. 두어 갈래로 째진 지느러미는 마치 마법소녀 의상에 덧댄 프릴 트리밍Frill Trimming처럼 하늘거렸다.
　울안에 있던 노목을 벴다. 내가 걸음마 떼고 아장아장 걸을 때부터 마당귀에서 줄곧 굽어보던 감나무였다. 초등 오 학년 때쯤부터는, 치뻗은 손끝이 밑가지에 닿을락 말락 했다. 이후로 사닥다리 타고 나무에 오르는 일이 잦아지기 시작했다. 사닥다리 끄트머리에서 밑가지를 밟고 손 내뻗어 윗가지를 단단히 잡으며 올라가야 했다. 그렇게 큰 줄기가 가장귀진 곳까지 간신히 올라가서 휘 둘러보면 세상은 참으로 넓어 보이기만 했다. 그 가장귀부터는 세 갈래로 갈라져 우듬지로 내뻗은 형태였는데, 언젠부턴가 그 가장귀는 空 속의 間으로 자리잡히고 있었다. 언제나 空은 텅 비어 있을 뿐이지만, 그 가장귀까지 올라 어긋매끼고 앉아 있으면 空 속으로 空이 시나브로 채워지는 소리를 들을 수 있었다. 가장귀는 우주가 살포시 내려앉아 잠시 쉬어가는 空間이라고 여겨졌고 나무에 오르는 일은 空間에 대한 존중의 방식이라는 생각이었다.

꼬리지느러미를 파닥이는 물고기가 유선형 몸체를 드러낸 곳도 그 가장귀 부위였다. 먹감나무의 심재 속에 타닌Tannin이 침착되어 만든 무늬를 먹이라고 일컫는다. 여전히 유영의 기억을 더듬는 물고기를 보니, 타닌이 착체 촉매錯體觸媒로 작용한 게 아니라 하늘을 무척이나 그리워한 물고기라는 생각이 들었다. 용오름으로 인해 하늘에서 물고기가 떨어지는 현상도 접하곤 하지만, 살포시 내려온 우주가 머무르던 가장귀에 오르기 위해 평소 하늘을 동경해 온 물고기가 감나무 속으로 파고든 게 분명하다는 생각이었다. 그렇게 空 속으로 空이 채워지는 곳을 지향하기 위해 인고의 시간을 견디며 지느러미를 파닥였을 것이다. 空을 에워싼 空이 난만하면 잠시나마 들숨을 삼켰고 空과 空이 빚는 충족될 수 없는 물음이 배어날 때면 날숨을 고조곤히 가라앉히곤 했을 것이다. 空이 저지른 空만의 규범적 원칙은 하늘로 오르고 싶은 욕망을 잉태하게 했다. 空에 깃든 자존 의식에 충만된 물고기의 지독한 관념적 본능, 지느러미의 방향성에서 충분히 감지되고도 남음이 읽혔다.

차림옷을 입은 그가 바깥나들이를 나서려는지 마당으로 나왔다. 예사롭지 않은 행색이었다. 신발을 챙겨 신은 그녀마저도 툇돌에서 내려서고 있었다. 실바람에 낭창낭창 응답을 보내며 무료함을 덜어 내던 감나무가 별안간 짓부릅뜬 눈으로 대문을 나서는 그와 그녀를 쏘아보고 있었다.

이내 감나무는 낯선 환영의 침윤에 축축이 젖어 들고 만다. 감나무의 속 울음이 바람을 타고 빠르게 空間을 휘돌았다. 가장귀까지 오른 물고기의 속 또한 시커멓게 타들어 갈 수밖에 없다.

꼬리지느러미의 몸짓에서 고독이라는 시어Poetic diction가 물큰 풍겼다. 어쩌면 그것은 여태 찾지 못했던 은폐된 고독의 슬픈 참모습이었는지도 모르겠다.

I

달골엘 좀 가자

새하얀 살별

> 그림 속 시간은 멈춰 있다.
> 목련꽃은 절대 시들지 않고 가게는 항상 손님 맞을 준비를 한다.
> 묵묵히 세상을 응시하며 변함없이 그 자리에서 버팀목이 되어 주었던 구멍가게 그리고 나무, 사람을 기억한다.
> ― 이미경, 『동전 하나로도 행복했던 구멍가게의 날들』(남해의 봄날, 2017), 149쪽.

헤드라이트 불빛이 내뻗는 파동 안으로 흩날리는 눈발이 적나라하게 드러났다. 흩날린다는 것, 공기의 흐름과 유체에 작용하는 힘이 매우 뒤숭숭한 상태여서 산란하기 그지없는 광경을 표현하고자 할 때 쓰는 편이다. 스르르, 와이퍼가 차창에 들러붙는 어수선한 눈발을 바쁘게 훑어 내느라 여념이 없다. 집에서 급히 나설 때부터 심란한 마음 또한 두서없긴 마찬가지였는데 눈발만큼이나 매우 산란하게 흩날렸다.

오가는 차들이 마치 100W급 LED 집어등을 켠 고등어잡이 선박 같아 보였다. 불을 밝혀 고등어 모으는 등선처럼 길게 뻗은 고속도로 물길 위로 유유히 나아가고 있었다. 야간에는 물속에 등을 넣어 고등어를 유인하는데, 흩날리는 눈발 속에서 전조등이 마치 바닷속을 비추는 수중등처럼 눅진하게 다가왔다. 아열대수산연구센터에서 가늘고 긴 소형 표지표를 붙인 고등어를 방류하여 시기별 이동 경로를 추적하고 있다는 뉴스를 본 적이 있다. 난류성 어종인 고등어가 여름철 제주 인근 해역에 머물렀다가 먹이가 풍부한 북쪽 바다로 회유하는 것으로 추정될 뿐 아직껏 명확한 산란 장소와 이동 경로는 파악되지 않고 있기 때문이라는 것이다. 선박들이 내는 속도는 확연히 떨어진 편이지만 이동 경로 등을 추적하기 위해 여전히 부산 떠는 듯했다. 와이퍼 센서 또한 발광하는 집어등만큼이나 예민하게 작동했다.

봉산 졸음 쉼터를 지나칠 즈음, 뿌연 너울 너머 비상등을 깜빡이며 천천히 진행하는 선박 하나가 염화칼슘을 자동 분사하며 나아가고 있었다. 제설차를 추월하자 살포되던 알갱이가 물너울처럼 사정없이 튕겼고, 보닛 위에서 풀잠자리 알처럼 도톨도톨 피어올랐다. 멀리 휴게소 표지판이 보이기에 3차로로 차선을 바꾸었다. 추풍령휴게소로 진입하기 위해서였다. 집에서 허겁지겁 나서는 바람에 고속도로에 진입하기 전부터 요의가 조금씩 느껴지긴 했다.

눈발은 여지없이 펑펑 쏟아졌다. 화장실에서 나와 코트 주머니에서 담배를 꺼냈다. 곳곳에 '금연구역'이라 적힌 안내문이 붙어 있다. 까만 러시아식 털모자를 쓴 채 화장실로 들어서려던 여자가 흘깃거렸다. 그 털모자를 샤프카shafka라고 하는데, 오래전 만화 영화에 나온, 라 메탈 행성에서 온 메텔Maetel이 썼던 모자와 비슷해 보였다. 건물 옆쪽에 마련된 흡연 구역 안으로 들어가서 불을 댕겼다.

길게 내쏜 불빛에 나들목을 형상화한 경부고속도로 준공 기념탑이 싸늘한 표피를 드러냈다. 언덕바지 아래쪽엔 히말라야시더 서너 그루가 시린 땅에 발목을 묻고 바늘잎에 화려한 눈꽃을 송이송이 매다느라 여념이 없다. 히말라야가 원산인 이 나무를 중국과 북한에선 설송雪松이라 부르고 있는데, 산스크리트어로 히마Hima는 눈을 뜻하며 네팔에서도 눈 덮인 산을 히말Himal이라고 한다. 원뿔꼴 어깻죽지마다 눈꽃을 잔뜩 두르고 있는 정경이 퍽이나 자연스러웠다. 하얗게 쌓인 눈꽃이 나무의 위풍을 가일층 탄탄하게 만들었다. 그야말로 설송다워지고 있다는 느낌이 들었다. 눈발은 그칠 기미를 보이지 않았다. 물 만난 고기처럼 난분분 난분분, 눈 만난 나무는 히말라야의 회향에 제대로 젖어보겠다는 심산인 듯했다. 순진하기만 한 식물적 갈구, 이른바 눈 만난 나무의 현실적 자각이었다. 건너편 눌의산 쪽에도 눈바람이 자욱했다. 모두 묵묵히 눈을 맞고 있었다. 태곳적부터 겪어 온, 별다를 게 없는 내력이라는 듯, 경건한 자세를 흩트리지 않았다. 그저 백발성성한 채 꿋꿋이 눈을 받아 냈다. 그렇게 온 땅이 새하얗게 물들고 있었다.

눈 내리는 모습이 마치 깃털이 떨어지는 것처럼 보인다고 해서 만든 글자가 설雪자라고 백과사전에 수록되어 있다. 그런데 '깃 우羽'가 사실 깃이 아니라 계ヨ가 두 개 붙어 있는 형상이라는 것이다. 중국 후한 때 허신許愼이 편찬한 『설문해자說文解字』엔 雪이 䨮로 표기되어 있는데, '비 우雨'자에 '빗자루 혜彗'자가 합쳐진 글자라는 칼럼을 읽은 적이 있다. 그 빗자루 혜가 간략화되어 계ヨ 자만 남았다는 것이다. 여하튼 돼지머리 또는 고슴도치 머리의 뾰족한 모양을 본뜬 글자인 튼가로왈 彐를 빗자루 형태로 확장하는 논리는 다소 억지스러워 보였다. 그리고 彐가 彗의 다른 글꼴로 청소할 때 쓰는 빗자루를 뜻하며, 눈이 내려 그것을 빗자루로 쓰는 모습을 나타낸 것이라고 해석하고 있는데, 어떤 문헌에서 인용했는지는 불분명해 보이지만 비유적으로 참신하기만 한 표현을 난데없이 빗자루로 둔갑시키는

비약적 분석은 영 마뜩지 않았다. 설령 고증적 고찰이라 하더라도 순순히 수긍하고 싶지 않았다. 빗자루가 동원되어야 하는 상황이더라도 그건 눈이 내린 후의 뒷수습을 위한 도구일 뿐이지, 아늑한 풍경의 정서와는 배치될 수밖에 없는 것이다. 떨어지는 낙엽이나 꽃잎 또한 추후 빗자루라는 물질적 도구가 사용될 수도 있지만, 일단은 진행되고 있는 가시적 현상에 초점을 맞추는 게 보다 낭만적일 수 있다는 생각 때문이다.

그런고로 눈 내리는 모습을 하늘에서 빠진 깃羽이 나풀대는 것이라는 맥락으로 파악하고 싶었다. 그런고로 소복소복 내리는 눈을 보며 雪자의 의미를 나름으로 생각해 보지 않을 수 없었다.

一은 건곤乾坤을 의미하고 丨은 뚫음을 나타낸다. ⼌은 덮을 뜻하지만 공허함을 담고 있기도 하다. 그 공허한 공간에 얼음 인자가

丶丶丶丶

빼곡이 채운다. 그렇게 점점의 결정이 공간을 채운다. 그렇다면 彗 자를 빗자루로 직해하기 보다는 다르게 풀어보면 어떨까.

彗는 혜, 수, 세라는 음으로 읽히기도 하는데, 모두 살별이라는 뜻을 함유하고 있다. 살별은 긴 꼬리에 빛을 내며 태양 주위를 포물선이나 타원형으로 도는 작은 천체를 말한다. 혜성이라고도 하는 그 천체를 우리는 예부터 '살별'이라 불렀고, 고대 그리스에서는 긴 꼬리가 머리카락이 나부끼는 형상이라고 하여 꼬리별Komet이라고 불렀다. 살별에서 '살'은 빛에서 내비치는 기운을 의미하기에 생동의 맛 또한 배어 있다. 제임스 글릭James Gleick

은 '왜 눈의 파편 모양은 서로 다른가'라는 질문을 던지면서 눈의 파편 모양이 바로 혼돈의 핵심이라고 주장했다. 이때의 혼돈이란 원자들끼리의 힘과 일각일각 변화하려는 힘의 오묘한 균형이다. 수십만 개 이상의 구름방울이 엉겨야 비로소 하나의 눈송이가 된다. 별도 자세히 관찰하면 눈 결정체처럼 기하학적 구조를 지니고 있다. 굵게 엉긴 수백만, 수천만 개의 결정들이 살별의 모양새로 지상으로 귀환하는 것이다. 하늘에서 솜털 같은 깃羽이 우수수 떨어지는 것만큼이나 살별처럼 흩날리는 얼음 결정 역시 문학적 냄새를 풍겼다. 언제부턴가 눈은 그렇게 새하얀 살별로 다가왔다. 그 살별들의 장단을 잡으려는 낭만적 몸부림, 그게 바로 눈 내리는 정경을 바라보는 각도로 자리잡히고 있었다.

그 희디흰 살별들의 향연이 바야흐로 밤하늘을 화려하게 수놓고 있다. 칠흑빛 공간을 긋고 있는 무수한 획들. 그 강렬한 획들은 사납게 요동쳤으나 고요를 깨뜨리지 않았고, 살별이 그려내는 획은 분주하기 그지없었으나 지상 위에서 소리 없이 풀어질 뿐이었다. 그 획 속에 깃든 고요는 생동의 맛이 곰삭으면서 빚는 고요였다. 생동은 이내 충동을 소환했다. 짙디짙은 고요에서 생동의 맛이 모락모락 피어올랐고, 그 고요 속에 한없이 빠져들고 싶다는 충동이 꿈틀거렸다. 그만큼 살아 있는 살별이 만들어내는 고요는 LSD만큼 환각의 성질 또한 충분히 꿈틀거리게 했다. 마치 만 원권 지폐 뒷면에 나오는 천문도天象列次分野之圖의 282개 별자리, 그 1,464개의 점, 그 발광적 낙화가 그려내는 환각적 고요.

담배 연기를 길게 내뿜었다. 흡연실 창문 너머로 샤프카를 쓴 여자가 주차된 차 쪽으로 급히 걸음을 옮기고 있는 게 보였다. 그 털모자와 눈 내리는 정경이 썩 잘 어울린다는 싱거운 생각이 얼핏 들었다. 철이와 메텔이 은하철도를 타고 기계화 행성으로 가는 여정을 그린 애니메이션 또한 흩날리는 눈발처럼 뇌리를 스쳤다. 『은하철도 999』의 원작자 마쓰모토 레이지松本零士가 서울에서 열리는 전시회 때문에 내한한 적이 있다. 기자간담회에서 '999는 미완성을 뜻한다'며 '영원히 완성되지 않을 이야기'라고 했다. 철이는 끝내 종착지 프로메슘Promesium에 도착하지만, 유한한 인생이더라도 육신을 가진 보통 인간으로 살겠다며 기계 인간이 되기를 포기하고 만다.

"기계 인간이 되면 대충 살지 않을까요. 인간의 삶은 유한하기 때문에 열심히 살 수 있습니다. 시간은 꿈을 배반하지 않습니다. 꿈도 시간을 배반하면 안 됩니다."[1]

궂은 날 야밤에 급히 나선 것은, 역정의 세월 매듭을 기어코 지으려는 한 남자 때문이었다. 그 남자 또한 유한한 삶을 배분받았으며 나름 삶을 열심히 살아왔다. 『문곡집文谷集』에 실린 김수항金壽恒의 '설야독좌雪夜獨坐' 시구가 차분히 떠오르고 있었다. 연기를 길게 내뿜었다.

허물어진 집에 찬바람 불어 들고	破屋涼風入
텅 빈 뜰엔 흰 눈만 쌓이네	空庭白雪堆
근심스런 내 마음 등불과 더불어	愁心與燈火

---

[1] 마쓰모토 레이지, 「삶이 유한하기 때문에 열심히 살 수 있는 것」, 경향신문, 2017. 03. 26.

남해 슈퍼알알이
보통 다릿발이 달려, 곡물에 섞인 쭉정이, 겨, 먼지 따위를 거르던 대부분의 풍구는 큰 편이지만, 다릿발 없는 이 풍구의 크기는 88cm×59cm.

이 밤 함께 재가 되어가네 　　　　　此夜共成灰

　낮에 서점에 들러 샀던 책을 늦은 밤까지 읽고 있었다. 곡곡에서 건져 올린 구멍가게 그림과 달곰쌉쌀한 글이 솔깃하게 했다. 빠르게 사라져가는 구멍가게에서 소중한 가치를 건져 올리고 싶었다는 작가의 그림은 정감 어린 욕망을 곰곰 반추하게 했다. 벗어나고픈 욕망이 아니라 지극히 속된 세속으로 하염없이 빠져들고픈 욕망이었다. 작가가 아크릴 잉크와 펜으로 그린 세속의 알량한 표정들에서 복잡다단한 미묘함이 감지되었다. 한때는 그저 밋밋하게 여겼던 풍경이지만 단조로워 보이지 않았고, 철 지난 풍경으로 비쳤으나 마치 제철 맞은 풍경만큼 싱그러웠다. 그 평이하지 않은 변화를 끌어오게 한 것은 풍경 속에 깃든 바람이었다. 여기에서의 바람은 공기의 움직임을 일컫는 바람風이 아니라 어떤 일이 이루어지기를 바라는 바람望이었다. 관망적 기다림이 아닌 희망적 징후였다. 풍경을 추상하는 존재들에게 보내는 간절한 윙크였다. 절실한 그리움에서 시작된 풍경은 절실한 열망의 꽃망울을 맺게 한다. 바람은 언제나 바람 속에서 길을 냈고 그 바람은 시의적절한 트임을 자아낼 줄 알았다. 바람엔 늘 진솔함이 묻어 있었다. 바람은 그렇게 더없이 알뜰한 바람이 되고 싶어 했고, 바람이 토해낸 간간한 빛깔들은 책장을 넘길수록 바람의 욕망을 무던히 일깨우게 했다.

　그런데 가게가 구멍穴이란 낱말과 어떻게 배합되었을까, 궁금하지 않을 수 없었다. 구멍가게, 사전에는 조그맣게 차린 가게라고 뜻매김하고 있다. 또 가게는 자그마한 규모로 물건을 차려 놓고 파는 집 또는 길거리에 임시로 물건을 벌여 놓고 파는 곳이라고 되어 있다. 사전적 의미로는 가게 앞에 구멍이 붙든 안 붙든 별반 다르지 않았다. 조선 영조 때 현문항玄文恒이 편찬한 만주어 어휘집인 『동문유해同文類解』에 '가가假家'라는 말이 나오는데 '임시로 허름하게 지은 집'이라는 뜻이다. 그리고 '가가'의 변화 형태인 '가게'가 언제부터 그렇게 변했는지는 자세히 알 수 없으나, 서로 같거나 비슷한 소리의 하나가 다른 소리로 바뀌는 이화異化 현상에 의해 변형된 것으로 보고 있다. 건축법엔 한시적 기간 사용할 목적으로 축조한 것을 가리켜 가설 건축물이라고 규정한다. 예전엔 보관상의 문제 등으로 가게를 상시 열 만한 여건이 마련되지 않았을 수도 있기에 조그마한 가건물을 지어 영업했을 것이다. 그 조그만 가건물 안에 물건을 죽 벌여 놓게 되면 상당히 비좁을 수밖에 없었을 것이고, 구멍처럼 좁기만 한, 그래서 '좁다랗다'의 어간 '좁'에서 바늘귀만큼이나 작은 구멍이란 낱말을 빗대지 않았을까, 추정해 보게 된다. 바늘구멍으로 하늘 보기, 바늘구멍으로 황소바람 들어온다, 낙타가 바늘구멍 들어가기 어렵다, 라는 비유적 속담 또한 전해지고 있다.

구멍가게가 요즘은 작은 점포를 통칭하는 말로 쓰이는데, 슈퍼마켓이 생겨날 무렵엔 '슈퍼'라는 간판조차 달지 못한 가게를 상대적으로 가리키다가, 대형 할인점이 들어서면서부터는 그보다 작은 점포를 싸잡아 일컫고 있다. 애니메이션 『검정고무신』(원작 이우영, 1992)엔 '9명가게'라는 익살 섞인 커다란 간판이 걸린 가게가 나오는데, 기영은 거기서 10원씩이나 하는 라면을 처음 구경하게 된다. 우리나라 최초의 슈퍼는 1968년 세운상가에 있던 삼풍슈퍼마켓이다. 그 뒤 염천교 부근의 뉴서울슈퍼마켓과 한남동의 한남슈퍼, 상공부에서 지원한 새마을수퍼체인 등이 문을 열었다고 한다.

이러한 점포는 슈퍼Super란 말처럼 매우 크다는 의미에서 붙여졌지만, 점차 슈퍼가 확산되면서 규모와 상관없이 너도나도 슈퍼란 간판을 달기 시작했다. 동네 어귀를 차지하고 있던 구멍가게는 슈퍼로 거듭났고, 구멍가게 주인장은 '사장님'으로 지칭되기 시작했다. 그렇게 동사 Super는 언제부턴가 명사화된 채 통용되었고, 바니걸스(고재숙, 고정숙)는 「구멍가게」(작사 손석, 1974)라는 노래까지 내놓기도 했다.

> 날마다 드나드는 이 골목길에 구멍가게 할아버지 지키고 앉아
> 동네 꼬마들, 동네 꼬마들 기다리고 있는데
> 나 이제 와서 무엇을, 무엇을 갖고 싶었나
> 내 손으로는, 손으로는 구할 수 없는 것일까

그 슈퍼는 더 이상 Small store가 아닌, Super란 이름만큼이나 호황을 탔지만, 대형 할인점과 편의점 등이 길목을 접수하면서 도로 회귀하는 운명을 맞고 말았다. 그렇게 Super는 이름에 걸맞게 다시 Small store, 구멍가게로 복귀해야 했다. 게다가 식료품이나 일용 잡화를 취급하지 않는 영업장도 규모가 작으면 구멍가게로 빗댔다. 동네 철물점도, 정육점도, 분식집도, 지물포도, 문방구 등도 구멍가게의 범주로 묶이는 걸 마다하지 않았다. 그리고 조그만 구멍가게 하나 하고 있습니다, 라며 스스로의 사업장을 구멍가게로 낮춰 부르는 경우도 보곤 한다. 여기에서 '구멍'은 규모의 잣대가 아닌, 겸허의 의미로 읽혔다. 한때 절실한 바람을 불어넣었던 그 구멍가게가 유통 구조의 변화로 하나둘 사라져가는 추세다. 바람의 진원지였던

구멍가게에 그렇게 바람이 잦아들면서 '사장님'이란 호칭 또한 가겟방 할아버지, 점방 할머니로 되돌려주게 되었다.

  가겟방은 가게를 일컫기도 하지만 가게 안에 딸린 작은 방을 뜻하기도 한다. 요즘도 그 가겟방을 간혹 보곤 하지만 좀체 바람이 들 기미가 보이지 않는 편이다. 쓸쓸한 풍경 속으로 쓸쓸한 바람만 들어차고 있을 뿐이다. 하지만 쪽마루에 앉아 먼지떨이 든 채 돋보기안경 너머로 골목의 동정을 살피는 가겟방 할아버지, 물건을 집어 들고 셈을 치르려고 하면 쪽문만 조금 연 채 동전통으로 쓰는 '사랑방캔디' 깡통을 끌어당기던 점방 할머니들은 기어코 가겟방을 지켜내고 있다. 그들 눈에 흙 들어가기 전엔 뭐 하나 까딱할 수 없을지도 모를 숙명처럼 꿋꿋이 파수를 보고 있다. 구멍가게 풍경을 보고 있으니 다큐 영화「이타미 준의 바다」(감독 정다운, 2019)의 한 장면이 떠올랐다. 대나무로 레노베이션Renovation한 〈먹의 공간〉에 대해 시간이 지나면 색깔이 바뀌거나 썩지 않느냐고 하자, 그걸 의도한 것이고 그게 시간의 맛이라는 이타미 준Itami Jun(한국 이름 庾東龍). 그의 의도대로 시간의 켜를 머금은 대나무는 시간의 결을 완성하고 있었고 그 과정은 시간의 맛을 제대로 자아내게 했다. 이른바 자연과 시간의 결이 만들어 낸 풍경이었다. 바람은 늘 바람 속에서만 길을 내는 건 아니었다. 늘 존재했으나 실체를 드러내지 않을 때도 있다.

  라캉Jacques Lacan은 요구Demand에서 욕구Need를 뺀 나머지가 욕망Desire이라고 했다. 욕망은 잉여 부분으로 사람의 마음속에서 채워질 수 없는 근본적 결여를 강조하고 있다. 그러면서 욕망은 환유換喩 같다고도 했는데, 바로 구멍가게는 우리가 잠시 잃어버렸던 삶의 은유였는지도 모른다. 작가는 그 애환의 추억을 구멍가게라는 상징적 표현 방법으로 환치했고, 독자는 욕망의 윤리와 적당히 타협하고자 하는 속된 근성을 이내 드러내 보이고 만다. 현실이 낳은 욕망이 다시 결핍으로 이어지는 그 반복적 그물망 속에서 인간은 삶을 천착한다. 욕망은 결코 채워질 수 없는 공허한 실체다. 비록 채워지지는 않겠지만 자꾸만 채워 넣고 싶은 무한한 결핍감이, 작가가 고스란히 옮겨놓은 구멍가게 앞을 우직하게 버티고 있는 목련처럼 꽃망울을 새하얗게 터뜨리고 있었다.

늦은 밤 전화벨은 징 박은 말발굽이 커다란 북 위에 올라서서 장단 잡는 듯 크게 느껴졌다. 급히 책갈피를 끼워 놓고 성화를 부리는 휴대 전화를 집어 들었다. 그녀의 다급한 목소리가 비튼 수도꼭지에서 쏟아지는 물처럼 후줄근하게 쏟아져 내렸다. 주섬주섬 옷을 챙겨 입고 거실로 나오니, 잠옷 차림의 지연이 터져 나오려는 하품을 간신히 참으며 걱정 어린 눈빛을 보였다.

— 열두 시가 넘었어요? 웬만하면 날 밝거든 가는 게 어때요?

구둣주걱을 집어 들며, 그녀의 목소리가 무척이나 다급했다는 것을 지연에게 설명해야 했다. 웬만하면 그녀가 이 시간에 전화할 리 없다는 걸 익히 알지만, 가운의 매듭을 바로 하는 지연의 눈빛엔 걱정이 잔뜩 섞여 있었다. 차 시동을 걸었다. 마음이 갑갑해서 그런지 엔진음마저 영 미적지근하게 느껴졌다. 게다가 눈길은 엑셀러레이터Accelerator조차 다그치지 못하게 만들 뿐이었다. 밤늦은 시각이라 교통량은 그리 많지 않았으나 폭폭 내리는 눈은 여간 만만치 않았다. 눈은 그렇게 만만찮은 상대가 아니란 걸 증명해 보이려고 무던히 애를 쓰고 있었다.

고등어

나를 고를 때면 내 눈을 바라봐줘요
나는 눈을 감는 법도 몰라요
— 루시드 폴, 「고등어」(작사 루시드 폴, 2009)

12월 20일 목요일 오전 2시 25분. 황간 나들목에서 내려섰다. 타이어 자국 하나 있지 않은 걸 보니, 차량이 다닌 지도 꽤 된 듯했다. 감나무 가로수 사이로 널찍하게 트인 부분이, 아마도 찻길이 아니겠냐고 눈짐작해야 할 만큼 소복이 내린 눈은 4번 국도의 형체를 불명료하게 바꿔 놓은 상태였다. 몹시 미끄럽다는 느낌이 차체의 미묘한 흔들림에서 감지되고 있었다. 룸미러에 매달아 놓은 달마 부적 카메오도 그 미묘함에 슬근거렸다. 자동변속기의 노브를 돌려 SNOW 모드를 작동시킨 다음, 헤드라이트 불빛을 상향으로 조정했다. 길게 내쏜 불빛이 길을 차분차분 더듬었다. 불빛을 보고 눈발은 떼를 지어 몰려들었다. 추광성趣光性을 지닌 눈발이 끈적끈적 성가시기만 했다.

가도교를 빠져나오니 도로 오른쪽으로 설치된 프리캐스트Precast 옹벽이 경계를 가늠케 했다. 굳건한 블록엔 제법 눈이 쌓여 있었고 집들은 그 위로 듬성듬성 솟아 있었다. 그 높다랗게 쌓아 놓은 블록 성곽을 넘볼 들고양이

한 마리 얼씬거리지 않는 데도 쌓인 눈雪은 눈眼을 하얗게 부라렸다. 경계를 가늠케 하는 옹벽은 그렇게 경계를 늦추지 않고 있었다.

우체국 왼편에 황간역으로 오르는 길이 보였다. 몇 년 전 간이역을 살리자는 움직임이 십시일반 전개된 적이 있다. 역 광장에서 여름밤 주말에 '한여름밤의 간이역 작은음악회'가 개최되었고, 그해 가을 '황매상추 항아리 시화전'이 열리면서 황간역을 새로운 문화 공간으로 탈바꿈시킬 수 있는 계기가 되었다. 스물세 명의 작가들이 보낸 시와 소설의 문장을 항아리에 시화 형태로 새겨 넣은 50여 점의 작품을 전시하였는데 적지 않은 호응과 격려를 받았다. '황매상추黃梅上秋'는 주로 황간역을 이용하는 4개 면黃澗, 梅谷, 上村, 秋風嶺의 이름에서 따온 것으로, 그동안 승객이 뜸했던 황간역은 관심과 성원으로 말미암아 희망의 숨결이 새근거릴 수 있었다.[1] 그 시화 항아리에도 눈꽃이 소복이 피었을 것이라고 여기며 핸들을 조심스럽게 49번 지방도로 돌렸다. 경부선 철로 아래 열두공굴을 지나 주마래미로 향했다. 여전히 눈발은 날벌레처럼 헤드라이트 앞으로 몰려와 윙윙댔다.

뒷좌석에 놓아둔 꾸러미에서 여전히 간간한 맛이 풍기는 듯했다. 간고등어에서 혹여 물이라도 배어 나올지 모른다며, 지연이 두어 겹 정성스레 싸매 주었다. 비닐봉지로 꼭 싸맸기 때문에 사실 어떠한 냄새도 풍기지 않

---

[1] 영동지역 향토예술인들이 꾸미는 '황매상추 항아리 시화전'이 5일 경북선 철도 간이역인 황간역 광장에서 열린다. '황매상추'는 황간·매곡·상촌·추풍령 4개면을 의미하며, 이 지역에 연고를 둔 문학인 23명이 참여한다. 이들은 인근 가정에서 기탁받은 여러 형태의 옹기 표면에 시와 소설의 글귀를 새겨넣은 방식으로 전시장을 꾸몄다.
작업에 참여한 소설가 윤남석씨는 "항아리를 이용한 시화전은 전국에서 처음 시도되는 것이며, 철도 이용객에게 푸근한 고향의 정취를 선사하는 역할을 할 것"이라고 말했다. (「황간역 광장서 항아리시화전」 연합뉴스, 2013. 10. 04)

지만, 바다 생물, 하면 간간짭짤한 맛이 날 거라는 관점이 그렇게 각인되었기 때문일 것이다. 이런 게 정말 선입관일까? 입 안마저 공연히 간간해지는 것 같았다.

고등어는 그가 좋아하기에 시골에 들를 때면 빠짐없이 챙기는 품목 중의 하나다. 사시장철 유독 고등어에 집착을 드러내는 걸 보고, 그녀가 물리지도 않느냐고 타박 늘어놓는 편이지만 그는 들은 체 만 체였다. 밥술 뜨기 전, 그는 늘 간장 종지에 숟가락부터 적셨다. 그렇게 숟가락에 전이된 짭짤함을 혀끝으로 아로새기고 나서야 주발에 손을 댔다. 간장에서 나는 아미노산 맛을 감지하는 미역味域이 한국 사람에게 유독 발달되어 있다는 얘기를 들은 적이 있다. 김치, 젓갈, 장아찌류 등의 발효 음식에서 나오는 독특한 맛은 아미노산 때문이라는 것이다. 그 감칠맛을 일본어로는 우마미旨味라고 하는데 다섯 가지 기본 맛 중의 하나로 인정받고 있기도 하다. 고등어가 상에 놓였을 때는 그는 간장 종지에 눈독을 들이지 않았다. 아마도 고등어에서 풍기는 간간짭짤한 맛이 입맛을 돋웠기 때문이다. 그 고등어를 대신해 줄 짭짤한 맛을 간장으로 대체했는지도 모를 만큼 고등어에 연연했다. 고등어가 없을 때는 어김없이 간장으로 입 안부터 헹궈 간간함의 기억을 되살리고자 했으니 말이다.

찬바람머리만 되면, 그녀는 의례처럼 열흘에 한 번 정도는 고등어를 상에 올리곤 했다. 고등어는 가을부터가 제철이어서, 가을 고등어는 며느리에게도 주지 않는다, 는 속담까지 있을 정도다. 고등어는 연중 잡히는 생선이지만, 가을엔 지방이 풍부해지는 철이다. 단순한 지방 함유량만 놓고 보자면 한여름 고등어가 더 높은 편이지만, 먹이를 찾아 북상하던 고등어가 산란철인 가을에는 남하하게 되는데 그때 잡힌 고등어가 맞춤한 지방을 함유하고 있어 식감이 괜찮기에 그런 얘기가 나온 듯하다.

그녀가 물리지도 않느냐고 타박을 늘어놓아도 그는 아랑곳하지 않았고, 고등어가 상에 올라와 있을 때면 눈빛부터 달라지는 듯했다. 그가 그렇게 애착을 보이는 걸 알고 순순히 고등어 찬을 준비하면서도 그녀의 지청구는 짭조름한 간처럼 따라붙곤 했다.

— 니 아버진 고등애를 좋아해서 그런지, 고등애를 닮은 거 같지 않냐? 한 성질 하는 거 보믄. 버르르, 버르르.

고등어는 성질이 얼마나 급한지 활어 상태로는 수송이 아예 불가능하다고 한다. 또 배로 운반하는 중에도 제 성질을 이기지 못하고 기력을 소진해 버릴 정도라니, 과히 그놈의 성질은 알아줄 만하다. 게다가 기름진 생선이다 보니, 부패 속도도 다른 생선보다 빠른 편이다. 그녀가 그 고등어의 성질을 빗대어 빈정거리기 일쑤지만, 그는 허허 웃고 말 뿐이었다.

고등어를 高等魚로 잘못 쓰는 경우를 종종 보기도 하지만, 등이 부풀어 오른 물고기라는 뜻을 가진 皐登魚란 표기가 적확하다. 『자산어보玆山魚譜』엔 벽문어碧紋魚라고 나오는데, 푸른 무늬를 가진 물고기라는 의미다. 또 고도어라고도 불렸는데 『동국여지승람東國輿地勝覽』에는 옛 칼의 모양을 닮았다고 하여 古刀魚로, 『재물보才物譜』엔 古道魚로 각각 기록되어 있다. 그리고 고등어 새끼를 고도리라고 하는데 실은 고등어의 옛말이며, 크기에 따라 고도리, 열소고도리, 소고도리, 통소고도리로 나뉘기도 한다. 그러나 고도리, 하면 '새 다섯 마리五鳥'를 뜻하는 고스톱 용어를 먼저 떠올리게 되고, 공산 위에 기러기 세 마리, 매화와 흑싸리엔 휘파람새와 두견새가 한 마리씩 그려져 있어 다섯 점의 끗수를 잡는 것으로 흔히 상용되곤 한다. 여하튼 그는 매조·흑싸리·공산명월의 열 끗짜리 석 장을 쥔 것만큼이나 고등어 패를 좋아했다는 것이다.

눈발의 들러붙음은 여전했다. 주마래미 철교 위에는 부산행 무궁화 열차가 들러붙는 날벌레를 빠르게 내쫓으며 깊은 밤 속으로 스멀스멀 빠져들고 있었다.

짠맛을 내는 물질이나 짠 정도를 '간'이라고 한다. 고등어는 짜디짠 바닷물을 먹고 살지만, 소금기가 체내에 거의 남아 있지 않기에 적당히 소금에 절여 줘야 맛이 되살아난다. 고등어의 체액은 바닷물의 농도보다 훨씬 낮은 편이다. 또 입과 아가미뚜껑을 끊임없이 움직여서 호흡하기 때문에 세포액이 시나브로 몸 밖으로 흘러나오게 된다. 고등어는 부족한 수분을 보충하기 위해 바닷물을 계속해서 들이켜야 하고, 체액의 농도를 일정하게 유지하기 위해서는 농축된 염분을 오줌으로 만들어 배설하거나 아가미를 통해 수시로 토해 내야 한다. 그런고로 염분이 빠져버린 고등어는 염장을 쳐야 한결 싱싱해 보인다. 살아서나 죽어서나 염분이 보충되지 않으면 색깔도 흐려지고 육질도 무르게 된다. 간을 전문적으로 치는 간잽이들의 염장 비법에는 선조들의 지혜와 과학의 원리마저 숨어 있다.

어른이 한 손을 크게 벌려 쥘 수 있는 단위를 '손'이라고 한다. 고등어는 두 마리가 합해져야 비로소 한 손이 된다. 내장 도려낸 고등어는 맹물에서 핏기 뺀 후, 바닷물과 같은 염도를 맞춘 소금물에서 습식 염장을 하게 되는데, 다시마 특유의 알긴산Alginate 성분이 고등어 표면에 코팅 같은 도포막을 형성한다. 싱싱한 빛깔을 유지하면서도 비린내가 적은 것은 다시마 액을 섞은 그 소금물 때문이라고 한다.

간을 치기 위해 가른 배 속에, 또 다른 녀석이 자리를 튼다. 다른 녀석의 대가리가 아감딱지 속으로 파고드는 순간, 둘은 한 몸이 된다. 살아서는 찰싹 붙어 있을 일이 없었지만 죽어서는 팔자에도 없는 짓을 해야만 한다. 아가미 아래로 치고 들어온 녀석 때문에 몹시 거북스러워도 참아야 하는 건, 어쩌면 한 몸이 되기 위해 거쳐야 하는 의식일지도 모른다. 고등어가 상하기 직전에 나오는 효소가 맛을 좋게 하는데, 이때 소금간을 쳐야 가장 맛있는 간고등어가 된다는 것이다. 뱃가죽을 뒤집어서 휙 뿌리는 소금의 양은 정확히 이십 그램이다. 안쪽에 있는 놈의 배 속에 먼저 염장을 지른 후 바깥쪽 놈의 뱃가죽을 들춘다. 안쪽 놈을 끈질기게 물고 늘어져야 하는 바깥쪽 놈 아감딱지의 근성은 유난히 악착스럽다.

오랜 세월을 서로가 이별을 염려해온 듯 쩔어든 불안이 배어 올라가 푸르러야 할 등줄기까지 뇌오랗다 (유안진, 「간고등어 한 손」)

남세스러운 줄도 모르고 대낮부터 포개고 누워있는 저 간고등어 부부 (이은영, 「고등어」)

암컷을 등 뒤에서라도 편안하게 껴안아주려고 자신의 내장을 다 긁어내버린 수컷 (이종섶, 「자반고등어 한 손」)

속을 다 내어주곤 둘이 꼭 부둥켜안은 (이우식, 「간고등어 한 손」)

하나의 배가 하나의 등을 받아 안아 왠지 눈물겨운 체위로 (김종미, 「안동 간고등어」)

으깨어진 몸으로 어긋난 말씨로 또 다른 생을 바라보며 춤을 춘다 (김삼주, 「자반고등어」)

죽어서야 껴안아지고 업혀지는 걸 지느러미 그 매끄러움이 너를 밀어내는 줄 몰랐지 (장정자, 「고등어자반 한 손」)

삶이란 이렇게 염장으로 저려지는 것이란 듯 (김환식, 「간고등어」)

함께 절였던 세월조차 쓰리고 쓰린 살들에겐 소금사태다 (김명인, 「자반 고등어」)

아줌마, 까마귀처럼 깔끔하게 영혼을 파먹을 수 있게 해주세요 (김종미, 「고등어 좌판」)

큰 슬픔이 작은 슬픔을 껴안고 잠든 밤 (박후기, 「자반고등어」)

고통어로만 교통하는 고등한 사바세계에 (성미정, 「고등어 자반」)

바다의 치맛자락이 만 겹이었다고 아직도 입을 벌리고 소리치는 고등어 (이기철, 「고등어」)

물컹물컹 낯선 감정들이 몸 안에 물길을 내고 있었다 (강정, 「고등어 연인」)

팽팽하던 길, 구불구불 몸속으로 기어들 때 비로소 한 마리 고등어로 돌아올 수 있음을 알았으니 (김수우, 「고등어」)

한 생 푹 삭아 내 몸이 염전이다 더는 빼앗길 게 없는 (박민홈, 「간 큰 고등어」)

심해 속에 가라앉아 어머니 조용히 보라색 공기를 뱉고 있다 고등어가 울고 있다(김경주, 「고등어 울음소리를 듣다」)

이렇게 고등어를 노래한 시인들이 많다. 그렇게 포개고 있는 녀석들에게 부부의 연을 맺어주기도 한다. 같은 수컷이거나 같은 암컷일 수도 있지만, 전혀 개의치 않고 그들을 허물없는 관계로 만들고 있다. 어미가 다 자란 새끼를 껴안을 수도 있고 새끼가 성숙한 후에 가냘픈 어미를 껴안는 상황도 있을 수 있다. 고등어가 성체가 되기까지 걸리는 시간은 1년이지만 수명은 5~6년 정도 되기 때문에 충분히 가능한 상황이다. 망망대해에서 무리 지어 다니다가 성긴 그물코를 빠져나갈 수 없을 정도로 몸이 성숙해졌다는 걸 느껴야 했을 때 들었던 낭패감보다도, 어쩌면 간잽이의 손아귀에 놀아나면서 족보도 찾지 못하는 신세가 되었을 때가 더 서글플 수밖에 없는지도 모른다. 때론 앙숙 관계였을 수도 있겠지만, 염장을 받아야 하는 신세가 되면 속내부터 말끔히 비우고 쿨하게 품어 준다. 안고 안긴 채 일심동체가 되는 녀석들이 염장을 달게 받은 순간부터는 '간'이라는 품격 있는 대접을 받는 걸 알기라도 하는 듯, 서로를 악착같이 껴안아 준다. '간'이라는 글자는 서로 중첩하면서 간간한 맛을 자아낼 줄도 알지만, 거시적으로 보자면 품격을 도드라지게 하는 측면 또한 없지 않다. 그렇게 '간'은 신선도를 유지하기 위한 필수 요소이며 그 신선함을 보증하기 위한 인증 마크로서도 손색없는 역할을 수행하고 있다.

어렸을 때, 그는 노릇노릇하게 구운 고등어자반이 상 위에 오를 때면, 맞은편에 앉은 내 밥그릇 위에 꼬리 부분 토막부터 얹어 주곤 했다. 그 광경을 흘깃거리던 그녀가 이내 한마디 거들지 않을 수 없는 눈빛을 보이고 만다.

― 참 싱미도 요상시러버라. 왜, 애한테 꼬랑지만 만날 주는지 몰라. 접때도 그러더만.

그는 고등어 껍질, 특히 꼬리 부분의 껍질과 살에 비타민 B가 많아 피부

황금표 복합비료
울산 제3비료공장(영남화학, 1967년 준공)에서 생산된 비료와 유년의 기억을 토대로 그린 고택, 마루 흙벽에 걸린 공청(共聽) 스피커는 새마을운동 홍보용.

에 좋다는 얘기를 일장 늘어놓았다. 그리고 뇌세포를 활성화시켜 암과 심혈관계 질환 예방에 도움이 된다는 얘기도 덧붙였다. 그렇게 자세히 늘어놓는 걸 보면, 매일 보는 신문에서 얻은 정보를 저장하고 있다가, 만약 그녀가 한마디 하면 냉큼 응수하려고 벼른 건 아닐까, 늘 짭조름한 간처럼 따라붙는 그녀의 지청구에 대응할 만한 얘깃거리를 찾고 있었기에, 아무래도 그러한 정보는 머리에 쏙쏙 들어오지 않았을까, 하는 생각마저 들었다. 하지만 그가 그런 얘기를 한바탕 늘어놓을 때면, 그녀는 들은 척 만 척 딴전만 부렸다.

― 저아래께 담은 고들빼기김치가 삼삼하게 맛이 들었네. 너도 함 먹어봐라.

고들빼기의 쓴맛이 그리 달갑지 않아 머뭇대면서 그와 그녀의 눈치를 번갈아 살폈다. 그녀는 고들빼기김치를 입 안에 넣고 쩝쩝거렸고, 고들빼기김치 보시기에 넌지시 눈길을 주던 그도 슬그미 입맛을 다시고 있었다. 그는 고등어 뼈를 바르지도 않고 통째로 우걱우걱 씹었다. 고등어만 그런 게 아니라, 꽃게도 집게 부위만 제외하곤 아작아작 씹었고, 동태 뼈마저도 그런 식으로 씹어댔다. 그의 치아 구조는 일명 '왕관 병뚜껑Crown cap' 형태로 출시되던 사 홉들이 소주병도 곧잘 딸 만큼 단단해 보였다.

― 눈에 좋단다.

그는 젓가락으로 고등어 눈알을 내 밥 위에 올려놓은 다음, 머리뼈를 삭삭 발랐다. 그 눈알을 입에 넣고 오물오물 씹으면서 그의 씹는 표정을 멀거니 바라보곤 했다. 머리뼈는 아가미 근처에만 살이 조금 남아 있을 뿐인데도 그는 깔끔하게 씹어댔다. 그게 그렇게 맛있는지는 모르겠지만, 그의 씹는 표정을 보면 충분히 맛있어 보이는 것 같았고, 우걱우걱, 귀청에 울려대는 그 자그러운 소리조차 식감을 자극했다. 시력이 좋아진다는 그의 말에 오래도록 오물거렸지만, 눈알은 별맛이 나지 않았고 잘 씹히지도 않았다. 자꾸만 가볍게 흘겨보는 그녀의 입 모양에서, 참 성미도 요상시러버라, 왜, 애한테 눈알은 만날 주는지 몰라, 접때도 그러더만, 이란 멘트가 그려지고 있었다.

― 원래 눈알이 젤 맛있단다.

머리뼈를 삭삭 바른 그가 그렇게 부추겼으나 눈알은 젤 맛없는 부위였다. 어느 정도 씹어서 단물 다 빠진 껌 같은 눈알을 입 주위로 가져간 왼 손바닥에 슬쩍 뱉으려고 그의 눈치를 슬슬 살폈다. 그러다가 혹여 그와 눈길이 마주치기라도 하면 여지없이 오물거리는 표정을 지었다. 그는 흡족한 표정을 지었고, 그의 등 뒤에 붙은 달력에서도 근엄한 표정의 공화당 국회의원 L이 흡족한 표정을 짓고 있었다. 당시 국회의원이나 출마 예정자들이 자신을 홍보하기 위해 약력을 빼곡히 넣고 자신의 사진을 중앙 상단에 배치한 달력을 가가호호 배포하곤 했는데, 그 2절 크기 한 장에 열두 달이 다 들어 있었다. L의 기름진 볼살엔 '왔다껌'에 들어 있던 황금박쥐 판박이를 문질러 새기기도 했고, 코 밑엔 까만 사인펜으로 탐정 에르퀼 푸아로Hercules Poirot처럼 동그랗게 말린 카이젤 수염을 익살스레 그려놓기도 했었다. 애거사 크리스티Agatha Christie의 추리 소설에서 '회색 뇌세포'라는 별명을 가진 푸아로는 사건 현장에 나타나 왁스로 뻣뻣하게 모양낸 카이젤 수염을 손으로 다듬으며 '세계에서 가장 위대한 명탐정 에르퀼 푸아로'라고 자신을 소개하곤 했다. 때론 씹던 껌을 L의 이마에 붙여 놓을 때도 있었고, 색연

필로 L의 눈동자를 뱀파이어처럼 벌겋게 물들여 놓을 때도 있었다. 하지만 삼선 의원이었던 L은 자기의 깜냥을 무척 잘 알고 있는 듯했다. 이까짓 일은 성질낼 것도 아니고 그리 대수로 여길 일도 아니라는 듯 양쪽 두툼한 볼살을 살짝살짝 움직이는 듯한 표정을 짓는 것만 같았다. 그나저나 얼떨결에 꿀꺽 삼킨 눈알이 목구멍 안쪽에서 영 껄떡대는 것 같아, 급히 맨밥을 한술 떠 넣어야 했다. 그제야 젤 맛없던 눈알이 식도 벽에서 떼굴떼굴 구르며 수르르 처지는 듯했다.

— 암만케도 조짐이 심상찮다…… 야심한 시각에 전활 넣으려곤 안 했다만, 니 아버지 상태가 해거름 때부터 보통 각급해 보이는 게 아니구나. 되도록…… 오늘밤은 지내보구…… 기별 넣으려구 맘먹었다만, ……시간이 참으로 여삼추 같구나.

화급한 그녀의 목소리와 헉헉 몰아쉬는 숨소리가 가쁘게 뒤엉켰다. 마치 채혈실 롤 믹서 위에서 쉼 없이 요동치는 채혈 튜브처럼 그녀의 심장 소리가 휴대 전화 진동판 안에서 세차게 덜컹대고 있었다.

— 네, 알았어요. 채비 끝내고 가면 새벽녘쯤 되겠네요.

— 여게는 저녁답부텀… 눈이 엄청시리 오고 있응께 조심해서 오거라.

— 그리고 참, 뭐 필요하신 건 없어요?

그녀는 머뭇대더니 기저귀가 좀 더 있었으면 좋겠다는 말을 기어이 덧붙였다. 기저귀가 좀 더 필요할 상황이면, 아무래도 급박한 일이 벌어지지 않을 것 같다는 예감이 들었지만, 그녀의 다급한 말투를 허투루 넘길 수는 없었다.

큰길가 입구에 있는 편의점에 들러 24개들이 특대형 기저귀 두 팩을 사서 뒷좌석에 실었다. 캄캄한 하늘에서 굵은 눈발이 쉼 없이 쏟아져 내렸다. 좌회전 지시등을 켜고 신호를 기다리다가 다시 차를 집 쪽으로 돌려야 했다. 시골 갈 때 챙겨 간다고 했었는데 허둥지둥 서두르다가, 며칠 전에 사 놓았던 진통제를 빠뜨렸기 때문이다. 거실 탁자에 올려놓았던 아론 정과 마시는 수면제 천심액을 챙겼다. 다시 현관문을 나서려는데 어머니께 갖다드리세요, 라며 지연이 안심환 박스가 든 종이 팩을 내밀었다.

알레르기를 유발하는 버즘나무 꽃가루처럼 눈꽃은 앞유리에 쉼 없이 내려앉으며 칭얼댔다. 휴대 전화가 꾕꾕히 울어 쌓는다. 끊임없이 달라붙는 눈발을 걷어 내던 와이퍼도 지쳤는지 급기야 삐드득거렸다.

— 어디쯤이에요?

— 이제 막 금상교 건넜지. 근데 눈 좀 붙이지. 전화를 뭐하러?

— 눈이 많이 오기에 걱정이 돼서요?

지연이 집 나서기 전, 미끄러우니까 괘방령 고개를 넘으려 하지 말고 아무래도 고속도로 타고 황간으로 우회하는 게 좋겠다는 당부를 몇 번이나 했었다. 저번에도 설마, 하며 괘방령 쪽으로 향했다가 오르막을 치고 오르기엔 도로가 너무 미끄러운 탓에 복산 버스터 앞에서 차를 돌려야 했다. 초저녁까지는 제설 작업을 하는 편이지만 밤늦은 시각엔 지방도까지 제설차가 움직이지 않기 때문이다.

— 제법 내리긴 하지만, 이제 능말기 고개만 넘으면 되니까 걱정 마.

— 되도록이면 능말기 고개로 가지 말고 화산으로 돌아가세요.

— 응, 알았어.

능말기 고개 바로 아래에 자리한 너랏마을에 도착할 때까지 신작로엔 마주 오는 차 한 대 보이지 않았다. 만목황량한 풍경 위로 내리치는 눈발이 괴괴한 정적을 더해 줄 뿐이었다. 멀리 보이는 눈 덮인 집들이 마치 거대한 테트라포드Tetrapod 형상처럼 보였다. 아무래도 지연이 얘기한 대로 화산으로 둘러 가는 게 나을 것 같았다. 괘방령처럼 능말기 고개를 고집하다간 자칫 낭패가 날 수도 있기 때문이다. 화산으로 돌아가는 길은 좁은 농로지만, 오르막이나 내리막이 없기에 눈이 많이 올 때는 종종 그 길로 우회하곤 했다. 라디오를 틀었다. 비발디의 「사계」 중 겨울 제2악장Largo이 조용히 차내의 공기를 다독거리지만, 와이퍼가 자아내는 아주 신경질적인 소리는 여전히 귀청을 날카롭게 자극하고 있었다. 이십 일 전 첫눈 올 때부터 교체해야겠다고 생각은 했지만, 이런저런 핑계로 차일피일 미룰 수밖에 없었는데 그 시기를 놓친 것만큼 와이퍼가 부리는 히스테리는 점차 강도를 더해가는 것 같았다. 눈은 세상의 불유쾌한 소리를 평온하게 잠재우고 있었다. 골목 어귀에 서 있는 가로등이 소리 없이 내리는 눈의 형체를 게슴츠레한 눈으로 들여다보고 있다. 눈의 알갱이 위에 빛의 알갱이가 번갈아가며 내려앉았다. 눈의 알갱이가 덮어주면 빛의 알갱이가 토닥거리면서 얼음의 결정과 빛의 결정이 한데 버무려지고 있었다. 대기 중의 눈구름에서 수직 낙하한 눈 입자와 필라멘트에서 방출된 열전자의 밀도는 다를 수밖에 없으나 점성 정도는 얼추 비슷한 듯 보였다. 눈의 파편 모양은 과학적으로 같을 수 없다고 한다. 쌓이는 눈은 안정을 취하려는 힘을 통해 그 오묘한 균형을 깨뜨리는 것 같았다. 갓길에 차를 대고, 뒷좌석에 놓아둔 기저귀 팩과 꾸러미를 집어 들었다.

―날도 궂은데, 오느라고 참으로 욕봤다.

랜턴을 든 그녀가 현관문을 활짝 열며 화색을 드러냈다. 아래채 가마부엌 앞에서 졸음에 겨운 눈으로 갸우뚱대던 예뻐도 그제야 눈치채고 꼬리를 흔들어댔다. 안방 격자문 창호에는 십오 촉짜리 전등이 내쏘는 불빛이 은은하게 드리워져 있다. 그녀가 헌등을 밝히기 위해 마루 기둥에 붙어 있는 스위치를 더듬었다. 딸깍, 불빛이 그녀의 취월색翠月色 스웨터 위로 쏟아져 내렸다.

―아버지는 좀 어떠셔요?

첨곗돌 위에 올라서서 구두에 묻은 눈을 탁탁 털어 내며 물었다.

―두어 시간 전에 잠들었다. 진통제를 먹어야 겨우 잠이 드니…….

코트를 벗어 어깨솔기에 묻은 눈을 대충 털어 낸 후, 안방 문을 살며시 열고 쌔근쌔근 잠든 그의 상태부터 확인했다. 그는 모로 누운 채 잠들어 있었다. 잠귀 밝던 그가 세상모르고 한껏 잠에 취해 있다. 십오 촉 불빛 때문인지 그의 얼굴은 마치 카바이트로 익힌 귤처럼 노르스름한 빛깔로 덮여 있다. 미끄러져 내려간 이불 위로 드러난 그의 등에 시선이 멈춘다. 새근덕거리는 탓에 간간이 들썩이는 어깨 부위에서 그의 숨소리가 피어나는 듯했지만, 그의 등은 왠지 차갑게만 느껴졌다. 겨우 잠든 그가 혹여 깰까 봐 조심스러웠기에, 문을 소리 나지 않게끔 가만히 닫아야 했다.

―그나저나 전화 받구 엄청시리 놀랐지.

―아녜요. 안 그래도 주말쯤 오려고 작정하고 있던 차였거든요.

기저귀 팩을 들고 그녀를 따라 건넌방으로 들어섰다. 아랫목에 깔아 놓은 요 밑에 그녀가 손바닥을 넣어 온기를 점검한다.

― 전화 넣구서 막 바로 보이라 밸브를 활짝 열어 놓았는데 이제야 좀 뜨신 기운이 올라오네. 불을 안 넣던 방이라 숩게 안 뜨는데, 다행이구나.

― 참, 현준이 엄마가 속이 답답할 때 한 병씩 드시라고 챙겨 주던데요.

꾸러미에서 안심환을 꺼내 그녀에게 내밀었다.

― 안 그래도 아까 전에 현준이 에미 전화 받았다. 니는 핏들쯤까지 왔다고 하더구나.

코트에서 꺼낸 아론 정 캡슐과 천심액도 문갑 위에 얹어 놓았다.

― 메칠 전부텀 진통제를 강한 걸로만 찾더구나.

― 그러면 한 알 말고 두 알씩 드시면 될 텐데요. 의사도 심할 땐 그렇게 처방해도 된다고 했으니까.

― 두 알썩 먹은 지도 일주일이 훨 넘었다. 아까는 글쎄 시 알을 찾더구나. 그나저나 피곤할 텐데, 어서 눈 좀 붙이거라.

그녀가 방문을 닫고 나갔다. 뜨뜻한 방 기운이 몹시 긴장했던 몸을 차츰 눅이기 시작했다. 윗목에 놓인 재떨이를 끌어당겼다. 창에 뿌옇게 핀 성에꽃이 방 안의 온기를 흘금 엿보고 있었다.

문득, 정종목의 시 「생선」이 생뚱맞아 보이는 성에꽃처럼 뿌옇게 피어오르고 있었다.

한때 넉넉한 바다를 익명으로 떠돌 적에

아직 그것은 등이 푸른 자유였다

공지영의 소설 『고등어』 첫 장에도 위의 구절이 나온다. 그리고 작가 후기에 이렇게 적혀 있다.

> 벗어나려고 했지만, 나 역시 한때 그들과 함께 넉넉한 바다를 헤엄쳐 다니며 희망으로 온몸을 떨던 등이 푸른 자유였었으니까. 그리고 나는 아직도 그 등이 푸른 자유를 포기할 만큼 소금에 절여져 있지는 않았으니까.[2]

그도 한때 "넉넉한 바다를 헤엄쳐 다니며 희망으로 온몸을 떨던 등이 푸른 자유"가 있었다. 그러나 격동기를 헤쳐 오면서 희망으로 온몸을 떨 만한 푸른 자유를 충족할 수조차 없었다. 그 푸른 자유를 속박할 만큼 시대적인 아픔은 당돌하고도 야속하기만 했었으니까, 절박한 세상살이에 욕망이란 욕망은 죄다 속절없어 보였으니까, 그렇기에 헛된 욕망쯤은 미리감치 내려놓을 줄 알아야 했었으니까. 좀 전에 본, 차가워 보이는 그의 등이 자꾸만 어른거렸다. 아마도 빠질 대로 빠진 소금기 탓이 아닐까. 신선도 지수를 가늠케 하는 염도 빠진 그의 등은 그렇게 차갑게 느껴질 수밖에 없었다. 이젠 '푸른 자유' 따위는 염두 밖의 일이 되었지만, 그렇게 온몸을 떨게 했던 그 희망의 꽁무니마저 온전히 접어야만 할 때가 된 걸까.

흐리멍덩해 보이는 형광등 불빛이 길게 내뱉은 담배 연기를 야금야금 빨아들이고 있었다. 안방으로 건너가 잠시 그의 옆에 누웠다. 쌔근거리며 잠든 그의 숨소리가 어깨를 감싸 쥔 팔로 전해져 왔다. 살며시 그를 품어 주었다. 그와 함께, 염장이라도 받으려고 작정한 이 시간이 너무나 달콤하게

---

[2] 공지영, 『고등어』(웅진출판, 1994), 286쪽.

느껴졌다. 염장은 신선도를 유지하기 위한 필수 요소라 했던가. 그의 숨결이 한결 평온해 보였다.

라면

> 나는 지금도 밥보다 수제비가 좋다
> 라면을 먹어도 지렁이처럼 퉁퉁 불은 게 좋다
> 그 속에 어머니가 있는 것 같으니까
> ― 이상국, 「나는 퉁퉁 불은 라면이 좋다」, 『2008 오늘의 좋은 시』(푸른사상, 2008), 162쪽.

십여 년 전, 그가 농사를 그만 짓겠다고 마음먹던 그해였다. 마루 끝에서 애꿎은 담배만 연신 피워 대던 그가 막걸리 잔을 집어 들며 운을 뗐다.

― 이제 고마, 농사는 언선시럽다. 일고여덟 마지기 지어 봐야 농약값, 비룟값 제하면 양석 밖에 안 남는다.

米 자를 파자破字하면 八十八로 농사꾼의 손길이 여든여덟 번 스며든다는 의미로 풀이하곤 한다. 벼농사의 기계화로 수고는 다소 덜었지만, 트랙터, 이앙기, 콤바인 등의 기계 삯과 농약, 비료 등의 자재비를 공제하면 크게 남는 게 없다. 그나마 경작의 손실을 정부가 보조해 주는 직불금이라도 수령할 수 있기에 망정이지 공급 과잉으로 인한 재고 문제도 언제까지나 간과할 수만 없는 실정이다. 쌀 재고량의 누증累增은 결국 쌀값 폭락을 초래할 수밖에 없는 것이다. 별빛 총총 묻어나는 밤하늘로 그가 뿜어대는 담배 연기가 번져가고 있었다.

― 그럼요, 그까짓 농사 지어 봐야 뭐 남는 게 있다고요. 이참에 농사 내

려놓고 건강이나 돌보세요. 어머니도 예전 같지 않은 것 같구요.

그녀는 신장 질환으로 손발이 자주 붓곤 했기에, 병원에 가면 두어 달치 약을 타 오곤 했다. 게다가 재바르던 몸놀림도 눈에 띄게 무뎌졌고, 여간해선 힘든 기색을 드러내지 않는 편인데, 웬만큼 걸었다 싶으면 가쁜 숨을 거칠게 몰아쉬기도 했다. 그녀의 키는 「I Will Always Love You」의 원작자인 돌리 파튼Dolly Parton과 같았지만 늘 날다람쥐처럼 재기만 했다. 언젠가 그녀에게 그런 얘기를 해 줬더니, 키 얘기는 절대 하지 말그라, 둘리 뭐라고 그랬냐, 그 얘기만 하믄 된다, 라며 단단히 매듭짓곤 했다. 둘리가 아니고 돌리, 라고 재차 바로잡아도 미국 이름은 거기서 거기지, 라며 얼버무리던 그녀도 이제 쓸 재간마저 점차 얕아질 수밖에 없는 연령대에 접어들고 있었다.

—이레 전, 읍내에 나갔다 오는 데도 오후 새참 무렵에 도착하더라. 글고 니 어미가 천압수도 밖에서 점심을 사 묵지도 않는 성질이잖어.

읍내에 나갈 땐 그녀는 아침 첫 버스를 타는 편이었다. 오포탑 근처에 있는 병원에 들를 때도 있지만, 오랜만의 읍내 나들이에는 이런저런 볼일도 감자의 덩이줄기처럼 줄줄이 따라붙기 마련이었다. 그렇기에 일찍 나들이에 나섰어도 열한 시 버스를 놓치기 일쑤였다. 그 버스를 타지 못하면 두 시까지 기다려야 할 만큼 차편이 넉넉지 않았다. 하는 수 없이 임산 가는 버스를 타고 금상교 삼거리에서 내려 능말기 재를 넘어오는 경우도 잦았다. 농번기를 피해 읍내 볼일을 잡는 편이었음에도, 곁에서 지켜보는 그의 마음은 못내 마땅찮은 듯했고, 그렇게 볼문 넋두리를 할 수밖에 없었던 속내에는 무엇보다 그녀의 건강이 염려스러웠기 때문이란 걸 어렵지 않게 눈치챌 수 있었다. 농사를 그만 짓겠다는 것도 그런 고심 끝에 내린 결정이었지만, '언선시럽다'는 그의 표현만큼이나 농사일이 몹시 싫증 날 만도 하겠다는 생각이 들 수밖에 없었다.

그는 요즘은 쌀값이 젤로 헐하지 않냐, 라고 푸념 섞인 말을 곧잘 늘어놓기도 했는데 과장적 표현은 결코 아니었다. 보통 쌀 100g으로 1인분의 밥을 지을 수 있지만, 그 밥 한 공기에 드는 쌀 100g의 값어치는 채 300원도 안 되는 편이다. 하지만 라면 한 봉의 가격은 그보다 더 비싼 편이다. 그렇다면 쌀값이 젤로 헐하지 않냐, 라는 그의 말은 부인할 수 없는 사실이었다. 그리고 식생활 환경의 변화에 따른 대체 식품의 소비 증가로 1인당 연간 쌀 소비량도 현저히 줄어드는 추세다. 소득이 증가할 때 수요가 감소하는 재화를 열등재劣等財라고 하는데, 한때 물품 화폐로서의 역할을 톡톡히 했던 쌀이 그 열등재에 속하는 수모를 겪고 있는 실정이다.

요즘은 각종 후원품이나 구호품 목록에서 라면만 한 게 없을 정도인데, 그만큼 라면은 선호도가 가장 높은 물품에 속한다. 후원한 사람들은 라면 박스를 잔뜩 쌓아 놓고 그 뒤에 둘러서서 환한 미소를 그리는 인증 샷을 찍는다. 앞에 쌓인 라면 박스와 비례한 풍성함의 농도가 표정으로 표출된다. 부피가 크면 클수록 흡족함 또한 압도적으로 변하는 것이다. 라면은 그만큼 만만한 음식으로 굳어졌다. 예전엔 쌀이 없어 라면으로 끼니를 때우는 경우가 허다했다. 수많은 자취생을 먹여 살렸고 저소득층의 대표 음식으로 자리 잡을 만큼 가난과 라면은 불가분의 관계였다고 해도 과언이 아닌 시절이 있었다. 영화 「넘버 3」(감독 송능한, 1997)에서 삼류 건달 조필 역으로 분한 송강호는 양은 냄비째 들고 라면 먹으며 유독 '헝그리 정신'을 강조한다.

 오늘 강조하고 싶은 것은, 헝그리 정신에 관해서다. 헝그리… 배가 고프다는 뜻이지. 에이치 유 엔…… 너희들이 벌써 일주일째, 짱깨, 컵라면으로 때우는 거 안다. 물론, 흰 쌀밥에 고깃국 먹고 싶겠지. 그걸 참는 것도 일종의 훈련이다. 너희들, 한국 복싱이 잘나가다가 요즘은 왜 빌빌대는지 아냐? 다 헝그리 정신이 없기 때문이다. 헝그리 정신. 옛날엔 말이야. 다 라면만 먹구두, 진짜 라면만 먹구두, 챔피언 먹었어. 홍수환. 엄마 챔피언 먹었다. 복싱뿐만이 아니야. 그, 누구야, 현정화, 현정화 걔도 라면만 먹고 육상에서 금메달을 세 개씩이나 따 버렸어. 라면만 먹구두.

 송강호가 "내가 현정화라면 현정화다, 내 말에 토, 토, 토, 토 다는 새끼는 전부 배반형이야"라고 했지만, 굳이 토를 달자면 현정화는 탁구 선수고, 라면만 먹고 육상에서 금메달 땄다는 선수는 임춘애다. 임춘애는 한국 여자 선수 최초로 1986년 서울 아시안게임 800m, 1500m와 3000m 경기에서 우승했다. 당시 언론은 「라면만 먹고 훈련한 헝그리정신」, 「우유를 마시는 친구가 부러웠어요」, 라는 기사를 연일 쏟아 냈다. 임춘애는 그 라면 때문에 더욱 화제가 될 수밖에 없었는데, 당시 가십Gossip을 찾아보았다.[1]

---

1) 블로그 〈해맑은아찌수다방〉의 「24년 전 스타 임춘애 선수의 인터뷰를 보며…」란 글을 참조. http://blog.daum.net/sadprince57/451
 D일보(1986. 10. 3) 외의 기사(K신문, M신문)는 NAVER 뉴스 라이브러리에서 발췌한 것이며, 다른 신문들도 위 기사 내용과 별반 차이가 없을 것으로 사료됨.

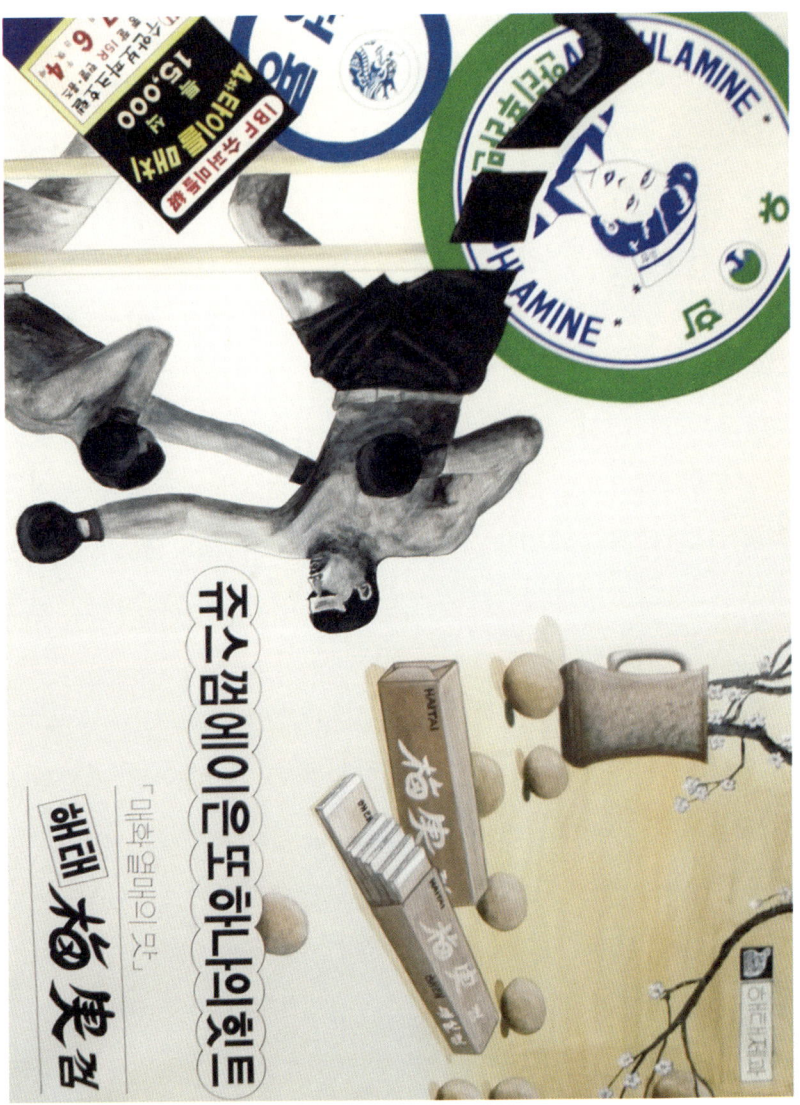

해태 매실껌
1975년 CF 모델은 영화배우 정윤희였고, 권투 선수 유제두도 해태껌 광고를 찍었는데 와지마 고이치와의 경기(1975, 7회 KO승) 장면이 삽입되었다.

林春愛, 라면 먹으며 자라온 꿈나무

밥보다 라면을 더 많이 먹어야 했고 배고픔을 잊기 위해 이를 악물고 뛰어야 했던 임춘애(성남 성보여상 2년). 결승테이프를 끊는 순간 끝내 울고 말았다.

『돌아가신 아빠 얼굴이 어른거렸고 고생하는 엄마 생각이 났어요』

임춘애는 금메달을 목에 건 채 울먹이는 목소리로 말했다. 성남시 은행동의 무허가 움막 사글세방에서 옹기종기 모여앉아 역시 울고 있을 여섯 식구를 생각하며 울었다. 임춘애는 「하늘이 낸 달리기선수」라고 육상인들은 말한다. 못 먹고 못 입으면서 영양실조와 만성위장병, 연탄가스 중독증에 시달려온 그녀지만 육상을 시작하면서부터 결코 남에게 지지 않았기 때문이다.

— D일보(1986. 10. 3) 8면

「왕눈」소녀 林春愛

찌들게 가난한 가정환경 탓으로 우유 한 병 제대로 먹질 못하고 운동화 한 켤레 변변히 장만하지 못했던 林양은 잔병 또한 그치질 않았다.

종아리뼈의 통증 때문에 다리를 절룩거리던 국민학교 때 병원 문 앞에도 가질 못했고, 성남시 은행동의 달동네 8평 사글세방에서 사는 동안 부엌에서 스며드는 연탄가스에 만성중독증세가 있어 심장기능까지 약화됐었다. 또 영양실조에서 오는 만성위염과 구토 증세마저 겹쳐 林양의 어린 가슴에 지울 수 없는 깊고 어두운 응어리를 남겨놓기도 했다.

— K신문(1986. 10. 4) 9면

우유 먹고파 入門한 기록 製造機

열일곱 해를 사는 동안 밥보다 라면을 더 많이 먹고 자란 소녀. "우유라도 맘껏 먹고 뛰었으면 좋겠다"던 이 소녀가 韓國 육상사상 처음으로 아시안게임 2관왕을 차지하고만 것이다. 가냘픈 체격에 비해 다리가 비정상적일 정도로 길고 심폐기능이 발달한 林春愛는 1백년에 한번 날까말까한 천부적인 재목으로 어쩌면 가난 속에 영영 묻혀버릴지도 모를 진흙 속의 진주였다.

林이 달리기를 처음 시작한 것은 城南 상원국교 3년 때인 77년. 육상부에 들어가면 우유라도 하나 얻어먹을 수 있지 않을까 하는 생각으로 자원한 것이다. 우유를 마신 대가로 林양은 열심히 뛰어야 했고 이를 지켜본 金繁一 코치(46)는 그녀의 천부적 재능을 발견하게 된 것이다.

— M신문(1986. 10. 4) 10면

송강호의 대사가 다시 떠오른다. "니, 니들, 내 말 자, 잘 들어. 내, 내가 하늘 색깔이 빨간색! 그때부턴 무조건 빨간색이야. (계란을 들고) 이, 이, 이건 노리끼리한 색이지만 내가 빨간색! 하면, 이것도 빨간색이야."

위 언론 기사를 송강호 앞에 들이밀었다면, 그의 대사는 이렇게 바뀔지도 모른다. "거, 거 봐, 현정화. 현정화가 맞잖아. 라, 라, 라면만 먹구, 우, 우, 우유 먹고 싶어 뛰었댔잖아. 그, 그, 그리고 종아리뼈가 아파서 병원 문, 문 앞에도 못 갔댔잖아. 아파도 자, 자, 자기 발로 못 가면 못 가는 거야. 이게 바로 헝그리 정신이지. 에이치, 유, 엔……."

사실을 객관적이고 공정하게 전달하는 것은 저널리즘의 기본이다. 그러나 사회적 이슈가 생기면 무작정 쓰고 보자는 식으로 최소한의 사실 관계도 확인하지 않은 채 달려드는 언론의 보도 행태를 '하이에나 저널리즘'이라고 일컫기도 한다. 자극적이고 선정적인 문구를 사용하여 사람들의 이목을 끄는 데만 집중하는 보도 형태를 빗댄 신조어까지 생겨났는데, 세월호 참사 당시 일부 언론이 사실 확인조차 되지 않은 보도로 국민의 눈살을 찌푸리게 하면서부터 널리 쓰이고 있기도 하다. 그 신조어는 언급하지 않겠지만, 모욕적 표현은 맞으나 그 신조어가 비교적 많이 쓰이고 있고 사회 상규에 위배되지 않기에 위법성 조각사유阻却事由로 처벌할 수 없다는 대법원 판단도 나온 바 있다. 그런고로 좀 점잖게 설명하자면, 위 기사의 의도는 송강호의 대사처럼 '헝그리 정신'을 강조하고자 하는 애국적 발로, 그 불굴의 투지, 고난과 역경의 극복, 집념과 의지의 한국인, 헝그리 정신의 정통성에 기인한 국수적 사명감 등등 이른바 국뽕에 지고지순하게 입각한 것이라고밖에 볼 수 없다고나 해야 할까.

내친 김에 여담 하나 가첨하자면, 당시 임춘애는 아시안게임 금메달 포상금으로 모두 1억 5000만 원을 받았다고 한다. 그렇기에 서울올림픽에서 예선 탈락하자 '배가 불러서 그렇다'라는 비난에 시달렸고, 대학 3학년 때 은퇴를 선언하자 '그러면 그렇지, 배가 불렀는데 무슨 운동을 해?'라는 말까지 들을 때면 씁쓸할 수밖에 없었다며, 라면에 대한 진실을 털어놓기도 했다.

"라면 이야기는 제가 한 것이 아니라 당시 저를 발굴하고 길러주신 김번일 코치 선생님이 하신 인터뷰에서 열악한 학교 육상부의 처지를 설명하면서 '선수들이 간식으로 라면을 먹는다. 조금 환경이 좋은 학교는 우유도 지원된다'

고 말씀하신 것인데 '임춘애가 17년간 라면만 먹고 뛰었다', '우유 먹는 아이들이 부러웠어요'라고 쓰는 바람에 이후 제가 '라면 소녀'로 불리고 '헝그리 정신'의 대명사처럼 된 것이죠. 당시 체력보강을 위해서 도가니탕과 삼계탕은 물론 뱀탕까지 먹었는데 라면만 먹고 어떻게 뛰겠어요."[2]

역시나 임춘애는 라면만 먹고 뛰지 않았다. 도가니탕과 삼계탕은 물론 뱀탕과의 도발적 조우 또한 있었단다. 라면이 뭐, 마블 시네마틱 유니버스 MCU에 나오는 토르Thor가 들고 다니던 망치 묠니르Mjollnir도 아니고 말이지.

「넘버 3」에서 "라면만 먹구두"라던 송강호의 말에 또다시 간도 크게 토, 토, 토, 토를 달고 말았다. 참고로 세계인스턴트라면협회WINA가 발표한 자료(2019)에 따르면 한국인 1명이 1년에 먹는 라면은 75.1개에 달한다고 한다. 물론 세계 1위다. 여하튼 라면은 적정량의 물만 붓고 끓이기만 하면 되는 조리의 간편함 때문에 충분한 한 끼로서의 격을 유지하고 있다. 시중엔 맛있게 끓이는 방법이란 수십 가지 레시피 또한 심심찮게 나돌고 있다. 개발팀에서 수백 번의 평가를 거친, 포장지 뒷면에 표기된 조리법이 정석일 수 있지만, 그보다 더 유용한 요소를 제시하면서 맛있게 끓이는 방법 앞에 '가장'이라는 부사를 자신만만히 덧붙이곤 한다. 그렇지만 훨씬 더 맛있게 끓이는 방법이라 하더라도 먹는 사람의 식성에 따라 맛의 차이는 만별일 수밖에 없다.

---

[2] 「라면소녀는 와전된 얘기… 도가니탕·뱀탕까지 먹고 뛰었죠」, 문화일보 2010. 4. 16.

삼십여 년 넘게 물리지도 않고 삼시 세끼를 '안성탕면'만 먹고 별 탈 없이 사는 할아버지가 화제가 된 적이 있다. 끓인 면의 뜨거운 물을 버린 다음 찬물 붓고 수프를 뿌려 비벼 먹게 되는데 꼭 냄비 뚜껑에 덜어 먹어야 맛이 난다는 것이다. 오래도록 고수한 그만의 비결이 가장 맛있는 라면을 조리하는 방법일 수 있다. 포장지 뒷면엔 기호에 따라 또는 식성에 따라 김치, 파, 계란 등을 곁들여 드시면 더욱 맛이 좋다는 문구가 있다. 기호는 그것을 즐긴다는 의미를 품고 있고 식성은 그것에 대한 성미를 내포하고 있다. 그 기호와 식성에 따라 곁들여 먹으면 맛이 '더욱' 좋을 것이라고 권유한다. 없으면 하는 수 없지만, 있으면 곁들일수록 '더욱' 좋다는 뜻이다.

　오래전, 시인 L과 밤늦게까지 술판을 벌인 적이 있는데, 그 곁들임이 별스럽게 동원된 독특한 라면 맛을 경험한 적이 있다. 다음 날 일어나 너저분한 술자리를 정리하고 있는데, 늘어지게 하품하며 주방으로 들어온 L이 냉수를 벌컥벌컥 들이켜더니 속을 푸는 데는 얼큰한 국물이 최고라며 직접 라면을 끓여 준다고 한다. 개수대에 가득한 설거짓거리를 닦으며, 아마 기막힌 라면을 맛보게 될 거야, 라며 거듭 장담하는 L의 일거일동을 넌짓넌짓 지켜봤다. L은 라면 끓이는 데 가장 중요한 요소로 물의 양과 불의 세기를 중시하며 조리에 신경 쓰고 있었다. 마침내 L이 끓인 라면이 냄비째 식탁 한가운데 놓였고 각자 앞 접시를 챙겼다. 한쪽엔 간밤에 삼겹살 먹다가 남겼던 쌈 채소 등이 담긴 소쿠리와 잘게 썬 고추와 양파, 마늘 등이 담긴 접시가 놓여 있었다. L은 더 맛있게 먹는 방법을 가르쳐주겠다며 소쿠리에서 상추를 꺼내 손바닥 위에 펼치더니 자기와 똑같이 따라 할 것을 주문했다. 고개를 갸우뚱대면서 L처럼 상추를 펴고 그 위에 쑥갓까지 얹었다. 그리고 면발 한 젓가락을 그 위에 얹고 고추와 양파, 마늘 등도 쌈을 싸듯 차례대로 얹었다. 마지막으로 쌈장까지 알뜰히 얹은 라면 쌈을 한입 가득 넣고 우물거렸다. 이내 L은 맛이 어떠냐고 물어왔고 독특한 라면 쌈이라고 화답했다. 이에 재미 들린 L은 이런 게 바로 '낯설게하기'라며 러시아 형식주의자였던 빅토르 시클로프스키Shklovsky, V.까지 들먹였다. 일상화되어 친숙하거나 반복되어 참신하지 않은 사물이나 관념을 특수화하고 낯설게 하여 새로운 느낌이 들도록 표현하는 것을 이르는데, 작가로 살아가려면 이러한 생각으로 무장되어 있어야 한다는 충고도 빠뜨리지 않았다. 비록 라면을 먹는 데서 비롯되었으나 그 어떤 것도 허투루 간과하지 마라, 라는 L의 방식은, 절 대로 절어 버린 고정관념을 깨뜨리기에 충분했다. 그렇게 라면을 먹으면서 익히게 된 L의 방식은 신선하게 자리매김될 수밖에 없었다.

 기왕 말이 나온 김에 라면에 대한 그의 집착도 다뤄 보자면, 그는 항상 반 개만 넣고 끓였다. 한 개 끓일 때와 같은 분량의 물을 냄비에 채웠으나 라면은 반 개만 넣었다. 수프 또한 반만 넣었다. 라면 반 개에 비해 물의 양이 많다는 생각이 들 수밖에 없었지만, 남겨진 라면 반 개에 해당하는 밥 한 주걱을 국물에 채움으로써 비율을 엉성하게 조절하는 식이었다. 하지만 그 비율은 좀 싱겁다는 인식만 남길 뿐이었다. 남은 반 개의 라면은 노란 고무줄로 여며서 늘 찬장 한쪽에 넣어 두었다. 우연히 찬장을 들추다가 발견한 라면 반 개가 든 봉지는 야물지 못한 맛을 함유한 듯 보였다.

 그가 라면을 끓일 때면, 그녀가 하는 일이라곤 라면 한 봉을 싱크대 위에 올려놓는 게 전부였다. 그녀는 관여하지 않았고, 그렇게 관여하지 않음으로써 그만의 방식대로 라면을 끓일 수 있었다. 여하튼 그만의 방식을 일단 존중할 필요는 있었다. 혹여 그녀가 이삼일 집을 비울 때도 밥솥에 가득 밥을 안쳐 놓고, 라면 서너 봉만 싱크대 한쪽에 올려두면 끝이었다. 그는 싱크대에 올려놓은 라면의 개수를 헤아리고는 고개를 끄덕였다. 그녀는 그가 끄덕이는 행위를 끼니를 충분히 해결할 것이라는 의사 표현으로 받아들였다. 그러한 덕분에 그녀는 마음 편히 출타를 행할 수 있었다.

 차림옷을 한 그녀가 일종의 곡告을 간단히 늘어놓을 때가 있다. 곡告은 허락을 득하는 과정이다. 『예기曲禮』에 '출필곡 반필면出必告 反必面'이란 말이 나온다. 여기서 告가 '고'냐, 아니면 '곡'이냐, 로 알쏭하게 여기기도 하는데, 국어사전에도 '곡'으로 엄연히 표기되어 있다. 암튼 그런 언급 후에, 이 옷 입고 가도 되겠냐고 묻기라도 하면, 그는 퉁명스럽게 내뱉었다.

— 소화가 잘 안 되면 훼스탈 먹고 가면 되지.

 처음에 뭔 말이지, 하고 고개를 갸웃대다가 겨우 간파를 할 수 있었다. 예전에 연극배우 김금지金錦枝가 옷을 잘 소화시키지 못하겠다는 여자에게 '그럼, 훼스탈 먹어요'라며 농을 했다는 기사를 그가 읽고 난 신문에서 잠깐 본 적이 있기 때문이었다. 그걸 알 리 없는 그녀는 마땅히 번지수부터 들먹일 수밖에 없었고, 이내 찬바람 한 줌만 콩바심하듯 털어 냈다.

— 애당초 차림새 물은 내가 잘못이지.

 그녀는 면 종류를 좋아하지 않기에, 라면으로 식사를 챙겨 주는 일이 거의 없었다. 대체적으로 그녀가 출타 중일 때만 라면을 접할 수 있었다. 라면 때문인지는 모르겠지만 그녀가 외출 준비 중이면 끼니때를 넘겨 돌아오는지부터 묻곤 했다. 그 문답이 언제부턴가 싱크대에 라면을 올려놓느

농심라면
초등 2학년 국어 교과서에 나오던 「의좋은 형제」에 나오던 삽화로 디자인된 농심라면 (1975), '형님 먼저 아우 먼저'라는 카피로 입지를 다졌다.

냐, 안 올려놓느냐의 문제로 변환되고 있었다. 그러니까 외출 준비 중이면 싱크대부터 흘깃거리는 것으로 그녀의 일정에 대한 짐작을 에둘러 했다. 그나저나 라면 반 개를 끓이는데 물이 너무 많은 것 아니냐, 라고 건네면 짜게 먹어서 좋을 게 무에 있냐, 라고 대꾸했다. 밥술 뜨기 전, 늘 간장 종지에 숟가락부터 적시던 버릇을 모르는 것도 아닌데 말이다. 여하튼 좀 싱거워 보일 수밖에 없었는데 그는 맛나게 먹었고 밥 한술 말아 국물까지 말끔히 비워 냈다.

그녀가 소담스러운 애호박을 손에 쥐고 마당으로 들어서면서 오늘 저녁엔 된장이나 끓여야겠네, 라는 얘기에도 그는 별 감흥 없이 오늘은 아침부터 입맛이 영, 이라며 담배만 꺼내 문 적도 있었다. 담배 연기가 낮게 깔리는 석양 속으로 불그스름하게 퍼졌다. 그동안 출타할 일도 뜸했기에 그가 라면 먹은 지도 꽤 되었다는 생각이 들었는지, 그녀는 라면을 싱크대 한쪽에 꺼내 놓았다. 그래도 그의 빈 장설간帳設間을 생각해주는 듯했다. 그 광경을 흘끔 본 그는 허공을 향해 담배 연기를 호르르 내뿜었다. 마치 빗길에 번지는 휘발유처럼 담배 연기는 야릇하게 해거름 볕을 파고들고 있었다. 그녀는 뚝배기에 된장 푼 다음, 좀 많다 싶었는지 애호박 반쪽을 넣어 놓기 위해 냉장고 문을 열었다. 냉장고 환한 불빛에 드러난 그녀의 표정은 역시나 무덤덤해 보였다.

—니 아버진 불도장 같은 산해진미보담도 라면 읎인…….

그의 라면 애착에 대해 투덜거리다가 중국의 보양식 불도장까지 끄집어낼 때마저 있었다. 불도장을 불에 달군 도장 정도로 무심히 듣곤 했기에, 그녀가 불도장을 거론할 때마다, 먹지도 못하는 걸 어떻게 라면하고 비교할까, 의아스럽게 생각했다. 게다가 주삿바늘을 알코올 불에 소독하여 어깨에 접종하던 예전의 불주사BCG에 대한 기억마저 불러냈다. 양어깨의 볼록한 흉터는 불주사에 대한 기억을 수시로 소환하는 편이었다. 그렇기에 왜 하필 불도장이냐고 그녀에게 물어보지 않을 수 없었는데, 중국에서 최고로 치는 요리라는 답변이 돌아왔다. 뜬끔도 참, 훼스탈마저 떨어졌나 싶은.

그렇지만 백과사전을 들춰 보니, 불도장佛跳牆은 상어 지느러미 수프의 하나로, 동충하초, 잉어 부레, 자라 등 갖은 재료를 소흥주紹興酒에 재워 고아 만든 요리로, 참선하는 승려도 냄새의 유혹을 참지 못하고 담장을 넘어올 정도라고 해서 붙여진 이름이란 것이다. 그 의미를 파악하고, 이번엔 불도장보다도 더 라면이 좋으냐고 그에게 질문을 던졌다. 한 치의 머뭇거림도 없이 내뱉은 그의 답은 간단명료했다.

— 라면 하나면 족하다.

그의 말뜻은 어차피 불도장 또한 쉬이 구경조차 할 수 없는 음식이란 걸 염두에 둔 듯했다. 불에 달군, 먹지도 못하는 불도장이든 먹을 수는 있지만 구하기가 수월찮은 불도장이든 별반 다르지 않다고 생각했을 것이다. 간혹 라면 반 개는 그에게 가히 묠니르를 쥔 것만큼의 업up된 심정을 만들었을 테고, 그 고조된 심정, 만분 이해하지 않을 수도 없는 것이다.

Whosoever holds this ramyeon, if he be worthy, shall possess the power of Thor.(이 라면을 가진 자가 누구든, 자격을 갖췄다면, 토르의 힘을 얻을지니.)

장기

"나는 이제 밑천이 다 나갔으니 마지막으로 장기 한판에 모든 걸 걸고 끝냅시다."
"좋소."
"내가 지면 저 배를 몽땅 주인장에게 넘기겠소. 만약 주인장께서 지면, 따간 비단은 말할 것도 없고 당신 부인까지도 내어 줘야 하오."

— 『고려사高麗史』〈악지樂志〉에 실린 '예성강곡禮成江曲의 유래'

— 날 밝거든 달골엘 좀 가자.

오래전, 그러니까 그가 쌀농사를 그만두던 그즈음이었다. 나락 농사는 내려놓았지만, 밭작물을 심을 자그마한 밭뙈기와 대문 옆 텃밭은 심심파적으로 경작하고 있었다. 반쯤 태우고 비벼 껐던 꽁초에 불 댕기던 그가 불쑥 달골 얘기를 꺼냈다. 그해 설날에도 달골 얘길 꺼냈지만, 전날부터 내린 눈 핑계를 대며 날이 좀 풀리면 가자고 미뤄야 했다. 그전에 성묘하러 나섰다가 눈 때문에 고생한 적이 있어서였다. 큰할머니 산소가 있는 말구리로 가는 강파른 임도는 눈만 오면 빙판으로 변하기 일쑤였다. 내리막 농로를 지나다가 급기야 차가 미끄러져 도수로에 빠지는 바람에 견인차의 도움을 받아야 했다. 대보름쯤에도 날을 잡았지만 바쁜 일이 갑자기 생기는 바람에 그의 부탁을 들어주지 못했고, 작심하고 잡아놓은 날엔 작달비가 주룩주룩 내렸기에 차일피일 미룰 수밖에 없었다. 아무래도 맑은 날 가는 게 좋겠다고 생각했고, 그도 궂은 날에 행차하는 걸 꺼렸기 때문이었다. 설날부터 불쑥 고개를 치켜든 달골 얘기는 차츰 사그라들었지만, 한시적 정박 상태였기에 출항 날짜만 기다리던 터였다.

그는 주로 자전거 타고 아랫동네 등으로 마실 다니거나 장기 두며 소일하는 편이었는데, 장 받아라, 장기판이 들썩일 만큼 호기롭던 그의 웃음소리가 언젠가부터 무맥하게 바뀌고 있었다. 혹여 달골 얘기 때문일까, 섣부른 예단도 했으나 그는 별 뚜렷한 기색을 보이지 않았다. 혹여 물어보더라도 쉬이 내색하지 않을 게 뻔했다. 여태껏 줄곧 지켜봤지만,

그는 그랬다.

장기를 둘 때면 그는 지는 일이 거의 없을 정도였다. 예전부터 출타를 서두를 땐 자전거부터 찾았는데 항상 귀가가 늦곤 했다. 간만에 면 소재지에 나갔으니, 면청面廳에 들러 볼일도 볼 것이고, 둥구나무끌이나 구판장 앞에서 장기도 둘 것이고, 시장통 국밥집에도 들를 것이란 짐작은 늘 크게 빗나가지 않는 편이었다. 감은빛 땅거미가 소록소록 내려앉을 무렵, 손전등 들고 마중 나가면, 오늘도 내기에서 이겨, 주막거리에서 대포 한잔 걸쳤다며 호방한 웃음을 터뜨리곤 했다.

— 면청 앞 중국집 김 영감하고 내기를 뒀는데, 내가 내리 세 판을 쓸었지. 그래서 대포 한잔하고 오는 길이다. 오늘도 차포車包 하나씩 떼고 뒀는데도 몇 번을 물려달라고 고집부리더구나. 그놈의 김 영감 고집이 어지간해야지. 그케도 별수 없더라마는.

가로 열 줄, 세로 아홉 줄의 말판 위에서 열여섯 짝의 말을 능란하게 부

리면서 활력을 얻는 게 무엇보다 기쁘기만 했다.

　장기 둘 때 보면, 그는 언제나 느긋하게 기물을 배치했다. 상대의 기물 차림에도 크게 신경 쓰지 않았다. 1선에 배치하는 상象과 마馬의 위치를 상대가 어떻게 놓든 간에 관여하지 않았다. 상마상마象馬象馬의 원상 차림을 하든, 마상상마馬象象馬의 안상 차림을 하든, 눈여겨보지 않고 묵묵히 담배에 불을 붙일 뿐이었다. 그러나 그는 대개 상마마상象馬馬象의 바깥상 전술을 쓰곤 했다. 때론 상대가 하나 이상의 기물을 떼자고 요구해도 고개를 끄덕였다. 그 접장기를 둘 때도 조급히 서두르지 않고 상대의 요구를 너그럽게 수용하는 편이다. 또 상대가 한 수 물려달라고 조르면 흔쾌히 받아들이기도 하고, 상대를 너무 압박했다 싶으면 '한 수 쉼'을 외치며 여유 있는 미소를 머금기도 했다.

　—자네, 장기는 둘 줄 아나?

　그는 평소 사람들을 만나면 그런 질문 던지는 걸 즐겼다. 상대가 고개를 끄덕대면 그는 호방하게 웃으며 다음과 같은 답으로 일관했다.

　—그럼, 됐네.

　그러면서 의미심장한 표정만 지었다. 그렇게 물어보더라도 그럼, 장기나 한 수 둘까, 라며 번거롭게 굴지도 않았다. 그저 장기 둘 줄 아느냐, 는 의향만 버릇처럼 타진해보곤 '그럼, 됐네'라며 다소 싱겁게 종지부를 찍곤 했다. 어느 정도 상대에 대한 정세 판단을 완료했다는 생각이 그 어투에 함유되었다고 여겨질 수밖에 없었다. 언젠가, 그 연유를 작정하고 물어보았다.

　—왜 사람들한테 그런 건 자꾸 물어보세요?

장기 둘 줄 안다는 지극히 편견적 단면만 가지고 상대의 의향을 쉬이 변별하려 들까, 그것이 자칫 편향된 판단일 수 있는지 대체 알기나 하는 걸까, 오래도록 허심탄회한 일까지 스스럼없이 공유한 사이라고 하더라도 그 상대에 대해 잘 알고 있다는 일말의 확신은 막연한 착각일 수도 있다는 생각 때문이었다. 부모와 자식 간에도 흔히 그러한 착오가 일어나곤 한다. 완전히 알고 있지도 못하면서 충분히 알고 있다는, 필요 이상의 혼동에 빠져들기도 하니까. 그 노파심이 그에게 답을 요구하고 있었다. 그러나 그의 답은 의외였다.

— 장기를 둘 줄 안다는 건 상대를 속일 수 있는 능력을 가지고 있다는 게야. 장기도 알고 보면 상대를 속이는 게고, 그렇게 속이기 위해서 먼저 상대의 수를 읽어버리는 게지.

연기자는 빵을 벌기 위해 연극을 하는 것이 아니다. 속이기 위해서, 자신을 속이고 속이기 위해서…… 자기가 그렇게 될 수 없는 존재가 되기 위해, 자기가 자기인 것에 염증이 나서 연극을 하는 것이다, 라던 사르트르Sartre, Jean Paul의 말이 착잡하게 머릿속에서 맴돌았다.

그는 정말, 속일 수 있는 능력을 검증하기 위해, 대뜸 장기를 둘 줄 아냐고 물어봤던 걸까. '그럼, 됐네'라는 것은, 상대의 의중을 떠보려는 것이 아니라 일종의 책략적 점검이었던 걸까. 그렇게 넌지시 상대의 심경을 은근히 스캔해 보려 했던 걸까. 별의별 생각이 들기도 했지만, 그는 그에 대한 해명을 절대로 내비치지 않았다.

열 길 물속은 안다 해도 그의 의중을 알아채기는 난감했다. 어쩌면 그의 의중이 천 길, 만 길이나 되는지 모르겠지만, 그는 자신의 수를 상대에게 내보이는 걸 꺼렸다. 그는 그만의 비장의 수를 품고 있는 게 아닐까. 그렇게 상대를 속이기 위해서 수를 먼저 읽어버리는 능력을 특출하게 키웠던 건 아닐까. 아니면 상대를 속이기 위한 게 아닌, 자기 자신을 속이기 위해서 빠르게 수를 읽을 줄 아는 능력을 터득한 건 혹여 아닐까, 하는 생각마저 들었다. 자기만의 숨기고픈 수, 그 비밀스러운 수를 부모와 자식 간이라고 해서 마냥 공유할 수 없는 것처럼. '그럼, 됐네'라는 것이 미리 설정된 디폴트 값Default value이 아니라고 하더라도 그는 여실히 '그럼, 됐네'라는 변숫값만 내리 고집했다. 여태껏 줄곧 지켜봤지만, 그렇다고 천 길, 만 길이나 되는 그의 의중을 꿰뚫어 볼 수도 없지만,

그는 그랬다.

그와 달골에 가던 날은 유난히 청명했다. 답청踏靑하기 딱 좋은 날이었다.
― 어머니도 같이 가시지요?
― 아니다. 니 아버지하고 댕겨 오너라. 엊적부텀 무릎이 영 안 좋은 것 같구나.
― 그럼, 병원이라도 가 보시지요?
― 일단 파스 붙여보구, 심하믄 갈 터니까. 너무 걱정하덜 말고 어서 댕겨 오거라.
함석 덧댄, 낡은 미닫이문이 몹시 뻑뻑했다. 좁은 도가 안엔 고소한 지에밥 냄새가 흥건히 배어 있었다. 찌걱, 소파에 기대어 졸던 남자가 문소리에

급히 눈을 비볐다. 일흔이 다 되어 보이는 남자는 하품 터져 나오는 입을 손으로 막으면서 느릿느릿 몸을 일으켰다.

— 막걸리 한 되 정도만 사려고 하는 데요.

— 여긴 일반 점빵이 아니라서 한 되썩은 안 팔구, 닷 되 이상만 파는 데…….

산소에 들르는 길이라 그렇게 많이 살 필요는 없지만, 차에서 기다리는 그가 워낙 막걸리를 좋아하기 때문에 선뜻 닷 되를 주문했다.

— 닷 되 통은 가져왔쑤.

안 가져왔다니까, 남자는 선반 위에서 비닐로 싸인 통 뭉치를 내렸다. 닷 되들이 플라스틱 통이 다섯 개씩 노끈에 차곡차곡 묶여 있었다. 노끈 풀고 통 하나를 꺼내더니, 황갈색 페인트로 칠해 놓은 쪽문을 열고 술 저장고로 향했다. 술 저장고 바닥에서 피어오르는 시금털털한 냄새가 바짓단을 휘감았다. 남자는 커다란 스테인리스 탱크 뚜껑을 젖히고 몇 번 통통, 휘젓더니 아래쪽에 달린 꼭지의 레버를 젖혔다. 코끼리 몸체만 한 스테인리스 탱크 아래쪽에 축 늘어져 있던, 코처럼 생긴 고무호스가 실룩거렸다. 그 코끼리 코를 타고 살빛 액체가 통 통 통, 닷 되들이 통을 채우기 시작했다.

— 그거 소두小斗 아니냐?

— 한 되씩은 안 판다기에 닷 되를 샀어요.

초등학교 초입에 위치한 도가를 지나니, 노래상회가 보였다. 낡은 아크릴 간판에 표기된 '노래'란 명칭이 고분고분히 다가왔다. 면 소재지가 자리한 동네는 느리내 또는 노내라고 불렸다고 전해지는데, 노내가 자음 동화 작용으로 노래로 변했고 음, 훈 병차竝借에 의해 노천老川으로 표기되었다고 한다. 『황계지黃溪誌』에 적량赤良으로 불리던 명칭이 어떤 연유로 노천으로 변경되었는지는 기록이 없는 탓에 고증할 수 없다고 하지만, 일제강점기 때 마을의 전설 등에서 유래된 지명을 없애고 행정 편의를 위해 한자로 고쳐 적는 행정구역 폐합 정리를 하면서 변경된 게 아닐까, 신중히 추정할 수밖에 없었다.

달골 또한 일제의 개편에 의해 교동橋洞이란 행정지명으로 변경되었다. 오래전부터 달골 또는 다리골로 불렸는데, 차자借字 표기로 하자면 월곡月 谷이지만, 다리 하나 없는 산골 동네의 이름을 교동으로 바꾼 것은 무치한 발상의 결과였다. 동네의 유래에 대한 조사도 없이 행정 편의에 따라 다리 골로 불린다고 어이없게도 교동으로 둔갑시켜버린 것이다. 많은 지역에서 땅이름 되찾기 운동을 전개하면서 고유의 마을 이름을 회복하고 있다. 그도 언론에서 소식을 접하곤 하루속히, '달을 품은 골짜기'라는 의미의 예전 명칭으로 불리기를 고대한다고 토로한 적이 있었다.

그가 한 가지만 더 짚고 가자며, 세계 최고봉 에베레스트Mount Everest에 대해 언급한 적이 있었다. 티벳 사람들은 '대지의 어머니'란 뜻의 초모랑마 珠穆朗瑪라고 부르지만, 그 산 높이를 겨우 잰 영국 측량국장 조지 에베레스트George Everest의 성씨를 붙여 명명했다는 것이었다. 내가 백두산의 높이를 측량했다고 내 성을 붙일 수가 있느냐, 내가 앞산, 뒷산 높이를 쟀다고 내 성씨를 붙일 수는 없지 않으냐, 라며 어리석음에 대해 피력했다. 백번 지당했다.

뒷좌석에 앉은 그가 담뱃갑을 뒤적이는 모습이 룸미러에 비쳤다. 생각에 깊이 잠긴 그의 모습과 홀쭉한 담뱃갑이 대중없는 함수 관계를 만드는

성신 토장군 고토 비료
1970년대 도가에서 배달할 때 사용하던 막걸리통과 술병(일명 두루미), 포대화상(布袋和尙)을 본떴다는 복영감 캐릭터가 그려진 금복주.

듯했다.

— 담배, 다 떨어진 거 아녜요?

노래상회 앞에 내놓은 파란 파라솔 탁자 옆으로 차를 바짝 세웠다. Cass 로고가 새겨진 원형의 플라스틱 탁자는 빛깔이 바랠 대로 바래 있고 한쪽 귀퉁이마저 반 뼘 정도 손상된 상태였다. 파란색 탁자에 한 벌로 딸려 있음 직한 플라스틱 의자는 보이지도 않고, 낡은 나무 의자와 팔걸이가 없는 빨간색 플라스틱 스툴만 놓여 있다. 예전에 문방구였던 노래상회는 잡화점으로 업종을 바꾼 지 오래되었는데, 요즘은 초등학교 학생 수가 스무 명이 채 못 되니 그럴 수밖에 없겠다는 생각이 들었다. 코흘리개들로 미어터졌던 점방의 빛바랜 기억이 빛바랜 플라스틱 탁자 위에 썰렁하게 나뒹구는 듯했다. 비닐봉지 안에 열아홉 마리씩 들어 있던 빨간 돼지저금통, 종이 인형과 딱지, 고무줄과 풍선 등이 줄줄이 내걸려 있었던 출입문 한쪽엔 작년 여름쯤 붙여 놓았음 직한 '추풍령가요제' 포스터만 너덜거리고 있었다. 알뜰히 발라먹었음에도 배부르지 않은 듯 볕살은 여전히 포스터에 들러붙어 입맛을 다시고 있었다.

— 그러믄 환타도 한 병 사 오거라. 니 할미는 술을 안 좋아했던 터라.

그동안 강산이 몇 번이나 변했어도 면 소재지는 그다지 낯설지 않을 만큼, 변한 게 별로 없을 정도였다. 이발관 외벽에 비스듬히 걸린 회전표시등은 기울기를 가늠하지 못한 채 뱅그르르 도느라 정신없고, 중국집 주방 창문으로는 면발 뽑는 탕탕거림이 미끈한 면발처럼 삐져나왔다. 따악, 따악, 중국집을 오래도록 바라보던 그가 몇 번이나 은색 지포 라이터의 뚜껑을 열었다 닫았다 했다. 아마도 한 대 피우고 싶은 눈치였다. 그러더니 짧은 면발 같은 담배 개비를 쭉 뽑아 올렸다. 다시 따악, 은색 지포 라이터 뚜껑 여는 소리가 경쾌하게 들리는가 싶었는데, 눅눅한 목소리가 이어졌다.

― 저 집이 여즉지 장사를 하는구나. 옛날엔 중국 음식을 맹글어 판 게 아니고 그냥 대폿집이었지. 탁배기도 팔고 장국밥도 말아주고 하던…….

반쯤 열린 차창 너머로 담배 연기를 내뿜는 그가 질긴 면발 한 가닥을 쭉 뽑아 올릴 기세를 취했다. 그날따라 그의 이마에 그어진 주름이 꽤나 깊어 보였다. 신작로 왼편 방천 옆에 늘어선 나무엔 봄물이 잔뜩 올라 있다. 물 오른 향내가 열린 문틈으로 스멀거렸다. 그의 낯빛에선 간간함마저 배어 나왔다.

달골 어귀에 우뚝 선 당산나무에도 새순이 옹알이하고 있었다. 올 정초에도 동제를 지낸 듯 금줄이 둘러쳐 있다. 왼새끼에 끼워져 있는 문종이가 바람에 팔락댔다. 왼새끼로 금줄 치는 건 바로 잡귀의 출입을 금한다는 의미다, 라고 그가 뒷좌석에서 거들었다. 그래서 애가 태어날 때도 깨끗한 볏짚으로 왼새끼를 꼬아 둔다는 것이다. 딸이 태어나면 그 왼새끼에 숯과 청솔가지를, 아들이면 빨간 고추를 매달아 대문에 금줄 치고 삼칠일 동안 낯선 사람의 출입을 금했다. 그렇게 금줄 치는 건 신을 구체화하기 위한 작업이었다. 신앙 대상물에 일정한 형태와 성질을 부여해야만 비로소 신령이 지각될 수 있다고 믿었기 때문이었다.

― 지금은 메워지고 없다만, 동네 복판에 가면 예전엔 우물이 있었지. 그 우물에서도 정주제井主祭라 해서 정초에 샘굿을 하곤 했단다. 동네 공동 우물에 물이 잘 나오라고 수신水神께 치성 드리는 고사였지. 우물을 깨끗이 청소한 후에 뚜껑 닫고 금줄 쳐서 제가 끝날 때꺼정 사용을 금했었다. 우물

주위엔 산에서 파 온 붉은 황토를 깔아 놓았지. 글고 제일祭日과 제관祭官이 정해지면 여기 당나무에서부터 금줄 쳐서 외부인의 출입을 막았고, 부락 내에 들어온 사람도 부락 밖으로 나가지 못하게 했지. 또 제를 지내는 날 밤중엔 동네 사람들도 문밖출입을 가급적 삼갔지. 당시 집안 아저씨가 제수를 장만했던 걸로 기억한다. 새벽 일찍 장에 나가곤 했는데 제물의 흥정은 일체 안 될뿐더러 농담조차 금했다고 하더구나. 만에 하나 입을 잘못 놀리면 부정 탄다 했기 때문이지. 그만큼 엄격하게 치러졌고 정성을 쏟았던 동네의 연례행사였단다. 어릴 땐 귀신 붙은 낭구라 해서 당낭구 옆엔 얼씬도 안 했지. 학교 갈 때도 동네 뒤쪽 고개티로 둘러 댕기곤 했는데…….

 그가 보통학교 다닐 때 에워갔다는 고개티 쪽으로 핸들을 돌렸다. 먼발치에 우뚝한 밤나무가 보였다. 밤나무 아래엔 널찍한 빈터가 있다. 밤나무 가지에서 청설모가 반드르르한 털빛을 내보이며 기민하게 움직였다. 밤나무 아래엔 밤톨 없는 밤송이 빈톨만 나뒹굴고 있었다. 차 트렁크에 실린 배낭을 꺼내 둘러맸다. 도가에서 산 막걸리 통도 꺼냈다. 한 되 정도만 가져 올라가면 되는데, 나눌 빈 통도 마땅찮은지라 닷 되들이 통을 그대로 가지고 올라갈 수밖에 없었다. 흑갈색 중절모를 바드름하게 쓴 그도 지팡이를 꺼내 짚었다. 길섶에 더북더북 우거진 갈참나무 가지가 성가셨다. 번거롭게 달려드는 갈참나무 가지를 손에 잡히는 대로 분질렀다. 그냥 놔두면, 뒤에 따라오는 그에게 집적거릴 게 분명해 보였다. 돌아오는 벌초 때는 길섶 또한 깔끔히 정리해야겠다는 생각이 들었다.

 뒤따라오던 그의 걸음발이 무뎌진 게 확연히 드러났다. 바로 뒤에 오는 줄 알고 뒤돌아보면 저만치 쳐져서 따라오고, 또 쳐다봐도 좀체 거리가 좁혀 들지 않았다. 주위를 둘러보며 일부러 천천히 걷는 데도, 뒤돌아볼 때마다 힘에 부친 기색이 역력했다.

― 먼저 올라가거라. 내 뒤따라가마.

― 이젠 다 왔는 걸요. 천천히 올라오세요.

그가 지팡이에 두 손 얹은 채 가쁜 숨을 몰아쉬었다. 길옆에 핀 연분홍 참꽃이 창백하게 부서지는 소리를 냈다. 좀처럼 좁혀지지 않는 공간적 거리가, 몹쓸 세월이 빚은 기구한 간극처럼 비쳤다. 잠시 막걸리 통을 내려놓고 상수리나무 옆에서 그를 기다렸다.

장기 둘 때 보면, 그는 언제나 느긋했다. 그러나 지금 가풀막을 오르며 힘겨워하는 그에게서 장기판 앞에서의 한만한 표정을 찾을 수가 없었다. 지팡이 짚고 한 발 한 발 힘겹게 일구는 동력에서 예리한 각이나 여유로움이 전혀 생성되지 못한다는 게 자명해지고 있었다. 무언가 결핍된 움직임이 불충분한 형상으로 지각되는 것 같았다. 전후좌우 자유자재로 이동하는, 차車와 같은 행마법行馬法으로 돌진하는 그를 염두에 두다가, 병兵처럼 조심조심 한 칸씩 걸음을 딛는 걸 보니, 자꾸만 어떤 고정 위치에서 비껴난 듯했기 때문이다. 마馬와 상象의 행마는 일 보 전진한 후, 대각선으로 한 칸이나 두 칸을 가게 된다. 그 마와 상이 다닐 수 있는 길목을 멱이라고 한다. 하지만 이동 경로에 다른 기물이 가로막고 있으면 진행할 수가 없다. 그는 지금, 한 발씩 내딛으며 좌우에서 어기적대는 멱을 헤치고 있는 건 아닐까. 여태껏 무수한 멱을 건너고, 피하고, 돌아가고 했지만, 이젠 세월 무게를 감당하지 못할 정도로 버거워 보였다. 어쩔 수 없다는 걸 알면서도 굴하지 않고 무던히 버둥질치는 듯한 형상으로 다가오긴 하지만, 그 좁은 공간 사이에 부유하는 공허함이 묽게 곤 조청처럼 걸쭉하게 엉겨들고 있었다.

—이제 다 올라왔구나.

거친 숨을 고르잡더니 손갓을 하고 산 아래를 휘 둘러보고 있었다. 달골은 그가 나고 자란 고향으로 보통학교 사 학년 때까지 유년 시절을 보낸 곳이다. 온자한 닭둥우리 같은 지형 속에서 어미 닭의 훈훈한 냄새가 피어오르는 듯했다.

가마니

일제 말기 전시체제제하에서 가마니는 군수품이었다. 농민들은 할당된 매수를 채우기 위해 강제적으로 가마니를 짜야 했다. 전쟁을 수행하기 위해 일제는 가마니 생산과 가격을 철저하게 통제했다. 급기야 얼마 되지 않는 가마니 생산 대금은 '애국'이라는 미명 아래 성금에 충당해야 했고, 전쟁에 필요한 무기를 구매하는 비용으로 헌납해야 했다. 가마니 성금으로 비행기를 바치는 지경에 이르게 되었다. 부업이라는 허구의 명분 속에서, 또 전쟁 물자, 국방헌금으로 활용된 가마니 생산을 통해 일제는 농민층의 노동력을 철저하게 수탈해갔던 것이다.
— 인병선·김도형, 『가마니로 본 일제강점기 농민 수탈사』(창비, 2016), 32쪽.

    내가 태어나기 전부터 그와 그녀는 가마니틀을 들여놓은 아랫방에서 진종일 가마니를 짰다. 추수가 끝나자마자 가마니 짜기에 돌입하면, 이듬해 보릿가을이 시작될 때까지 틈틈이 계속되었다. 바늘잡이였던 그녀가 바늘대로 짚 가닥을 재바르게 질러주면 그는 바디로 쿵쿵 다졌다. 가마니틀 옆에는 간식거리인 배추꼬랑이와 날고구마 등이 가맛바가지에 담겨 있었다.

    — 니가 돌을 갓 지났을 때였는데, 젖 물리고 나서 아랫목에 재워 놓으면 쿵쿵, 바디 내리치는 소리에도 잘 깨지 않았지. 설사 잠에서 깨어나더라도 혼자 잘 놀곤 하더구나. 천장을 쳐다보구 까르르 웃기두 하구.

    — 정말요? 천장에 뭐가 있다고.

    — 그 천장에 꿀단지가 달려 있기는 했지. 꼬막단지에 무명 오리로 꼰 끄나풀로 대롱대롱 매달아 놓았었지.

    — 그걸 왜 천장에 매달아 놓았나요?

    비밀이다, 라며 그녀는 웃어넘겼지만, 아무래도 당시 꿀이 귀했으니까 손 탈 수도 있어 그러지 않았을까 하는 생각만 들었다. 흔들개비처럼 매달려 있어도 공기의 진동이 없으면 움직이지도 않았을 텐데 그걸 보고 웃었는지 아니면 바디질 소리에 웃었는지는 불분명했다. 어쩌면 그녀가 넉살 좋게 한 웃음엣말일 수도 있었다.

가마니는 1900년대 초에 일본이 조선에서 쌀을 수탈해 가기 위해 들여온 '가마스かます'에서 비롯된 질곡의 산물이다. 가마니가 보급되기 전에는 섬이나 멱서리 등에 곡식을 담았다. 또 곡식의 양을 재는 단위로 '가마'라는 용어가 쓰이곤 하는데, 그것 또한 가마니가 들여온 이후에 생겨난 것이다. 조선 시대 도량형은 섬이나 석石이었다. 보리 두 섬, 공양미 삼백 석처럼.

수어사 이시백은 성 안을 뒤져서 빈 가마니를 거두어들였다. 석빙고 안에 얼음 가마니 오백 장이 쌓여 있었는데, 강에서 얼음을 실어 올 길이 끊겨 석빙고는 비어 있었다. 성 안 사찰에서 묵은 쌀가마니 이백 장을 거두었고, 인적이 끊긴 오일장터에서 행상들이 좌판으로 쓰던 가마니와 주인이 달아난 숯도가에서 빈 숯가마니를 끌어냈다. 가마니 일천 장이 서장대 마당에 쌓였다. 지난 추수 때 짠 가마니는 아직도 썩지 않고 볏짚 향기가 살아 있었다.[1]

가을에 백성들이 논바닥에 버린 볏짚을 모조리 긁어모아서 가마니를 짰다. 가마니로 막사의 창문과 담벽을 덮어 외풍을 막았다. 새로 짠 가마니에서는

---

1) 김훈, 『남한산성』(학고재, 2007), 83쪽.

경기 NK-마그
가마니틀과 펜 날줄을 고르는 바디. 경기화학공업(1954년 설립, 남한 최초의 비료 회사)에서 생산한 비료로 NK는 질소(N)와 가리(K)를 의미한다.

벼의 향기가 났고 햇빛의 냄새가 배어 있었다. 노란 가마니를 뒤집어쓴 수영 막사들은 초가집처럼 평화로워 보였다.[2]

『인조실록仁祖實錄』이나『승정원일기承政院日記』에도 공석空石으로 표기되어 있다.『인조실록』엔 병자호란이 일어나기 4년 전인 1632년, 당시 수비 군졸과 옥중 죄인들에게 빈 섬을 나누어 주도록 했다는 기록도 나온다.[3] 섬에 구멍 뚫어서 손과 목만 내놓게 한 이른바 거적이었다. 짚을 두툼하게 엮거나, 새끼를 날經을 하고 짚을 씨緯로 하여 자리처럼 만든 물건이 거적이라고 사전에 나온다. 또 섬을 만들려고 엮은 거적이나 섬을 뜯은 거적을 섬거적이라고 한다. 위 소설에서 "가마니로 막사의 창문과 담벽을 덮어 외풍을 막"은 것과 "행상들이 좌판으로 쓰던 가마니"는 거적이나 섬거적이란 낱말로 충분히 대체할 수 있었다. 고증적 고찰이 아쉽다. 게다가 '논바닥에 버린 볏짚'이란 표현은 영 거슬릴 수밖에 없다. 이 땅 민초들은 논바닥에 함부로 볏짚을 버리지 않았다. 볏단을 일일이 지게 등으로 탈곡할 장소인 집 마당이나 근처 공터로 져 날랐고, 볏짚은 소먹이 또는 생활 용구의 재료로 요긴하게 쓰였다.

늦가을 햇볕에 추수가 끝난 들판은 메말랐다. 백성들은 논밭으로 나오지 않았다. 빈 들판에 쌓인 볏짚 속으로 가을볕은 깊게 스몄다. 군사들을 풀어서

---

2) 김훈,『칼의 노래』(생각의 나무, 2001), 307쪽.
3) 송기호,「흰 옷과 치마저고리」(대한토목학회지, 2007)

고금도 경작지의 버려진 볏짚들을 모두 거두어들였다. …(중략)… 군사들이 볏짚을 단으로 묶었다. 묶음은 어른 키만씩 했다. 추수가 끝나고 노는 백성들을 동원해서 군사들을 돕게 했다.[4]

위 문장에서도 '빈 들판에 쌓인 볏짚'이란 표현이 나온다. 군사들을 풀어 볏짚을 단으로 묶는 장면을 묘사했는데, 역시나 당시엔 볼 수 없는 광경일 수밖에 없다. 요즘은 콤바인 등으로 탈곡을 하기에 볏짚이 논바닥에 쌓일 수 있지만, 예전엔 논에서 거의 탈곡을 하지 않았기에 '빈 들판에 쌓인 볏짚'이란 표현은 전혀 고증되지 않은 풍경일 뿐이다. 설령 논에서 탈곡을 했더라도 볏짚을 논바닥에 버릴 리는 만무했다. 마소에게 먹일 여물이나 사료가 풍족할 뿐더러 더는 짚풀로 필요한 도구를 만들지 않아도 될 만큼 생활 환경이 변했고, 대체제 또한 다양한 형태로 쏟아지고 있는 요즘 풍경에서나 가능한 장면이다. 소설을 집필할 당시, 추수 끝난 들판을 지나다가 우연히 볏짚 묶는 장면을 목격했는지는 모르겠지만, 그 광경 또한 1990년대 이후에나 볼 수 있었을 뿐이다. 부주의에서 일어난 오류이며 혼동시混同視한 상황 묘사로 지적될 수밖에 없다. 예전에 벼를 본 적도 없는 도회지 아이들이 '쌀나무'라고 일컬었다는 에피소드 또한 떠오른다.

역사를 다루는 소설의 시간적 흐름은 역사적 상상력을 토대로 현시점에서 과거 시점으로 자연스레 귀착될 수 있도록 세심히 조정할 필요가 있다. 그러려면 사건을 다루고 있는 현시점이 아니라 사건이 발화한 공간 속으

---

4) 김훈, 『칼의 노래』(생각의 나무, 2001), 370~371쪽.

로 끌어들일 수 있는 거시적 설계, 시공간이 설정되면 그 시대의 어휘 자료를 채집하고, 거기에 맞춰 사건을 진행해야 한다. 그 시대의 사건을 전달하려면 그 시대의 용어일수록 실감적 표현에 더 적합하다. 이건 취사선택의 문제가 아니다. 그 구체적 시간과 물리적 공간 속에서 통용되던 용어 선택에 신중했어야 한다. 굳이 가마니라는 언어 기호로 표현하지 않더라도 당시의 곤궁한 형세를 대체할 수 있는 용어들이 다양하게 존재하고 있었다는 것이다. 잘못된 용어는 자칫 잘못된 관념을 불러올 수 있다. 가마니를 일제의 농업 침탈의 산물로 받아들이지 않게 되면서 다소 위험한 역사적 안목에 사로잡히게 할 수도 있다. 대중은 추상적 공간에 저장된 가마니를 심지어 이 땅 민초의 아픔으로 취급하지 않을 수도 있다. 일제가 가마니들을 보급하고 어린 학생에게까지 가마니 짜는 법을 가르치며 군수품 조달에 광분하던 가마니에 대한 실상을 거스르게 하고, 병자년 당시에도 성 안에 널리고 널렸던 일천 장의 가마니에 대한 기억 회로를 가동시킬 수도 있다. 그렇게 널리고 널렸던 가마니에 대한 기억이 일제 강점기 가마니에 대한 아픔으로 전이되지 못할 수도 있다. 지나치게 부각된 가상적 용어인 가마니란 허상이 자칫 실상의 존재를 배제시킬 수도 있다는 것이다. 그릇된 허상은 그렇게 그릇된 관념의 틀 속에 가두려고 하기에 경계의 밖으로 빠져나오기가 수월치가 않을 수도 있는 것이다.[5]

그가 바디 들어 올려 한 번은 바로, 한 번은 엇갈리게 바디질 하면, 새끼

---

5) 윤남석, 「가마니, 그 굴절된 표상과 문화적 파급력에 대한 고찰」, 『충북학』 제22집(충북학연구소, 2020)

줄로 촘촘히 만 날줄 사이로 그녀는 연신 짚을 질러 주었다. 그녀의 잰 손놀림만큼이나 그의 바디질은 태깔 나는 어울림을 자아냈다. 그녀가 바늘대 끝에 물린 짚을 질러 넣으면 그는 바디로 내리쳐 올을 꼼꼼히 다졌다. 검불 추린 짚을 바늘대에 먹이면 날줄이 되고 바디 구멍마다 끼워진 가는 새끼줄은 씨줄이다. 바늘대는 길게 쪼갠 대나무로 다듬었는데 끄트머리를 갈고리꼴로 깎아 짚을 물리기 쉽게 만들었다. 두세 개의 짚을 그 갈고리꼴에 감아 바디 아래쪽에서 바늘대로 밀어 넣게 된다. 위로 들어 올린 바디 손잡이를 앞으로 젖히면 홀수 줄이 앞으로 나오고 짝수 줄은 뒤로 밀려난다. 그 홀수 줄과 짝수 줄의 벌어진 틈으로 바늘대에 물린 짚을 질러 넣는다. 다시 바디 올려 손잡이를 뒤로 젖히면 짝수 줄이 앞으로 나오고 홀수 줄은 뒤로 밀려난다. 그 벌어진 틈으로 여지없이 짚을 질러 넣는다. 이렇게 바디 손잡이를 앞으로 젖혀 날줄을 내리꿰기도 하고 또 뒤로 젖혀 내리꿰기도 한다. 그 씨줄의 교차와 바늘대로 먹인 날줄에 의해 가마니가 짜이게 된다. 쿵쿵, 분주한 손놀림에 점차 가마니는 완성되어 갔다. 두어 시간 만에 한 장 정도를 짜기 때문에 오전 나절에 두 장, 오후에 석 장 정도를 짜는 편이었다. 그렇게 하루에 댓 장 정도의 가마니를 짰다.

　군사 정부가 들어서면서 국가재건최고회의의 직속 기관으로 '재건국민운동본부'가 설치되었고 재건국민운동이 전개되었다. 각급 행정구역 단위마다 촉진회가 조직되었으나 성급한 효과만을 위한 사업의 획일화, 자발적 참여 부족으로 큰 성과를 거두지 못하고 정치적 소용돌이에 휘말리며 재건국민운동본부는 이내 해체되었다. 이후 발족된 '재건국민운동중앙회'

는 중등학교에 진학하지 못한 청소년들을 위한 재건학교를 공회당 등에 설치하였고 마을금고 설치 운동을 전개하는 등 소기의 성과를 거두기도 했다. 정부에서 입도록 권장한 작업복인 재건복, 재건중학교, 재건국민체조 등 '재건'이란 용어가 당시 국민적 캐치프레이즈로 자리 잡았고, '재건, 재건, 만나면 인사'라는「재건의 노래」와 '재건합시다'라는 인사말까지 학교에서 가르치기도 했으며, 연인들 사이에서는 주머니 사정이 넉넉지 않았던 시절이었으니까 손잡고 걷기만 하던 '재건데이트'까지 유행했다고 한다. 재건은 이미 없어졌거나 허물어진 것을 다시 일으켜 세운다는 뜻이다. 그러니까 애초에 없던 것을 만들어내면 '신생'이 맞을 수 있지만, 애초에 있었든 없었든 간에 무조건적 '재건'이란 용어로만 모든 걸 정돈시키려 했다. 그렇게 '재건'을 앞뒤 재지도 않고 오만 곳에 들이댔으니 비위 틀릴 일도 부지기수였으며 칙칙한 선전 구호로 비쳐질 수밖에 없었다고 한다.

날새끼는 주로 동네 사랑으로 쓰던 오 영감 집에서 꼬았다. 저녁상을 물리면 추린 짚을 들고 오 영감 집 사랑채에 사람들이 하나둘 모여들었다. 면청에서 하달한 재건청년회 및 부녀회 운영 지침에 대해 토의하면서 새끼를 꼬았다. 문맹 퇴치를 위해 공민반에서 학생 모집한다는 고지와 함께, '아침저녁 모은 풀이 마른 강토 기름진다', 라는 퇴비 증산 표어를 나눠주며 집집마다 마루 기둥에 붙일 것을 당부하기도 했다. 이외에도 관혼상제 간소화, 밀주 근절, 아궁이 개량, 그리고 사방 공사를 위해 싸리나무 씨와 오리나무 씨를 채집하고, 부녀회에 개량 메주 만드는 법을 보급하자는 내용 등이었다. 그 자체 사업 계획에 올해부터는 초가를 와옥으로 개수하자는 내용이 추가되었다. 농한기를 이용하여 곡용 가마니와 멍석, 둥구미, 자리,

삼태 등을 삼고, 싸리비 등을 만들어 납품함으로써 시멘트 기와 계약금이라도 충당하자는 것이었다.

이청준의 단편 「눈길」을 보면, 지붕 개량 사업에 관한 구절이 적나라하게 묘사되어 있다. 노인은 "이장이 쫓아와 뜸을 들이고, 면에서 나와서 으름장을 놓고 가"는 일이 한두 번이 아니었다며 하소연을 늘어놓는다.

"우길 것도 뭣도 없는 일 아니겠냐. 지놈들도 눈깔이 제대로 박힌 인간들일 것인디…… 사정을 해 오면 나도 똑같이 사정을 했더니라. 늙은이도 사람인디 나라고 어디 좋은 집 살고 싶은 맘이 없겠소. 맘으로야 천번 만번 기와도 입히고 기둥도 갈아내고 하고는 싶지만 이 집 꼴을 좀 들여다보시오들, 이 오막살이 흙집 꼴에다 어디 기와를 얹고 말 것이 있겠소…."[6]

당시 가옥 구조로 봐서, "원칙은 그저 초가 지붕을 벗기고 기와나 도단을 얹은 것이었지만, 기와의 하중을 견뎌 내기 위해선 기둥을 몇개쯤 실한 것으로 갈아 넣어야 할 집들이 허다"[7]할 수밖에 없었을 것이다. 도단은 아연 도금된 함석을 일컫는 말로 일본식 발음 토탄とたん에서 온 표현이지만, 아연을 의미하는 포르투갈어 Tutanaga가 그 어원이다. 그리고 보면, 새마을이란 미명은 권위적 관료의식이 낳은 권위적 근대화 작업임을 부인할 수는 없다. 정부 주도 정책이다 보니 목표치를 할당해서 하부로 내려보냈고,

---
6) 이청준, 「눈길」(『文藝中央』1977 겨울, 創刊前號, 중앙일보사), 196쪽.
7) 이청준, 「눈길」 위의 책, 197쪽.

반강제적 동원을 통해 참여율을 억지로 끌어올리는 등의 폐해도 만만찮았다. 「새마을 노래」에 나오는 가사처럼 '초가집도 없애고 마을길도 넓'혔지만, 농민들의 살림살이는 나아지지 않았다. 당시 가장들에겐 배우지 못하고 가진 것 없지만 가난의 대물림은 하지 않겠다는 응어리진 사명감 같은 게 존재했다. 자신은 비록 가난의 한恨을 풀지 못했지만, 자식만은 그렇게 키우지 않겠다며 소도 팔고 돼지도 팔고 땅도 팔아 학비를 대주었고 자식들은 그 강요에 따라야만 했다. 순수한 학구열보다는 다수의 소작농 부모의 한이 강박적으로 어필되었다는 측면 또한 없지 않았다. 그러나 수시로 부역에 동원되는 탓에 기회비용조차 건질 수 없었다. 예로부터 농번기에 농사일을 공동으로 하기 위한 두레가 부락마다 존재했고 막걸리 한잔 나누며 풀도 같이 베곤 했지만, 퇴비 증산이라는 강제적 목표치에 맞추도록 닦달하는 불합리에 마지못해 응할 수밖에 없었다. 그런저런 동원 탓에 낙후된 환경의 개선 효과라는 가시적 성과는 이뤘지만 농가 경제 수지엔 큰 도움이 되지 못했다. 초가지붕을 슬레이트나 도단으로 바꾸긴 했으나 소득은 증대되지 못했기에 이농 현상은 두드러질 수밖에 없었다. 초등학교 사 학년쯤, 통일벼, 유신벼가 아닌 일반벼 품종 볍씨인 밀양 15호를 파종했다는 이유로 자전거 타고 온 면 서기 두 명이 갑자기 못자리에 들어가서 활대 부수고 모판을 마구 어질러 놓는 일을 목도한 일도 있었다. 공권력을 빙자한 행패였다. 요즘 같으면, 남의 사유 재산을 일개 공무원이 분탕질 칠 수 있을까. 그렇지만 1970년대 당시는 그러했다. 면 직원에게 항의조차 할 수 없었다. 시쳇말로 까라면 까야 했다. 능동적 참여가 아닌 반강제적 동원을 통해 겉치레 치적을 남기긴 했지만 몽매한 민중의 입장에서는 고까울 수밖에 없었다. 북한에서도 1950~60년대 천리마 운동과 청산리방법靑山里方法이 시행되었고, 일제 강점기 때도 농촌진흥운동 같은 정책이 있었다. 여하튼 미혹에서 깨어나지 못한 민중의 애꿎은 등살만 가일층 경직될 수밖에 없었던 사업이었다. 그런데도 '그때가 좋았지'. 라며 당시 경직화된 시절을 애모하는 노년층들이 요즘도 존재한다. 혹여라도 그 시절로 시간이 되돌려지기라도 한다면 고개 절레절레 저으며 경풍 일으킬 양반들이.

어차피 대중들은 개, 돼지입니다. 거, 뭐 하러 개, 돼지들한테 신경을 쓰시고 그러십니까? 적당히 짖어대다가 알아서 조용해질 겁니다.[8]

매상하려는 곡용 4두입斗入의 가마니는 날수 38~40, 폭 2척 7촌, 무게 750~900돈, 그 외에 빛깔, 건조 상태 등 까다로운 규격을 맞춰야 했다. 그런데 종전 1등 12원, 2등 9원 하던 것이 잦은 비로 말미암아 탈곡과 함께 다급하게 가마니의 수요가 증가되었고, 정부 추곡 매상 담보 등으로 인한 비생산지의 소비자가 많아서 등외等外를 불문하고 한 장당 최고 15원까지 쳐주었다고 한다. 그러니 밤에도 호롱불 켜 놓고 짜면 두 장 정도는 더 짤 수 있다고 부추겼다는 것이다. 사실 가마니 한 장을 짜는데 추린 짚 여섯 단 정도가 들어가니 부지런히만 하면 농한기 최적 부업거리긴 했다. 긴 바늘대로 짚을 질러 넣는 그녀의 손길이 더욱 바빠졌고 그의 바디질도 힘이 넘쳤다.

---

8) 영화「내부자들」(감독 우민호, 2015) 이강희(백윤식 분) 대사.

그렇게 짠 가마니를 쇠바늘로 정성 들여 꿰매고, 열 장씩 가지런히 묶었다. 열 장씩 묶은 가마니를 '한 죽'이라고 한다. 가마니를 달구지에 가득 싣고 공판장에 가면 농산물검사소에서 나온 검사원이 등급을 매기기 마련인데, 그해 봄에는 수량 부족으로 등급도 매기지 않고 매상 받는 바람에 꽤 짭짤했단다.

저 집이 여적지 장사를 하는구나. 옛날엔 중국 음식을 맹글어 판 게 아니고 그냥 대폿집이었지. 탁배기도 팔고 장국밥도 말아주고 하던…….

그가 노래상회 옆에 자리한 중국집을 물끄러미 바라보며 했던 얘기가 소환되어 재생되기 시작했다. 당시엔 별 관심 없이 듣기도 했지만, 후에 그에 관한 자세한 얘기를 접할 수 있었다.

―그니까…… 곡우 전에 지붕 개수를 하려고 청명쯤, 장 하사를 만나 계약금을 치렀지. 퍼뜩 개수를 끝내고 침종浸種을 서둘러야 했기 때문이지. 근데 씨멘 기와를 실어다 주기로 약조한 날, 하루 죙일 기달려도 기와 실은 구룸마가 도착하지 않는 게야. 다음 날, 조짐이 심상찮아 아침 일찍 떠먹고 시오 리 너머에 있는 씨멘 기와 공장으로 갔지. 장 하사는 강원도 양구에서 군 생활까지 같이 한 후배였는데, 씨멘 기와 공장에서 일을 거들고 있던 참이었지. 마침 재건청년회에서도 초가 걷어 내고 기와 얹는 지붕 개수를 생활 개선 사업으로 권장하던 터였는지라, 가마니 공판날, 풍미각에서 그에게 씨멘 기와를 주문하고 계약금을 줬지. 내보다 댓살 아래였지만 싹싹하기 그지없었지. 성님, 걱정 마시고 오는 스무이튿날 제가 우차로 배달허겄습니다, 라며 대포를 찰방찰방 따라주던 장 하사가 보이지 않는 게야. 애시당초, 장 하사에게 계약금을 맡긴 게 잘못이었지. 이미 닷새 전에 서울로

떠났다고 하더구나.

 그 가마니 매상 돈을 장 하사에게 시멘트 기와 계약금으로 몽땅 줬으니, 그의 속이 쓰릴 수밖에 없었다. 나머지 잔금은 가을걷이 후에 지불한다는 조건이었고, 적당히 걸어도 될 계약금을 상략한 성격의 장 하사를 믿은 탓에 고스란히 줬던 게 실수였다. 그의 가슴속은 불에 덴 듯 쓰렸다. 그는 허망한 속을 축이려고 주막에서 대폿잔만 연거푸 비워 냈다.

— 그 뒤론 장 하사라는 사람, 만나질 못하신 거예요.

— 서둘러 침종 끝내고 며칠 뒤, 낫을 베리러 대장간엘 갔지. 대장간 박 영감이 그러더구나. 워낙 장 하사가 맥힌 데 없이 사근사근했기 때문에 그런 사정이 있을 거라곤 생각도 못했지. 그러니까 장 하사가 열서넛 무렵, 시름시름 앓던 생모가 그만 저 멀리 떠났다더구나. 장 하사 애비는 웃골 과부와 살림을 채렸는데, 장 하사보다 큰 애를 둘씩이나 델꼬 들어왔다고 하더구나. 그렇게 사는가 싶었는데, 장 하사 애비가 금광으로 돈 벌러 간다고 떠난 이후로 소식이 끊긴 게지. 막장이 내려앉는 사고로 죽었다는 얘기도 들리고, 또 새살림 차려 만주로 떠났다는 소문도 떠돌곤 했다는구나.

그가 담배 연기를 훅 내뿜었다. 닥나무 속껍질을 표백시킨 백닥처럼 얄따란 연기가 난분분하게 번졌다.

— 장 하사는 의붓애미 밑에서 눈칫밥 묵으며 큰 게지. 잦은 타박이 싫어 서둘러 군 입대도 한 게고. 군 생활할 때도 동향 사람이라서 각별하게 챙겼었는데…… 죽어도 그런 얘길 안 꺼내니 집안 사정엔 나도 캄캄할 수밖에…….

그의 입가에서 우우한 한숨마저 묻어나는 것 같았다. 그는 담배 문 채로 고독한 표정을 지으며 얘기를 이었다. 흑갈색 중절모에 입에 문 담배, 험프리 보가트Humphrey Bogart가 떠올려졌다. 보가트는 흡연 연기로 이름을 얻기도 했는데, 담배 문 채 얘기하는 것을 동명사 어미 'ing'를 붙여 보가팅Bogarting이라고 부를 정도였다.

— 그러구러 제대하고서, 그래도 새 어밀 모시고 잘살아 보겠다고 바동거렸는데 수월하게 풀리지 않았던 모양이더구나. 그 안날, 그 집에서 심하게 다투는 소리가 들렸다던데, 그래서 홧김에 서울로 간다고 짐을 싼 거 같더구나. 애시, 금이 커질 대로 커져 물 줄줄 새는 단지 속에 틀어 앉는 게 아니었는데 말이다.

어깨 축 늘어뜨린 그는 집으로 무거운 발걸음을 옮겼다. 고샅엔 저녁연기가 스미듯 깔렸다. 그는 휘청댈 정도로 취해 있었고, 종종걸음 치는 저녁 햇살은 처진 어깨 위에서 실없이 차랑거렸다. 빈손으로 돌아오기가 뭣해, 외상으로 산 고등어 한 손을 든 그의 손을, 고샅길에 자욱이 피어오른 저녁 연기가 시시풍덩하게 휘감았다. 저녁연기가 꿉꿉한 고독감을 어설프게나마 말려주는 듯했다.

고등어 한 손 들고 털렁털렁 고샅길에 접어든 그와, 새벽 첫차를 타기 위해 차부車部로 터벅터벅 발걸음을 옮기는 장 하사의 처진 어깨가 한 장 한 장씩, 환등기 불빛같이 꿈틀대는 뿌연 담배 연기 속에 투사되었다. 뿌연 담배 연기가 그때의 장면을 마치 '투과광' 기법처럼 재현하는 듯했다. '투과광'은 데자키 오사무出崎統가 개발한 애니메이션 기법으로 한낮 태양을 볼 때처럼 눈부신 느낌을 표현한 기법이다. 오사무 감독은 거친 질감의 흑백 일러스트로 장면을 전환시키는 '하모니' 기법도 선보이는 등 독특한 연출

카사부란카
1957년 중앙극장에서 「카사부란카」라는 타이틀로 국내 개봉. 잉그리드 버그만, 함푸리 보가드 主演. 『黑幕』(단기 4293), 『재건통신』(1962)

로 유명했다.『도전자 허리케인』의 조,『보물섬』의 실버 선장의 결정적 액션 신을 거친 필치의 일러스트를 삽입, 일시적 정지 장면으로 표현한 테크닉은 분위기를 한층 고조시켰다.

털렁털렁, 터벅터벅.

역시나 뿌연 담배 연기는 객관적 상관물客觀的 相關物로서 손색없이 작동되고 있었고, '하모니' 기법처럼 털렁털렁, 터벅터벅이 강한 필치의 정지 화면으로 각인되는 듯했다. 그 화면 배경엔 황량한 공간이 강박적 탐색을 거듭하며 선회했다. 그의 우수에 젖은 보가팅 속에서, 그렇게 낡은 화면이 물안개처럼 뿌옇게 피어오르고 있었다.

등이 푸른 자유

> 저무는 태양은
> 들판을, 운하를, 도시를 온통
> 보랏빛과 금빛으로 물들인다
> 세상은 잠든다,
> 따뜻한 빛 속에서
> — 보들레르, 「여행의 초대」, 『악의꽃』 함유선 역,
> (밝은세상, 2004), 78~79쪽.

조부모 산소엔 자색 순의 조개나물과 노란 쇠스랑개비가 앙가조촘하게 피어 있었다. 배낭에서 꺼낸 음식을 상석 위에 진설하고 막걸리를 안다미로 따랐다. 멀찌감치 앉아 섬마 앞산 쪽을 바라보던 그가 한마디 했다.

— 환타도 한 잔 올려라.

솔정자골에 우뚝 선 송전탑이, 벌레처럼 스멀스멀 기어오르는 아지랑이에 포위되고 있었다.

— 멧돼지가 묘를 마구 헤집는다는 뉴스도 봤지만, 여기는 괜찮을지 모르겠구나.

설마 여기까지 내려오겠어요, 라며 심려를 놓게끔 유도해 보지만 떨떠름한 기색이었다.

— 음복하셔야죠?

잔을 받아 쥐자마자 쭉 들이켠 그가 입 주위를 스윽 훔쳤다. 파릇한 움이 바람에 재잘거렸다.

— 대포 맛이 여전하구나.

— 한 잔 더 하시겠어요.

— 그러자꾸나.

통을 들어 찰방하게 따랐다. 아물아물, 여전히 아지랑이는 꼼지락대며 송전탑에 바싹 들러붙어 발버둥질 치고 있었다. 벌컥벌컥, 목젖 타고 흘러나오는 소리가 다시 발랑댔다.

— 예전 일본에서 학교 마치고 취업하기 위해 시험 준비할 때다.

담배에 불붙이던 그가 작정한 듯 시무룩한 어조로 운을 뗐다. 후욱, 내뿜는 연기에서도 비장함이 묻어 나왔다.

그는 보통학교 4학년 1학기를 마치고, 달골을 떠나 큰아버지가 사는 일본으로 건너갔다. 당시 큰아버지는 도호쿠東北 북서부에 위치한 아키타秋田에서 장사를 하고 있었다. 일찍이 일본으로 건너가 쓰치자키항土崎港에 터 잡은 큰아버지가, 어려서 총기 밝은 그를 제대로 공부시키겠다며 불러들인 것이다.

열차 타려면 역이 있는 황간까지 꼬박 두 시간을 걸어가야 했는데, 그때 그는 데고이치デゴイチ라 불리던 D51 증기기관차를 처음 구경할 수 있었다. 그리고 부산에서 시모노세키下關로 가려면 일본의 철도성 연락선 3등칸에 몸을 싣고 여덟 시간 가까이 뱃멀미에 시달려야만 했다. 그렇지만 기관차 데고이치, 관부연락선關釜連絡船 곤고마루金剛丸, 그는 괴이하기 짝이 없는 열차나 기선 같은 물체를 '처음 보긴 했지만'이라며 감정의 표출을 극도로 아꼈으나, 당시 열두 살 산골 소년이 느꼈을 호기심과 설렘은 솜구름처럼 뭉실뭉실 피어오르고도 남았을 것이다. 정말이지 "**희망으로 온몸을 떨던**

등이 푸른 자유"를 실감했을 때였지 싶다. 그 실상을 제대로 움켜쥐고 싶어 마음 또한 다잡았을 것이다. 시모노세키에서 산요선山陽線 열차를 타고 도쿄東京로 향했고, 거기서 다시 아키타 가는 열차에 몸을 싣고 꼬박 이틀을 더 가야 했다. 그러니까 달골에서 아키타 현県까지 가려면 이레나 여드레 정도 걸렸다고 한다. 생각만 해도 지겨울 수밖에 없겠으나, 아마도 낯선 이국 풍경에 산골 소년의 달뜬 가슴은 쉬이 수그러들지 않았다. 그는 바다가 내려다보이는 언덕에 자리한 학교土崎小学校로 편입했다. 이후 소학교를 졸업하고 아키다상업중학교秋田商業中学校에 진학하게 된다. 당시 중학교 학제는 5년제였는데, 요즘의 중고등학교 과정이었다.

상업학교에 들어가고부터는 당시 한국 사람을 낮잡아 부르는 조센징이라는 소리를 유독 심하게 들을 수밖에 없었는데, 일본 학생들의 그 놀림이 감내하기 어려운 고통이었다며 토로했다. 괘씸하기 짝이 없었으나 나라 잃은 아픔을 곱씹으며 애써 흘려들을 수밖에 없었다. "희망으로 온몸을 떨던 등이 푸른 자유"를 나름 꿈꿨지만 이방에서의 학창 생활은 그렇게 풀이 스르르 꺾일 수밖에 없었고, 이를 극복하기 위해 찾은 곳이 유도부였다. 땀에 전 도복으로 매트 위를 뒹굴면서 설움을 달래야만 했다. 아키타상업학교는 야구 명문이었고, 대운동장에서 트레이닝을 할 때면 야구부 훈련도 구경할 수 있었다고 한다. 그러다가 육상부 코치의 제의를 받게 되었는데, 트레이닝할 때마다 그의 실력을 눈여겨본 모양이었다. 그렇게 육상부에서 발군의 실력을 보였으나 늘 후보군에 속할 수밖에 없었다. 오로지 조센징이라는 이유에서였다.

코오노 에츠코河野悦子, 그녀는 와요여자중학교和洋女子中学校 5학년 학생

이었다. 에츠코는 눈이 또렷하고 뽀얀 얼굴이었다고 한다. 아키타는 교토京都, 하카타博多와 더불어 전통적으로 미인이 많은 탓에 아키타비진あきたびじん이란 말까지 생겨날 정도였다는 것이다. 아키타는 일조량이 다른 지방에 비해 상대적으로 적기에 자외선의 영향이 적을 수밖에 없다. 게다가 적설량 또한 엄청나기에 바깥 외출을 되도록 꺼린 까닭에 아키타비진은 뽀얀 피부로 유명했다는 것이다. 그에게서 일본에서 보낸 학창 시절 얘기는 귀에 딱지가 앉을 정도로 들었지만, 또래 여자 에츠코에 대한 얘기는 전무했던 터라 적잖이 당황스러웠다. 그는 작심이라도 한 듯 '에츠코'에 대한 카드를 꺼내 들었다.

상업학교에 갈 때마다 훈련 삼아 내달리면서 가곤 했는데, 늘 도심의 게야키けやき 거리를 지나쳤다. 거리 끝 지점에 이르면 오모노가와雄物川가 유유하게 흐르고 있었고 건너편엔 니혼 오일 정유소가 있었다. 부둣가 쪽 연안해운 앞에 놓인 다리를 건너면 철쭉나무가 군락을 이룬 언덕바지 아래쪽에 학교가 자리하고 있었다. 게야키 거리엔 큰 우체국秋田中央郵便局이 있었는데, 학교를 오가려면 우체국 근처 주재소 골목 모퉁이에 자리한 만두 가게를 지나칠 수밖에 없었다. 감색 세일러복을 입은 여학생 에츠코와 만두 가게 앞에서 자주 마주치곤 했는데, 에츠코의 부모가 그 가게를 운영했기 때문이었다. 잘 빚은 만두처럼 동그란 얼굴에 귀염성스러운 에츠코가 가슴속에 서서히 달덩이처럼 자리를 틀었으나 그런 마음을 털어놓을 기회를 좀처럼 잡을 수 없었다. 게다가 만두를 사 먹을 만큼 용돈 또한 넉넉지 않았기에 가게 안으로 들어갈 엄두조차 낼 수 없었다. 그는 느티나무 가로수가 우거진 게야키 거리를 달려서 학교에 갈 때면, 언제나처럼 육상부 유니폼을 입고 다녔다. 그의 등번호는 십일 번. 러닝셔츠 뒤엔 아키타상업학교와 큼지막한 숫자 11이 새겨져 있었다. 방학 때도 육상부 훈련은 계속되었기에 늘 에츠코네 가게 앞을 지나쳐야 했다. 가게 유리문엔 야키소바やきそば나 오코노미야키おこのみやき 등의 메뉴가 적힌 종이가 뜨거운 여름 볕살을 흠뻑 머금고 있었다. 땀을 뻘뻘 흘리며 여느 때처럼 가게 앞을 지나치고 있었는데 낯익은 여자 목소리가 들려왔다.

'쥬우이치じゅういち 파이팅'

쥬우이치는 백넘버 11을 가리켰다. 뒤돌아보니 빨간 하카마はかま를 입은 에츠코가 주먹을 들어 보이며 빙긋이 미소 짓고 있었다. 멋쩍은 나머지 그는 머리를 긁적이면서 가벼운 손인사만 건네곤 다시 내달려야만 했다. 그 후부터 에츠코는 그가 달리는 모습을 볼 때마다 '쥬우이치 파이팅'이라는 격려의 인사를 종종 건네곤 했다. 에츠코의 응원을 받은 날은 힘이 솟구치는 것 같았기에 더욱 열심히 달렸다.

매년 가을이면 도호쿠東北대항대회가 열렸는데, 아키타에서도 학생부 선발전이 열리게 되었다. 여러 종목의 출전 선수들이 참가하기 때문에 응원 오는 학생들 또한 적지 않았다. 그러나 그는 출전할 수 없었다. 늘 후보군에 묶여 있었기 때문이었다. 와요여중에서도 참가했기에 에츠코 또한 응원팀에 섞여 있을 것이라고 여겼지만 그는 붙박이처럼 벤치만 지켰다. 아키타상업학교의 육상 단거리 주전은 스기우라 고헤이杉浦康平였다. 고헤이처럼 뛸 수만 있다면 분명 에츠코가 '쥬우이치 파이팅'이라고 외칠 것 같앉는데 말이다. 에츠코의 그 응원을 제대로 받으면서 멋지게 달리고 싶었는데 말이다. 고헤이를 비롯하여 아키타상업학교의 육상부 주전들은 대표 자리를 꿰차게 되었지만, 이후 그는 학교를 오갈 때마다 늘 지나치던 만두 가게 쪽은 애써 피해 다녀야 했다. 주전도 아닌 후보군이라는 걸 들통 난 마당에 만두 가게 앞을 지나가기가 왠지 열없어 보였기 때문이었다. 그래서 그는 우체국 방향이 아닌 아키타현청秋田県庁舍 쪽으로 부러 둘러 갔다고 한다. 그렇지만 그는 이를 악물고 달렸다.

도호쿠대항대회가 열리는 미야기宮城 현県 센다이仙台 운동 공원은 입추의 여지가 없을 만큼 각 도시에서 온 사람들로 붐볐다. 경기 전날, 그는 하늘에 총총 뜬 별들을 바라보며 나토리なとり 강변을 홀로 내달렸다. 시월 밤의 별빛은 찬란하기 그지없었으나 졸업반이었던 그는 그 마지막 대회에서 그저 별 볼 일 없는 후보 선수라는 생각에 무지근할 뿐이었다.

다음 날 육상 감독의 낯빛이 매우 창백해 보였다. 다름 아닌 백 미터 주전 고헤이가 배탈이 났기 때문이었다. 침술사를 급히 불러와서 자침법刺鍼法 치료 등을 해봤지만 고헤이의 상태는 그리 호전될 기미를 보이지 않았다. 여전히 고헤이는 배를 움켜쥐고 화장실을 들락날락했다. 불행인지 다행인지 감독은 그에게 트랙에 나가 몸을 풀라고 지시했다. 만년 후보였던 그가 백 미터 달리기에 출전하는 행운을 얻게 될 것이다. 정말 하늘이 도운 것이라고 믿고 싶었다.

등번호 쥬우이치. 그가 스타트 라인에 섰다. 아키타 현에서 응원 온 학생들의 함성이 귀에 쟁쟁했다. 에츠코는 비록 관중석에 없었으나 이국땅에서 처음 받아보는 열렬한 호응이었다.

간빠레がんばれ.

'힘내라'는 응원 함성이었다. 마치 독도 명예 군수 정광태가 불러 야구장 등을 뜨겁게 달궜던 응원가 "힘내라 힘! 힘내라 힘! 젖 먹던 힘까지, 싸워라 싸! 싸워라 싸! 싸워서 이겨라"처럼, 간빠레, 라는 연호가 센다이 운동 공원을 들썩이게 했다.

만감이 서렸다. 열띤 함성은 역동적인 양력을 추진시키기에 부족함이 없었다. 그래, 죽을힘을 다해 한번 뛰어 보는 거다. 이 기회에 그 조센징, 이라는 놀림을 훌훌 털어내 보는 거다. 탕, 신호총이 급속도로 공기를 진동시키며 온몸의 세포를 급격히 일깨웠다. 백 미터 라인 안의 느슨한 공기가 당황스러울 만큼 세차게 공기 흐름을 뚫었다. 뜨거운 함성이 라인 안쪽으로 빠르게 들어찰수록 느슨한 공기는 라인 밖으로 빠르게 밀려났다. 라인 안쪽에 어정쩡하게 남아 있던 공기의 마찰 계수 또한 빠르게 상승할 수밖에 없었다. 덕지덕지 몇 꺼풀 응고된 조센징이란 놀림이, 경기장을 들썩이게 하는 함성 속에서 강력히 융해되는 듯했다. 그 마찰력에 공기마저 뜨끈뜨끈해졌다. 이를 악물고 온몸 세포들의 마지막 발악을 유도하며 결승선을 향해 나아갔다. 그의 공식 기록은 12초 8. 아쉽게도 은메달이었다. 그래도 첫 대회에서 얻은 수확치고는 대단한 것이어서 지극한 대접을 받을 수 있었다.

손가락 사이에서 피어오른 생담배 연기가 매캐하게 스쳤지만, 그가 쏟아 내는 언어는 점차 환한 햇살 속에서 괭하게 기지개를 켜고 있었다.

─ 도호쿠대항대회가 끝나고 센다이에서 돌아온 날, 니 큰어머니가 참으로 대견하다며 만두를 사 준다더구나. 뛸 듯이 기뻤단다. 사실 고생했는데 뭘 먹고 싶으냐고 묻기에 서슴없이 만두라고 답했다마는.

그와 큰아버지는 열다섯 살 차이였고, 일본인이었던 큰어머니 사가와 타미에佐川民江는 큰아버지와 동갑이었다. 큰어머니는 그에게 언제나 자상하고 살뜰히 대해 줬기에 형수라는 생각보다는 왠지 고모 같다는 생각이 들 때가 많았다고 한다.

─ 은메달을 목에 건 채 만두 가게로 갔지. 그런데 에츠코가 보이지 않더구나. 은근히 에츠코에게 은메달을 자랑하고 싶었는데 말이다. 첨 먹어 보는 만두였지만, 그날따라 왜 그리 맛이 없게 느껴지던지. 그 이후로도 만두 가게 앞을 지날 적마다 유리창 틈새로 안을 기웃거리곤 했지. 허나 에츠코를 볼 수가 없었다. 조센징이란 놀림을 당하면서도 에츠코를 맘속에 그려 보고 있으면 모든 게 눈 녹듯 풀어지는 것 같았는데.

들고 있던 꽁초가 다 타버렸다는 걸 눈치챘는지 그제야 땅바닥에 비벼 껐다. 막걸리 잔을 들어 벌컥벌컥, 들이켜더니 그가 다시 말을 이었다.

─ 두어 달 뒤에 졸업하고 막 바로 만철 시험 준비를 하게 되었지. 에츠코는 친척 덕택에 일찍이 취업했기에 그동안 보질 못했던 게지. 에츠코를 다시 만난 곳이 바로 도서관秋田市立中央図書館이다. 시험 준비 때문에 도서관을 찾았고 에츠코는 사서로 일하고 있었지.

만철은 남만주철도회사南滿州鐵道株式會社를 줄여서 일컫던 약칭으로 그는 큰아버지의 권유로 시험 준비를 시작하게 되었다. 당시 만철은 젊은이들이 선망하는 일본 최대의 주식회사로, 철도를 통해 아시아 정복과 식민지

지배를 공고히 하고자 했던 일본 제국의 모습을 상징하는 곳이었다. 만철은 다롄大連과 창춘長春 사이 칠백 킬로미터를 시속 백 킬로미터로 달리는 초특급열차 '아시아호'를 선보이기도 했다.

— 그동안 에츠코에게 변변한 말 한마디 건네지 못했다만, 작심하지 않을 수 없었지. 에츠코도 '쥬우이치'라면서 참으로 반갑게 맞아 주더구나. 공부도 공부지만 에츠코를 만나러 가는 도서관이 매일 뒤설레기만 했지. 아마 도서관 마당에 서 있는 자목련이 꽃잎을 벙긋 터뜨린 날이었을 게다. 그 목련나무 아래서 에츠코에게 적극적으로 맘을 털어놓았지. 그치만 연삭삭한 성격의 에츠코도 자꾸만 머뭇거리더구나. 암만케도 조센징이기에 그럴 수도 있겠단 생각만 들 뿐이었지. 그렇다고 그만둘 수도 없었다. 앗긴 마음을 수습하기도 쉽지 않았었고. 나중엔 에츠코도 차츰 마음을 열더구나. 센슈코엔千秋公園에 하나미花見 갔을 때였지. 아마.

이백 년은 족히 넘어 보이는 실벚나무에 매달린 부시게 흰 꽃송이가 센슈공원 가는 길목을 환하게 비추고 있었다. 여름이면 성벽 바로 밑에 파놓은 해자垓子엔 연보랏빛의 연꽃이 함초롬히 피는데, 연밥을 부리로 재바르게 낚아챈 까마귀가 단풍나무 숲으로 숨어드는 진경도 이따금 볼 수 있는 곳이다. 자연과 한껏 어우러진 센슈공원은 언제나처럼 고즈넉한 분위기를 풍기고 있었다. 그날 에츠코의 옷차림은 수수했지만, 봄볕이 부담스러웠는지 전통 양산 히가사日傘를 든 모습은 퍽 이채로워 보였다. 따사로운 봄볕에 히가사에 그려진 **보라색 나비**가 날개를 다독였다. 길섶에 피어난 제비꽃이 그 보라색 나비를 유혹하는 듯 보였다. 봄바람에 제비꽃도 팔랑거렸고 보라색 나비 또한 팔랑거렸다. 도시락을 준비했다며 조그만 벤또弁当

가방을 들어 보이는 에츠코의 입가에도 역시나 미소가 팔랑거렸다. 성루를 따라 예전 장대將臺가 있던 자리에 올라가니 시내가 한눈에 내려다보였다. 아키타 역엔 화물열차가 허연 증기를 내뿜고 있었다. 어느샌가 에츠코는 그의 팔짱을 끼고 있었다. 르네상스 양식으로 지은 아키타 은행 건물 너머로 노을이 지는 풍경이 성첩城堞 위에서 넘실거렸다. 붉은 벽돌로 지어 아카렌가赤レンガ로 불렸던 은행 건물은 노을빛으로 물들기 시작했고 부시게 흰 벚꽃 잎에도 이내 짙붉은 꽃노을이 스며들고 있었다. 히가사에 그려진 보라색 나비는 묘한 향기를 머금고 있는 듯했다. 보랏빛만이 품고 있는 야릇하고도 신비스러운 느낌처럼.

— 하나미 이후, 에츠코와의 관계는 급속도로 가까워지게 됐단다. 첨엔 불장난쯤이라 여겼으나, 그 불길이 사그라들지 않고 활활 타오른 게지.

드디어 아지랑이가, 힘겹게 점령한 송전탑을 마구 흔들어댔다. 마치 꽃노을이 번진 센슈공원의 그날 벚꽃처럼 이내 이글이글 타오를 듯했다.

— 한 잔 더 묵자꾸나.

조개나물과 노란 쇠스랑개비가 바람에 나팔거렸다. 막걸리 통을 두어 번 흔들어 고루 섞이게 한 다음, 잔에 따랐다. 노란 쇠스랑개비꽃을 물끄러미 쳐다보던 그가 한숨을 길게 토해 내고 나서 잔을 집어 들었다.

— 그해 여름 끝물 무렵이었을 게다. 에츠코와 다자와 호수田沢湖에 바깥나들이 가게 되었지. 비취 빛깔 호수가 그리 아름답다는 얘기가 자자했기에 작정하고 나서게 되었지.

센보쿠仙北郡에 있는 다자와는 화산 활동으로 생긴 칼데라 호수로 둘레만도 22킬로미터에 달하며 수심은 423미터로 세계에서 17번째로 깊은 호

수이기도 하다. 깊은 수심 탓에 겨울에도 얼지 않으며 다츠코たっこ라는 소녀가 용으로 변해 호수를 지키는 신이 되었다는 전설도 전해져 오고 있다. 신비스러운 물빛이 그려내는 호수의 풍광은 탄성을 자아냈다. 호수 둘레를 따라 돌다가 큼직한 삼목 아래 벤치에서 잠시 쉬게 되었다. 빨려들 듯한 에메랄드빛 호수만 바라보는 에츠코의 눈빛은 금방이라도 그 찬란한 빛깔에 휘익 빨려 들어갈 것처럼 보였다. 한동안 정적이 흘렀고, 한참 뒤 에메랄드 빛깔 호수를 품고 있던 에츠코의 눈동자에 물기가 비쳤다. 볕살 머금은 섬약한 그 물기엔 슬픈 빛깔마저 어려 있었다. 아무래도 회임한 거 같다는 에츠코의 울먹대는 얘기에 일순 그의 가슴엔 쏴한 바람이 한 줄기 일었다. 에츠코의 그 얘기를 듣는 순간, 마치 멍멍한 기운이 으스스 낚아채는 것 같은 기분이었다고 그는 표현했다. 광활한 호수는 하늘과 산을 스스럼없이 아늑하게 품고 있었지만, 울먹대는 한 여인조차 아늑하게 품을 처지가 못 되는 자신이 한없이 미워질 수밖에 없었다. 울적한 기분을 조금이라도 달래주기 위해 어깨를 토닥이며 위로의 언사를 몇 번이고 덧붙였지만 에츠코의 눈동자에 어려 있는 애잔한 에메랄드 물빛은 쉬이 풀어지지 않았다. 에츠코의 애틋한 눈빛은 전설로 내려오는 다츠코 히메たっこ姬를 자꾸만 떠올리게 했고, 여전히 호수는 빨려들 듯한 물빛으로 유혹하고 있었다.

―결국 니 큰아버지에게 순순히 털어놓을 수밖에 없었다. 예상했지만, 노발대발부터 시작하더니, 당장 고향으로 돌아가라고 역정을 내더구나. 공부시켜 보겠다고 일본으로 불러들였더니, 하라는 공부는 안 하고 연애질이나 했으니 오죽했겠냐. 그러나 점차 에츠코의 배가 불러오는 걸 눈치

챈 니 큰어머니가 문간방으로 불러들이더니 친정 에미처럼 다독거리더구나. 니 큰어머닌 그래도 무척 다정다감한 편이었지.

— 사촌 형이라던 사람이 혹시…….

그가 담뱃갑을 뒤적이며 고개를 주억거렸다.

— 꽃바람이 유독 치근대던 봄날이었지. 지독한 난산 끝에 그 녀석이 태어났단다. 광현이가…….

지포 라이터 뚜껑을 열자 바람이 헤살 놓았다. 그는 손을 잔뜩 오므려 쥐고 라이터를 켰다. 옹송그린 손가락 사이로 삐져나온 연기가 바람에 흩뿌려졌다.

— 마침내, 에츠코의 부모도 이 사실을 알고 들이닥쳤지. 잘 댕기던 도서관을 갑자기 때려치우고 간토關東에 있는 큰 의류 회사에 취직이 되어 간다고 가짓불해 놓고선, 만두 가게에서 기껏 십여 리 떨어진 이 동네에 숨어 애를 낳았으니 기고만장할 수밖에. 더구나 내가 조센징이라는 걸 알고 더욱 치를 떨더구나. 한 칠 지난 애를 방 안에 놔두고, 에츠코는 머리채 잡힌 채 질질 끌려가고 말았지.

그는 백 미터 스타트 라인에 섰던 도호쿠 대회 때처럼 전심력을 다해 만철 시험 준비에 더욱 박차를 가했다. 그렇지만, 머리채 잡힌 채 끌려간 에츠코를 생각하면 억장 같은 절망이……, 라며 당시 상황을 술회했다.

— 갈팡질팡 허둥대던 마음을 다잡고 시험공부에 매달리는 게 제일 좋은 상계라는 생각이 들더구나. 그렇게 만철에서 합격 통지를 받은 후, 만두 가겔 찾아가서 에츠코를 만나게 해달라고 졸랐지. 가급적이면 조선 경성 사무소로 발령 신청해 놨으니 같이 떠날 수 있게 허락하면 안 되겠냐고. 하

바람과 함께 사라지다
수도극장에서 최초 개봉(1957년)된 영화로 "After all, tomorrow is another day."를 "내일은 내일의 태양이 뜬다."로 번역. 크라크 게이블, 뷔뷔안 리 主演.

지만 어림 반 닷곱 없는 소리로 여기더구나. 너 같은 조센징에게 내 귀한 딸내밀 줄 수 없다고만 하더라. 바닥에 꿇어앉아 세 시간 동안 기다렸지만 허사였다.

내뿜는 담배 연기 속에서 그의 한숨 또한 짙게 배어 나오고 있었다. 억장 같은 절망이라는 그의 표현이 당시 심정을 충분히 대변해 주고 있었다. 억장億丈은 억장지성億丈之城의 줄임말로 억 장이 될 정도로 높게 쌓은 성을 가리키며 한 장丈은 대체적으로 사람 키 정도의 높이를 이른다. "부술수록 더욱 부서지지 않는 무너뜨릴수록 더욱 무너지지 않는 벽은 결국 벽으로 만들어지는 벽이었다"[1]라는 시 구절을 얼핏 떠올리게 했다.

억장 같은 절망, 그만큼 극심한 절망 상태에 빠졌다는 의미였다. 보이지 않지만 엄연한 실체를 가진 벽, 실체를 가졌으나 도저히 헤아려지지 않는 벽, 그가 표현한 억장은 그러한 벽이었다. 아주 지독하고 허무하기만 한.

---

1) 정호승, 「벽」, 『이 짧은 시간 동안』(창비, 2004), 118~119쪽.

험악한 고해

신은 인간이 괴로움 속에서 날조해낸 우상에 지나지 않는다. 인간 고뇌의 똥이 뭉쳐져 있는 냄새나는 시체에 불과하다. 비틀비틀, 취한 자가 공연히 망령된 언사를 내뱉으며 위험한 발길로 무덤을 향한다. 기름이 다하면 등불은 자연히 꺼진다. 업이 다하면 무엇이 남겠는가?
— 나쓰메 소세키, 『나는 고양이로소이다』(H&book, 2004), 147쪽.

1945년 3월 9일 밤, 도쿄 하늘에 출격한 334대의 B-29 폭격기는 1700톤의 소이탄燒夷彈을 쏟아부었다. 이 폭격으로 10만 명 이상의 시민이 불타 죽게 된다. 이후에도 일본의 각 도시는 미 공군USAAF의 폭격을 받게 되고, 8월 6일 히로시마에 원자폭탄 '리틀 보이Little boy', 8월 9일 나가사키에는 '팻 맨Fat man'이 투하되었다. 히로시마는 일본군 제2사령부가 있었던 병참 기지였고 나가사키는 군수품, 선박, 무기 등 전쟁 물자를 생산하는 주요 도시였다. 인과응보因果應報, 일본이 받은 어쩔 수 없는 과보일 수밖에 없지만, 그 피해자 속에 무고한 조선인이 섞여 있었다는 사실조차 간과될 수는 없다. 당시 조선인 사망자만 무려 4만여 명으로 추정되고 있다. 일본의 행위에 대해선 그 어떠한 응징도 마땅하다고 할 수 있으나, 애석하기 그지없는 시민들까지 참혹한 죽음에 이르게 한 것은 가혹한 짓이었다. 그야말로 눈 뜨고는 차마 볼 수 없는, 말 그대로 목불인견目不忍見의 참상이었다. 원폭으로 수십만 명이 죽었고 피폭자被爆者 또한 80만 명에 이르렀다.

영어로 Hibakusha,

일본어 발음 히바쿠샤ひばくしゃ는 그 이후로 피폭자를 가리키는 국제적 공용어가 되었다. 군수 시설이나 군대 주둔지, 병참 기지 등을 정밀 타격하는 건 합당한 전술일 수 있으나 무차별적 폭격은 학살이나 진배없다. 한국 전쟁 때도 영동 노근리, 단양 곡계굴, 여수 이야포, 포항 등지에서 일어난 부당하기만 한 이러한 폭격은 전술이 아닌 무지막지한 학살이었다.

그가 거주하고 있던 아키타 쓰치자키에도 미 공군의 전략 폭격이 자행된다. 8월 14일 밤, 보잉 B-29 슈퍼포트리스 314기를 동원한 제315폭격편대가 쓰치자키 상공에 기습적으로 나타났다. 저녁 10시 30분부터 다음 날 오전 3시 30분까지 계속된 쓰치자키 대공습土崎大空襲이었다. 폭격기 편대는 100kg 폭탄 7360개와 50kg 폭탄 4687개를 투하하고 물러갔다. 목조 건물이 많았기에 소이탄 폭격을 한 것인데, 그것도 최대한 많은 지역을 파괴하기 위해 계산된 값을 적용한 폭격 방식을 '악마의 방정식'이라고 일컫는다. 이것이 미 공군의 마지막 일본 본토 공습이었고, 1만 2000발의 소이탄 융단 폭격으로 니혼 오일 정유소는 전멸되었고 쓰치자키 항구는 초토화되었다. 도시 곳곳이 화염에 휩싸였고 수백 명의 사상자가 발생했다.

밤 열 시 무렵, 공습경보 사이렌이 요란하게 울리기 시작했다. 라디오에서도 B-29 편대가 포착될 시 방공호로 대피하라는 내용을 방송하곤 했다. 당시 큰아버지 집에도 뒤쪽에 뭉툭한 건전지를 고무줄로 동여맨 라디오가 있었기에 신속히 대피할 수 있었다. 다행히 화를 면할 수 있었지만 엄습해 오는 두려움은 좀체 걷히지 않았다. 번쩍번쩍 치솟는 섬광은 방공호 안마저 대낮처럼 환하게 밝힐 정도였고, 아릿한 연기는 방공호 안으로 스멀스멀 스며들었다. 다섯 시간 넘게 이어진 극도의 공포는 방공호 안을 흠뻑 적시고도 남았다. 폭격기 폭음 소리가 잦아들었는지 해제경보 사이렌 소리가 들렸지만, 새벽녘까지는 밖으로 나갈 생각조차 할 수 없었다. 겨우 방공호에서 나왔을 땐, 사방 천지에 불꽃이 화르르 치솟고 있었다. 큰아버지 집 뒤편 장마당 쪽에서도 거센 불길이 일고 있었고, 매캐한 연기는 바람 타고 소학교 쪽으로도 몰려오고 있었다. 큰아버지와 그는 연기를 뚫고 부리나케 집으로 달려갔지만 이미 집은 흉물스러운 몰골로 변해 있었다. 넋 나간 표정으로 무심한 하늘만 망연스레 바라볼 수밖에 없었다.

　기진맥진한 채 소학교 운동장으로 되돌아왔다. 나무 그늘에 빼곡한 사람들은 간밤에 무지막지한 행패를 부리던 하늘만 우두커니 쳐다볼 뿐이었다. 집이 불타버렸으니 이만저만한 실의가 아니었을 것이다. 누구를 탓할 기력조차 없는지 무거운 침묵만 흘렀는데, B-29 편대가 다시 느닷없이 나타날 수도 있다는 막연한 두려움 또한 분명 존재하고 있었다. 그렇기에 방공호 주변을 떠나길 주저할 수밖에 없었다. 도시 전체가 마비되었으니 배급이나 구호물자 따위조차도 생각할 수도 없었다. 우물가에서 길어온 맹물만 벌컥벌컥 들이켜 댔다. 간밤의 B-29 횡포에 화를 면한 것만도 여간 다행이 아니라는 생각만 하는 것 같았다.

　따가운 땡볕이 메마른 운동장을 슬금슬금 구워 댔고, 현관 벽 귀퉁이에 설치된 스피커에선 심한 잡음이 한동안 이어지고 있었다. 그 잡음 또한 땡볕처럼 몹시 성가시게 했다. 점심 무렵, 잡음만 줄곧 뱉어 내던 스피커에서 중대한 방송이 있겠으니 전국의 청취자 여러분께서는 기립하여 달라는 방

송이 흘러나왔다. 교쿠온호소玉音放送였다. 기미가요君が代가 울려 퍼지자 축 쳐져 있던 사람들은 하나둘 억지로 몸을 일으켰다. 사람들이 히로히토裕仁의 목소리를 접한 것도 그때가 처음이었다. 히로히토의 음성이 여전한 잡음 속에서 가늘게 새어 나왔다. 음성은 시종 떨렸다.

짐은 깊이 세계의 대세와 제국의 현상에 감하여 비상조치로써 시국을 수습코자 여기 충량한 그대들 신민에게 고하노라. 짐은 제국정부로 하여금 미·영·소·중 4국에 대하여 그 공동선언을 수락할 뜻을 통고케 하였다. … 이 이상 교전을 계속하게 된다면 종래에 우리 민족의 멸망을 초래할뿐더러 결국에는 인류의 문명까지도 파각하게 될 것이다. … 그대들 신민은 짐의 뜻을 받들어라.

1945년 7월 26일 미국, 영국, 중화민국, 소련은 독일의 포츠담에서 일본에 대해 경고장Potsdam Declaration을 날린 바 있다. 최후통첩Ultimatum의 제13항은 일본 군대의 무조건 항복이란 조항이었다. 스피커 상태가 불량했는지 아니면 방송 송출 상태가 고르지 못했는지 심한 잡음이 끼어들 수밖에 없었으나 방송 이후의 상황은 급변을 불러들이기에 충분했다. 잡음 때문에 고개를 갸우뚱대기도 했으나 전쟁을 그만두겠다는 방송이라는 얘기가 수용액을 적신 리트머스 종잇장처럼 빠르게 번져 나갔다. 맥이 빠질 대로 빠진 사람들의 표정은 극명하게 갈리고 있었다. 그와 큰아버지는 전쟁을 더는 하지 않겠다는 소식에 반가운 마음이 앞섰지만, 표정 관리를 엄격히 하지 않을 수 없었다. 뒤늦게 상황을 파악하고 여기저기서 원통하기 짝이 없었는지 울부짖는 소리가 터져 나오기까지 했다. 그때까지만 해도 일본의 학교에서는 일본사의 신화를 가르쳤고, 신의 나라, 신의 백성이라는 자부를 가지고 있었다. 히로히토가 신의 후손이라고 철석같이 믿었던 것이다.

    1946년까지 일본의 학교에서는 A. D. 712년과 A. D.720년에 쓰인 연대기를 기반으로 하는 일본사의 신화를 가르쳤다. 이 연대기는 창조신 이자나기의 왼쪽 눈에서 태어난 태양신 아마테라스가 손자인 니니기를 일본 규슈 지방으로 내려 보내 지상의 신과 결혼을 시켰다는 이야기를 담고 있다. 니니기의 증손자 진무는 신성한 새의 도움으로 그의 적을 무력화하고 B.C. 660년 일본의 첫 번째 왕이 되었다. 이 B.C. 660년이라는 연도와 일본 왕실이 등장한 최초의 역사적 기록 사이의 차이를 메우기 위해, 연대기는 13명의 가공의 왕을 만들어내기에 이른다.[1]

    당시 분위기는 그 방송을 항복보다는 종전이라고 생각했던 게 사실이다. 그러나 전쟁을 그만하겠다고 하면 일본이 한반도에서 철수하겠다는 건지, 해방이 되면 어떻게 변하는지도 전혀 알 수가 없었다. 무엇보다 불타버린 가옥을 복구하는 게 급선무였다.
    예전에 히로히토의 '대동아 전쟁 종결의 조서大東亜戦争終結ノ詔書'에 관한 견해를 그로부터 들은 적이 있었다. 히로히토 연설의 요지는 종전이었다.

---

1) 재레드 다이아몬드, 『총, 균, 쇠』개정판 (문학사상사, 2015), 627쪽.

그것을 일각에서는 항복이란 문구가 들어가지 않았으니 항복으로 볼 수 없다, 그러니 아직껏 진정한 사과 또한 없는 것 아니냐, 라는 얘기가 간간이 오르내릴 때였다.

— 쇼와昭和(히로히토 시대의 연호)의 그날 방송에 틀림없이 항복이란 문구가 들어가지 않은 건 맞다. 그렇다고 해서 항복이 아니라고 하는 거 또한 구구한 억측일 뿐이다. 포츠담에서의 통첩을 수락한다고 하지 않았냐. 그렇게 말하려면 포츠담에서 결정한 4개국의 통첩부터 살펴보는 게 순리가 아니겠느냐.

포츠담 선언은 일본군의 '무조건적인 항복Unconditional surrender'과 '즉각적이고도 완전한 파멸Prompt and utter destruction' 중 택일을 요구한 것이었다. 그리고 일본이 무조건적인 항복을 받아들일 경우의 대일對日 처리 방침이었다. 그러나 일본은 8월 15일 정오에서야 포츠담 선언을 수락한 게 아니라, 8월 13일 내각회의에서 결정하여 스위스를 통해 전달한 바 있었다. 또한 히로히토의 교쿠온호소도 NHK 방송국에서 8월 14일 밤 11시경에 녹음했다고 한다. 그러나 그 시각엔 아키타 등지에 B-29 편대의 무차별적 폭격이 이뤄지고 있었다. 어쨌거나 늦은 감이 없지 않지만, 그렇다면 나가사키와 히로시마에 원폭이 투하되기 전에 이런 결정이 공식적으로 이루어졌다면 무고한 피해자들이 없었을 수도 있었다는 것이다.

여기에서 당시 상황을 면밀히 살펴볼 필요가 있다. 일본 내각은 포츠담 선언을 수락해야 한다는 분위기가 지배적이었으나 군부의 강경론자들은 전쟁 의지만 천명할 뿐이었다. 스즈키 칸타로鈴木貫太郎 총리는 7월 28일 기자회견에서 'We must mokusatsu it.'란 발언을 한다. 번역하면 '우리는

Mokusatsu할 따름이다'라는 것이다. 『오역의 제국-그 거짓과 왜곡의 세계』(서옥식, 도리, 2013)를 보면, 오역이 화근거리로 작용한 사례를 엿볼 수 있다.

여기에서 Mokusatsu란 표현이 문제의 발단이 되었다.

모쿠사츠もくさつ는 '묵살'이란 뜻도 지니고 있지만 대체적으로 모호한 표현을 할 때 사용하는 낱말이다. 그리고 모쿠사츠에는 '논평을 유보하다to withhold comment'와 '무시하다to ignore'라는 두 개의 의미가 혼재한다고 한다. 이를 도메이통신同盟通信은 논평을 유보한다, 라는 단어 대신 무시한다, 라는 기사로 보도했고, 이 기사는 AP, 로이터 등에 의해 즉각 전 세계로 타전되었다. 스즈키의 기자회견이 토요일이었기에 월요일자 《뉴욕타임스The New York Times》에 이런 기사가 실리게 된다.

'Japan Officially Turns down Allied Surrender Ultimatum'

일본이 최후통첩을 공식 거부했다는 제목이었다. 모쿠사츠가 '거부하다'라는 뜻의 'Turns down'으로 정리된 것이었다. 이에 트루먼Harry S. Truman은 사흘 뒤에 원폭 투하를 지시하는 문서에 서명하게 되고, 8월 6일Little boy과 9일Fat man의 비극이 연출되고 만 것이다. 미국 《위클리 월드 뉴스Weekly World News》는 1998년 11월 24일 자에서 '단어 한 개의 잘못된 번역으로 25만 명의 목숨을 앗아갔다'는 기사를 원폭 사진과 함께 실은 바 있다.

'WRONG TRANSLATION OF ONE WORD COST 250,000 LIVES IN HIROSHIMA AND NAGASAKI ATOM BOMBINGS!'

1945년 9월 2일, 도쿄만에 정박한 미 해군 미주리U.S.S Missouri 함상에서 우메즈 요시지로梅津美治郎 대장과 시게미쓰 마모루重光葵 외무상은 연합군 총사령관 맥아더Douglas MacArthur가 지켜보는 가운데 항복 문서에 서명하게 된다.

INSTRUMENT OF SURRENDER.

트루먼이 재가한 문서였다. 시게미쓰 마모루는 상하이 훙커우공원虹口公園에서 개최된 전승 축하 기념식에 참석했다가 윤봉길尹奉吉의 의거로 오른 다리를 잃는 부상을 입은 바 있다.
— 어찌 됐건 간에 일본이 항복 문서에 서명했지 않냐. 그런데도 히로히토의 방송 연설에만 초점을 맞추고서 항복이란 문구가 있네, 없네, 하는 것도 우습지 않냐. 독일 최고 사령부도 무조건 항복했지만, 명령을 따르지 않은 지휘관도 당시 있었지 않았냐. 히로히토의 연설은 불복하지 말고 순순히 따르라는 일종의 호소 같은 것이었다. 그 연설문 원고 또한 황실의 격식에 맞춰 엄격히 작성되었을 것이고.
무조건 항복은 승전국의 요구가 어떠하든지 간에 무조건적으로 수용하는 것이다. 그는 인조가 삼전三田 나루에서 청나라 황제 홍타이지崇德帝에게

3번 무릎 꿇고 9번 머리를 조아렸다는 삼궤구고두례三跪九叩頭禮라는 치욕적 항복 의식에 대해 언급하기도 했다. 히로히토 또한 인조가 당했던 것처럼 그런 굴욕적인 항복 의식을 했어야 진정한 항복이라거나, '대동아 전쟁 종결의 조서'에 항복이란 문구가 찾아볼 수 없기에 항복문이 아니라거나 하는 것도 일본에 대한 피해 의식이 그만큼 크기 때문에 비롯된 것이 아니겠느냐, 고 조심스레 정리했다.

　― 사극을 보면, 돌바닥에 머리를 찧은 인조의 이마에서 피가 철철 흐르는 장면이 나오곤 하는데 그것 또한 잘못 알려진 것이지. 삼궤구고두례라는 건 황제에게 바치는 예법일 뿐이지. 한 나라의 임금이 그러한 굴욕을 당하는 게 치욕이었지만, 명나라에서도 오배삼고지례五拜三叩之禮라는 예법이 있었다. 이것이 청나라가 통치하면서 삼궤구고두례로 대체된 것이었고. 제국헌법 제1조에 천황의 역할이 명시되어 있었지. 대일본제국은 만세일계万世一系의 천황이 통치한다고. 만세일계는 일본 황실의 혈통이 단 한 번도 단절된 적이 없다는 것이지. 어쨌거나 히로히토는 살기 위해 비굴한 행동을 보였고, 이에 맥아더는 그의 태도가 뼛속까지 감동시켰다고 회상기에서 밝히지 않았냐. 그렇게 전범 대상에서 제외된 건 애석한 일이지만.

　맥아더가 지휘하는 남서태평양사령부가 작성한 한 연구보고서는 이렇게 설명했다. "천황을 폐위하거나 교수형에 처하면 모든 일본인이 엄청난 폭력적 저항에 나설 것이다. 그들에게 천황을 교수형에 처한다는 것은 우리에게 그리스도를 십자가에 매다는 것과 비교할 만한 일이다. 너나 할 것 없이 개미 떼처럼 들고 일어나 죽자고 싸울 것이다." 이런 점을 간파한 많은 인사들이

트루먼에게 항복 조건을 완화하라고 설득했다.[2]

　미국은 이렇게 일본의 천황제 유지가 전후 일본 사회 안정에 필수적이라고 봤다. "1945년 6월《워싱턴 포스트The Washington Post》는 사설에서 '무조건 항복'이란 일본인들에게 공포를 불러일으켜 전투 종식에 오히려 방해가 되는 '불길한 표현'이라고 비난했다."[3] 여하간 트루먼은 천황을 지킬 수 있게 허용해 주었고 맥아더 또한 정치적 야심이 만만찮았기에 가능한 일이었다. 일본제국헌법 제1조를 보더라도 히로히토는 무한 책임을 져야 하는 전범이었다. 그러나 히로히토는 그 대상에서 제외되고 말았다.

　일본인들은 '무조건 항복'이 국체國體(천황제)의 파괴, 그리고 천황이 전범으로 재판을 받고 처형당할 수 있다는 것을 의미한다고 받아들였다. 대부분의 일본인들에게 그런 결과는 너무도 끔찍해서 생각조차 할 수 없는 것이었다.[4]

　히로히토는 1946년 신년 담화에서 '나와 우리 국민 간의 유대는 상호 신뢰와 경애로 맺어진 것이지 신화와 전설에 의한 것이 아니다. 천황은 신이며 일본인이 다른 민족보다 우월하여 세계를 지배할 운명을 가지고 있다는 것도 가공의 관념일 뿐이다'라고 시인하기에 이른다. 이러한 것도 맥아더와의 정치적 거래라고 보는 게 통설이긴 하지만, 어쨌든 히로히토는 더

---

2) 올리버 스톤, 피터 커즈닉, 『아무도 말하지 않는 미국 현대사 1』(들녘, 2015), 261쪽.
3) 올리버 스톤, 피터 커즈닉, 위의 책, 263쪽.
4) 올리버 스톤, 피터 커즈닉, 위의 책, 260쪽.

이상 신이 아님을 라디오를 통해 공개 선언한 것이다.

가을로 접어들자 가옥 복구 작업을 하느라 분주했다. 전소된 가옥을 헐어내고 주추를 다시 놓았다. 그 위에 기둥을 세우고 제재소에서 켜온 판재로 벽체를 짜 맞추느라 망치질 소리는 밤이 이슥할 때까지 이어졌다. 찬바람이 들기 전에 복구 작업을 마쳐야 했기에 도회 전체가 몹시 부산스러울 수밖에 없었다. 가옥 복구가 마무리될 때쯤, 그는 일본이 한반도에서 철수했다는 소식을 큰아버지로부터 접할 수 있었다. 일본 내에서는 항복이란 용어조차 금기시되었고 어수선한 정국의 전말을 드러내는 것조차 꺼리는 분위기였기에 뒤늦게 소식을 접할 수밖에 없었다. 만철의 꿈은 포말처럼 흩어졌어도, 세상을 품에 안은 것 같은 포만한 느낌이 가슴에 물밀어 드는 듯했다. 그동안 조센징이라 받은 놀림들이, 주자 일소 되고도 남을 만한 '광복'이라는 적시타에 시원스레 해소되고 있었다.

— 기나긴 겨울이 지나자, 니 큰아버진 기어이 날 한국으로 떠밀더구나. 애는 우리가 잘 키울 테니 걱정 마라면서. 아키타를 떠나오기 전날 밤, 오랜만에 만두 가게 주변을 서성거렸지. 사실 폭격이 있은 며칠 뒤에도 에츠코가 무사한지 찾아간 적도 있었지만 확인할 수는 없었다. 그 후에도 몇 번 더 찾았지만 에츠코가 가게에 나오진 않는 것 같아서 건너편 우동집에 들러 에츠코의 동정에 대해 물어봤지. 하지만 에츠코는 몇 달 전에 외가가 있는 아오모리青森로 떠났다더구나. 그날도 술에 취한 채 무작정 만두 가게를 찾게 된 거였고. 점빵엔 이미 불이 꺼져 있는 터라 어쩔 수 없었지만. 술기운을 빌어 마지막으로나마 간청하고 싶었는데 말이다. 비틀거리며 집으로 돌아오는 길, 가로에 선 전나무에 걸린 별빛이 가슴에 쓰리게 박히던 기억

이 여즉 생생하구나.

 전나무에 걸린 별빛, 그 별빛이 쓰라리게 가슴속에 박혔다는 그의 표현을 곱씹어 봤다. 『금강경金剛經』에 무릇 형상을 지닌 것은 모두 다 허망한 것이라는 글귀가 나온다. 센슈코엔에 하나미 갔을 때, 에츠코가 들고 있던 히가사에 그려진 **보라색 나비**처럼 전나무에 걸린 별빛은 그의 가슴속을 뒤훑었을 것이다. 풀무 집게로 마구 휘저은 듯 서늘히 흩어지던 철화鐵火 같은 별빛. 아물지 않은 벌건 살갗을 스치는 삭풍처럼 야멸차게 파고드는 별빛.

 별빛은 그의 가슴을 사무치게 했고 아스라한 환영을 투영케 했을 것이다. 별빛을 쫓는 보라색 나비 또한 환영처럼 어른거렸고 환영은 보라색 나비의 날갯짓을 다독였을 것이다. 그 보라색 나비의 환영은 그를 허무의 늪으로 끌어들였고 코끝을 맵게 만드는 신식 소주의 독한 향취처럼 취하게 하고도 남았을 것이다. 그 보라색 나비가 불교의 연기법에서 의미하는 실상과 허상인지는 모르겠다. 실상과 허상은 서로 다른 관념이 아닌, 당면하는 현실을 허상으로 보기도 하고 실상으로 보기도 한다는 그러한 개념적 교의敎義이기 때문이다. 그가 괴이하기 짝이 없는 기관차 데고이치, 관부연락선 곤고마루 같은 물체를 '처음 보긴 했지만'이라는 어투로 감정의 표출을 극도로 아끼면서도 "희망으로 온몸을 떨던 등이 푸른 자유"를 나름 그려보고자 했을 때 움켜쥐고 싶었던 실상.

 그러나 허망함만 덩그마니 남겨놓았을 뿐이다. 어쩌면 그 보라색 나비는 실상일 수도 있고 허상일 수도 있다. 실상과 허상, 그는 괴리감과 동질감의 경계에서 무척이나 혼란스러웠을 것이다. 그는 1946년 4월, 드디어

풍농 묘판용비료
일제강점기 때 줄모로 낸 논의 김을 매기 위해서 들여온 '논제초기'로 돌기가 있는 쇠바퀴가 돌면서 흙을 뒤집고 잡초를 제거하는 역할.

한국으로 돌아오는 관부연락선에 몸을 실었다. 현해탄 검푸른 물결을 보다가, 상업학교 다닐 때 아사히강旭川 근처에 있는 신세이도新星堂 레코드점에서 우연히 들었던 조선 노래를 떠올렸다.

> 광막한 광야에 달리는 인생아
> 너의 가는 곳 그 어데냐
> 쓸쓸한 세상 험악한 고해에
> 너는 무엇을 찾으려 가느냐

삼십 년 전인 1926년 8월 4일, 김우진金祐鎭과 윤심덕尹心悳을 끌어들였던 현해탄 물결은 차갑게 느껴질 수밖에 없었다. 「사의 찬미」노랫말 속에 나오는 '험악한 고해苦海'처럼 그가 헤쳐 나갈 인생길 또한 순편치 않게 전개되고 있었다. 풀무 집게를 마구 휘저어 철화같이 서늘히 흩어지던, 아물지 않은 벌건 살갗을 야멸차게 파고든 그날의 별빛처럼 현해탄 물결 위엔 보라색 나비 떼만 부질없이 날아다녔다. 그 짙디짙은 보랏빛 향내가 전율과도 같은 지독한 시름을 불러일으켰겠지만.

그는 에츠코가 들고 있던 히가사에 그려진 나비의 색상에 대해 정확히 보랏빛으로 회억했지만, 그 보랏빛이 결코 복선Foreshadowing으로 작동하지는 않음을 미리 밝혀두고자 한다. 굳이 정리하자면 일종의 맥거핀Macguffin일 뿐이다. 대놓고 **보라색 나비**를 고딕체로 표기하며 떡밥처럼 들척댄 건 '험악한 고해'에 대한 허망한 심정을 공감각적 표상으로 그려보고자 하는 것일 뿐, 지나친 의미 부여는 하고 싶지 않다.

언젠가 KBS cool FM「가요광장」을 듣는데, '주간 新동화' 코너에서 황순원의 소설「소나기」에 대해 다룬 적이 있었다. 소녀가 도라지꽃의 보랏빛이 좋다고 했는데, 그게 소녀의 슬픈 미래를 암시하는 복선이란 멘트가 흘러나왔다. 고개를 갸웃거리며, 예전에 국어 교과서에 실린 소설에 대한 기억을 더듬기 시작했다. 그때 보랏빛을 비극적 결말의 복선이라고 배웠었나, 하는 의문이 들었기 때문이었다. "도라지꽃이 이렇게 예쁜 줄은 몰랐네. 난 보랏빛이 좋아!"란 문장과 갑작스러운 소나기로 인해 "삽시간에 주위가 보랏빛으로 변했다"란 문장에서 보랏빛을 언급하고 있다. 게다가 작가가 보랏빛에 대해 의미를 부여했다는 기록조차 없지만, '그냥 보라색을 좋아해서 썼다'고 답한 작가의 인터뷰까지 근거 없이 떠돌고 있는 편이다.

한 온라인 커뮤니티 게시판에는 '주입식 교육의 폐해'라는 제목으로 교과서에 실린 황순원의 소설「소나기」에 대한 내용이 캡처돼 올라왔다.
공개된 '주입식 교육의 폐해' 게시물 속에는 황순원의 소설 '소나기'를 배운 학생이라면 누구나 알 법한 내용이 담겨 있다. 바로 소녀의 죽음을 암시하는 색깔로 보라색이 쓰였다는 것.
하지만 정작 황순원 작가는 '그냥 보라색을 좋아한다'는 이유로 소설 속에 보라색을 넣었다는 인터뷰 내용이 첨부돼 보는 이들에게 웃음과 씁쓸함을 안겨줬다.[5]

---

5)「소나기, 소설 '소나기' 보라색 숨겨진 의미 드러나」, 월드투데이, 2015. 08. 07.

학창 시절 국어 과목은 늘 내 전체 성적을 끌어내렸다. 특히 문학 쪽이 '쥐약'이었다. 읽는 이에 따라 다르게 느낄 수밖에 없는데 답이 있다니, 납득하기 힘들었다. 내가 느끼기에 주인공의 심정이 '슬픔'일지라도 선생님이나 해설서에서 '비장함'이라 한다면, 난 틀린 것이다. 황순원의 단편소설 〈소나기〉에서 '보라색은 소녀의 죽음을 암시한다'고 배웠다. 그에 대해 황당하다며 '그냥 보라색을 좋아해서 썼다'고 답한 작가의 인터뷰는 내게 위안이 됐다.6)

여하튼, 보랏빛은 소설 속 복선으로 작용해야만 하는 부담을 떠안고 있었다. 다수가 그렇게 배웠다고 하고, 그렇게 얄짤없이 의미를 부여하는 이른바 주입식 교육에 충분히 길들어져 있는 편이기 때문이다. 중학생들이 국어 교과서에 실린 문학 작품을 해석하면서 행간에 숨은 뜻까지 완전히 파악하기 어려울 수도 있다. 그런고로 보랏빛이 복선이라고 주입하면 형광펜으로 밑줄부터 좍좍 치게 된다. 그렇게 기계적으로 문학 작품을 이해하도록 교육하면 역기능이 순기능을 상쇄시킬 뿐이다.

  소설의 전반적 흐름에서 보랏빛이 소녀의 죽음을 상징하는 복선으로 작용하는지, 그러한 해석에 나름 타당한 근거가 있는지에 대해서 엄밀히 따져봐야 할 필요성을 느꼈다. 보랏빛의 상징성과 죽음의 상관관계는 그리 많지 않기 때문이다. 보라색은 권력, 신앙, 치유 등을 상징하는 색상으로 오랫동안 지위를 굳혀 왔다. 박혁거세나 김알지 난생卵生 설화에도 자줏빛

---

6) 「'기레기'를 위한 변명」, 단비뉴스, 2020. 02. 15.

구름을 등장시키고 있고, 『삼국유사三國遺事』에 흰말 한 마리가 무릎을 꿇고 절하는 시늉을 하고 있어 6부 촌장들이 달려가 살펴보니 보랏빛 알 한 개가 놓여 있었다는 대목이 나온다. 그만큼 고귀하고 신비성을 지닌 색깔임에 틀림없는 듯하다. 『제왕운기帝王韻紀』에는 '붉은 실에 묶여 있는 푸른 알'이라고 기록되어 있다. 파란색은 하늘을 상징하고 붉은색은 땅을 상징한다. 파란색과 붉은색, 두 색깔을 아우르는 보랏빛은 하늘의 뜻과 지상의 인간을 잇는 존재의 상징이 되었다. 조선 시대 왕세자나 왕세손도 자적룡포紫的龍袍를 입었다. 보라색이 심리적 측면에서 슬픔을 표현하는 색깔이라고는 하나, 유채색 중 가장 무겁게 느껴지기에 복잡다단한 표정이 읽혀질 수는 있다. 참고로 보라는 「Dynamite」로 한국 대중음악 사상 최초로 빌보드 핫 100을 석권한 BTS를 상징하는 색상으로도 알려져 있고, 보랏빛 색채가 느껴지는 락 밴드Rock band 자우림紫雨林도 꾸준한 활동을 이어가고 있다.

어떤 사건이 우발적으로 일어난 것이 아니라는 인상을 주기 위해 미리 그 사건의 가능성을 암시해 두는 것을 복선伏線이라고 한다. 기본적으로 짐작하는 사건이 일어날 것을 전제로 한다. "그런데 참, 이번 계집앤 어린 것이 여간 잔망스럽지가 않아. 글쎄, 죽기 전에 이런 말을 했다지 않아? 자기가 죽거든 자기 입던 옷을 꼭 그대로 입혀서 묻어 달라고……"란 문장으로 소설은 끝난다. '이번 계집앤'에서 '이번'이란 말이 예사롭지 않게 읽히는 편이지만, 각설하고 본론에만 치중하기로 한다.

복선의 역할은 숨겨진 징조다. "난 보랏빛이 좋아!"라는 설정과 입던 옷을 그대로 묻어 달라는 잔망스러움과의 연결고리를 되짚어 볼 필요가 있다. 복선은 회수될 성질을 지니고 있어서는 안 되지만, 작품 내적으로 과연 보랏빛이 죽음을 암시하고 있다고 단정 지을 수 있을까, 라는 의문은 여전히 들었다. 소녀는 도라지꽃을 보고 보랏빛이 좋다고 했지만, 마타리꽃과 오른쪽 무릎에 상처를 내게 한 칡꽃에 더 관심을 보인다. 칡꽃 또한 보랏빛을 띠고 있다. 그리고 소년이 꽃 이름을 얘기해줄 때 나오는 싸리도 자줏빛 꽃이 있긴 하다. 칡꽃이나 싸리꽃에 대한 색깔 언급은 없지만, 소녀가 입은 치마는 남색 스커트로 묘사하고 있다. 도라지꽃의 보랏빛과 먹장구름으로 인한 보랏빛, 소녀의 남색 스커트와 소나기가 지나간 후 구름 한 점 없이 갠 쪽빛, 그렇게 시나브로 완만한 채도 변화를 일으키고 있으나 대비적으로 작용하지 않고 있다. 그 색상들 사이에서 오히려 소녀의 흰 얼굴과 일그러진 꽃묶음이 단서가 될 만한 소재로 남게 된다. 보라와 남색 계통 색상 사이에서 소녀의 흰 얼굴은 강한 대비를 이루는 색감으로 부상하고 있다. 소설에서 끝내 소녀의 병명은 나오지 않지만, 대조적인 흰 얼굴빛에서 병색을 읽어낼 수는 있다. 소녀의 낯빛이 창백하다거나 해쓱하다는 표현은 없지만, 다소 무거워 보이는 보라와 남색이 소녀의 낯빛을 강조하는 장치로 작용할 수도 있다는 얘기다. 소녀의 흰 얼굴이 소설의 결말과 사건의 필연성을 강화하려는 목적에서 의도적으로 개입하고 있지 않지만 그런 뉘앙스를 충분히 가지고 있다는 것이다. 이렇게 굳이 짚는 건, 보랏빛이 복선의 역할을 하고 있다는 추정적 가설을 용인할 수 없다는 얘기로 봐도 무방하다는 것이다. 굳이 복선을 적용하고자 고집한다면 보랏빛이 아니라 소녀의 '흰' 낯빛이라는 얘기다.

— 니 큰아버지가 생전에 한국에 나온 적이 있었다. 집에 들러 하룻밤 유하고 갔는데, 혹시 기억하고 있는지 모르겠구나.

검버섯 핀 그의 얼굴이 술기운에 불콰하게 물들기 시작했다. 여전히 솔정자골에 우뚝 선 송전탑에서 아지랑이가 이글거렸다.

— 그럼요. 제가 국민학교 삼 학년쯤인가, 겨울방학 때였을 거예요.

매우 춥다, 라는 말이 입술 끄트머리에서 절로 생성될 만큼 추운 날이었다. 집 앞에 큰 논배미가 있었는데, 겨울만 되면 논에 물을 대서 얼음이 얼도록 했다. 나락 그루터기나 땅속에 살아 월동하는 병균이 얼어 죽도록 보통 늦가을쯤 논에 물을 댔다. 요즘은 농약으로 작물을 다스리지만, 예전에는 논에 물을 대서 얼음이 얼게 했고 논두렁 잡초는 쥐불을 놓아 태우곤 했다. 도열병 예방이 목적이었지만, 얼음판은 동네 아이들의 신나는 놀이터이기도 했다. 아이들은 햇기만 돌면 얼음판에 나와 썰매 지치느라 정신을 팔았다. 굵은 철사를 바닥에 덧댄 썰매를 일명 '시게또'라고 불렀다. 시게또가 스케이트Skate의 일본식 발음에서 나온 게 아니냐고 어림잡곤 한다. 스케이트의 일본어는 스케토スケート다. 나이 든 어른들은 스케이트를 스케트라고 부르곤 했는데, 북한에서도 그렇게 부르고 있다. 아마도 시게또 또한 그 스케트가 지역적으로 분화되면서 생겨난 용어가 아닐까 싶다. 그는 썰매를 시게또라고 부르는 걸 보고, 일본 발음으로 시게또しけいと는 누에고치의 겉쪽에서 뽑은 질이 나쁜 명주실을 일컫는 말이라고 했다. 그러면서 그냥 썰매라고 부르는 게 좋지 않냐, 라는 설명을 곁들였다. 그의 말대로 썰매라는 용어로 변경하여 얼음판에서 사용했더니, 잘난 체 좀 하지 마라, 누구는 표준말을 몰라서 안 쓰냐, 라는 등의 핀잔을 듣기 일쑤였다. 썰

매라고 불렀더니 친구들한테 지청구만 들었다고 하니까, 그는 그럴 리가 있겠느냐, 라는 짤막한 답변밖에 내놓지 않았다. 그럴 리가 있겠느냐, 라는 부정적 추정엔 그럴 리가 없을 것이라는 심정적 유추가 단호히 깔려 있다고 봐야겠지만, 현실은 그리 만만치가 않았다. 설마는 '그럴 리는 없겠지만'이란 의미의 부사이지만 썰매는 그 '설마'를 기어이 불러들였다. 아이러니하게도 사전엔 설마가 썰매의 본딧말이라고 나온다. 또 한편에서는 썰매를 한자로 표기하다 보니 설마雪馬가 되었다고도 한다. 문헌을 보면 설마는 눈이나 얼음 위에서 물건을 실어 나르던 도구라고 나온다.『실록朝鮮王朝實錄』세종 17년에도 설마를 이용하여 함길도咸吉道 백성들을 구제했다는 기록이 있고,『성호사설星湖僿說』에도 우리나라 북쪽 변방의 사냥꾼들은 겨울에 설마를 이용했다는 기록이 나온다.

그리고 어렸을 때, '셋셋세- 아침바람 찬바람에 울고 가는 저 기러기'라는 노래를 부르며 손뼉 놀이를 하곤 했는데, 그 셋셋세せっせっせ도 '오테아와세オデアㇳセ'라는 일본 놀이에서 전해진 것이라고 했다. 그걸 친구들한테 얘기했다간 잘난 체 좀 하지 마라, 라는 핀잔만 들을 게 뻔했기에 입도 뻥긋 뗄 수 없었다.

언젠가 작가 이윤기李潤基도 국민학교에 들어가기 전, 이상한 노래를 불렀는데, 그것이 일본 군가 「노영의 노래露営の歌」에서 따온 가락이란 걸 나중에 알았다고 고백한 적이 있었다. 바로 '간밤에 구루마 발통 누가 돌렸나, 집에 와서 생각하니 내가 돌렸네'라는 고무줄놀이할 때 부르는 노래인데, '이기고 돌아오겠다'는 뜻을 가진 「캇테 쿠루조토 이사마시쿠勝って来るぞと勇ましく」라는 군가였다.

여하튼지 아이들은 그 썰매를 타다가 밥때가 되면 뿔뿔이 흩어지곤 했다. 튀어 오른 얼음 때문에 젖은 바지춤을 두어 번 접어 걷어 올리고 방으로 들어가니, 은발의 노신사가 그와 환담을 나누고 있었다. 일본에 사시는 큰아버지라며 인사 드리라고 한다. 큰절을 올리고 멀찌가니 앉았다. 큰아버지가 큼지막한 가방을 열더니 라디오를 꺼냈다. 밤색 가죽 케이스가 앙증맞은 파나소닉Panasonic 라디오였다. 큰아버지에게 허락을 구했다.

― 한번 틀어 봐도 돼요?
― 그러려무냐.

케이스 왼쪽에 달린 안테나를 쭉 뽑아 올린 다음 주파수 레버를 돌려 보았다. 구멍 숭숭 뚫린 케이스 속에서 둔중하게 울리는 사이키델릭한 기타 음이 구웅구웅, 뿜어져 나왔다. 아마도 김추자의 노래였지 싶다. 김추자는 관능적 음색과 현란한 춤사위, 타이트한 나팔바지와 핫팬츠 등 파격적 의상으로 '담배는 청자, 노래는 추자'라는 유행어가 나돌 만큼 당시 선풍적인 인기를 누렸다. 볼륨이 너무 컸다 싶어 음량조절 레버를 찾았다. 안테나 밑에 달린 빨간 버튼을 눌렀더니, 꿍꽝거리던 음악이 뚝 그쳤다. 그 버튼은 작동 버튼이었던 게다. 큰아버지가 작동 방법에 대해 간단하게 설명해 주었다. 아무래도 건넌방으로 가서 듣는 게 나을 것 같았고, 그의 표정도 그렇게 점잖게 타이르는 듯했다.

조심스레 방문을 닫고 마루에서 내려섰다. 큰 감나무 밑에서 담배를 피던 젊은 사내가 흘끔 돌아다보았다. 빳빳하게 코트 깃을 세운 그 사내가 다가오더니 말을 거는데, 일본말이어서 전혀 알아들을 수 없었다. 그저 꿀 먹은 벙어리처럼 사내의 입 모양만 지켜볼 뿐이었다. 의사소통이 전혀 이루어지지 않고 있다는 걸 감지한 사내가 손짓을 곁들이며 따라오라는 제스처를 취했다. 사내는 한뎃마루 위에 놓인 가방을 뒤적이더니 종이상자 하나를 꺼냈다. 상자엔 멋진 독일식 탱크가 그려져 있었다. 친구에게 빌려 본 잡지《새소년》에 이런 밀리터리 조립모형 광고가 꽤 많이 나오곤 했기에 뒤설레기만 했다. 88밀리 고사포를 장착한 킹 타이거King Tiger 전차였다. 고맙습니다, 라며 연신 고개를 꾸벅였다. 사내 또한 입가에 미소를 머금으며 매우 흡족한 표정을 지었다. 타미야Tamiya 제품이어서 설명서 또한 온통 일어였지만, 조립 순서가 그림으로 자세히 나와 있기에 별문제는 없었다. 벌써 조립을 마친 탱크가 으스스한 캐터필러 소리를 내며 용감무쌍하게 돌진하는 듯한 생각에 몹시 들썽거렸다. 뒤란에서 놋쇠로 된 갱지미에 김치를 담아 나오던 그녀가 그 광경을 보고 빙긋이 웃었다. 일본에 사는 니 사촌 형이다, 라고 소개해주던 그녀의 또박또박했던 언어가 바싹 마른 풀대를 밟는 소리처럼 바스락, 뇌리에서 밟혔다.

—그럼, 어머니도 모든 걸 알고 계셨나요?

길게 한숨을 내뱉던 그는 다시 담뱃갑을 뒤적였다.

—아니다. 니 어미한테는 당최 입이 떨어지지 않더구나. 이렇게 너한테라도 털어놓고 나니 속이 다 후련하구나.

그가 절절한 옛날얘기를 어쭙잖게 꺼낸 것 자체가 무척 뜻밖이었지만, 이렇게 훌훌 털어놓음으로서 그의 마음이 조금이라도 가벼워진다면 편하게 받아들여야 할 것 같았다. 어쩌면 그녀가 엊저녁부터 무릎이 영 안 좋다며 따라나서지 않은 게 한편으로는 다행이었는지도 모른다는 생각마저 들었다.

— 그 이후론 광현 형을 만나보지 못했겠네요.

— 그해 겨울에 본 게 마지막이었다. 그날 밤, 니 큰아버지와 광현과 같이 아랫방에서 잠을 청했지. 이렇게 컸다니, 어찌나 대견하던지, 녀석의 손을 꼭 쥐고 눈물을 애써 삼키느라 잠도 제대로 못 잤지. 몇 번이나, 잠든 녀석의 머릿결을 쓰다듬곤 했는데, 혹시 깨질 않았었는지 모르겠구나. 그렇게 왔다 가고 몇 년 후, 니 큰아버지가 돌아가셨다는 편질 받았지. 장례는 무사히 치렀다고 하지만, 일본엘 가려고 맘먹는 게 그리 쉽질 않더구나. 당시 형편도 그랬었고. 언젠가부터 편질 보내도 답장이 없기에 아마도 이사를 했나, 하고 짐작할 수밖에 없었지. 그렇게 광현의 안부도 끊어지고 말았다만, 아마 잘 지내고 있을 게다. 글고 니 큰아버지를 친부로 여기고 커 왔기에 괜한 말 꺼냈다가는 혼란만 줄 뿐이었지.

그의 카랑카랑한 목소리도 '괜…한 말'이라는 부분에서 약간 흔들리는 듯했다.

— 지금이라도 연락이 되면 다시 만나, 가슴에 맺힌 멍울을 조금이라도 풀어 보시는 게 좋지 않겠어요.

— 아니다. 그럴 것 같았으면 진즉 그렇게 했지. 니 큰아버지가 하던 장사를 이어받아 잘살고 있을 낀데, 이제사 괜한 분란 맹글고 싶지 않구나. 여태껏 애비로서 해준 건 일무하다만, 늘그막에 짐이 되어서야 쓰겠냐.

아지랑이 이글거리는 송전탑 전선줄 위엔 어느새 낮달이 어른대고 있었다.

— 그리고 광현이는 일본으로 귀화를 했다고 들었다. 예전만 해도 재일동포에게 지문 날인하라는 치욕적인 처우가 있었다. 요즘은 다소 나아졌

지만, 그때는 귀화하지 않으면 모든 권리를 인정해주지 않았으니, 어쩔 수 없었던 게지. 니혼진日本人이 아니면 한마디로 범죄자 취급을 했던 게지.

송전탑에서 스멀거리는 아지랑이를 물끄러미 쳐다보던 그가 한숨을 길게 내쉬었다. 그 한숨 소리가 달팽이관을 몹시도 간질였다.

— 에츠코가 입덧할 때, 아지노모도味の素를 그케 찾았던 기억도 여즉 스멀거리는구나.

백 년 넘게 화학조미료를 만들던 '아지노모도'는 조미료의 대명사처럼 굳어졌지만, 약간 비릿한 그 맛을 왜 즐겼는지 선뜻 이해되지 않았다. 진지한 어투 뒤에 자꾸 물음말을 쏟아 내며, 그가 애써 일궈 놓은 언어의 흐름을 방해하고 싶지 않으려는 생각뿐이었다. 한국전쟁 직후에도 부유층에서는 일제 조미료 아지노모도를 반찬에 뿌리고 왜간장에 밥을 비벼 먹는 것이 상당한 미식이었을 정도였다고 한다. 그러다가 군사 정부가 들어서고 밀수 근절의 칼을 빼들면서 아지노모도가 자취를 감추게 되었다는 것이다. 아지노모도를 찾을 수 없게 되자 부산의 동아화성공업에서 만든 미원이 선풍적 인기를 누리게 되었고, 이내 미원은 재벌 기업인 미풍과의 격돌을 피할 수 없었는데, 재계에서는 아직도 양사의 경쟁을 유럽의 백년전쟁에 비유하여 '재계백년전쟁'으로 부르며, 이노신산소다inosinic酸soda 수입 건으로 법정 싸움까지 벌일 정도였다. 그리고 미풍 측이 빈 봉지 다섯 장을 가져오면 스웨터 한 벌씩 준다고 선전할 기미를 보이자, 미원 측이 선수를 쳐서 빈 봉지 다섯 장을 모은 사람 일만 명에게 삼 그램짜리 순금반지 하나씩을 준다는 광고를 내걸었다는 것이다. 행정당국이 광고를 규제하여 요란스럽기만 한 싸움을 일단 말렸지만, 7대 대선(1971년)을 앞두고는 야당 후

백설표 아이미
이병철 회장은 '세상에 내 맘대로 안 되는 세 가지' 중의 하나로 미원을 거론했는데, 아기 천사 '아이미'도 결국 빨간 신선로(味元)를 따라잡기엔 역부족이었다.

보新民黨 金大中에게 정치자금을 준 혐의로 미원은 세무 사찰까지 받았다. 세무 사찰은 매년 되풀이됐지만, 정부와 타협하지 않았다고 한다. 그의 얘기를 듣고 있노라니, 제품 포장에 그려 넣은 미원의 빨간 신선로가 자꾸만 어른거렸다. 그는 담배를 비벼 끄더니 옆에 놓아둔 지팡이를 챙겨 들었다.

─ 그만 내려가자꾸나.

'그만'이라는 낱말은 '그 정도까지 만'이라는 범위를 설정할 때도 있지만, 달리 해 볼 도리가 없는 상황에서 적용될 때도 있다. 그렇지만 앞서 얘기한 '괜…한 말'과 '그만'이라는 부사에서 착잡하기만 한 그의 심정이 어렴풋이 읽히는 듯했다. 전선줄에 걸린 낮달 또한 '그만'이라는 낱말에 방점 찍듯 잔잔하게 박자를 골랐다.

달골을 다녀온 후, 큰아버지가 보낸 편지가 안방 서랍에 차곡차곡 보관되어 있는 걸 우연히 보게 되었고, 주소를 수첩에 옮겨 적었다. 日本國 秋田市 土崎港 中央三丁目. 일본어를 잘하는 선배 H의 도움을 얻어 편지를 보냈다. 하지만 몇 달이 지나도록 답이 없었다. 어쩌면 답장이 오지 않는 게 당연할 수도 있겠다는 생각마저 들었다. 게다가 예전에 그도 편지를 보냈지만, 답장이 없기에 아마도 이사했을 것이라고 짐작하지 않았던가. 마지막으로 온 편지가 큰아버지가 돌아가신 직후였는데, 너무나 많은 세월이 흘렀다는 걸 간과한 건 아니지만, 혹여나 하는 미련도 사실 있었다. 끝내 광현 형을 찾을 수 없는 걸까. 그저 막막했다. 그는 비록 원치 않는 눈치였지만, 어떻게 해서라도 찾을 수만 있다면 만나게 해주는 게 도리일 것 같았다.

그해 가을쯤, 예전에 편지를 대서해 준 H가 일본지사로 발령받았다는 소식을 듣게 되었다. 게다가 아키타에서 그리 멀지 않은 모리오카盛岡에서 근무하게 되었다는 것이다. 출국하기 전, H를 만나 술을 마시면서 다시 정중히 부탁했다. 일본에도 사람 찾기 사이트 같은 게 있을 것이고, 아니면 흥신소 같은 곳에 의뢰해서라도 찾을 수 있도록 해달라는 바람을 간곡히 전했다. 아마도 그런 데는 경험과 노하우를 동원하여, 아무리 행방이 묘연한 사람이라 하더라도 틀림없이 소재를 파악해줄 것만 같은 생각이 들었기 때문이다.

   그러나 H로부터 반가운 소식은 날아오지 않았다. 다음 해 H가 한국에 다녀갈 때, 그간의 동정을 직접 들을 기회도 있었지만, 끝내 찾을 수 없을지도 모른다는 생각만 점점 굳어져 갔다. 이제사 괜한 분란 맹글고 싶지 않구나, 여태껏 애비로서 해준 건 일무하다만, 늘그막에 짐을 지워서야 쓰겠냐, 고 하던 그의 얘기만 그나마 위안거리로 잠방댈 뿐, 그렇게 광현 형에 대한 자취는 수면 아래로 서서히 가라앉고 있었다.

빠담빠담

"죽음이 두려우세요?"
"외로움보다는 덜 무서워."
"기도를 하세요?"
"그럼, 난 사랑을 믿거든."
— 『The Passionate Life of Edith Piaf』(라 비앙 로즈, 2008) 중에서

무릎이 안 좋다는 그녀를 데리고 병원에 들렀다. 의사는 예전에 교통사고로 다쳤던 무릎 연골 부위에 염증이 생겼다며 처방전을 써 주었다. 약국에서 약봉지를 받아들고 나오면서, 이젠 의사도 무리한 운동도 삼가고 편히 쉬라고 하잖아요, 라는 당부를 재차 그녀에게 전했다.

— 그렇다고 어케 가만히만 있냐? 의사들이 으레 하는 말 갖고.

가만히 있으라고 해도 가만히 있을 그녀가 아니라는 건 알지만, 듣기 좋은 육자배기도 한두 번이지, 여러 번 되풀이하면 식상한 법이라며 의사들이 으레 하는 말은 '드렁조로 들으면 된다'는 투로 치부해 버렸다.

— 날도 좋은데 낼은 쇠물팍牛膝 뿌렝이나 캐러 가야겠다. 그걸 삶아 묵으면 무르팍에 좋다는데…….

그와 달골 선산을 다녀왔던 그 다음 해, 그녀는 심장 판막 수술을 받았다. 원래 가만히 있질 못하는 성격 탓이겠지만 겨를도 없이 데바쁘기만 하던 그녀였다. 그렇기에 글쎄 니 에미가 며칠 전부터 가쁘게 숨을 몰아쉬는

구나, 라는 그의 전화가 믿기지 않은 게 사실이었다. 오 리를 보고 십 리를 갈 정도로 번질나게 잘 돌아다니던 그녀가 걸을 때마다 숨이 찬다니, 요즘 농담이 부쩍 늘었다는 말로 그에게 응수했으나 꼭두새벽에 다시 전화를 받고야 말았다. 엊적부터 숨쉴 때마다 가슴이 꽉 막힌 것처럼 조여 오는 증상이 지속되곤 했지만, 니 에미가 오밤중에 연락하지 말고 조금 더 기다려보자고 하는 걸 더 이상 지체하다간 뭔 변고가 생길지 몰라서 기별한다는 것이다. 먼저 119에 전화 넣고, 구급차가 당도하게 될 병원으로 급히 향했다. 응급실에서 산소 호흡기 낀 채로 심전도 검사와 심장 초음파 검사 등 몇몇 검사를 더 받은 뒤 그제야 그녀는 단잠에 빠진 듯했다. 날이 서서히 밝아오기 시작했고 병원 건너편에 있는 장국밥집으로 향했다.

심장내과 진료실 앞에 놓아둔 베이지빛 테라코타 화분에 아침 햇살이 꾸무럭댔다. 뱅갈고무나무가 영 시무룩한 표정을 짓고 있었다.

— 익히 아실 테지만, 심장은 두 개의 방과 두 개의 실로 나뉘어져 있습니다. 바로 좌우심방과 좌우심실이죠. 혈액이 심장으로 들어오는 곳을 방, 혈액을 폐 또는 온몸으로 보내주는 곳은 실이라 부릅니다. 그리고 네 개의 판막은 문의 역할을 하며 혈액이 한쪽 방향으로만 흐르게 합니다. 우심방은 온몸에서 돌아오는 정맥혈을 받아 우심실로 보내고, 우심실은 산소가 적은 정맥혈에 산소를 보충하기 위해 폐동맥을 통하여 폐로 혈액을 보내는 역할을 담당합니다. 폐로부터 산소를 보충 받은 혈액은 좌심방으로 들어와 좌심실로 가게 되고, 좌심실은 대동맥을 통해…….

고동색 뿔테 안경을 쓴 의사가 백지에 심장의 구조를 그려 보이며 자세히 설명했다. 우심방과 우심실 사이에 있는 삼첨판과 좌심방과 좌심실 사이에 있는 승모판에 고장이 생겨 한 방향으로만 흘러야 할 혈액이 마구 뒤엉키는 상태라고 했다. 그렇기에 숨이 막힐 듯 질통이 끊이지 않을 수밖에 없다는 것이다. 판막은 혈액이 흐를 때는 열리고 혈액이 통과하면 닫혀야 하는데, 그 망가진 판막으로 인해 혈액이 역류하기도 하는 상태이기 때문에 어쩔 수 없이 판막성형술을 시행해야 한단다. 중요한 것은 수술하기 위해서 가슴 중앙을 이십오 센티미터 이상 열어 흉골을 절개해야 하며, 수술 중에는 심장과 폐의 기능을 대신하는 인공심장 바이패스의 도움을 받아야 한다는 설명이 이어졌다.

— 그럼, 수술 중에는 심장과 폐의 기능이 정지된 상태에서 순전히 그 기계에 의존해야겠네요.

뿔테 안경을 만지작거리며 표정을 살피던 의사는 그동안 충분한 설명을 했다는 듯 서서히 매듭지으려 했다.

— 현재 어머님은 판막폐쇄부전증의 증상이 심한 편이기에 수술 이외의 방법이 없습니다.

바로 옆에 서 있던 레지던트가 들고 있던 서류를 내밀었다. 수술 중 위급 상황 발생 시 어떤 조치를 취할 수 있으니 그에 대한 동의서라지만, 환자나 보호자들은 그걸 보통 수술 전에 쓰는 각서라고 여기며, 그게 오히려 맞을 듯했다. 한 군데만 서명하면 될 줄 알았더니 자꾸, 다음 서류를 내밀었다. 이건 뭐죠, 하며 물어보았지만, 레지던트의 준비된 멘트는 별반 다르지 않았다. 무려 여섯 군데의 서류에 서명할 수밖에 없었다. 그러면서 오후엔 심장 혈관 조영술을 시행해야 한다고 했다. 카테터를 통해, 심장 내부와 관상동맥의 구조와 활동을 촬영하는 시술이라는 것이다. 허벅지 부근 대퇴통

정맥으로 전극도자를 밀어 넣어 간단하게 검사한다고는 하지만, 모든 절차와 검사 방법이 여간 녹록한 게 아니었다.

다음 날 아침 일곱 시 사십 분, 그녀는 침대에 누운 채 수술 전용 엘리베이터를 타고 4층으로 향했다. 여덟 시부터 수술이 시작되기 때문이다. 맥없이 수술실로 끌려가는 그녀를 보니 착잡했다. 아무렇지도 않다는 듯 그녀는 편한 낯으로 자식의 얼굴을 쳐다보고 있지만 막연하게 몰려드는 불길한 예감까지 걷어 낼 수는 없었다. 가슴속에서 뜨거운 기운이 세차게 펌프질했고, 그녀의 손목을 꽉 잡았다. 막연한 불안감이 한밤중 문 앞에서 서성대던 꼽등이처럼 어정쩡하게 팔딱거렸다.

― 크게 염려치 마시고 이제 대기실에서 기다리시기 바랍니다.

침대 끌던 남자 간호사가 손목을 그만 놓아줬으면 하는 부탁을 했다. 철컥, 수술실 방화문이 닫혔다. 뒤따라오던 연희의 눈자위에서 출렁거리는 눈물이 복도에 떨어졌.

심장 형태와 비슷하다고 해서 하트Heart 모양을 본떴다는 얘기가 떠돌지만 여러 설 또한 분분한 편이다. 사과를 반으로 쪼갠 모양에서 하트가 비롯되었다는 설도 있고, 기독교에서 포도주 담는 성배를 상징한다는 설도 있고, 여성의 엉덩이에서 유래됐다는 설이 한 심리학자에 의해 제기되기도 했다. 그리고 하트는 프랑스어 쾨르Cœur에서 유래되었다고 하는데, 심장과 마음이라는 뜻을 지니고 있다. 그러나 Cœur 발음이 좀 애매하게 들린다. 샹송 가수 에디뜨 삐아프Edith Piaf는 「빠담빠담Padam Padam」에서 Cœur를 '껴흐'라고 발음하고 있다. Padam 또한 '빠람"으로 들리지만. Cœur는 통상적으로 '쾨르'란 발음으로 통용되고 있다. 몽마르트르Montmartre 언덕에 위치한 대성당은 사크레쾨르Sacre-Cœur로 불리고 있으며, '성스러운 마음'이란 뜻을 지니고 있다. 김환기 역시 「Sacre-Cœur」라는 작품을 남겼다. 박미정 환기미술관장은 "가장 좋아하는 김환기 작품이 무엇이냐"는 질문을 종종 받곤 하는데, 경우에 따라 다르지만 가슴을 뭉클하게 하는 작품은 화면에 선홍색 하트 문양이 그려진 「Sacre-Cœur」라고 답한다. 부인 김향안은 "고국에서 어머님이 돌아가신 부음을 받고 환기는 미칠 듯이 괴로워했다. 울면서 「Sacre-Cœur」를 그렸다"고 회고했다.[1] 그리고 빠담빠담은 몹시 놀라거나 불안하여 심장이 뛰는 모양을 나타내는 의태어다. '두근두근'이나 '콩닥콩닥'이란 의미다. 예로부터 심장은 감성을 상징해 왔다. 심장을 사랑의 근원지로 여겼기에 사랑을 의미하는 기호로 정착될 수 있었다는 설이 꽤나 설득력 있게 받아들여지는 것이다.

　바야흐로 그녀는 Cœur로 상징되는 기관을 수술 중이다. 대기실에서 초조하게 기다리려니 속이 너무 답답했다. 밖으로 나왔다. 구부슴한 소나무가 목신木神처럼 줄지어 서서 차가운 바람을 부르고 있었다. 담배 연기가 바람에 볼품사납게 흩날렸다. 담장 허문 병원 화단에 이식된 소나무들은 고스란한 상태가 아니었다. 비대칭적인 골간骨幹을 올이 숨숨한 부직포로 동여매고, 스테이플러Stapler로 고정시킨 버팀목에 기댄 채 주춤대고 있었다. 마치 늘그막에 고향을 등진 처량한 신세를 한탄하며 어기대는 듯했다.

　자리를 오래 비우면 안 되겠다 싶어 다시 대기실로 올라갔다. 전광판에는 여전히 '수술 중'이라는 자막이 뱅뱅대고 있었다. 다섯 시간 정도 걸린

---

1) 박미정, 「어머니께 바치는 '하트'」, 조선일보 2017. 7. 26.

다고 하더니, 그 다섯 시간이 지난 지도 한참이나 되었다. 물론 수술 부위마다 다르겠지만 다른 환자들은 '수술 종료' 또는 '회복 중'이라는 화면이 뜨곤 하는데, 그녀 이름 옆에는 줄곧 '수술 중'이라는 울연한 문구만 쳇바퀴처럼 돌고 있었다. 갈팡질팡하는 마음을 다잡아보지만, 시근 없이 차오르는 초조의 빛까지 걷어 낼 수는 없었다. 마치 경추 보호대로 꽉 조인 듯 뒷덜미마저 빽적지근했다.

 시곗바늘이 두 시를 넘어서고 있었다. 그녀가 수술실에 들어간 지 벌써 여섯 시간이나 지났다. 전광판에는 '수술 중'이라는 자막이 아예 닻줄을 내리고 정박을 검토하는 듯했다. 대기실 공기마저 축 늘어져 있었다. 담뱃갑이 들어 있는 윗주머니를 더듬었다. 뜯은 지 얼마 되지 않은 듯한데, 벌써 홀쭉했다. 힘없이 일어섰다. 대기실 문을 열어젖히려 할 때, 스피커에서 흘러나온 음성이 용소 물귀신처럼 뒷다리를 잡아당겼다. 수술 끝난 그녀를 중앙집중치료실로 이동 조치했다며 보호자를 찾는 안내 방송이었다. 안도를 느낄 새도 없이 5층으로 올라가기 위해 엘리베이터 버튼을 누르려다가 엘리베이터 진행 층수가 B2를 가리키는 걸 보고 계단으로 난 방화문을 열어젖혔다. 계단참 벽면에 표시된 아크릴 표찰을 볼 틈도 없이 무작정 용수철처럼 튀어 오르다가 헉헉거리는 숨을 내뱉으며 쳐다본 픽토그램에서 6자와 7자가 상하로 나란히 붙어 있음을 뒤늦게 확인할 만큼 정신조차 없었다. 중앙집중치료실에서도 당장 그녀 상태를 확인할 수 있는 건 아니었다. 다시 보호자 대기실에서 두어 시간 기다린 뒤 짧은 면회를 할 수 있었다. 손을 세척한 뒤 녹색 가운을 걸치고 허리춤의 매듭을 조였다. 간호사가 알려 준 대로 필요한 물품을 사 들고 중환자실로 안내되었다. 칸막이로 차단된

통로를 따라가는데 그녀의 심장 박동 소리가 덜컹대는 것 같았다. 여기저기 연결된 튜브, 규칙적인 기계음, 그녀는 아직 마취가 덜 풀린 탓인지 흐리멍덩한 눈빛을 띠고 있었다. 기계에 연결된 플라스틱 튜브엔 빨간 액체가 바삐 돌고 있었다. 나지막한 목소리로 그녀를 불러보아도 전혀 알아채지 못하는 상태였다. 그렇게 잠깐 얼굴만 보고 돌아서려니 눈시울에 신 김치 같은 시큼한 기운이 차오르는 듯했다.

북새통 같은 중앙집중치료실 보호자 대기실에서의 쪽잠. 오전 열한 시, 오후 일곱 시, 하루 두 번의 짧은 면회, 그렇게 지긋지긋한 나흘이 지겹게 흘러갔다. 그녀가 드디어 5211호 병실로 올라오니, 그동안 팽팽히 죄었던 긴장감도 느슨히 풀리는 듯했다. 흉부외과 과장의 라운딩이 끝나고 처치 트레이Tray를 끌고 들어선 간호사가 링거를 새것으로 갈더니 수액 방울 수를 조정했다. 이어서 스테이플러로 봉합된 그녀의 가슴을 소독하고 드레싱Dressing하기 시작했다. 스테이플러로 촘촘 집어놓은 가슴, 그 복장뼈 안의 무엇이 그렇게 아프게 했을까. 뭐든지 속으로만 삭여 내려 했기 때문일까. 그러나 기어이 삭이지 못하고 가슴 한 켠이 먼저 삭아 버렸던 걸까. 그녀는 손가락 마디 같은 자식 셋을 가슴에 묻어야 했다. 심장 판막이 온전할 리 만무했다. 애처로운 가슴앓이로 옥인 가슴속은 삭정이같이 바슬바슬 바스러졌을 것이다. 켕길 대로 켕긴 끈목을 가까스로 붙잡고 있던 기운마저 제풀에 탈진되었을 것이다. 불근불근한 결 맺힌 가슴엔, 삼첨판과 승모판을 성형하는 여섯 시간의 수술로도 치유하지 못할 흔적이 여전히 버성겨 있을 것만 같았다.

그녀의 가슴은 늘 따뜻했다. 찬바람이 훑고 지나가는 느낌조차 없을 정

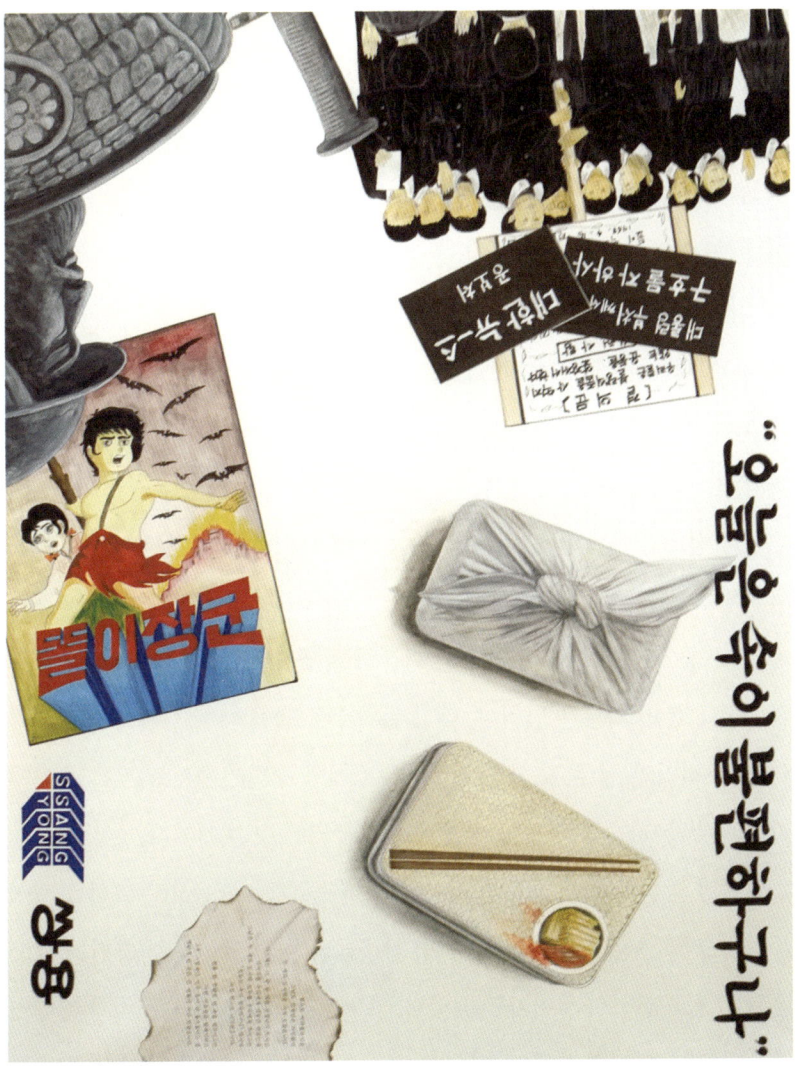

"오늘은 속이 불편하구나"
1984년 쌍용에서 제작한 기업 PR 광고로 배고픈 시절을 겪었던 장년층에게 공감을 불러일으켰던 광고. 「똘이장군」(1978)은 반공 모티브에 기반한 애니메이션.

도로 안온해 보였다. 바람구멍이 숭숭 나 있을 텐데도 말이다. 그녀는 절대로 궁한 기색을 안 보이려 했다. 소금에 절인 배춧잎처럼 어깨가 늘어지고 허리가 꼬부라져도, 자, 업히렴, 하며 금세 어부바해 줄 것처럼 당찬 기운만 내보이려 했다. 또 성한 것과 좋은 것은 모두 자식들 몫이라며 챙겨 주었다. 이것저것 싸 놓고도 혹시 더 줄 게 없나, 하며 곳간을 두루 살피곤 했다. 김치 하나만 꺼내 놓고 식사하기도 하고, 밥맛이 없다며 찬물에 말 때도 있고, 잇몸이 상해 제대로 씹지도 못하면서도, 나는 '괘안타'고만 했다. 몇 보따리 내어 주고도 더 챙겨 주고 싶어 했다. 피폐한 그녀 가슴엔 애오라지, 자식 생각뿐이었다.

가끔 전화 넣게 되면 그녀는 그랬다. 어쩐 일이냐, 무슨 일 있냐, 며 자식 안위부터 궁금히 여겼다. 그래, 추운데 옷은 따숩게 입고 댕기냐, 애들도 핵교 잘 댕기고, 저번에 오그락지 싸준다는 걸 깜빡했다, 지름 값이 또 오른다는데 볼러 지름은 넣었냐, 글고 목디수쿠 땜시 어깨가 자리다더니 좀 어떠냐, 전딜만 혀냐. 노심초사하는 목소리만 수화기에서 좌르륵 쏟아지기 일쑤였다. 가슴속 멍울이 여태껏 아물지 않은 탓일 것이다.

그녀가 퇴원하고 한 달쯤 후, 흉부외과에 들른 날, 처음으로 그녀를 업어 주었다. 타워 3층에 주차하는 사이, 입구에서 내린 그녀는 기다리지 않고 본관 쪽으로 천천히 걸어가고 있었다. 그녀의 휘움한 뒷모습에서 비곤함이 줄줄거렸다. 하나같이 휘고 뒤틀린 병원 화단 소나무의 골격이 그녀의 쓸쓸한 뒷모습과 흡사했다. 곧게 자라고 싶어도 어깨의 짐이 녹록지 않았기에 저렇게 형태를 배배 틀었을 것이다. 그간의 고단했던 심정이 알알이 그려질 수밖에 없다. 그녀는 잠깐 걸음을 멈추고 구부정한 허리를 쭉 펴려고 했지만, 삶의 풍파에 짓눌린 탓인지 삭신조차 제대로 젖혀지지 않는 듯했다. 무릎을 살짝 구부리고 주저앉듯 해야만 상체가 곧추세워졌다. 그녀의 허한 어깨 위에 내려앉아 토닥이던 얕은 햇살이 미끄럼을 탔다. 밤송이 가시처럼 삐죽삐죽, 뒷모습에 돋는 애틋함이 때아닌 싸락눈처럼 흩날렸다.

급히 쫓아가서 그녀를 업었다. 수척한 그녀는 솜털같이 가벼웠다. 양파 껍질처럼 한 꺼풀씩 가족에게 아낌없이 벗겨 주었기 때문일까. 그녀에게서 끈적끈적한 송진 냄새가 풍겨 왔다. 본관까지는 백여 미터 남짓했지만, 등에 업힌 그녀를 한번 추스르면서 일부러 느릿하게 걸었다. 그녀는 그만 내려놓으라고 자꾸만 손사랫짓했다.

— 남사시럽다. 남들이 마캉 쳐다보자녀. 얼릉 내려도가.

— 뭐, 남들이 쳐다보면 어때요.

오래전 그녀가 어린 나를 업고 마당 거닐던 일을 반추해 보았다. 그녀의 등은 아랫목처럼 따스했다. 구들처럼 늘 온기가 돌았다. 그러나 등에 업힌 그녀는 냉돌冷埃처럼 차갑기만 했다. 예전에 그녀가 업고 따스하게 데워 주던 자식의 등에 불기가 전혀 남아 있지 않은 탓일지도 모르겠다.

    둥개둥개 둥개야 둥둥 둥개야 은을 주면 너를 사고 금을 주면 너를 사랴 은자동이 금자동이 만첩청산에 보배동이 순지건곤에 일월동이 둥굴둥굴 수박동이

어디만큼 왔을까? 둥개타령을 부르며 어르던 그녀의 노랫소리가 우뚝한 소나무에 희멀겋게 들러붙고 있었다.

팻물

> 가슴속으로
> 붉게
> 번지고 스며
> 이제는
> 누구도 끄집어낼 수 없는
> — 문태준,「누가 울고 간다」,『가재미』(문학과지성사, 2006), 15쪽.

— 그제나 이제나, 날이 어짠 샛바람에 게 눈 감기듯 하는지 몰러.

그녀는 그런 표현을 자주 쓰곤 했다. 샛바람에 게 눈 감기듯 한다, 라는 말은 게 눈이 샛바람에 얼른 감겨버린다는 뜻으로 몹시 졸린 모양을 나타내기도 하지만 날이 잘 가묾을 비유적으로 이르는 표현이기도 하다. 그녀는 손가락 마디 같은 자식 셋을 가슴에 묻어야 했는데, 그 표현을 쓸 때마다 묵묵하던 기억이 모질게 솟뜨는 것 같았다.

심장 판막 수술을 받은 그녀가 기력을 회복한 지 몇 달 지났을 때였다. 시커먼 땟국 쌓인 코뚜레에 볼긋한 대롱 같은 게 붙어 있는 게 보였다. 새끼 손가락 두 마디쯤 되는 길쭉한 형태의 나나니벌집이었다. 벌집을 떼어 내고 끈끈하게 밴 땟물이 풀어지라고 초醋 탄 물에 담갔다. 만귀잠잠萬鬼潛潛한 쇠죽간에서 지독하게 엉긴 궁상이 서서히 누그러들고 있었다. 꾀죄죄하게 앉은 더께를 걷어 내면 현관 위에 걸어 놓을 생각이다. 예로부터 쇠코뚜레는 잡귀 쫓고 복을 불러들이는 부작符作으로 이용되고 있다.

— 그건 뭐하시게요.

헛간 시렁가래에 매달아 놓은 통마늘을 채그릇에 따 담아 나오던 그녀가 방금 전에 떼어 낸 벌집을 주워 들었다. 들마루에 걸터앉은 그녀는 예전에 어린아이들이 경기驚氣 일으키면 나나니벌집으로 우려낸 불그스름한 물을 떠먹였다는 민간요법을 들려주었다. 비늘줄기의 쪽을 갈라 꼭지를 떼어 놓으면, 그녀는 찬칼 들고 마늘쪽 껍질을 벗기면서도 채그릇 옆에 놓아둔 나나니벌집에 거푸 눈길을 주고 있었다. 가느다란 허리를 가진 나나니가 진흙 물어다 지은 자그마한 흙덩이에 불과하지만, 그 벌집에서 지워지지 않는 땟국 같은 아픔을 더듬는 듯했다. 잗다란 벌집의 잔무늬가 마치 물결털 운동하듯 가슴속을 일렁이게 하는 걸까. 뿌리 부분을 칼로 끊고 껍질 벗긴 마늘씨가 보얀 빛깔을 드러냈다. 마늘쪽을 감싼 얄따란 꺼풀 속 특유의 강한 향이 눈가를 찡그리게 했다. 마늘을 까다 보면 손끝에도 그 독특한 냄새가 배지만 눈도 이만저만 아린 게 아니다.

— 그케 가물어쌌더니 마늘쪽이 메란없구나.

— 그러게요. 지난겨울엔 눈이 지긋지긋하게 오더니, 올봄엔 두어 달째 애간을 태우네요.

가문 탓에 마늘 됨새가 그리 좋은 편이 아니다. 봄가물이 들면 농사일이 순조롭지 못했다. 요즘은 소만小滿 정도에 한창 모를 내지만, 예전에는 마늘 뽑거나 보리 거둬들인 하지쯤에나 모를 심을 수 있었다. 모내기 전후하여 가뭄 들면 팻물을 대야 할 지경에 이른다. 팻물은 모내기 전후하여 가뭄 들 경우, 패를 짜서 교대로 물 대는 것을 일컫는다. 팻물은 코뚜레에 달라붙은 나나니벌집만큼 그렇게 여할如割한 기억을 쏟아 냈다. 모낼 무렵, 한

목에 오는 비를 목비라고 한다. 바짝 탄 그녀 가슴에 목비는 아니 오고 팻물만 삼삼거리는 듯했다. 애 낳은 달에는 유독 찌뿌듯한 피로가 온몸을 엄습한다는 데 무심중에 봇물 패를 잡게 되는 걸까. 코뚜레에 엉긴 궁상은 서서히 누그러드는데 가슴속에 켜켜이 쌓인 땟국 같은 애젖함은 언제쯤에나 걷힐까.

― 그렁께, 니 낳기 전이었다. 그해도 엄청시로 가물었다. 물이 귀항께 밭곡석은 쳐다볼 여개도 읎었다. 자칫 논바닥에 모도 몬 꼽을 형편이었응게.

그녀는 논물 사정이 좋지 않아 팻물 보던 시절의 껍질을, 마늘쪽 껍질 까듯 조심스레 벗겼다. 그녀의 희끗한 머리칼처럼 색 바랜 껍질이 바람을 탔다. 마늘 냄새에 눈을 찡긋대며 나나니벌집처럼 자잘한 결로 방향 트는 속살의 껍질을 줍는다.

― 먼저 순설 매기고 돌아감시로 고루고루 봇물을 받았지.

몽리蒙利는 수리 시설로 필요한 물을 받는 것을 말한다. 몽蒙은 사리에 어둡거나 어리석다는 뜻을 품고 있지만, '받다'라는 뜻도 지니고 있다. 가뭄 탓에 물이 부족하니 물꼬 싸움이 나지 않게 순번대로 논에 물을 대야 했다. 순번을 정해주고 그걸 감시하는 사람이 바로 봇도감洑都監이었다. 농경 문화가 발달하면서 몽리자들은 자발적으로 보계洑契를 구성하고 관리했는데, 그 일을 총괄하는 사람이 보계의 규칙에 의해 선출된 도감이었다. 통나무를 적당한 간격으로 박고 긴 통나무를 가로지른 사이사이에 돌을 채워 넣은 재래식 보洑는 큰물이 지면 유실되곤 했기에 봇갓을 두고 관리를 했다. 봇갓은 보에 필요한 나무를 베기 위해 공동 관리하는 산이었다. 이렇게 보를 막고 봇도랑을 정비하는 일 등을 위해 몽리자들은 합심해야 했다.

— 팻물 대기 위해 니 아버진 첫새복부터 논꼬에 나가셨지. 논에 물 들 때꺼정 논 어귀에서 바랬고 있어야 했거든. 그래야 무넘깃둑이 찰방할 맨큼 댈 수 있으며, 만약 자릴 비우면 다른 사람이 봇물을 돌리는 일이 수둑이 벌어지곤 했기 때문이었지.

웃란들에 있는 논은 떼전이었다. 한 물꼬에 딸려 죽 잇따라 있는 여러 배미의 논을 떼전이라고 한다. 예전에 보 옆에 커다란 배나무가 있어서 일컫게 된 배나무보(洑)에서 봇도랑 타고 흘러든 물이 맨 위의 물꼬를 통과하며 차례대로 논배미를 적셨다. 봇물 수량도 시원찮아 두 마지기 정도의 봇논에 물을 대려면 반나절은 족히 걸렸다. 그 전 해에는 물난리가 휩쓸면서 보를 형체도 없이 지우더니, 그해는 찔레꽃가뭄이 그와 그녀의 가슴을 하얗게 태웠다.

첫 다랑이의 물못자리를 넘긴 물이 아래 배미의 쟁깃밥 틈새로 질펀하게 스며들었다. 골을 낸 물곬 쪽에 물이 거의 들어차면, 그는 삽으로 두렁에 흙을 갖다 발랐다. 한 방울의 물이라도 가두기 위해서는 삽으로 두렁부터 반반하게 발라야 했다. 두렁이 점차 매끈한 모양새를 갖춰 갈 때쯤, 물꼬 옆에 있는 큰 밤나무에 부연 동살이 잡혔다. 치렁대던 밤느정이가 끝내, **열성 경련을 일으키는** 듯했다. 잠박에서 떨어진 누에처럼 널브러져 있던 하얀 수꽃 이삭이, 옴폭 팬 물꼬받이에서 뱅그르르 돌다가 물곬에 처량하게 떠다니고 있었다.

그녀는 예순(藝順)에게 젖을 물리고, 처마도리에 걸어 둔 대소쿠리의 베보를 들췄다. 설삶은 꽁보리를 밥소쿠리에 퍼 놓았다가 끼니때마다 곱삶는 걸 보리곱삶이라고 한다.

— 독에서 버리쌀을 퍼낼 쩍마다 오짓동이에 쫌씩 덜어 놓았지. 당시 부녀회에서는 절미 운동이라는 걸 펼치고 있었단다. 집집마다 동이를 부뚜막 한쪽에 놔두고 식구 수만큼 한 숟갈씩 덜어 놓았단다. 그게 조석으로 한 숟갈씩 덜어 낸 걸로 버릿고개에 대비하자는 거였지.

꽁보리 안친 솥에 뜸이 돌면, 그녀는 된장독에 넣어 절인 무를 꺼내 잘게 채 치고 고물고물 무친 다음, 양재기에 담아 솥 한쪽에 넣어 쪄 냈다. 그렇게 쪄 낸 무장아찌와 콩자반, 가죽김치를 함지에 담고 보리밥을 찬합에 퍼 담았다. 베보를 덮은 함지를 이고 웃란들로 향했다. 짚으로 튼 똬리 위에 동그란 널빤지를 덧대야 함지의 뜨거운 온기가 다소 차단된다. 그렇게 밤나무 그늘에서 그와 그녀는 대충 아침을 들었다. 밤나무 가지 사이를 비집고 나온 햇살이 그의 이마를 간질였고, 못자리에는 볏모에 맺힌 이슬방울이 새파랗게 흔들렸다.

— 그해는 민사무소에서 권유한 약물로다가 종잘 소독했다. 종자를 소독하면 고르게 크고 도열병이다, 파리똥병이다, 글고 그 뭐시냐, 해바라기병, 모 부패병 등이 읎어진다며 집집마다 권했던 터라 그케 따랐더니 모가 참 좋은 편이었지. 해마다 종잘 소독하지 않아 여러 병균 땜시 수확이 줄곤 했었는데 말이다.

먼저 소금물 또는 잿물로 씨 고르기를 했다. 물 한 말에 소금 석 되 풀어 씻나락을 담그고 말목으로 저으면 질 나쁜 종자는 물에 떴다. 뜬 나락을 조리로 건져내고 맑은 물로 가신 후, 메르크론 한 봉지를 푼 약물에 여섯 시간 정도 담가 두면, 병균이 붙은 종자는 제거되고 발아가 고른 좋은 볍씨만

노적표 도우미 비료
농촌진흥청에서 배포한 쥐미끼집. 1970년 1월 26일 6시 '전국 쥐잡기 운동'이 실시되었고 '쥐를 잡자'는 표어와 포스터가 곳곳에 내걸렸다.

얻게 된다. 사지개에 있는 논다랑이와 찬물내기 논도 부치기로 한 터라 씻나락을 넉넉하게 담갔다. 사지개 다랑이는 큰재 가는 어귀에 있는 논으로 비가 와야만 모를 심을 수 있는 천둥지기였다. 작년에 큰물이 지는 바람에 사지개로 가는 개천에 있던 섶다리도 떠내려가고 없었다. 소구루마조차도 들어가지 못하기에 냇둑에서 바지게에 모춤 얹어 일일이 져 날라야 할 형편이었다. 유실된 배나무보만 다시 둑을 쌓고 고치느라 미처 손볼 틈이 없었던 것이다. 맥추麥秋가 들기 전에 부역을 소집한다고 했지만, 막상 다들 바쁜 탓에 섶다리를 복구하지 못한 상태였다.

유월 초이튿날로 모내는 날을 잡아 놓았기 때문에 모찌기하고 물 들면 써레질로 논바닥부터 삶아야 했다. 모판의 모를 쪄서 논둑으로 옮겨 놓아야 못자리 논도 써레로 고를 수 있다. 갈아엎어 놓은 쟁깃밥 사이마다 물이 들어찼고 보릿대 밑동은 둥둥 떠다녔다.

― 버리농사도 썩 잘된 편은 아니었지. 동해凍害를 방지하려고 늦갈게 도구도 치고 잿간에서 퍼낸 재를 뒷거름으로 충분히 뿌렸는 데두, 겨우내 지독하게 추운 것도 추운 거지만 눈이 거의 오지 않았다. 삐죽삐죽 서릿발 돋는 바람에 뿌리가 마를 수밖에 없었던 게지. 해동解凍하고 서벅서벅하게 부풀어 오른 땅을 고루 밟아주었다만, 수확은 그리 신통치 못했다.

그녀는 모춤 묶어 밖으로 끌어내고서, 다시 함지 이고 좁다란 두렁길 따라 집으로 바삐 걸음을 옮겼다. 모내기철에는 아궁 앞의 부지깽이도 같이 뛴다고 했던가. 황급히, 함지를 한뎃부뚜막에 내려놓고 방문부터 열어젖혔다. 예순이 울음을 그치지 않기 때문이었다. 젖 물려 재우면 몇 시간이고 잠을 자거나 혼자 잘 놀던 아이였기에 엔간하면 그칠 줄 알았는데, 얼굴 벌

게지도록 울었다. 안아서 얼러 보고 젖을 물려도 부르르 떨면서 칭얼거리기만 했다. 그저께부터 감기 기운이 조금 있는 것 같기에 방에 군불도 넣고 두터운 공단 이불도 꺼낸 터라, 이내 기침이 잦아들 줄 알았다. 웃란들 물꼬 옆에 있던 큰 밤나무에 밤느정이가 열성 경련 일으키듯, 심하게 떨기 시작했다. 오늘따라 수꽃 이삭이 물꼬받이에서 처량하게 떠다니더니만. 급기야 예순이 얼굴이 파래지자 그녀는 당혹할 수밖에 없었다. 다급해진 그녀는 예순을 둘러업고 부리나케 아랫마을로 뛰었다. 구불텅한 푸서릿길에 수북이 돋은 그령이 미친 듯이 뛰는 발목을 자꾸만 낚아챘다. 맨발에 신은 고무신짝이 그날따라 몹시도 미끄러웠다. 정신없이 달음박질한 끝에 백금마에 도착했다. 언년이 엄마가 열 손가락 다 따고 침도 놔보았지만, 이미 눈이 돌아가고 뻣뻣한 팔다리는 끝내 풀어지지 않았다.

언년이 엄마네 삽짝에 서 있는 살구나무에서 핏빛 띤 꽃잎이 바람에 날렸다. **핏빛 꽃잎**은 바람의 숨결을 무참히 훑었고 바닥에 뒹구는 꽃잎은 지독히도 붉었다. 그 야들야들한 꽃잎 위에 그녀는 뜨거운 응어리를 하염없이 쏟아 냈다. 그렇게 쏟아 내고 쏟아 냈지만 막힌 억장은 도저히 풀어지지 않았다. 대 끝에서도 삼 년이라 삭히며 견뎠거늘, 두 아들을 연이어 묻은 도울陶鬱한 가슴이 다시 무너지고 있었다.

— 니 아부지가 군에서 제대하기 전이었다. 밍방모리께에 있는 버리밭을 매 놓고 오는 질에 뭇나무 한 짐 해서 짊어지고 마당으로 들어서는데 기겁하듯 둘째가 울어쌓지 뭐냐.

축축한 등 쪽을 보니, 열꽃이 빨긋빨긋하게 피어오르고 있었다. 그녀는 둘째를 둘러업고 면 소재지 시장통에 있는 공의한테 데려가기 위해 능말기재를 부리나케 넘었다. 공의한테 가서 주사 맞으면 괜찮아질 꺼야, 하며 등에 업힌 둘째 발을 주물러 보았으나, 이미 차갑게 식어가고 있었다. 두 살 먹은 둘째, 그녀 얼굴도 제대로 기억하지 못한 채 그렇게 그녀 품을 떠났다.

― 첫째 눔은 말 그대로 미운 일곱 살 때였었다.

시향時享 때문에 그가 달골에 간 날, 한밤중에 탈이 터졌던 것이다. 그때도 백금마 사는 언년이 엄마가 침을 갖고 부랴부랴 달려왔지만 허사였다. 핼쑥한 핏빛 꽃잎은 늘 쓰라린 기억 회로에서 그녀의 가슴속을 에돌았다. 그때의 저민 기억이 징거미처럼 팔딱거리며 가슴을 들쑤셔 놓을 수밖에 없다.

― 야속한 눔들 같으니. 그놈의 마진痲疹 땜시.

바이러스로 말미암아 생기는 급성 발진성 전염병인 홍역紅疫을 그녀는 당시 용어인 마진이라고 일컬었다. 과학 저널리스트 칼 짐머Carl Zimmer에 의하면, 홍역 백신이 개발되기 전인 60년대 초반, 홍역으로 죽는 아이의 수는 세계적으로 매년 7~8백만 명에 달했다고 한다. 예전엔 두창痘瘡을 '손님마마媽媽'라고 이르기도 했다. 호구별성戶口別星 또는 별성마마別星媽媽라고 부르기도 했는데, 극존칭을 붙인 것은 '몸에 들어온 마마신이 고이 나가주십사'하는 주술적 발로에서 비롯된 것이다. 그런고로 마마를 '큰 손님', 홍역을 '작은 손님'으로 칭하기도 했는데, 그 고귀한 '손님'들은 호환虎患만큼이나 공포의 대상이었다.

그렇게 네 해에 걸쳐 세 명의 자식을 꿰맨 가슴 실밥이 훤히 드러날 수밖에 없었다. 무논 써레질에 흙더버기로 얼룩진 그가 타진 실밥을 움켜쥐고 논틀길을 달려왔다. 단단한 박달나무 써렛발이 왕창 으끄러지는 심정이지만, 그래도 이번만은 믿고 싶지 않았다. 목을 푹, 떨어뜨린 딸내미를 그가 으스러지게 끌어안았다. 와락, 타진 실밥에서 불거져 나온 실보무라지가 팽팽한 공기를 뒤덮었다. 황폐해진 공기 속에서 실보무라지는 하염없이, 그렇게 하염없이 떠돌고만 있었다.

― 예순이를 밤새 껴안고 울더라. 멀리 간 눔, 그케 봐야 돌아오능 게 아닌 데두. 니 아부지 눈을 보니 마치 실진한 사람 같더구나. 자식이 죽었는데 그 배알이 오죽했겠냐만. 내도 가슴팍에 갈고랑이 색대가 꽉 파고들어 오래도록 후볐응께 말이다. 하늘이 댓 번도 더 무너지는 것 같앴지.

이튿날 희붐한 어둑새벽, 예순의 몸은 여전히 온습했다. 그가 밤새 껴안고 소생하기를 바랐건만, 그 타들어 간 애간장의 촛농으로 데워진 걸까. 아비의 구곡간장이 말끔히 녹아내린 속눈물 탓에 딸자식의 몸은 축추근했다. 그는 예순을 꼭 껴안고 응골 애장터로 떨어지지 않는 발걸음을 옮겼다. 아비 품에 안겨 사립짝을 나가는 마지막 모습에 망연자실, 그녀의 곁옷고름이 다시 젖어 들고 있었다. 그 원망스러운 딸자식이 태어난 해도 팻물 보던 오월 스무 여드렛날이었다. 거꾸로 들어서는 바람에 난산한 역아逆兒였기에 더욱 가슴이 아렸다. 모내기철이라 바빠서 해산 수발도 제대로 못 받고 모꾼들 새참을 봇논에 날라야 했던 기억, 젖 물려 재워 놓고 모땜하러 논에 나왔다가 하동대던 기억이 애잔히 스쳤다. 이제 방울떡같이 동글동글한 얼굴만이 미어진 가슴속에 검붉게 우물각 되고 있었다.

동녘이 희끄무레했다. 검붉은 흉터 같은 태양이 응골 쪽에서 굼틀거렸다. 솟쩍, 솟쩍, 불그스름한 광파光波에 묻어온 피죽바람 한 줄기처럼 한 방울 한 방울씩 토해 낸 소쩍새 울음소리가 정짓문 앞에서 하릴없이 얼쩡거렸다. 그녀는 쌀독 긁어 보리쌀을 동자박에 담았다. 그 지긋지긋한 모를 내는 날이다. 놉을 맞춰 놓았기 때문에 서둘러야 했다.

드그럭 드그럭.

보리쌀 이는 자그러운 소리는 음음적막한 새벽을 매몰차게 긁어댔고, 핏빛 띤 꽃잎 하나가 다시 바람의 숨결을 훑고 있었다.

"늬들 그 냄새 맡아본 적 있어? 새끼 잃은 부모 속 타는 냄새 말여. 부모 속이 한번 썩어 문드러지면 그 냄새가 십 리 밖까지 진동하는 거여."[1]

매운 마늘 때문인지 그녀는 자꾸만 겉소매로 눈가를 훔쳤다. 어렸을 때 체하거나 놀라면 그녀는 종종 손을 따주었다. 손가락을 실로 죄고 바늘로 머리를 두어 번 훑은 다음, 손을 땄다. 그렇게 해서 검붉은 피가 나오면 막힌 기를 뚫어주는 것이라 믿었다. 그렇게 사혈을 하고 약손으로 어루만져 주면 아픈 게 싹 달아나는 것 같았다. 여태껏 그녀가 나나니벌집 하나라도 버리지 못하는 것도 지난날의 아픔 때문이다. 그렇게 모아 두었다가 급할 때 쓰려는 고착된 습관이 반사적 반응을 이끌어 낸 것이다.

어렸을 적, 갑자기 열이 끓거나 한기가 들면 그녀는 생콩 세 알을 씹게 했

---

[1] 영화 「괴물」(감독 봉준호, 2006)에서 박희봉(변희봉 분)의 대사.

다. 맛이 비리지 않으면 객귀客鬼가 들었다면서 바가지에 부엌칼 담그고 푸닥거리를 벌이기 일쑤였다. 방안에 거꾸로 눕히고 칼등으로 장지문 문살을 거칠게 긁은 후, 칼끝을 입 가까이 대고 숟가락으로 물을 세 번 떠먹였다. 퍼런 칼끝을 타고 입 속으로 흘러드는 물방울은 얼음처럼 차가웠다. 내처 그녀의 헛기침이 이어지더니 부엌칼로 머리카락 베는 시늉을 했다. 이내 칼끝이 머리카락을 섬뜩하게 끌어당겼다. 곧이어 짧은 머리카락 몇 올 떠 있는 바가지에 침을 세 번 뱉어 내게 했다. 그 바가지에 된장 풀고 밥 한 술 떠 넣어 대문 밖으로 가서 잡귀 내모는 주술을 읊었다.

헛세이, 헛세이, 헛세이.

그리고 부엌칼을 던져 칼끝이 한길 쪽으로 향하면 악귀가 물러가는 것이라 여겼다. 그렇게 물림하고 나면 열이 눈 녹듯 녹아내리는 것 같았다. 매조미쌀로 햇곡 밥 지으면 서너 가지 나물과 함께 윗목에 올려 가족 평안을 기청 드리는 것도 거르지 않았고, 또 부뚜막에 정화수 담은 종발을 얹어놓고 부엌을 다스리는 조왕竈王께 무탈하기를 빌기도 했다. 『동아시아의 부엌』을 보면 '불신을 홀대하면 아기가 울음을 그치지 않거나 열이 난다'는 속설에 대해 언급하고 있다.[2] 우리나라에 조왕신이 있었다면 그리스엔 헤스티아Hestia, 로마엔 베스타Vesta라는 부뚜막 여신이 존재하고 있었다. 그리스 철학자 헤라클레이토스Heraclitos는 불이 조화로운 우주의 기본적인

---

2) 김광언, 『동아시아의 부엌』(눌와, 2015), 154쪽.

물질적 원리라고 주장했다. 우주에는 서로 상반되는 것들의 다툼이 있지만 그와 같은 다툼 속에서도 불은 사물을 다양하게 변화시키는 기본 요소라는 것이다.

어쩌면 그 불의 신에게 지성으로 비손하지 않은 탓에 세 명의 자식을 가슴에 껴묻어야 했을지도 모른다는 스스로의 책망 때문에 더욱 정성을 쏟았는지도 모른다. 신의 명을 빨리 시행하라는 도교의 주문 '엄엄급급 여율령 사바하唵唵急急 如律令 娑婆訶'로 맺음하는 동토경動土經을 구석구석에 붙이는 등, 잡귀를 몰아내는 주술적 행위 또한 서슴지 않았으니 말이다. 심지어 조리질할 때도 혹여 복이 새어나갈까 봐 집 안쪽을 향해 건져 냈고, 밥 풀 때도 대문 쪽을 향하면 내 푸는 것이기에 집 안쪽을 향해 들이 펐다. 모든 소소한 과정에서도 복이 집 안으로 들어오기를 바랐고, 그러한 그녀의 유다른 치성은 집안 처처에 뿌리 깊게 스며들 수밖에 없었다. 그녀의 '한恨의 아드레날린Adrenaline'이 특유의 프랙탈Fractal 구조로 침투되었던 것이다. 한 맺힌 세상이 부과한 터부의 질서에 맹목적 순종만이 안녕을 포획하는 방식이라고 믿었다. 조왕신 외에도 외양간의 마대지신, 변소의 측신, 마당의 노적지신, 우물의 용왕신 등, 안녕을 위해 빌고 또 빌었다.

마늘통이 그다지 실하지 못했다. 생육기인 봄에 가뭄 들면 토양이 건조해 양분을 뿌리에서 흡수하기가 겹기 때문이다. 잎 마름 현상도 심해지고 마늘종도 나오지 않을뿐더러 품질 또한 떨어진다. 갈변 든 마늘쪽이 더러 눈에 띄었다. 담갈색 병반이 생긴 마늘쪽을 보니, 그녀 가슴에도 이렇게 우묵한 병반이 밀생할 것 같다는 생각이 들었다. 그날의 소쩍새 울음처럼 솟쩍, 솟쩍, 그 한 방울 한 방울씩 스민 그 반점斑點은 핏빛 꽃망울을 맺히게

농약표 벼복합비료
안쪽에 고랑이 지게 여러 개의 줄을 돌려 판 이남박은 쌀을 씻어 일 때에 돌과 모래를 가라앉히는 역할을 한다. 조선비료공업회사에서 생산한 복합비료.

했을 것이다. 그 피지도 못하고 툭 떨어진 핏빛 꽃망울 병반 때문에 판막 수술까지 받았지만. 썩은 마늘쪽처럼 떼어 낼 수도 없는 바이러스, 그 항원도 없이 속으로만 삭여 낸 세월이 바짝 마른 햇발에 설렁거리는 듯했다. 마늘의 매운 향이 자꾸만 눈꺼풀을 알알하게 했다.

은연중, 프레디 아길라Freddie Aguilar의 명곡 「Anak」이 혀끝에서 말랑거리고 있었다. 필리핀어로 Anak은 '자식'이라는 뜻이다.

>Naging matigas ang iyong ulo(우리가 해야 한다면 너를 위해서는)
>At ang payo nila'y sinuway mo(죽음도 마다하지 않을 거라는 것을)

II

달팽이 뿔 위에서

집전

> 세상에는 많은 사람들이 존재한다.
> 그러나 그보다 더 많은 사람들이 존재한다.
> 왜냐하면 각자가 여러 개의 얼굴을 가지고
> 있기 때문이다.
> — 자크 오몽, 『영화 속의 얼굴』(마음산책, 2006), 서문 중에서

대청으로 나갔다. 간밤에 도착했을 때가 세 시 무렵이었으니까, 몇 시간밖에 자지 못해서인지 정신마저 몽롱한 듯했다. 눈은 그쳤으나 마당엔 눈 모시 같은 빛깔이 짙게 침윤해 있었다. 파리해 보이는 빛깔이 주는 질감의 결핍성이 공허 그 자체로 느껴졌다. 쉬이 빠지지 않을 것만 같았다. 대문까지 사람이 지나다닐 정도의 통로만 터놓았는데, 그녀가 아침 일찍 눈가래로 작업한 모양이었다. 툇돌 위에 놓인 신발을 신으려고 내려서는데 마룻바닥 한쪽이 몹시 삐걱거렸다. 삐거덕. 널판장을 물고 있던 못의 장력이 쇠잔해진 모양이었다. 고정이나 접합의 역할을 제대로 하지 못하고 느슨해질 대로 느슨해진 못의 상태를 몹시, 라는 부사가 십분 감안해 주고 있었다.

— 아침 해야지.

마루 널판장과 못의 장력이 일군 불협화음이 그녀에게도 삽시에 전해진 듯했다. 화장실에 다녀온 후, 그녀의 기척을 쫓아 주방으로 향했다. 문 열고

들어서니, 팥을 신문지 위에 펼쳐놓고 쭉정이를 고르던 그녀가 일어섰다.

— 내일이 동지 아니냐? 팥죽 끓일까 싶어 꺼냈다만 쭉지가 어지간해야지.

그녀가 가스레인지 불을 켠 다음, 주발 들고 밥을 푸기 시작했다. 펼쳐놓은 신문을 얼핏 보니, 팽팽하기만 하던 시간이 실감개에 의해 급속히 되감기는 듯했다. 아래채 곳간 한쪽엔 오래전 신문이 서너 박스 정도 쌓여 있는데, 이렇게 허튼 설거지를 할 때 비로소 그 존재를 드러내곤 한다.

— 조금만 푸셔요. 원래 아침에는 반 그릇 정도밖에 안 먹잖아요.

들은 척 만 척 그녀는 주발에 고봉으로 꾹꾹 퍼 담았다. 조금만 먹겠다고 해도 조금만 풀 수 없는 게 어미의 마음일 것이다. 남겨도 괜찮으니, 일단 든든하게 먹으라는 뜻이다. 그녀는 늘 그랬다.

— 옹시래미 넣어야 하지 않겠냐?

수저를 들며 고개를 주억거렸다. 빨간 딸기가 그려진 오븐 장갑을 낀 그녀가 데운 찌개를 식탁에 옮겨 놓았다. 장갑 겉감 윗부분에 달린 프릴이 아주 앙증맞다. 아이보리 빛깔의 프릴이 빨간 딸기 무늬를 더 깜찍하게 데코하고 있었다. 빨간 딸기에 자극된 시신경이 중추로 전달되면서 찰나적으로 현아가 즐겨 듣던 레드벨벳의 노래가 스치는 듯했다.

빨간 맛 궁금해 Honey 깨물면 점점 녹아든 스트로베리 그 맛[1]

[1) 작사 KENZIE, 「빨간 맛Red Flavor」 (노래: Red Velvet)

— 아, 빨간…… 아니, …새알심요?

프릴에 의해 도드라져 보이는 빨간 딸기만 뚫어져라 쳐다보고 있었기에 하마터면 아, 빨간 딸기요? 라고 답할 뻔했다. 웬, 빨간… 새알심이라니, 그녀는 고개를 살짝 갸웃대며 뭔가 잘못 들었나, 하는 표정을 짓고 있었다. 빨간 딸기에서 급히 떼어 낸 시선을 순두부찌개로 옮기고는 군침이 절로 도는데요, 라며 빨간, 이라는 색깔을 속히 휘발시켜야만 했다.

그녀는 팥죽을 끓일 때면 꼭 새알심을 넣었다. 어렸을 때, 빻아 온 쌀가루의 반죽이 끝나기가 무섭게 마치 놋쇠의 장력이 끌어모으듯 반병두리 주위에 빙 둘러앉았다. 반병두리에 담긴 반죽을 조금씩 떼어 손바닥에 놓고 동그랗게 굴리며 새알심을 빚는 재미가 쏠쏠했기 때문이다. 새알심 빚는 행위를 억지로 부추겼다면, 오히려 손을 툭툭 털고 반병두리 자기장 밖으로 벗어났을지도 모를 일이었다. 적당히 떼어 신경 써서 빚는다고 했지만, 그녀가 빚어 놓은 것과 비교할라치면, 내가 빚은 것은 크기가 일정치 않았고, 못난이 또한 적잖았다. 그 못난이를 본 그녀가, 이건 네 밥그릇에 드뿍 퍼 줄란다, 라며 으르곤 했다. 설마, 그걸 어떻게 골라서 내 밥그릇에만 담을 수 있겠어요, 라고 농을 건네면, 이따가 팥죽 묵을 때 보믄 안다, 라며 그녀는 닦아세웠다. 정말 못난이가 내 밥그릇에만 담길 수도 있겠다 싶어, 채반에 빚어 놓은 그 못난이를 보면서 두 눈을 멀뚱거리고 있으면, 그녀는 눈을 찡긋댔다. 못난이가 내 밥그릇에 담겨 있던 기억은 없는 것 같으나, 여동생 연희의 밥그릇에 그 못난이가 자리하고 있은 적은 있었다. 그러면 연희는 투덜거리며 숟가락으로 못난이를 떠서 내 밥그릇에 옮겨 놓곤 했다. 언젠가 하필이면 그녀의 밥그릇에 못난이가 들어가 있는 걸 본 적이 있는데, 아무래도 그녀가 핼끔 눈을 흘기는 것 같아, 모른 척 시선을 떨구고 팥죽만 푹푹 퍼먹었다.
　— 그러면 방앗간에 가서 찹쌀가루를 빻아 와야 하지 않겠어요.
　— 일직댁이 오후 참에 방앗실에 간다고 하기에 부탁할 생각이다. 찹쌀로만 하면 문문하구 끓일 때 물러버리게 되지. 그래서 멥쌀을 어느 정도 섞어서 빻아야 마치맞게 쫄깃해지지.
　그녀는 팥 쭉정이를 골라내는 재바름 사이사이에 팥의 상태에 대한 설명을 무던히 진행하고 있었다.
　— 팥을 삽작끝 옆에 심었더니 이렇게 쭉지가 많다. 삽작 옆에 보안등이 있잖냐. 작물 중에서도 팥이 불빛에도 잘 견딘다고 하기에 심었다만, 그리 신통치가 않구나. 불빛을 받으면 작물이 열매를 잘 맺들 안 한다질 않냐. 작물도 낮에는 볕을 받고 밤에는 잠을 자야 하는 모양이다.
　'밤에는 잠을 자야 하는 모양이다'라는 그녀의 얘기에 얼쯤하던 생각의 오류가 잠시 뒤엉킨다는 게 인지되고 있었다. 그녀의 얘기를 건성으로 들으면서, 마루 널판장과 못의 장력이 일군 불협화음과 상대방에게 존재를 알리는 지극히 작위적인 건기침의 상관관계를 생각하고 있었던 것이다. 그가 건기침마저도 쉬이 낼 수 없는 상태라는 걸 잠시 망기한 탓이었다.
　— 참, 아버지는 아직 기척 않으셨죠?
　그녀는 팥 쭉정이를 부지런히 골라내느라 여념이 없다.
　— 엊적에 진통제 시 알을 잡숫더니만, 아마도 약효가 오래 가는 갑다.
　—파래무침이 괜찮네요?
　화제를 돌리는 게 좋을 듯했다. 잘게 썬 무와 파래를 무친 찬그릇에 자꾸

젓가락이 갔다.

— 식초와 설탕을 넣구 그케 고물고물 무쳐놓으면 꽤안타고 일직댁이 그러더구나. 읍내에 있는 굴국밥집 아주머이가 알켜줬다고 하믄서.

파래무침이 입맛을 돋웠는지 어느새 밥 한 그릇을 비우고 있었다. 조금만 먹으려는 생각에 주발에 조금만 푸라고 했었는데, 밥 한 그릇을 싹 비우니까, 그녀는 다음에도 조금만 먹겠다는 말과 조금만 푸라는 말을 허투루 여길 게 뻔했다. 혹여나 지연이 상 차릴 일이 있으면, 내가 아침에는 많이 먹지 않는다는 걸 알기에 적당한 아침 분량을 익히 알고 퍼 주는 편이다. 그 장면을 보게 되면, 그래 묵어서 간에 기별이라두 가겠냐, 라며 그녀는 주발에 담긴 분량을 흘깃 보고는 한마디 거들었다. 음식을 깨작깨작 먹는 걸 눈꼴시어 하는 편이었고, 자고로 장부는 밥을 푹푹 퍼 묵어야 냉중에 큰일을 할 수 있다, 라는 소신을 지니고 있기에 되도록 그녀 앞에서는 밥을 남겨서는 곤란하다는 생각을 늘상 할 수밖에 없다. 예전부터 물꼬에 물 들어가는 것과 자식 입에 밥 들어가는 게 제일 흐뭇하다던 말이 뇌리에서 꼬물거렸기에 밥그릇을 말끔히 비워 내야 했다.

팥 쭉정이를 다 골랐는지 펼쳐 놓았던 신문을 접으며, 그녀가 빈 밥그릇을 흘깃거렸다. 거 봐라, 내가 고봉으로 꾹꾹 눌러 퍼 주길 잘했지, 라는 표정을 지었다. 접어 놓은 신문과 팥 쭉정이를 골라 놓은 바가지를 들고 밖으로 나왔다.

접은 신문의 표제에서, 회화도 조각도 아닌 '사물'을 지향, 거기서 작가는 죽은 존재, 라는 문구가 눈에 들어왔다. 바가지를 안마루 구석 자리에 내려놓고 신문을 펼쳤다. 문화면에 미니멀리즘Minimalism에 대한 현대미술

이야기[2]가 연재되고 있었는데, 도널드 저드Donald Judd의 독특한 작품 「무제(홈 파인 상자)」가 이해를 돕기 위해 큼직하게 실려 있었다. '환영의 공간'을 피하는 유일한 길은 작품이 아예 '실제의 공간'으로 들어가는 것이라는 저드의 작품은 특정한 객체처럼 보이는 듯했다. 환영 효과를 없애려면 작품은 회화도 아니고 조각도 아닌 '사물'이 되어야 한다는 것이다. 그래서 우리가 보는 것은 덩그마니 놓인 하나의 사물뿐이라는 것이다.

여전히 기척 없는 그도 사물만이 가진 원칙처럼 덩그마니 방 안에 누워 있다. '네가 보는 것은 네가 보는 그것이다'라는 미니멀리즘의 특성처럼 어떤 특정한 객체로 비치는 듯했다. 진통제 약효에 의지하며 방 안에서 꿈쩍 않는 그를 사물로 인지하려는 판단은 아마도 몇 달 동안 누적되었던 관념과 시시때때로 인출되는 환영, 거부할 수 없는 불가역적 질서 등이 복합적으로 작용했기 때문일 것이다. 그렇게 그의 존재감은 불가역적 현상에 의해 휘말리고 있으나 그 판단 자체의 유효 여부는 일단 유보하고 싶을 뿐이다.

그에게서 안도현의 詩 「아버지의 런닝구」에 나오는 냄새가 피어오르는 듯했다. 흡사 "황달에 걸린 것처럼 누런 런닝구"[3] 같은 냄새였다. 어쩌면 그 런닝구는 이사벨라 색깔Isabelline이었는지도 모르겠다. 스페인 이사벨라 공주Infanta Isabella Clara Eugenia of Spain가 속옷 하나로 3년 3개월을 버텼기에 그 누리끼리한 색깔을 그렇게 지칭하고 있다. 17세기 스페인군이 오

---

2) 진중권, 경향신문 2012. 10. 5.
3) 안도현, 「아버지의 런닝구」, 『아무것도 아닌 것에 대하여』(문학동네, 2005), 78쪽.

스텐데Oostende를 점령하기 전까진 속옷을 갈아입지 않겠다고 신에게 맹세했고, 공주는 불결을 참아냈다는 이유로 칭송의 대상이 되었다. 사물에서 풍기는 이사벨라 냄새 또한 미니멀리즘의 특성처럼 부각되는 듯했다.

예전에도 그랬지만, 신문은 요즘도 읍내에 있는 보급소에서 우편 발송되는 실정이다. 종이 신문의 구독자가 그닥 많지 않기에 우편물과 함께 열한 시쯤에야 배달되고 있다. 그가 신문을 구독한 횟수도 사십여 년이 넘었다. 예전엔 추곡 수매 후, 구독료를 한꺼번에 지불하는 조건이었다. 당시 시골에서 신문을 구독하는 사람이 그리 많지 않은 편이었기에 라면 박스에 차곡차곡 쟁여 놓은 신문을 서로 얻어가려는 일도 벌어지곤 했다. 들에 새참을 내갈 때면 깔개용으로 쓰이기도 했고, 누에를 치는 집에서는 채반 밑에 짚 대신 신문을 깔기도 하는 등 여러모로 쓰였다. 또 아이들은 연을 만들기 위해 신문을 얻어 가곤 했다. 고붓한 싸리 꼬챙이나 못 쓰는 비닐우산의 댓살을 잘라 뼈대를 대고 신문으로 감싼 다음 가늘게 자른 신문을 이어 붙여 꼬랑지를 만들었다. 마름모꼴의 가오리 몸통에 꽁숫구멍을 뚫고 실로 연결하면 멋진 꼬박연이 된다. 꼬랑지가 길면 길수록 마른하늘에서 한 점이 되어 있는 연은 위용스러울 수밖에 없었다. 그리고 화장지가 귀하던 시절엔 측간에서 볼일을 본 후 뒤처리할 때도 신문이 쓰였고, 먹을 갈아 습자 연습을 할 때도 요긴했다. 그만큼 신문의 효용 가치는 높을 수밖에 없었다.

그는 오전 들일을 끝내고 점심을 먹기 위해 집으로 되돌아오면 신문부터 찾았고, 한두 시간 신문을 본 다음에야 오후 일을 나갔다. 아무리 밭일이 급해도 그가 엉덩짝을 붙이면 쉽게 자리를 터는 법이 없다는 걸 훤히 알기에 그녀의 지청구도 건성으로 흐를 수밖에 없었다. 그에게 신문이란 新 News을 聞하는 도구로 작용했다. 당시 신문을 배달하는 우체부는 그의 지우였던 전 씨였다. 우편물이 든 누런 가죽 가방을 어깨에 둘러멘 전 씨가 자전거를 타고 비포장 신작로를 지나갈 때면 그가 먼저 손짓으로 전 씨를 불러 세울 때도 있었다. 자전거를 길가에 받쳐 놓고 논두렁으로 내려선 전 씨는 그에게 신문을 건넸다. 그가 막걸리 한 사발을 건넬 때도 있었다. 그렇게 두어 순배 돈 후, 전 씨는 엉덩이를 툭툭 털고 일어섰지만, 그는 신문을 펼쳐 들고 두메오리나무 그늘에서 오래도록 엉덩이를 떼지 않았다. 땡볕에서 김을 매고 있는 그녀의 눈꼴틀리는 시선에도 아랑곳하지 않았다. 그는 신문에서 살맛을 찾는 듯 보였고, 신문을 봄으로써 살맛을 느끼는 듯했다. 신문은 살맛의 감각을 유지해 주는 유별난 장치였으며 그에게 단거端居의 즐거움을 유지해 주는 유별난 도구로 작용했다.

어렸을 때, 그가 들려주는 얘기는 늘 재미있기만 했다. 그가 신문에서 본 기사를 재미있게 각색할 때도 있었고, 예전부터 알고 있던 얘기를 조금 변형시켜 들려줄 때도 있었다. 때로는 설익은 감을 씹은 것처럼 떫은 얘기를 들려주기도 했지만, 거나하게 취했다 싶으면 유년의 추억을 생생한 화면에 담아 되돌리기에 바빴다. 초등학교 육 학년 즈음 텔레비전을 집에 들여놓았으니까, 그전에는 그가 들려주는 얘기에 취하는 밤이 은근히 기다려지곤 했다. 기분이 썩 좋은 날은 「정글의 왕 타잔Tarzan The Ape Man」(감독 반 다이크, 1932) 영화가 보고 싶어 극장 측간 뒷문으로 몰래 숨어들어 갔던 학창 시절 얘기가 짭짤하게 간 맞춘 안주로 변해 술상에 올라앉기도 했다. 지극히도 '뻔함常套性'이라는 특성을 두루 지닐 수밖에 없었지만, 그가 각색한 타잔 얘기는 상당히 흥미롭기만 했다. 동물 가죽으로 만든 팬티 한 장 달랑 걸친 자니 와이즈뮬러Johnny Weissmuller가 고릴라 떼를 지휘하고, 사자와 뒤엉켜 난투를 벌이고, 코끼리 타고 밀림을 평정하는 모습에 홀리는 건 당연했다. 타잔으로 분했던 와이즈뮬러는 백 미터 자유형에서 최초로 일 분대 벽을 넘은 수영 선수 출신이다. 또 올림픽에 두 번이나 출전해 다섯 개의 금메달도 땄으며, 세계 기록을 스물네 번이나 경신했다는 얘기도 들려주었다. 이즈음의 마이클 펠프스Michael Phelps가 충분히 연상될 만했다. 텔레비전이 동네에 하나둘 들여오던 시절이었지만, 토요일 해거름 즈음에 편성된 타잔을 보기 위해 텔레비전이 있는 집을 찾아가야 했다. 그러나 전기세가 많이 나온다며 해가 저문 후에나 텔레비전을 켤 거라는 주인장의 얘기에 씁쓰레한 표정을 지으며 발걸음을 돌리기도 했다. 그렇기에 들일이 끝나지 않았거나, 바깥나들이로 인한 친구 아버지의 늦은 귀가를 내심 반길 수밖에 없었다. 평일엔 여섯 시부터 방송이 시작되었는데, 다섯 시 반에 시작되는 화면 조정 시간부터 바싹 눈을 들이대고 기다릴 때도 있었다.

　텔레비전을 보지 못하는 날이면, 일본 큰아버지가 선물해 준 밤색 가죽 케이스 라디오를 켜고 귀를 쫑긋댔다. 그러나 텔레비전만큼의 흥밋거리는 되지 못했다. 라디오에서 낮 한 시 직전에 방송되던 「김삿갓 방랑기」(연출 이상만, 1964)와 네 시에 편성된 「태권동자 마루치아라치」(각본 민병권, 1973)로는 갈증이 해갈될 리 없었다. 스토리보다는 인상적인 캐릭터에 열광할 수밖에 없는 강렬한 호기심을 TV 수상기가 한층 유발했기 때문이었다. 드라마 「전우」(연출 이동희, 1975)가 주는 반공 모티브, 가라데 춉空手チョップ과 알밤까기 기술이 인기를 끌었던 프로레슬링 경기나 전설의 총잡이 빌리 더 키드Billy the Kid를 소재로 한 서부활극, 브루스 리Bruce Lee나 숀 코네리Sean Connery가 나온 영화에서 얻는 폭력의 미학과 선악 분별 문법, TV 수상기는 공감각적 상상력을 충실히 채워 주던 마술사였다. 흑백 화면이지만, 시청각적 이미지가 주는 재미와 감동은 상상력을 배가시켰다. 상상력은 다시 밑두리콧두리 상상력을 만들었고 비대해진 상상력은 모든 걸 가능하게 이끌었다. 그러한 상상력에 지배당하는 일은 몹시 즐겁기만 했다. 영화「그것만이 내 세상」(감독 최성현, 2018)에서 한물간 전직 복서 김조하(이병헌 분)가 방에 붙여 놓은 문구처럼.

> 불가능, 그것은 사실이 아니라 하나의 의견일 뿐이다.Impossible, is not a fact, it's an opinion
>
> ― 무하마드 알리

초등학교 때 단짝이었던 문식에게 드디어 우리 집에도 가을쯤 텔레비전을 살 거라는 얘기를 들려준 적이 있었다. 그가 추곡 수매를 하면 텔레비전을 들여놓을 것이라고 약속했기 때문이었다. 그 얘기가 그리 빠르게 전해졌는지는 모르겠지만, 다음 날 학교에서 돌아오니, 전파사를 운영하던 강 씨가 텔레비전 다릿발을 조립하고 있었다. 금성사에서 만든 자바라 흑백 십칠 인치였다. 문식으로부터 텔레비전을 살 것이라는 정보를 듣자마자 냉큼 오토바이에 싣고 온 것이었다. 아래채 처마 옆에 안테나를 세우고 강 씨가 채널을 조정하자 화면이 일렁이기 시작했다. 강 씨가 안테나를 남쪽 방향 옹기춘 쪽으로 돌리라고 하면 그렇게 돌렸고 서쪽 방향 몰운대 쪽으

동부 복합비료
금성 자바라 흑백 텔레비전 수상기(VS-68BU). 그리고 복합비료에 표기된 21-17-17은 질소(21%), 인산(17%), 가리(17%)가 들어 있다는 의미다.

로 돌리라고 하면 안테나 파이프를 그에 맞춰 돌려야 했다. 너무 많이 돌렸어, 덕우리 쪽으로, 살짝만, 그러면 다시 반대 방향으로 약간 틀어 줘야 했다. 여하튼 예상했던 것보다 몇 달 빨리 구입하게 되었지만, 그는 아무 말 없이 화면을 조정하는 강 씨의 등을 물끄러미 쳐다볼 뿐이었다. 방 안에선 텔레비전 음향이 새어 나왔지만, 작두샘 앞에 퍼질러 앉아 반죽한 꼬박(이긴 질흙 덩이)만 주물러댔다. 찰흙 과제가 있었기에, 뭐라도 열심히 하는 척해야 했다. 혹여나 그가 역정 낼까 봐 마음 졸였지만, 공구 통을 챙겨 든 강 씨는 가을 매상 후에 대금을 받아 갈 것이라고 얘기했다. 천만다행이었다.

그가 가마쿠라かまくら 눈 축제를 들려줄 때는 마치 유년 시절로 돌아간 것처럼 더욱 흥분된 목소리였다. 가마쿠라는 눈을 뭉쳐서 만든 움집으로 에스키모의 이글루와 흡사한 형태다. 물이 부족한 아키타에서 '물의 신'에게 떡과 감주 등을 공양하는 풍습에서 유래되었다고 한다. 무생물에도 정령精靈, 눈에 보이지 않는 어떤 영적인 존재가 깃들어 있다고 믿는 애니미즘Animism적인 관습인데, 일본엔 그 정령 신앙이 전통적으로 깊게 뿌리내리고 있는 편이다.

그리고 아키타는 몸서리칠 만큼 눈이 많이 내리는 지역으로 유명한 곳이기도 하다. 올 초에도 아키타에는 폭설이 내려 최다 적설량을 경신했다는 보도가 있었다. 한번 눈이 오면 처마 밑까지 소도록하게 쌓이곤 했단다. 옆집까지 미리 쳐 놓은 줄을 줄기차게 흔들면 구멍이 점차 커지면서 사람이 기어 다닐 정도가 되었다. 그렇게 눈이 녹을 때까지 그 구멍을 통해 왕래할 수밖에 없었다고 한다. 소정월小正月 밤이면 가마쿠라 안에서 친구들과 빙 둘러앉아 화로에 떡을 굽고, 지나가는 사람들에게 감주를 대접했다며 감회에 젖곤 했다.

　— 이제, 그만 좀 해요. 애들 자게.

　옆에서 그녀가 마지못해 한마디 거들면, 그가 틀어 주던 총천연색 화면은 이내 지지직거렸고 아쉽게도 다음 편을 기약해야만 했다. 그럴 때마다 그의 옆에 찰싹 붙어 잠을 청했다. 안데르센은 구두 수선공이었던 아버지가 술이 깰 때까지 지겹도록 한 가지 얘기만 수없이 들려주기에 재밌는 여러 얘기를 만들겠다며 동화를 남겼다고 한다. 그러나 그가 틀어 주는 총천연색 화면은 재방송일지라도 본방처럼 산뜻하기만 했다. 그는 공단 이불 밖으로 팔을 쭉 내뻗어 내 머리통을 상완 위에 얹었다. 그의 겨드랑이에서 「아버지의 런닝구」에 나오는 냄새가 흠씬 풍겼다. 바로 "대야에 양잿물 넣고 연탄불로 푹푹 삶던 런닝구"[4] 냄새였다.

　요즘은 신문 볼 경황이 없는 터지만, 그녀는 신문이 배달되면 항상 그의 머리맡에 가져다 놓았다. 그는 신문이 놓여 있는 쪽으로 눈길을 넌지시 줄 때도 있지만, 읽을 형편이 아니라는 걸 알아채고는 이내 눈길을 거두었다. 몇 달째 꼼짝 않고 누워만 있는 그가 신문을 읽을 형편이 아니란 걸 알고 있지만, 그녀는 의식처럼 그의 머리맡에 신문을 가져다 놓았다. 덩그마니, 사물처럼 누워 있는 그에게 그녀가 가져다주는 신문은 매개물로 작동되고 있었고, 도저히 사물로는 인식하고 싶지 않은 그녀만의 특단의 변통이었는지도 모르겠다. 그렇기에 그가 신문을 보지는 않아도 여전히 구독을 끊지 못하는 것은, 의식적 회피를 하고 싶지 않겠다는 의미였다. 그렇게 의식적

---

4) 안도현, 위의 책, 78쪽.

회피를 하고 싶지 않다는 것은, 어떤 거부할 수 없는 질서를 부러 깨뜨리고 싶지 않겠다는 뜻이었다. 그녀도, 때론 그를 하나의 사물로 인식할 때도 있겠지만, 세상 모든 사물에 주어진 질서, 그걸 애써 도외시하고 싶은 마음을 가져서는 안 된다는, 어떤 간절한 심정이 그녀에게 여태까지의 전례를 따르도록 교묘히 조종했을 것이다. 그녀의 심중은 그렇게 균형감을 잃지 않고 있었다.

 그녀는 그의 오른편 머리맡에 신문을 가만히 놔뒀다가 다음 날 새 신문으로 바꿔 놓는 의식을 매일 말없이 치렀다. 그 행위는 자존의 의식이기도 했다. 그의 시선은 왼편의 사물을 먼저 응시하다가 오른편의 신문으로 눈길을 거두곤 했다. 무대의 막이 오르면 관객들은 왼편을 먼저 본다는 연구에 대한 글을 읽은 적이 있다. 독서에서 온 습관이 지배적으로 작용하기 때문이라는 게 일반적인 해석이었다. 그렇게 왼쪽에서 오른쪽으로 사물을 읽어간다는 맥락에 따른 것은 아닐 터지만, 그녀의 생각은 왼편에 놓인 사물보다는 오른편에 놓인 사물이 더 안정감 있게 보인다는 경험론에 기인한 행위일 것이다. 그렇게 바른편에 놓인 신문은 분명한 각角의 냄새를 말랑말랑 피워 댔고 그 각은 방향을 가지고 말랑거렸다. 그는 머리맡에 놓인 신문에서 맡아지는 인쇄 냄새, 갓 구운 빵처럼 신선하기만 한 그 신문 냄새에 코를 킁킁거리는 듯했다. 방향력을 자아내는 신문 냄새는 세상의 냄새였고 그 냄새는 삶의 보루 역할을 적절히 발효시킬 줄 아는 각을 지니고 있었다. 그 각에 의해 그의 일상은 날마다 갱신되고 있었다. 질서의 흐름을 관장하는 그녀의 행위에서 피어나는 리듬감은 결코 단조로워 보이지 않았다. 잠재관념이 흐트러지지 않도록 각도를 추스른 만큼 신문은 더욱 신선한 각을 피워 댈 수 있었다. 꼭 해야만 하는 의무감처럼 애써 집전하는 그녀의 행위가 의식의 차원으로 비쳐질 수 있었던 것은 고상한 양태 속에서 수확되고 있었기 때문인지도 모른다. 의식의 집전은 질서에 대한 순응이었고 그녀는 그렇게 순응의 절차에 충실했다.

구슬

마당에도 귀가 있다는 것을. 마당이 이 가난한 집에서 삐어져 나오는 질박한 소리들을 이미 다 듣고 있었다는 것을.

— 김응숙,「마당」,『달의 귀환』(전망, 2017), 48쪽.

— 오빠. 이번 주말엔 나도 꼭 촌에 내려가려고 벼르던 중이었어. 엊저녁에 엄마 전화 받고 놀라긴 했지만, 모쪼록 그때까지 아버지가 별 탈 없었으면 하는 바람이야. 오빠도 알다시피 내가 평일에는 시간 내기가 좀 빠듯하잖아.

— 그래. 주말에 내려와. 인희 누나도 일요일쯤 들른다고 어머니한테 연락이 왔다고 하더구나.

연희에게 걸려 온 전화였다. 연희가 도착할 때까지 그가 별 탈 없으리라는 보장은 할 수 없지만, 제발 딸들의 얼굴만이라도 볼 수 있기를 고대하는 수밖에 없었다. 이달 초, 대학 병원에 들렀을 때 의사도 그런 얘기를 했지만, 이젠 모든 걸 하늘에 맡기는 수밖에는 별도리가 없을 것 같았다.

목장갑 끼고 손수레 옆에 세워 놓은 눈가래를 집어 들었다. 그녀가 아래채 화장실로 가는 통로와 대문 쪽으로 조붓하게 길을 터놓은 상태지만, 눈을 제대로 치우는 게 낫겠다 싶어 넉가래질을 시작했다. 토방 앞에서 수채 통까지 되풀이해서 눈가래로 눈을 밀치면서 오갔다. 어느새 수채 쪽으로 밀쳐놓은 눈이 제법 도도록해졌다. 그렇게 높다래진 눈을 보니, 오래전 씁쓰레한 기억이 슬며시 고개를 치켜들었다.

  눈이 오면, 연희와 저렇게 눈을 밀어 한쪽에 쌓아 놓고 놀곤 했다. 올라가는 계단과 내려오는 계단을 엇갈리게 만들어 놓고, 앙감질로 오르락내리락하며 놀고 있었다. 연희는 취학하기 전이었고, 나는 초등학교 삼 학년쯤이었다. 높게 쌓아 놓은 단 위에 올라가 주머니에서 꺼낸 구슬을 굴리면 또르르, 계단코를 타고 내려왔다. 오십 원짜리 동전만 한 구슬이었다. 도투마리를 들고 계단을 다지던 연희도 하고 싶었는지 구슬을 달라고 졸랐다. 연희가 입고 있던 연분홍 스웨터에 수놓은 자줏빛 꽃망울이 들썩거렸다. 내가 굴린 구슬, 다섯 번만 쫓아가서 주워 오면 그러겠다고 약속했다. 구슬을 굴리면 단 아래에서 지켜보던 연희가 잽싸게 구슬을 주워 왔다. 그렇게 다섯 번을 굴리고 나니 어김없이 연희가 손을 내밀었다. 함께 내민 왼손은 그동안 숫자를 꼬박 셌다는 듯 가지런히 접혀 있었다. 연희도 단 위에 올라가서 열심히 구슬을 굴렸다. 하지만 굴린 구슬을 자기가 주워 와야 하는 게 영 재미가 없는 표정이었다. 주워 오면서도 몹시 투덜거렸다. 나도 주워다 줬으니 좀 주워 오면 안 되느냐, 며 연신 입을 삐죽거렸다. 괜히 민망스러운 것 같아 재밌는 생각 하나를 떠올렸다.
  — 연희야. 너 마술이라고 알지. 잘 봐. 오빠가 보여 줄게.
  구슬을 입 안으로 넣는 척하며 벌어진 점퍼 소매 속으로 자연스레 감췄다. 그러면서도 입 모양은, 혀를 좌우로 번갈아 움직이며 알사탕을 궁굴리는 듯한 표정을 지었다. 쿠억쿠억, 진지한 연기를 펼치려면 구슬을 씹는 듯한 도발적 음향까지 어색하게나마 섞어야 했다. 그러다가 얼굴을 잔뜩 찌푸리며 꿀꺽 삼키는 표정까지 리얼하게 연출한 다음, 말짱한 듯 뱃구레를 퉁퉁 치면서 방긋 웃어 보였다. 단 위에 쭈그리고 앉아 그 광경을 지켜보던 연희의 표정이 심각했다.

— 잠깐 뒷간에 갔다 올게.

삼킨 구슬을 배설하러 가는 게 아니라 아랫배에서 마침 신호가 왔기 때문이었다. 소매 속에 들어 있던 구슬을 꺼내 주머니에 집어넣고, 부출 위에 걸터앉아 바지를 내렸다. 푸레독 아가리를 덮은 거미줄이 바람에 너울거렸다. 느긋하게 볼일을 보고 마당으로 나오니, 연희는 아직 단 위에 쭈그리고 앉아 있었다.

— 오빠. 배가 이상해.

배를 움켜잡은 연희의 표정이 잔뜩 일그러져 있었다. 설마, 라는 낱말만 무수하게 파생되어 머릿속에서 마구 허우적거렸다.

— 너, 진짜 삼켰어?

잔뜩 찡그린 연희가 고개를 끄덕댔다. 무척이나 당황스러웠기에 어떻게 해야 할지 방법조차도 떠오르질 않았다. 눈앞이 캄캄해지는 게 도저히 헤어날 길 없는 무저갱無底坑 속으로 빠져드는 심정이었다. 게다가 전후 상황을 불문곡직하고 노발대발할 그와 그녀의 모습이 낙하점을 알 수 없는 별똥별처럼 굵직하게 획을 그었다. 이내 구렁텅이 속으로 처참하게 곤두박질치는 것만 같았다.

— 갱시기 끓여 났다. 얼른 와서 밥 묵어야지.

정지문 안쪽에서 그녀의 목소리가 삐져나왔다. 여전히 단 위에서 꿈쩍 않는 연희는 역겨운 표정을 풀지 않고 있었다. 냅다 대문 쪽으로 뛰었다. 일단 이 상황에서 벗어나는 게 상책일 것 같았다. 멀리서 오포午砲 부는 소리가 삭풍을 타고 웽웽거리고 있었다.

잠시 후, 그와 그녀가 부리나케 달리고 있는 걸 집 뒤쪽에 있는 대밭에서 지켜봐야 했다. 그의 등에는 연분홍 스웨터가 연분홍 색실처럼 감겨 있었다. 신작로를 따라 내려가는 걸 보면, 아마도 면 소재지 시장통에 있는 공의한테 가지 싶었다. 그렇지만 연희가 잘못되지는 않는지 덜컥 겁이 났다. 한참을 대밭에 쭈그리고 앉아 있으려니, 발이 저려 왔다. 일어나서 저린 발을 꼼지락거리며 푼 후에 다시 쭈그리고 앉았다. 바람은 대숲을 슬금슬금 훑었고, 댓잎에 맺혀 있던 눈송이는 흐늘흐늘 날렸다. 그렇게 한참을 쭈그리고 있으려니, 무지막지한 한기가 똬리를 틀기 시작했다. 도둑고양이처럼 두리번대며 집으로 발걸음을 옮겼다. 방 안에는 식어 버린 갱시기 죽이 상 위에 덩그러니 차려져 있었다. 방문을 도로 닫으려는데 횃대에 걸린 족제비 털 빛깔의 배자褙子가 섯칫하게 노려보는 듯했다. 부엌으로 가서 아궁이 앞에 앉았다. 점차 사그라지던 불씨에 솔가리를 얹어 언 손을 녹였다. 그렇다고 마냥 불을 쬐고 있을 수만은 없었다. 금방이라도 정지문을 열고 누군가 들이닥칠 것만 같았다. 깨금발로 방에 들어가서 빵떡모자와 벙어리장갑을 챙겼다.

해거름 때가 돼서야 연희가 돌아오는 걸 대숲에서 지켜봤다. 이번에는 그녀의 등 뒤에 연분홍 색실처럼 감겨 있었다. 그녀 표정이 그리 어둡지 않을 것으로 봐서 적잖이 안심이 되긴 했지만 그렇다고 대숲에서 나갈 수 없었다. 다시 발이 저려 왔다. 한겨울엔 밤이 일찍 찾아들었다. 볕이 일찌감치 자취를 감춰 버린 공간 속으로 급속도로 어둠이 들어찼다. 대숲에 이는 바람은 스산한 소리를 냈고, 한기와 더불어 급습하는 무섬증에 온몸이 떨렸다. 시키면 바람은 줄기차게 대숲으로만 파고들었다. 들판 쪽으로 비껴 가든지, 냇가 쪽으로 달려들든지 하지 않고 대숲으로만 달려드는 것 같았다. 스산한 소리를 더욱 키우는 바람이 얄미웠다. 이빨이 절로 맞부딪쳤다. 웬만해선 헤어나기 힘든 프레이저Fraser의 나선螺線 속에 깊숙이 빠져드는 기분이었다. 대숲 언저리에 마른 콩깍지를 커다랗게 묶어 놓은 깍짓동이 보였다. 몸이 들어갈 만큼만 깍짓동을 헤집었다. 거친 콩깍지가 사정없이 할퀴긴 했지만 바람의 오라를 근근이 비켜 갈 순 있었다. 얼마쯤 지났을까. 그녀의 목소리가 바람 소리에 묻어왔다. 잘못 들었나 싶어 다시 귀를 쫑긋 거렸는데, 분명 그녀의 목소리였다. 남폿불 또한 가까이서 한들거리고 있었다.

  연희의 배 속에서 하룻밤을 잔 구슬은 다음 날 발견되었다. 연희는 눈을 쌓아 만든 단 옆에 쪼그리고 앉아 볼일을 봤다. 쇠국자에 녹인 설탕에 소다 넣어 부풀린 뽀끼 같은 그 속에서 오십 원짜리 동전만 한 구슬이 보였다. 구슬을 뱉어 낸 연희의 뱃구레는 한층 홀쭉해 보였다. 구슬을 먹는 척하고 뱃구레를 통통 치면서 방긋 웃어 보였듯, 연희 또한 뽀끼 같은 잔재물 속에 박힌 구슬을 가리키며 뱃구레를 통통 치면서 방긋 웃고 있었다. 그녀가 다가와 부지깽이로 그 속에서 구슬을 가려냈다. 얕은 볕살이 오래도록 그 구슬을 빤히 들여다보고 있었다.

  며칠 뒤 눈이 녹고 마당 한쪽에서 구슬 하나가 뒹굴고 있었지만 줍지 않앉다. 마당에서 놀다 보면 구슬에 은근슬쩍 눈길이 향하곤 했다. 연희도 똑같이 구슬을 한참이나 쳐다보곤 했는데, 아마도 자기 배 속에서 하룻밤 자고 나온 구슬이 신기하기만 했을 것이다. 괭이를 가지고 와, 마당 한쪽을 파고 구슬을 묻었다. 발로 꾹꾹 다진 다음 침을 세 번 뱉으니, 멀뚱히 지켜보던 연희도 구슬 묻은 자리에 똑같이 침을 그러모아 세 번 떨구고 있었다.

웃란들 땅은 연희한테 줄 꺼다, 라고 오래전부터 그는 늘 입버릇처럼 얘기하곤 했다. 연희가 중학교를 졸업할 즈음, 농지를 효율적으로 이용하고 수확을 늘리기 위한 토지 개량 사업인 경지 정리가 시작되었다. 농지를 반듯하고 널찍하게 고쳐 농기계를 보다 능률적으로 이용할 수 있도록 하려는 사업이었다. 더불어 배수와 관개에 따른 모든 시설도 그에 맞춰 개수하는 작업이 겨우내 이어졌다. 불도저가 동네 앞의 논과 밭을 밀어붙이기 시작했다. 찬바람과 눈보라가 쌩쌩 불어 닥쳤지만, 논밭을 굳건히 장악한 불도저의 위력을 막을 수는 없었다. 가을 추수가 끝나자마자 시작했지만, 늦어도 다음 해 곡우 전에 끝내야 했기에 한시도 늦출 수 없었다. 그래야만 논밭을 정리할 시간을 가질 수 있고 망종芒種경에 모내기도 할 수 있기 때문이었다. 캐터필러Caterpillar 소리는 언 땅을 여지없이 뭉갰고, 연통에서 풍풍 솟아오른 검은 연기는 들녘의 공기를 매캐하게 물들였다. 하얗게 이빨 드러낸 배토판排土板은 사정없이 땅을 다졌다. 배토판에 처참하게 짓밟힌 나무뿌리는 한데 끌어모아서 불살라졌고, 동원된 인부들은 그 주위에 모여들어 불기 쬐며 언 몸을 녹였다.

예전엔 논과 밭을 따라 길이 났지만, 이젠 길을 따라 논과 밭이 따라붙었다. 그동안 길은 논과 밭에 살가운 붙임성을 지녔으나 구불구불 제멋대로 생긴 상태였다. 반듯하고 널찍한 농로가 당당히 제 역할을 할 수 있도록 놓였고, 관개 시설도 길을 따라 정비되었다. 물이 늘 차 있어 푹푹 빠지던 암산 밑의 구레논은 암거구暗渠溝를 설치하는 등 배수 시설을 마쳤다. 곳곳에 쉴 수 있는 농막이 지어졌고, 드문드문 관정도 들어섰다.

토목 공사가 끝나자마자 측량이 이어졌고, 지적 확정 측량 결과에 따라 교환 분합交換分合이 시행되었다. 환지換地 지정 위치는 종전 토지를 위주로 하여 소유자의 이익이 가급적 보장되는 위치에 지정하여야 마땅하나, 환지 계획의 개요 기타 필요한 사항을 14일 이상 공고하여 몽리농민蒙利農民 3분의 2 이상의 동의를 얻도록 규정했다. 공정하고 합리적인 환토를 위한다는 명목이었지만, 보리 등을 심지 못한 농토에 대한 약간의 지원 양곡이 있었을 뿐, 대부분의 사업비를 농민 부담으로 시행했기 때문에 불만 또한 클 수밖에 없었다. 게다가 객토 끝낸 논에 나가 돌을 고르고 푹 파인 무한궤도無限軌道 자리도 메워야 했다. 괭이로 고르다 보면 베개만 한 돌부터 자갈까지 간단없이 거치적거렸다. 그렇게 곳곳에서 수북이 캐낸 돌을 철사로 얽은 돌망태에 담아 두렁으로 날라야 했다. 그 일을 중학교를 졸업한 연희가 봄내 도왔다. 주말에는 나도 틈틈이 도왔지만, 연희는 쇠스랑으로 쉴 새 없이 돌을 캐, 망태에 담는 고된 작업을 불만 없이 해내고 있었다. 그렇다고 그와 그녀가 억지로 시킨 일도 아니었다.

겨울이 되면 안채와 바깥채의 땔감을 구하는 것이 중요 일과였다. 뒷산에 가서 땔거리를 마련하고 있는데, 연희가 산으로 올라왔다. 혁혁대면서도 기쁜 표정을 감추지 않고 각시바위 쪽으로 올라오고 있었다. 각시바위

쪽에는 굵기가 한 뼘 정도 되는 아까시나무가 밀집한 곳인데, 아까시가 아닌, 다른 나무를 간목하면 산림계에 적발되어 벌금까지 물기 때문이었다. 아까시나무를 톱으로 쓰러뜨려 놓으면 그가 낫등으로 긁어서 가시를 털어냈다. 그렇게 나무를 돌려가며 긁어내면 가시에 찔릴 일이 없었다. 굵은 가시를 털어 내고 매끈하게 다듬은 아까시나무는 군불을 땔 때도 거추장스럽지 않았고 연력 또한 마딘 편이었다. 두터운 가죽으로 된 용접용 장갑을 '가시장갑'이라 일컬었는데 아까시나무 등을 다룰 때 아주 유용하게 쓰였다. 그녀도 옆에서 잡목의 우죽이나 잔가지 등의 물거리를 채취하고 있었다.

여담 하나 꺼내자면, 오래전에 아까시나무와 아카시아나무에 대한 별스러운 논전이 있었다. 요즘도 아까시나무를 둘러싼 논고가 언론 등에 심심찮게 나오지만 말이다.

본명은 아까시, 그렇지만 사람들이 아카시아라고 부르는 나무를 보고 닭은 꿈을 품게 됩니다. 닭은 우선 자기 이름부터 잎싹이라고 짓습니다. 바람과 햇빛을 한껏 받아들이고, 떨어진 뒤에는 썩어서 거름이 되는 잎사귀, 그래서 결국 향기로운 꽃을 피워내는 잎사귀. 닭은 자신도 아카시아 잎사귀처럼 뭔가를 하고 싶어 합니다. 마당 끝에 있는 아카시아나무에 새하얀 꽃이 피었습니다. 꽃향기가 바람을 타고 잎싹이의 가슴 속으로 스며듭니다. 잎사귀가 또 꽃을 낳았구나. 눈을 가늘게 떠야 겨우 보이던 연두색 잎사귀가 어느새 다 자라서 향기로운 꽃을 피워냈습니다. 곧 꽃은 눈송이처럼 날릴 것이고, 아카시아 잎은 더욱 푸를 것입니다. 습기가 가득한 공기 속에서 꽃향기를 맡습니다. 시각보다 후각과 청각이 좋아지는 날. 아… 마당을 나온 암탉처럼 무언가를 하고 싶어집니다. 자, 5월 28일이에요, 화요일, 배철수의 음악캠프, 출발합니다!1)

당시 국어심의회 위원으로 활동하던 MBC 아나운서 강재형이 한겨레신문에 연재하던 '말글살이' 코너에서 그에 대해 다룬 적이 있다.

> 교정에서 담당 피디의 전화를 받았다.
> "엊그제 방송에서 '이것과 그것의 이름은 같다' 했더니 한 청취자가 '이번에는 배철수 씨가 항복하라'며 잘라 말했다. '종류가 다르니 이름도 다르다'는 것이다. 국립국어원 자료까지 확인해 방송한 내용이었는데…."
> 피디는 〈시선집중〉, 〈세계는 그리고 우리는〉을 기획한 정찬형이다. 얼렁뚱땅 넘어가는 피디가 아닌 것이다. 디제이(DJ) 25년째를 맞은 배철수 또한 엉너리하게 방송하지 않는다. 이들은 왜 '항복 요구'를 받아야 했을까.
> 대한민국에서 흔히 '아카시아'라 부르는 나무는 '아까시나무'이다.(위키백과/두산백과) '아까시나무'는 1873년 일본에 들어와(일본위키), 1911년 이 땅에 첫 뿌리를 내렸다.(브리태니커) 일본을 거쳐 도입될 당시 이름이 '아카시아'(acacia, アカシア)였다. 19세기 말 메이지 시대에 잘못 알려진 이름으로 여전히 불리고 있는 것이다. 오스트레일리아 등에서 자라는 '아카시아'와 혼돈을 피하기 위해 학계에서는 '아까시나무'라 부르고 있다.(한국민족문화대백과)

---

1) 『배철수의 음악캠프』 오프닝 멘트, 2013. 5. 28.

TBC 동양방송
1970년 『연극평론』 표지에 게재된 광고. 1964년 개국한 지상파 민영방송(TBC, 채널 7)은 1980년 신군부의 언론통폐합 조치에 따라 강제 폐국.

"일반인이 '진짜 아카시아'를 볼 기회는 거의 없을 것이다."(박석근 한국식물원 연구소장) 국어사전 여럿도 둘을 구별해 설명하면서 뜻풀이 두 번째로 '아카시아=아까시나무'라 밝히고 있다.2)

아까시가 아카시아라고 잘못 불리고 있는 걸 간과했다는 청취자의 지적에 담당 PD는 국립국어원 자료까지 확인했다고 해명하고 있고, 사전에도 아카시아가 '아까시나무'를 일상적으로 이르는 말이라고 나와 있다. 위 글에서도 "일반인이 '진짜 아카시아'를 볼 기회는 거의 없을 것이다."라며 꼬집긴 했지만, 사실 아카시아는 아프리카나 호주의 사막 같은 열대지방에 사는 나무로 우리나라에선 자랄 수 없는 품종이다. 아까시나무의 학명은 Robinia pseudo acacia L.이며, acacia 앞에 pseudo가 붙어 '가짜 아카시아'라는 의미지만, 접두사를 떼버리고 acacia만 부각시킨 것이다. 처음부터 잘못 불렀지만 백 년 넘게 그렇게 불리고 있고 그대로 굳어진 형편이기에 고치기도 쉽지 않다. 그렇기에 국립국어원도 아카시아가 '아까시나무'를 일상적으로 이르는 말이라고 인정할 수밖에 없었을 것이다. 대중가요에도 「아카시아의 이별」,「추억의 아카시아」,「아카시아 같은 여자」,「아카시아 필 때」처럼 아까시보다는 아카시아를 고수하고 있고, 「동구 밖 과수원길」(작사 박화목, 1972)에도 "아카시아꽃이 활짝" 편 채 "하아얀 꽃 이파리"를 "눈송이처럼 날리"고 있다. '여성은 향기로 말한다'는 아카시아 껌 또한 1976년부터 꾸준히 씹히고 있다.

---

2) 강재형, '말글살이' (한겨레, 2014. 5. 25)

'이번에는 배철수 씨가 항복하라'며 잘라 말했던 청취자의 의견에 배철수가 항복했는지 여부는 알 수 없으나 「배·캠」 오프닝 대본을 쓰는 작가 김경옥 역시 제대로 확인하지 않았을 리 없다. 청취자는 아까시나무와 아카시아나무는 엄연히 다르기에 반드시 구별해야 한다는 고언이었지만, '이번에'란 말로 그전까지는 배철수를 충분히 신뢰하고 있었음을 드러내고 있다. 그렇지만 '이번에'조차 국립국어원마저 '일상적으로 이르는 말'이라며 살짝 비껴 앉은 상태였기에 아마도 항복이란 낱말에 거부감을 보였을 가능성이 높다. 그 '일상적'이라며 약간의 절충점을 찾았던 데에는 너무 깊게 일상에 뿌리박힌 아카시아를 뽑아내기가 쉽지 않음을 내포하고 있다. 굳이 따질 계제라면, 아까시와 아카시아의 꽃말을 구분하는 게 차라리 낫지 않을까. 검색하면 아까시와 아카시아는 다른 수종이라고 하면서도 꽃말은 천연스럽게도 그닥 구별하지 않고 있다. 품위, 우아함, 죽음도 넘어선 사랑, 모정, 비밀스러운 사랑, 청순한 사랑 등으로 나오는데, 그 유래를 설명하면서 호주 원주민을 언급하고 있기까지 하다. 아까시와 아카시아의 차이를 친절히 열거해놓고, 하얀색 아까시 꽃 사진과 아카시아 꽃말을 뒤죽박죽 섞어 놓은 걸 보곤 한다. 아카시아가 아까시를 일상적으로 부르는 말이긴 하나 아까시 꽃에 아카시아 꽃말을 뒤섞은 건 전혀 '일상적'이지 않다. 호주의 국화는 골든 와틀Golden Wattle이라고 불리는 아카시아다. 물론 Golden 색깔이다. 한국에 자라는 아까시는 프러포즈용 꽃도 아니고 노란 꽃을 피우지도 않는다. '일상적'이라는 것은 일상적이라고 생각될 만한 것을 일상적으로 볼 때만이 충분히 일상적이 될 수 있는 것이다.

그나저나 「배·캠」 오프닝에서 언급했던 『마당을 나온 암탉』(황선미, 사계

절, 2002) 잎싹, 어떻게든 양계장을 나가 알을 꼭 품어보고 싶다는 간절함, 연희도 잎싹이처럼 그렇게 마당을 나오고 싶지 않았을까.

먹구름이 밀려와 소나기를 쏟다가
파도 소리에 밀려
꿈을 그리며 하늘을 엿보던
섬아이 하나 있었네

포크 가수 김의철의 데뷔 음반에 수록되었지만, 이내 금지곡이 되고 말았던 「섬아이」(작사 김의철, 1974)를 연희가 흥얼거렸다. 연희가 벙어리장갑을 벗고 주머니에서 꺼내 그에게 내민 종이는 다름 아닌 인근 도회지에 위치한 여고 합격 통지서였다. 그는 기특하기만 한 연희의 머리를 쓰다듬었다. 쑥스러운 표정을 짓던 연희가 주머니에서 라라 크래커를 꺼내 내밀었다. 너나 먹어, 라니까, 후밋길을 올라오며 반절 먹었다면서 연희는 남은 크래커 봉지를 기어코 점퍼 주머니에 쑤셔 넣었다.

경지 정리에 따른 부담금도 적지 않았기에 그는 농협에 가서 일반 대출을 해야 할 처지였다. 더군다나 연희가 진학할 여고는 사립이었고 학교 근처에 사글셋방도 얻어 줘야 했기에 난감하기 이를 데 없었다. 긴긴 겨울밤, 그렇다고 급히 고래수염을 구해줄 만한 여력도 여의치 않았던 형편이었기에, 이런저런 고충을 그와 그녀가 늘어놓고 있었는데, 화장실에 다녀와서 건넌방으로 들어가려던 연희가 그 얘기를 우연히 엿들은 모양이었다. 다음 날 아침 밥상머리에서 연희는 올해 여고에 진학하지 않고, 내년쯤 다시 생각하고 싶다는 의사를 내비쳤다. 그와 그녀가 애써 만류했지만 연희의 고집은 단호했다. 그런 걸 보면 연희는 그 또래에서 여간해서 갖기 힘든 시근이 있었던 것 같다. '마당을 나온 암탉' 잎싹은 알을 낳지 못하였지만 포기하지 않았고 자기 알도 아닌 오리알을 정성껏 품었다. 청둥오리 초록을 제 새끼처럼 보살폈고 족제비 애꾸눈으로부터 지키기 위해 잎싹은 갖은 억척도 마다하지 않았다. 어떤 것을 소망하고 그 소망을 이루려면 어떻게 해야 하는지를 잎싹은 혼신을 통해 알려주고 있다.

연희는 봄내, 돌망태에 자갈을 퍼 날랐다. 어느 정도 돌을 퍼냈다고 여겼지만, 극쟁이질을 하면 어김없이 돌이 딸려 나오기 일쑤였다. 감자밭을 갈면 감자가 줄줄이 딸려 나오듯 쟁깃밥에 포동포동한 돌이 줄줄이 딸려 나왔다. 열예닐곱 살의 소녀가 하기에 쉽지 않은 일임에도 불구하고 연희는 불평불만 없이 꾸역꾸역 그 일을 도왔다. 저녁에는 몹시 고단했는지 『범우문고』를 읽다가 엎드린 채로 곯아떨어지곤 했는데 그런 연희가 무척이나 애처로워 보였다. 당시 범우 문고판은 흙먼지처럼 누런 색깔의 표지가 많았는데 연희 얼굴 또한 흙먼지를 뒤집어쓴 듯 누렇게 바래 있기 일쑤였다. 그런 모습을 몇 번이나 지켜본 그와 그녀가 어지간히 말렸는데도 연희의 악착스러움은 그치지 않았다.

    오랜 바위에 걸터앉아

    하늘의 정경을 꿈꿀 때

    아름다운 별들을 품에 안고서

    한없이 한없이 미소 짓네

박찬응이 불렀던 이「섬아이」는 가요 사상 유례를 찾아볼 수 없는 '창법 미숙'이라는 이유로 금지곡이 되었다. 몸서리칠 정도로 슬프기만 한 박찬응의 허스키 창법은 처량하게 파고들며 가슴을 울렸다. 그러나 연희는 처연한 목소리의 박찬응과 달리, 당시 윤형주가 편곡하고 윤석화가 불렀던 '하늘에서 별을 따다 하늘에서 달을 따다 두 손에 담아 드려요, 아름다운 날들이여 사랑스러운 눈동자여' 오란-씨 CM송처럼 이 노래를 경쾌하게 불렀다. 그렇게 연희가 부르는 노래에서 소름 끼치는 애절함을 찾을 수 없었다는 건 여간 다행이 아니었다.

누에가 막잠을 자고 난 보름 후, 연희는 보따리 싸 들고 도회지로 떠났다. 봄내 힘들었으니, 집에 쉬다가 겨울에 학력고사를 다시 보라고 했음에도 취직하겠다고 고집을 부렸다. 중학교를 졸업하자마자 섬유 공장에 취직한 친구 꾐에 넘어간 것 같았으나 연희는 숙고한 선택이라며 끝내 굽히지 않았다.

— 친구도 거기서 야간 학교를 다니고 있다고 해요. 돈도 벌고 무사히 학업도 마칠 수 있을 것 같아서 제가 선택한 것이니, 그렇게 하도록 해주세요.

그는 마루에 걸터앉아 벌컥벌컥, 막걸리만 들이켰다. 웃란들 논에서의 푸게질이 끝난 후부터 연희는 뽕잎을 뜯어 누에 돌보는데 정성을 쏟고 있었다. 아래채에 잠박을 설치하고 누에를 쳤다. 방에 층층이 시렁을 걸쳐 놓고 그 위에 섶을 설치해 놓았다. 보통 5월 초순 무렵에 누에떨기를 하는데

BOOTS CONTEST
부츠 콘테스트에 당첨된 분들에게 구두 100켤레를 선물한다는 1977년 엘칸토 광고와 로프로 꼰 케쥬얼(캐주얼)슈즈를 선보인 1976년 에스콰이아 광고.

이를 춘잠이라고 한다. 알에서 깨어난 누에를 닭 깃털로 살살 쓸어 누엣자리에 떨어놓고 가늘게 채 썬 뽕잎을 준다. 그와 그녀는 씻나락 담그고 못자리 돌보고 고추밭을 장만하는 등 눈코 뜰 새 없었는데, 그 모두를 연희가 알아서 척척 했다. 밤낮으로 네댓새쯤 먹이면 누에는 애기잠을 잔다. 다시 깨어나 왕성하게 뽕잎을 사나흘 정도 먹고 두 잠, 세 잠, 차례로 자게 된다. 그렇게 잠에서 깨어나면 허물을 벗는다.

연희는 댕댕이 덩굴로 엮어 만든 다래끼를 메고 응골 산밭으로 가서 뽕잎을 따 왔다. 뽕잎도 잠에서 갓 깨어났을 때는 얇게 주어야 하고, 본격적으로 먹어 대기 시작하면 한꺼번에 많이 주어야 하는 등 뽕잎 주는 양도 조절할 줄 알아야 했다. 누에가 알에서 깨어나 고치를 치기까지 약 한 달 정도가 걸리는데, 춘잠은 보통 보리 베기 전에 끝이 난다. 막잠을 자고 나면 누에가 먹는 뽕잎 양도 많아지기에 더욱 바빠진다. 실을 켜지 못하게 허드렛 고치로 늘여 만든 솜을 풀솜이라 하는데, 풀솜을 걷어 내고 고치 따는 마지막 이레 동안에는 손이 아주 많이 간다. 토박이말 중에 '풀솜할머니'란 예쁜 낱말이 있다. 풀솜이 다른 솜보다 두터운 것처럼 외손에 대한 정이 친손처럼 두텁다고 해서 생긴 것으로 외할머니를 친근하게 이르는 말이다.

연희가 누에에 온 신경을 곤두세우고 있었다면 그와 그녀는 마늘과 감자를 캐고, 곱써레질로 장만한 논에 모를 심었고, 사지개 논의 보리타작을 끝냈다. 섶에 오른 누에는 거친 실을 토해 고치집을 지었다. 고치 속에서 요리조리 몸을 비틀며 가늘고 투명한 실을 쉬지 않고 토해 냈다. 고치가 완성되어 가면 누릿하던 누에의 몸은 암갈색으로 흉하게 바뀐다. 그렇게 먹지도 않고 자지도 않고 이틀 꼬박 실을 토해 내어 탄탄한 고치를 만든다. 자기 몸을 희생하여 고치를 만드는데 진을 뺀 누에는 점차 쪼그라들어 번데기로 변신하고, 보름 후쯤엔 나방으로 탈화한다.

― 갸는 참으로 신통한 데가 있더라. 누에치기가 말처럼 그리 쉬운 게 아닌 데두. 국민학교 댕길 때부터 바로 옆에서 그래 똘맹똘맹하게 쳐다봐 쌓더만. 봄철 그래 바빠쌀 때 혼자 그 일을 해낼 거라고 누가 알았겠냐. 따시게 해줄 때는 따시게 해주야 하고, 서늘하게 해줄 때는 서늘하게 해줘야 하고, 신경 써야 할 일이 한두 가지가 아닌 데두. 글고 누에는 말이다. 시끄러운 것과 습한 걸 아주 싫어하지. 절구질 소리두 싫어하고, 바람두 싫어하고, 해거름 볕두 싫어하는 편이거든. 또 안개 서린 뽕잎두 묵지 않을 맨큼 까다롭기두 하지. 오죽하면 초상 당한 사람이나 애 밴 사람두 꺼린다고 했을까만. 그런 걸 다 으케 아는지, 누에도 참 영물은 영물이여.

그녀가 연희 얘기를 꺼낼 때면, 누에 치던 그때 일도 덧붙여 꺼내는 것이 다반사였고 그 얘기는 무수히 고았는데도 불구하고 뽀얀 국물이 우러날 만큼 걸쭉했다.

연희는 산업체 부설 실업 고등학교를 제 손으로 벌어서 당당히 다녔고 검정고시도 쳤다. 그렇기에 연희를 볼 때면 누에 같다는 생각을 많이 하게 된다. 제 몸의 길이에 견주어 반도 채 못 되는 고치 속에서 몸을 비틀어가며 쉬지 않고 실을 토해 낸 후, 탈화하는 누에의 삶. 그렇게 누에를 많이 닮은 듯도 하다.

정말이지, 연희는.

귀소

함께 올라간다. 올라가고 또 올라간다. 빛이 그들을 빨아들인다. 그들은 조금씩 조금씩, 뜨거운 햇빛 속에 녹아든다.
따사로움, 밝음, 빛, 삼라만상이 빛을 받아 하얗게 부서진다. 눈부신 빛으로 부서진다…….
— 베르나르 베르베르, 『개미 3』(열린책들, 1993), 614쪽.

 얄팍한 겨울 햇살이 하얀 풍경 속으로 어설프게 파고들고 있다. 아래채 함석지붕 위에 얹힌 눈이 한 무더기 푸스스, 처마 밑으로 떨어졌다. 그 소리에 예삐가 개집 바깥으로 급히 고개 내밀고 멀뚱거렸다. 눈이 시나브로 녹고 있다. 얕은 볕살이지만 무기력하게 녹아들고 있다. 산다는 것도 저렇게 다른 물질에 스며들거나 녹아 들어가는 과정 같다는 생각이 들었다. 어쩌면 그렇게 완전히 스며들거나 녹아들었다고 요량될 때가 미련을 스스럼없이 놓을 적기인지도 모른다는, 어쭙잖은 생각 또한 스쳤다.
 낮이 가면 어둠이 내리게 마련이다. 빛은 존재를 활성화하는 힘을 가지고 있기에 살아 있는 것에 활력소를 공급하는 매질로서의 기능을 한다. 그리고 어둠은 빛의 결여 상태가 아니라 그 살아 있는 것을 살뜰히 품어주는 보호막으로 작용한다. 대체로 빛은 보기 흉한 것들을 가려주거나 덮어주지도 않고 적나라하게 비추지만, 어둠은 보기 흉한 것들을 가려주기도 하고 덮어주기도 한다. 빛과 어둠의 이해관계가 여차한 탓에 실상 또한 그 여차함의 정도에 따라 변화할 수도 있다. 실상은 순응하는 듯 보이지만 빛과 어둠의 상생할 수 없는 이해관계에 따라 엇물릴 수도 있다는 것이다. 때론 허상을 실상이라고 착각할 수도 있고 허상을 허상 그대로 인지할 수도 있다. 여기에서 의존명사 '수'는 그럴 가능성이 농후하다는 의미일 뿐 단정적이지는 않다. 빛과 어둠이 번갈아 만들어내는 가변적 환경이 덧없는 상념 줄기를 빚어낼 수도 있다는 얘기다. 어차피 진면목은 그것을 지각하는 추상적 활용 장치를 통해 다변화가 가능하다는 생각엔 변함이 없지만.

안방 문을 슬며시 열었다. 그는 아직 깨어나지 않은 상태였다. 거의 무의식 상태에서 처절한 생존 싸움을 하고 있다. 물론 그가 이기지 못한다는 걸 안다. 농부와 뱃사공이 무서워하는 것은 검은빛 먹구름이며 백의민족인 조선 사람들은 검은 옷을 두려워했다는 춘원春園 李光洙의 얘기가 떠올랐다. 그 또한 이마에 돋은 검버섯처럼 점차 드리우는 암운에 쉬이 굴복하지 않겠다는 의지를 갖고 단단히 맞서고 있긴 하다. 시간이 흐를수록 의지의 부단함은 퇴색될 수밖에 없지만, 결코 그는 그런 핸디캡 따위조차 인정하려 들지 않을 것이다. 기분이 착잡했다.

— 아버님은 지금 위독한 상태입니다. 지금 퇴원하신다면 생명이 아주 위험합니다. 만약 저희 병원을 신뢰하지 않는다면 더 큰 병원에서 치료받으실 수 있게 조치를 취해 드리겠습니다. 이대로 댁으로 보내 드릴 수는 없습니다.

이십일 전, 의사는 퇴원 불가 입장을 밝히면서 지속적인 치료와 정밀 검사를 권했다. 혹시라도 있을 의료 분쟁을 염두에 둔 방어 진료 차원일 수도 있겠지만, 그의 생각은 확연히 달랐다. 아무리 설득해도 완고함을 굽히지 않았다.

— 이제 다… 끝났다. 아무리 애를 써…도, ……다… 다… 틀렸다.

그는 마지막 남은 시간을 집에서 편히 맞고 싶다는 의사를 내비쳤다. 병원에 오기 전에도 그는 그랬다. 정 심들다고 하면 집으로 되돌아올 작정이다, 라고 아예 못을 박았다. 집이 아닌 밖에서 굳이 죽음을 맞고 싶지 않다는 우회적인 표현이었다.

— 내는 병원에서 마지막을 보내기 싫다. 죽어도 내 집에서 죽을란다. 그리 알거라.

오래전, 그의 친구였던 박 주사가 오십 갓 넘은 나이로 유명을 달리한 적이 있다. 볼일 보고 돌아오는 길에 갑자기 심장마비로 객사했는데, 주검이 고향으로 운구되었다. 결국 주검은 집 안으로 들어가지 못하고 대문 옆 공터에 차려진 빈소에서 조문 온 사람들을 맞았다. 무척 추운 겨울이었고 빈소의 네 귀퉁이를 둘러싼 가마니가 바람에 펄렁펄렁 흔들리던 기억이 생생하다. 망자도 여태껏 살아온 집에 들어갈 수 없는 게 천추의 한이 될 수밖에 없겠지만, 상주 또한 가마니 틈새로 찬바람이 삐죽 새어 들어오는 빈소에서 문상객들을 맞는 광경이 끔찍하게만 보였다. 예부터 객사를 하면 집 안으로 들이지 않는다는 속신이 전해져 내려오고 있다. 객사하게 되면 원한 맺힌 혼이 저승에 들어가지 못하고 이승에서 떠돌기 때문에 집 안으로 들이지 않는다는 것이다. 만약 집 안으로 들이면 인간에게 위해를 끼칠 수 있기 때문이라고 한다. 그때의 기억이 그에게 심적 상처를 남겼을 수도 있겠지만, 다분히 고지식한 그의 성격으로 봐서도 객사란 자체가 용납될 수 없는 것이었다. 병원 장례 문화가 활성화되었는데도 불구하고 그는 그랬다.

밖으로 나오니 첫눈이 내리고 있었다. 병원 앞뜰에 있는 소나무도 선잠에서 막 깨어났는지 후드득, 몸을 옴질거렸다. 나트륨등 밑으로 굵게 빗금 놓는 희뿌연 눈발이 뇌연화腦軟化가 급속도로 진행 중인 그의 머릿속처럼 희읍스름했다. MRI 사진에서 본 그의 뇌는 뇌혈관 폐색이 짙어지고 걷잡을 수 없는 괴사壞死현상이 나타나고 있었다. 하얗게 번져가는 그의 머릿속처럼 세상도 하얗게 번져가고 있었다. 뭘 자꾸만 하얗게 덮어버리고 싶을 정도로 안달하는 눈은 모든 소리를 흡수하며 폭폭 내리고 있었다. 눈의 무게가 힘겨운 듯 이따금 나뭇가지가 들썩거리며 눈덩이를 무더기무더기 쏟아 냈다. 담배 연기를 길게 내뿜었다.

— 오빠. 여기서 이러고 있으면 어떡해? 얼마나 찾았다고? 폰도 꺼 놓고.

연희가 병원 뒷골목에 자리한 포장마차 포렴을 들추며 들어왔다. 포렴 사이로 냉랭한 바람 또한 덩달아 새어 들었다. 플라스틱 스툴을 끌어다 앉더니, 자기도 한 잔 달라며 잔을 집어 들었다.

— 도대체… 어떻게 해야 현명한 걸까? 연희야.

소주병을 들어 잔에 채워 주고 다시 담배를 꺼내 물었다. 연희도 딱히 할 말이 없다는 듯 묵묵히 소주만 들이켰다. 틈바람에 포렴이 세차게 털럭거렸다.

— 이대로, 어쩔 수 없이 포기해야만 하는 걸까?

연기를 길게 내뿜으며, 혼잣말하듯 재차 내뱉었지만, 연희 역시 극도로 말을 아꼈다. 강소주만 들이켜는 연희의 입에서 한숨만 폭폭 새어 나왔다. 헤링본Herringbone 하프 코트에 그려진 청어 뼈 같은 복잡다단한 사선 무늬가 연희의 마음을 짐작케 해주는 것 같았다.
　―오빠, 나도 담배 하나만 줄래?
　연희가 담배를 태우진 않는다는 걸 알고 있었지만, 내쳐 불까지 붙여 주었다. 생각했던 대로 콜록거렸다. 역시 담배는 쓰다는 걸 실감한 듯 이내 바닥에 비벼 껐다. 연희가 잔뜩 찌푸린 표정을 지으며 다시 소주잔을 움켜쥐었다.
　―티라노사우루스, 트리케라톱스, 벨로키랍토르…… 이구아노돈…….
　갑자기 공룡의 이름을 하나씩 열거하던 연희가 고개를 갸우뚱댔다. 오늘따라 그동안 애써 외운 공룡 이름도 잘 생각나지 않네, 라며 잔을 꺾었다.「러브FM」을 진행하는 이숙영이 화 풀 때 쓰는 방법이라는데, 수억 년 전 살았던 공룡 이름을 외우며, 왜 멸종되었는가를 생각하면 자신이 처한 처지를 십분 실감하게 된다는 것이었다.
　병실은 그녀 혼자 지켰다. 순전히 그의 뜻이었는데, 그녀부터 온전히 설득할 심산인 듯했다. 아니나 다를까, 날이 밝자, 휴게실에서 커피를 마시던 그녀가 주저 없이 꼬투리를 꺼내 들었다.
　―집엘 가자. 니 아버지도 그걸 원하신다.
　어젯밤까지만 해도 안절부절 어찌할 바를 모르겠다던 그녀가 밤새 그에게 세뇌라도 당했는지, 보다 입장이 분명하게 정리된 발언을 던졌다.
　―의사도 이대로 퇴원은 불가하다잖아요. 그리고 퇴원하게 되면…….
　―내도 안다. 허지만 밤새도록 잠도 안 자고 소리만 지르더구나. 날 밝으믄 무조건 집엘 가겠다구.
　그녀는 수렴의 각도를 크레셴도Crescendo의 속도로 좁히려 들었다. 병원에 급히 들어서던 인희 누나도 연희에게 자초지말을 접했는지, 극도로 말을 아끼며 추이를 지켜볼 뿐이었다.

— 그렇다고 해도 의사가 동의해 주지 않을 텐데요.

— 그래두 지금 상태에서 니 아버지를 설득시키는 것보담 의사를 설득시키는 게 더 빠를 거 같다.

직면을 가련한 완곡화로 우회시키고 있는 그녀의 포지셔닝Positioning에 난감하기만 했다. 라틴어 '쿠보노Cui bono?'가 떠올랐다. '무슨 소용이 있느냐, 무엇 때문에'란 의미로도 읽힌다. 치료를 계속하더라도 호전되지 않는 건 분명했고, 최악의 시기만 조금 더 늦출 뿐이었다. 아니 그것조차 장담할 수 없었다. 의사는 의사대로 소임에 충실한 권유일 수 있으나, 이런저런 치료를 하더라도 모든 게 미지수였다. 만약 일이 틀어지기라도 하면 오히려 치료 도중에 최악의 시기를 맞을 수도 있는 일이었다. 대충의 생각이 잡혔지만, 선뜻 의견을 밝힐 수도 없었다. 그 어떤 얘기도 지금 상황에서 도움이 되지 않기는 마찬가지란 생각뿐이었다.

— 니 아버지가 그리 마음 먹었다믄 원대로 해 주는 것두 안 좋겠냐.

그 '원대로'란 말 속에는 니 아버지 고집이 어디 보통 고집이냐, 라는 뼈가 담겨 있었다. 그 뼛속에 비장한 설득의 물질마저 내포되어 있음은 물론이었다. 침묵의 흔적이 머무는 공간, 그 공간을 에워싼 영악스런 공기마저 몹시 터분하게 느껴졌다. 침묵의 이면에 숨겨진 구조란 것이 궁극의 목표를 지양하고 있었기에 설득의 물질을 존중하는 비장함이 과다 첨가될 수도 있겠지만, 강박적 고뇌의 논리를 암묵적 수위 조절 방식으로 은밀히 해석하려는 것 자체가 위험한 접근 방법일 수밖에 없었다. 그렇다고 별 뾰족한 패가 있는 것도 아니었다.

귀소라는 말, 알지. 돌아갈 귀歸에 새집 소巢.

몇 년 전에 그가 해 준 얘기가 떠올랐다. '동물학자 E. 마레이즈'가 아프리카개미로 흥미 있는 실험을 한 내용이었는데, 신문에서 읽었다고 했다.

— 개미집 둘레에 둥그렇게 도랑를 파 놓고 물을 대, 개미집과 외부를 차단했단다. 물론 개미집에는 개미가 있었을 터고 일부는 먹일 찾으러 밖에 나가 있었겠지. 그 얕으막하게 파 놓은 도랑 위에 가느다란 지푸라기로 외나무다리를 놔줬단다. 가만히 지켜보니, 집에 있던 개미는 밖으로 나가기 위해 나왔다가 예외 없이 되돌아가더란다. 아슬아슬 외나무다리를 건너면서꺼정 나갈 필요성을 느끼지 못한 게지. 근데 먹이를 마련해서 돌아오는 개미는 위험을 무릅쓰면서까지 외나무다리를 건너더란다. 그만큼 동물들도 집으로 돌아오려는 귀소 심리가 강하더라는 게지.

잠깐, 여기서 '동물학자 E. 마레이즈'에 대한 오류를 점검하고자 한다. 인터넷에 '동물학자 E. 마레이즈'를 검색하면 위의 내용을 확인할 수는 있지만, '동물학자 E. 마레이즈'에 대한 정보는 그 어디에도 존재하지 않는다. E. 마레이즈를 동물학자로 분류하고 있지만, 마레이즈의 스펠링Spelling을 표기한 곳조차도 없다. 어느 글이든 예외 없이 'E. 마레이즈'란 표기뿐이다. E. 마레이즈에 대한 면밀한 검토조차도 거치지 않고 온라인상에서 떠도는 글을 무조건적 인용만 거듭했기 때문에 빚어진 일이다.

자연주의자 유게네 마레Eugene Nielen Marais(1871~1936)는 남아프리카 공화국 프리토리아Pretoria 사람으로 변호사이자 시인이었다. 유게네 마레를 영어식으로 표기하면 '유진 마라이스'. 그런고로 '마레이즈'는 잘못된 표기이며 동물학자로 국한해서 유게네 마레를 설명하는 것 또한 단편적일 수밖에 없다. 유게네 마레는 흰개미에 대한 연구를 하고 『Die Siel van die Mier』라는 책을 냈는데, 흥미로운 것은 그 책을 벨기에 상징주의 작가 모리스 마테를링크Maurice Maeterlinck가 표절하여 출판했다는 것이다. 포쳅스트룸Potchefstroom U. 아손블V. E. D'Assonville 교수는 마테를링크를 '평생 흰개미를 본 적이 없었고 아프리카의 토양에 발을 들여놓은 적이 없는 노벨상 수상자'라고 비꼬기도 했다. 참고로 1911년 노벨문학상을 수상하기도 한 마테를링크의 대표작으로는 『파랑새L'Oiseau bleu』가 있는데, 파랑새를 찾아 헤매는 치르치르와 미치르가 나오는 그 동화극이다. 그렇지만 흰개미에 대한 연구를 은근슬쩍 가로채는 게 파랑새를 찾아가는 일이 아닐 텐데 말이다.

　병실로 향했다. 그를 설득시킬 생각보다는, 마지막으로 그의 진의만 직접 확인하고 싶었다. 그는 위험을 무릅쓰고서라도 외나무다리를 건널 작정이라는 걸 알기 때문이었다. 문을 열고 들어서니, 밤새도록 소리만 질렀다는 그는 다행히 잠들어 있었다. 보조 침대에 앉아, 쌔근쌔근 잠든 그를 바라보았다. 그의 표정에서 당나라 시인 백거이白居易의 '달팽이 뿔 위에서 무슨 일을 다투는고?蝸牛角上爭何事'라는 시구가 그려졌다. 잠이 들었을 땐 저렇게 고통도 함께 잠들어 버리는 것일까, 잠든 그의 모습에서 불쑥 안온하다, 라는 낱말이 시근 없이 떠오르고 있었다. 귀소란 낱말을 곰곰이 되짚어 보는 중에, 영화 「꽃잎」(감독 장선우, 1996)에서 집으로 되돌아가고픈 소녀(이정현 분)의 아득한 회상이 내적 독백을 통해 그려지던 장면이 슬며시 되살아났다.

　　지금 아무도 없는 우리 집은 어떻게 돼쓰까. 빈 부억은 을마나 외로우까. 툇마루에 앉아가꼬 나가 맨날 졸던 자리는 또 을마나 서러우까. 그렇게 낡아가꼬 빤질빤질해진 나무도 울 수 이쓰까.

삼십여 분이 지났을까. 그가 눈을 떴다. 흐리멍덩한 눈을 껌뻑이는 그는 어떻게든 외나무다리를 건너려는 결심을 굳힌 상태라는 걸 짐작할 수 있었다.
　—그만⋯ 집으로 가자. ⋯병원은 영⋯ 편치가 않다⋯⋯.
밭은기침을 쏟아 내는 그의 손을 꼭 쥐고 고개를 끄덕였다. 거친 그의 손에서 인고했던 세월 냄새가 물큰 풍겼다. 폴대에 매달린 링거액은 복잡한 일에 참견하고 싶지 않다는 듯 규칙적으로 수액만 떨구고 있었다.

　"두렵지 않다면, 무슨 일을 할 수 있을까?"[1]

　치즈가 어디에 있는지도 모르고 길을 잃을 수도 있겠다는 두려움에 사

---

[1] 스펜서 존슨, 『누가 내 치즈를 옮겼을까?』(진명출판사, 2000), 55쪽.

로잡혀 있었지만, 그 두려움 때문에 아무것도 하지 않는 것이 더 위험하다고 생각한 꼬마 인간 허Haw는 새로운 방향으로 움직이는 것이 새 치즈를 찾는 데 도움이 된다는 걸 이내 깨닫게 된다. 의사를 만나러 가기 위해 병실을 나왔다. 새로운 치즈를 찾아 미로를 나선 허처럼 두려움 때문에 아무것도 하지 않는 것보단 덜 위험할 수 있겠다는 생각뿐이었다. 영화「메소드METHOD」(감독 방은진, 2017) 첫 화면, 다음과 같은 문구가 힘 있게 표기된다.

오로지 진실일 뿐이다. 거짓말을 할 때조차도.

— 알 파치노

본인은 귀원의 의사로부터 환자 질병상태 및 전원의 필요성, 입원의 이유, 진료과정의 주요 검사 소견, 진단명, 시행된 치료내용, 이송 당시 환자 상태에 대한 내용에 대하여 충분한 설명을 들었으며 본원에서 계속 진료를 받을 수 없는 상황을 이해합니다. 이에 보다 빠르고 지속적인 진료를 위해 타 의료기관으로 전원되는 것에 동의하며 전원에 따른 결과에 대해 하등의 이의를 제기하지 않을 것을 약속합니다.

*미성년이거나 환자의 심신장애로 본인 서약이 불가한 경우 보호자나 친권자가 서명 날인합니다.

의사는 응급 환자 전원 의뢰 및 동의서를 내밀었고, 볼펜을 쥐고 그 아래 칸에 서명했다.

R/O SMA Occlusion. R/O Panperitonitis.

추정진단명에는 그렇게 쓰여 있었고, 이송 사유에는 환자 상태가 중하여 정밀 검사를 의뢰한다고 적혀 있었다. 전원 병원은 어디냐고 묻기에, 그런 것도 기재해야 하냐고 되물으니, 고개를 끄덕댔다.

—성심병원, 요.

얼버무리듯 대답했다. 급히 떠오른 데가 성심병원이었기 때문이었다. 의사는 시큰둥한 표정을 지으며 설명의사 서명 란에 기명 날인하고 간호사에게 넘겨주었다. 가볍게 목례한 후 진료실을 빠져나왔다. 데스크에서 간호사가 건네준 봉투에는 상장간장동맥의 혈관폐색과 범복막염 증세를 보인다는 경과 기록지 및 진단검사의학 결과지, REST-ECG, Result for Laboratory, CD 복사본 등이 들어 있었다.

—어제는 차트에 복부 팽만Abd. distension이라고 기록하기에 그런 줄 알았더니, 경과 기록지엔 범복막염 증세를 보인다고 해놨는데, 어떻게 된 건가요?

—그런 증상이 있다는 거예요. 자세한 건 타원에 가셔서 정밀 검사를 의뢰하시면 확실히 아실 수 있을 거예요. 어제부터 환자분께서 퇴원하시겠다며 검사를 거부하고 계시잖아요.

그저께부터 복부가 약간 부풀어 오른 상태고 통증을 간간이 호소하긴 했으나, 그는 더 이상 검사를 받지 않겠다며 고집을 부리고 있었다. 의사는 일시적 장관腸管 마비 현상이고 복수腹水가 괴어 있는 것이라 했지만, 이틀

새에 범복막염 증세로 치환시켜 놓은 것이다. 그렇다고 지금 상황에서 그런 것 가지고 따질 수도 없는 노릇이었다.

　여태 신경외과에서 줄곧 치료를 받다가 그저께부터 복부 통증을 호소하는 바람에 내과에서 이런저런 검사를 한 상태였다. 막 바로 복부 CT 외에 간단한 몇 가지 검사를 했고, 어제도 비뇨기과에서 잡다한 검사가 있었지만, 검사를 받을 때마다 그는 매우 힘들어 했으며 만사가 귀찮다고 했다. 정말이지 몸도 제대로 가누기 힘든 상태에서 하루에 몇 번씩 받는 이런저런 검사가 지겨울 만도 하겠다, 싶었다. 그래도 검사를 받아야 정확한 걸 알 수 있지 않겠느냐며, 너무 뻔하고도 원칙적인 얘기를 동원해 보지만, 뭔 검사가 그렇게도 많냐, 검사 한두 가지만 해도 웬만한 건 알 수 있는 거 아니냐, 병원에 오기 전에도 맨날 누워만 있었기에 소화가 잘 안 되어 배가 더부룩한 적이 수도 없이 많았다. 까스명수만 마셔도 무두질이 가라앉기도 하고 노루모 한 숟갈 떠먹어도 그럭저럭 탈 없이 넘어가기도 하고 그랬다, 콤퓨타 단층 촬영을 하고 나서 왼쪽 콩팥과 방광에도 이상 징후가 보인다며 즉각 비뇨기과에 의뢰하지 않더냐, 방광에 남은 잔뇨량이 지나치게 많기 때문에 왼쪽 콩팥에 무리가 갈 수밖에 없는 것이고, 또 요관尿管에 염증이 발견됐다면서 그걸 검사하고 치료하려면 전신 마취까지 해야 한다지 않더냐, 그건 작년 도립병원 비뇨기과에서도 그랬지 않냐, 그때 어느 정도 밝혀진 걸 갖다가 새로 찾아낸 것인 양 호들갑을 떨어쌓지 않냐. 병이란 건 찾아내려고 맘만 먹으면 지금 뱃속 오만 장기가 다 병투성이일 게다, 신경외과에서 엠아르아이를 찍었을 때만 해도 손을 쓰기 심든 상태라고 하지 않더냐, 그러니께 뱃가죽 좀 땡긴다고 복막염 운운하고 요관 염증 검사하자는 게 시방 문제가 아니란 말이다. 그가 표정을 일그러뜨리며 힘겹게 들려준 얘기들이 압력솥의 추처럼 요란스럽게 돌기 시작했다.

꼭 가 봐야 잘 아는 건 아니다.

그가 예전에 미국 인류학자 루스 베네딕트Ruth Benedict가 쓴 『국화와 칼』을 언급하며 자주 인용하던 말이 뱁새 날갯짓처럼 포르륵거렸다. 미 국무부의 의뢰를 받고 일본인보다 일본인의 특성을 심도 있게 분석한 일본 문화연구서인데, 정작 베네딕트는 단 한 번도 일본을 방문하지 않았다는 것이다.

치익 치익—

압력솥이 밥이 다 됐다는 신호를 냈다. 바야흐로 빠른 속도로 낙하할 자이로 드롭Gyro drop에 탑승한 심경이었다. 로비로 내려와 퇴원 수속을 밟았다.
— 오빠. 어떻게 됐어?
연희가 다가와서 잔뜩 풀 죽은 목소리로 물었다. 서류 봉투에서 응급 환자 전원 의뢰 및 동의서를 꺼내 내밀었다.
— 결국 이렇게 되는구나.
한참을 들여다보던 연희의 눈시울에서 떨어진 눈물방울이 병원장 직인을 발갛게 적셨다. 연희의 어깨를 다독거렸다. 그 어떤 말도 위안거리로 작용할 수 없었다. 지갑에서 카드를 꺼내 수납 직원에게 내밀었다.

삐, 하는 카드 체킹 소리가 마치 심전도ECG 계기판에서 들려오던 그의 심장 박동 소리 같았다. 심전 곡선이 불규칙적 파상을 이루면서, 삐 삐삐삐 삑 삐삐삐 삑, 하는 소리를 내듯. 그러다가 삐이———, 하고 길게 울어 대면 계기판 눈금이 바닥으로 떨어지고 램프에 빨간 불이 깜빡거리듯.

찍찌지직—— 찍찌지직——

단말기에서 출력된 카드 전표를 수납 직원이 진료비 계산서 등과 함께 내밀더니, 순번 대기 차임벨을 누른다.

딩동 ——

응급이송EMS 차창 밖으로 설경이 퍼덕퍼덕 스쳐 갔다. 눈 덮인 풍경은 구지레한 세상의 분진을 새하얗게 포장해 놓고 있었다. 응급구조사가 환자를 성심병원으로 이송하면 되느냐고 물었다.

— 아뇨. 오늘은 집으로 갈 거예요. 하루 이틀 좀 더 경과를 지켜본 뒤 병원으로 갈 생각이에요.

차는 경광등을 켜고 전속력을 내며 달렸고, 그가 그토록 원하는 집으로 가고 있었다. 모든 판단은 무조건 유보하고 싶었다.

수납을 끝내고 휴게실로 올라갔을 때, 그녀는 초췌한 표정으로 자판기에서 뺀 커피를 마시고 있었다. 그녀의 마음이 조금이나마 누그러지도록 달래고 있는 인희 누나에게 봉투에 든 서류를 보여줬다. 누나는 가타부타 말을 하지 않더니, 마시던 커피를 들고 창가 쪽으로 향했다. 그렇게 창가에 서서 바깥 풍경을 한참 동안 바라보더니, 이내 가방에서 손수건을 꺼냈다. 아이보리블랙 패딩 코트를 걸친 누나의 등이 조금씩 흔들렸다. 커피 맛이 지독히도 썼다.

 그녀는 극도로 말을 아꼈다. 한평생 살아오면서 그가 장기판의 포包와 같은 행마를 보였다면, 아마도 그녀는 포가 원활하게 작전을 수행하도록 도와주는 밑받침돌 같은 존재는 아니었을까. 포는 앞에 장애물이 있어야만 여유롭게 활보할 수 있다. 그 타고 넘을 기물이 내 것이든 상대 것이든 상관없으나 스스로는 움직이지 못하는 법이다. 종횡무진하며 상대를 덥석 낚아채는 수리부엉이처럼 매서운 포도 홀로는 움직일 수 없다. 적토마를 탔다고 해도 내조의 힘이 뒷받침되지 않으면 더 멀리 달릴 수 없는 것이다. 장기판에서 상대가 기물을 떼자고 요구하면 선뜻 받아들이던 그였지만, 이젠, 기물의 도움 없이는 절대 움직일 수 없는 고독한 심기, 어쩌면 그는 고립된 포 신세가 아닐까, 하는 생각마저 들었다. 그녀가 앉아 있는 소파 뒤쪽엔 목판화 「뒤러의 코뿔소Durer's Rhinoceros」가 걸려 있었다. 뒤러Albrecht Durer는 본 적도 없는 코뿔소를 귀동냥에 의존하며 철갑코뿔소를 탄생시켰고, 이 발명품 코뿔소는 모든 코뿔소 그림의 모델이 되기도 했다. 뒤러의 코뿔소 형상에 표현된, 몸에 맞지도 않는 고지트Gorget와 리벳Rivet 달린 흉갑胸甲을 걸친 것처럼 그녀의 표정에서도 고단함이 뭉텅 묻어 나왔다.

 의식을 차린 그가 차창 쪽으로 고개를 돌렸다.

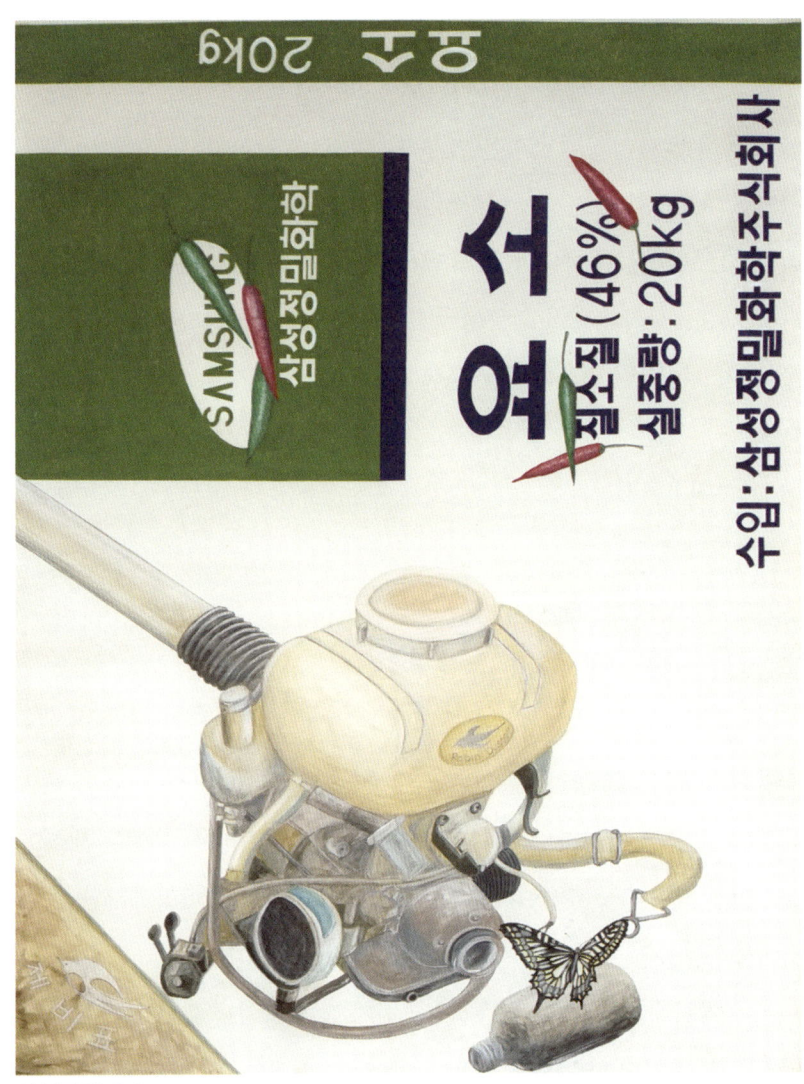

삼성정밀 요소
강력한 바람을 일으켜 수성 약제와 분말의 혼합물을 뿜는 미스트기(Mist blower)가 보급되면서 1970년대 병충해 방제 작업은 획기적으로 개선되었다.

― 바깥 풍경 보고 싶으세요?

눈을 껌뻑이기에 베개를 높여 주었다. 그는 옆으로 난 조그만 창에 시선을 고정시켰다. 차창에 스치는, 적당히 웨더링Weathering된 풍경들이 분할 촬영한 파노라마 사진처럼 이어지고 있었다. 혹여, 허옇게 빛바랜 기억을 더듬어보고 있는 건 아닐까. 아직 탈색되지 않은 삶의 무늬를 그렇게 디오라마Diorama 장치에 담아 되돌려 보고 싶은 건 아닐까. 차창에 스치는 풍경을 보며 그는 그런 생각을 하는 듯했다.

   고모장지 셰살장지 들장지 열장지 암돌저귀 수돌저귀 배목걸새 크나큰쟝
도리 둑닥 바가
   이 내 가슴에 창 내고쟈
   잇다감 하 답답할 제면 여다져 볼가 하노라[2]

어쩌면 차근차근 정리하는지도 모르겠다. 느른한 눈빛에서는 눈을 뽀드득 밟고 싶음도 간절히 묻어 나오고 있었다. 티 없이 맑아 보이는 새하얀 설경이 오히려 자긋자긋했다. 자꾸만, 새하얀 홑이불을 머리까지 홀랑 뒤집어쓰려는 수작이 그렇게 잔밉고 얄미울 수가 없었다.

골목 어귀에 차가 멈췄다. 응급구조사가 잠금 장치를 풀고 침대를 끌어당기니 접혀 있던 다릿발과 바퀴가 자동으로 펴졌다. 그렇게 이동 침대를 밀면서 대문 안으로 들어갔다. 토방 앞에서 침대를 멈추게 하고, 응급구조

---

2) 김천택이 정리한 『靑丘永言』에 수록된 작자 미상의 사설시조(부분).

사와 위쪽과 아래쪽에서 양손으로 침대 시트를 꽉 움켜쥐고 그를 방으로 옮겼다. 먼저 들어가 방문을 열어젖힌 그녀는 급히 보일러 리모컨을 조정하고 있었다. 전기스토브를 가져와 코드를 꽂고 그의 곁에 바싹 당겨주었다. 알루미늄 방열판에서 튕긴 열이 그의 몸을 찬찬히 더듬었다. 한동안 틀지 않고 외출 상태로 두었던 보일러가 소리 내며 돌아가기 시작했다.

쿠르릉—

응급구조사가 기록지를 펼치고 주소와 연락처 등을 묻더니, 빈칸에 볼펜으로 빠르게 적어나갔다. 출동 상황 란에는 환자의 뜻, 최근거리기관, 정보센터의 지시, 기타로 표기되어 있었는데, 응급구조사는 묻지도 않고 환자의 뜻, 이란 항에 동그라미를 쳤다. 도착 시간과 날짜, 응급구조사의 서명 란에 이름을 쓰더니, 원본을 쭉 뜯어 넘겨주었다.

방 안으로 다시 들어가니, 그가 손짓으로 불렀다.

— 담배… 태우…고 싶…….

담배 꺼내 그의 입에 물려주고 라이터를 켰다. 그가 빨아들이지 못하니 좀체 불이 옮겨붙지 않았다. 하는 수 없이 직접 불을 붙여, 다시 그의 입에 물려 주는 수밖에 없었다. 그는 어찔한 표정을 지으며 연기를 천정을 향해 내뿜었다. 오랜만에 담배를 태워서 그런지 현기가 도는 모양이었다. 그래도 집으로 돌아오니 그의 낯빛이 한결 숙져 보였다.

다행이다,

라는 생각이었다.

　바야흐로 모든 물상이 땅거미에 젖어 들고 있었다. '개와 늑대의 시간 L'heure entre chien et loup'이란 프랑스 말이 있다. 다가오는 실루엣이 내가 기르는 개인지 아니면 늑대인지 분간하기 어려운 시간대를 일컫는 말이다. 개와 늑대를 구분하기가 애매모호한 시간의 경계, 자연계 모든 물상이 으스름한 빛에 물든 상태, 환영과 실재의 경계가 으스름한 빛 속에서 쿨렁거렸다.

　그 희미해지는 빛 속에서도 그에 대한 잔기殘基는 여느 때처럼 하선동로夏扇冬爐의 설정값으로 매겨져 있는 듯했다. 그만… 집으로 가자. …병원은 영… 편치가 않다, 던 그의 말이 '여름의 화로와 겨울의 부채'라는 하로동선夏爐冬扇 모드가 결코 아니길 믿고 싶어졌다. 미치도록.

홍게

오래 된 시골집은 자기를 내세우지 않는다. 시골집은 둘레 환경을 지배하지 않으며, 그 일부가 되는 것에 만족한다.
— 헬렌 니어링, 스코트 니어링, 『조화로운 삶』(보리, 2000), 67쪽.

싱싱하게 파닥대는, 짭짤한 바다의 언어가 주방 문 틈새로 삐져나오고 있었다. 자글자글 끓고 있는 고등어조림 냄새가 설렁한 후각을 건드리며 파열의 지점을 찾으려고 황급히 달려들었다. 그녀가 해 주는 고등어조림은 늘 입맛을 돋웠다. 뒤울안 땅속에 묻어 둔 독에서 꺼낸 묵은지는 칼칼함을 거들었다. 정말이지 겨울철 느슨해진 구미를 동하게 하는 데는 묵은지로 졸인 고등어조림이 제격이었다.

— 지네미를 다 떼고 씻쳔 고등애는 부연 뜨물에 어느 정도 담가 놔야 비린내가 얕아지는 뱁이다.

지연이 고등어 요리를 하고 있을 때도, 지느러미를 떼어 내고 쌀뜨물에 이십 분 정도 담가 놓으면 비린 맛이 옅어진다고 그녀는 거들곤 했다. 결혼 초, 고등어조림이 참으로 맛있다며 그녀에게 비법을 알려달라고 지연이 조르면, 비법이 무에 있겠냐, 기냥 별 거 아니다, 라면서도 차근차근 조리법을 부연했다.

— 무시는 나박나박 써는 것보담 큼직큼직 썰어 냄비 바닥에 깔아야 한다. 고등애와 무시는 궁합이 딱 맞는다고 테레비에서도 그러더라. 여섯 시 내고향에선가. 서로 부족한 영양분을 벌충해 주기도 하지만, 무시가 비린 맛도 읎애주는 역할도 하기 때문이지. 원래 무시가 소화도 돕지 않냐.

고등어의 부족한 영양분이 무에 풍부하게 들어 있기에 영양학적으로도 시너지 효과를 낸다는 것이다.

— 남들은 묵은 짐치를 살짝 헹궈서 넣기두 하는데, 속을 한 번 털믄 되지 그렇게 헹굴 필요꺼정은 읎다. 짐치에 밴 양념을 부러 씻을 필요가 읎는 게지. 그래두 고춧가루와 다진 마늘로 양념장을 쪼금은 맹글어 놔야 한다. 한소끔 끓으면 양념장을 고루 입혀 주고 고등애가 겉돌지 않게 은근한 불에서 푹 지져야 하는데, 국자로 양념 국물을 수시로 끼얹어 주믄서 쫄여야 맛이 칼칼해지는 뱁이다.

그렇게 배웠던 지연이 조림을 해 놓으면 그녀가 조리한 것과 미각적으로 별 차이가 없음에도, 뭔가 약간 부족한 느낌이 드는 듯했다. 그가 고등어를 좋아하는 터라 그만큼 고등어 요리에 일가견이 붙은 탓도 있겠지만, 어렸을 때부터 오래도록 그녀의 식미대로 맛감각 세포가 길들여졌기 때문일 수도 있었다. 그렇다고 그녀가 해 놓은 것과 지연이 해 놓은 것을 구별하라고 하면 솔직히 분간할 자신은 없다. 때론 혀 위쪽의 맛봉오리가 지연이 한 음식 쪽에 좀 더 반응을 보이는 경우도 있는 걸 보면, 참 입맛이란 게 그만큼 간사할 수도 있구나, 하는 생각만 들었다.

고등어 뼈를 바르지도 않고 통째로 우걱우걱 씹던 그가 가시를 발라내기 시작한 건 아래채 구들을 딸 때쯤이었다. 예전에 사 홉들이 소주병도 곧

잘 딸 만큼 단단하던 치아 구조가 차츰 시원찮아진 탓도 있겠지만, 그렇게 습관을 바꿔 놓게 된 결정적 계기가 된 건 다름 아닌 예삐였다. 역시나 그녀의 지청구가 단단히 한몫했다.

— 그렇게 고등애 가시를 몽땅 아작아작 씹어 대든 마당에서 살살 꼬랑지 치는 해피는 뭘 묵누?

오래전부터 그는 개를 키웠고 유독 좋아했지만, 부러 가시를 발라내어 개에게 돌아갈 몫까지 애써 챙겨 주지 않는 편이었다. 그렇게 생선 가시 하나도 남기지 않는 유별난 식성을 고수하는 편이었다. 그 남다른 식성에 변화를 가져오게 한 건, 고등어 가시가 예삐에게 돌아갈 몫으로 남느냐, 그렇지 않느냐, 하는 문제와 결부되게끔 그녀가 무시로 압력 아닌 압력을 가한 탓이었다. 예삐 때문이라고 언뜻 추량할 수도 있겠으나 엄밀히 말하자면 순전히 그녀 때문이었다. 사 홉들이 소주병도 곧잘 딸 만큼 단단하던 치아 구조가 이젠 시원찮을 거라는 어림짐작도 하등의 관계가 없다고 단정하긴 어렵겠지만.

— 해피야! 이리 온.

그녀는 늘 예삐를 해피라고 불렀다. 현아가 예삐라고 지어줬지만, 그녀는 해피라고 알아들었는지, 내내 해피라고만 불렀다.

— 할머니, 해피가 아니라 예삔데…….

— 해피나 애피나 그게 그거지. 개가 귓구녕으로 잘만 알아들으믄 되는 거지.

그러면서 여전히 해피를 고수했고, 현아는 뽀로통한 표정을 지었다. 예삐도 먹는 것에 오매불망 올인할 뿐이지, 해피든 애피든 크게 유념하지 않는 듯 꼬랑지만 살랑살랑 흔들었다. 그런 예삐가 못마땅했는지, 현아가 오징어 다리를 물고 개집 앞에 앉아 오래도록 오물거린 적이 있었다. 물론 오징어 다리에 붙어 있는 빨판 하나 예삐에게 떼어 주지 않았다. 현아의 행동은 니 이름은 해피나 애피가 아니라 예삐다, 그러니 제발 정신 좀 차려라, 라는 묵언의 시위로 비쳐질 만했다. 예삐는 이제나저제나 생각이 바뀌길 굴뚝같이 여기는 표정으로 쉬지 않고 꼬랑지만 흔들어 댔다. 침을 꼴깍 삼키는 예삐는 이름 따위는 전혀 상관없다는 태도를 보였지만, 오징어 다리를 약 오를 정도로 야금야금 물어뜯고 있는 현아의 고집 또한 쉬이 꺾이지 않고 있었다. 언젠가 시멘트 틈새를 비집고 꽃을 피운 민들레를 보고 '민들레의 의지'라고 설명하니까, 현아는 곧바로 '민들레의 억지'라고 자신만의 해석을 내리기도 했다. 듣고 보니, '안될 일을 무리하게 기어이 해내려는 고집'이 억지였기에 '민들레의 억지'라는 억설이 그리 근거 없는 것 같지도 않았다.

 털이 복슬복슬한 예삐는 생긴 것만 봐서는 삽사리 품종과 흡사해 보였다. 생긴 것만 봐서 그렇다는 것이고 전혀 다른 품종일 수도 있다는 얘기다. 그러니까 삽사리 품종의 한 변종일 수도 있고, 그냥 이것도 저것도 아닌 잡종견일 수도 있다. 한자 학습서인 『훈몽자회訓蒙字會』에서는 토종개를 가히 구狗, 큰가히 오獒, 삽살가히 견犬, 더펄가히 방尨의 네 가지 유형으로 열거하고 있다. '가히'라고 표현한 것은, 모음 'ㅐ'의 원래 발음이 'ㅏ'+'ㅣ'임을 참고하면 된다. 『우리 뿌리말 사전』엔 '가히〉가이〉개'의 형태로, 한자로는 '구狗'로 변이되었다고 풀이하고 있다. 그리고 개의 범알타이말은 개 짖는 소리에서 나온 소리시늉말 '캉'인데, 이를 한자로 표기한 것이 견犬

이며, 개의 학명은 라틴어로 '카니cani'로 동유럽에서도 개를 카니로 부르고 있다고 한다.[1]

그런데 재밌는 것은 『훈몽자회』와는 다르게 자전字典에서는 방尨 자를 '삽살개'라고 표기하고 있다는 점이다. 국어사전엔 긴 털이 더부룩하게 나서 더펄거리는 개를 '더펄개'라고 하는데, 일반적으로 방尨 자가 그 더펄개를 가리키는 것으로 보고 있다. 조선 시대 민화 등에서도 삽사리가 각기 다른 생김새로 그려져 있음을 볼 수 있기에 일각에서는 그 장모종長毛種 개를 일반 명사처럼 삽사리로 불렀던 것이 아닌가, 추론하기도 한다. 그런데 삽살개가 귀신을 쫓는 개라면서, 삽揷은 쫓는다, 라는 뜻이며, 살煞은 귀신이나 액운을 의미하는 것이라고 그럴 듯한 의미까지 부여하는 걸 심심찮게 보게 된다.

일명 '사자개'로 불리는 '삽살개'도 지난 1992년 천연기념물 368호로 지정돼 보호되고 있다. 경북 경산 출신으로 '삽(쫓는다)'과 '살(귀신, 액운)'이 합쳐져 '귀신 쫓는 개'라는 뜻의 순 우리말 이름을 갖고 있다.[2]

특히 삽살개(삽사리·천연기념물 제368호)는 '액운(살·煞)을 쫓는다(삽·揷)'는 의미를 가진 영물로 오랫동안 우리 민족의 사랑을 받아온 토종견이다.[3]

---

1) 송근원, 『우리 뿌리말 사전』(퍼플, 2016), 123쪽.
2) 「풍산개, 불개, 제주개…대한민국 토종개, 뭐가 있을까?」 헤럴드경제, 2017. 7. 8.
3) 「"삽살개 선한 눈망울 보면 자식 같죠"」 한국일보, 2005. 12. 30.

두 개의 기사에서 상충되는 점을 어렵지 않게 발견할 수 있었다. 여타 언론 기사도 오십보백보였다. 위 기사에선 '삽살'이 순우리말이라고 했지만, 아래 기사에선 한자로 풀어 쓰고 있다. 그렇게 풀이했을 때, 살煞에 대한 새김은 이해가 가지만, 삽揷의 훈이 쫓는다, 라는 의미로 표기된 게 있는가, 눈 씻고 찾아봤지만 근거를 찾기가 쉽지 않았다. 순우리말이라는 '삽'에서도 '쫓는다'의 의미로 해석된 기록을 찾을 수도 없었을 뿐더러 게다가 '살' 또한 '사람을 해치거나 물건을 깨뜨리는 모질고 독한 귀신의 기운'이라고 국어사전에 나오긴 하지만, 한자를 바탕으로 하고 있기에 고유어가 아니다. 이처럼 삽살개에 대한 적확한 고증조차 없이 무분별한 썰說만 횡행하고 있다.

여하튼 그가 상 한 켠에 생선 뼈를 잔뜩 발라 놓으면, 그녀는 우리 해피, 오늘 잔칫날인 갑따, 라며 에두르곤 했는데, 그럴 때마다 그는 애써 딴청을 피우고 있었다.

— 저눔의 나이롱 홍게는 왜 저리도 날뛰쌌는지.

별안간 그가 문갑 위에 얹힌 유성크림을 흘깃 보며 넋두리했다. 그렇게 케이스에 그려진 애꿎은 홍게만 들었다 놨다, 하고 있었다. 사실 홍게는 얌전히 있을 뿐이었지만, 고등어나 예삐하고도 전혀 상관도 없었지만, 그는 홍게를 콕 집어서 마뜩잖은 심정을 대체하고 있었다. 생선 가시와 그의 별난 식성에 대한 연관성에도 그녀가 적잖이 개입한 게 사실이기에, 그가 식성을 바꿔가면서까지 그녀의 요구에 부응하는 행위를 했음에도 불구하고 빈정거리는 듯한 언사가 몹시 거슬렸을 것이다. 그는 '애써' 딴청을 피우는 표정을 지으면서 유성크림에 그려진 홍게를 급히 소환하기에 이르렀는데,

다소 억지스럽긴 했으나 그가 '애써' 찾은 자구책으로 해석되었다. 홍게 앞에 붙인 나이롱은 '짜가'라는 은어로 회자되고 있다. 합성 섬유 나일론이 언제부턴가 '진짜 행세를 하는 가짜'라는 관용적 의미로 변질되어 유통되고 있다. 접두어 나이롱이 붙은 표현을 사전에서는 익살스럽게 이르는 말이라고 하지만, 나일론을 개발한 캐러더스 Wallace Hume Carothers 입장에서는 해학이나 풍자라는 특이한 의미로 변형되는 현실을 탄식할 일이다. 강철보다 강하다던 선전 문구로 출시된 나일론이 처음 사용된 제품이 칫솔인데, 이전까지는 돼지털로 만든 칫솔이었기에 충분한 상업적 성공을 거둘 수 있었고, 참고로 코오롱 KOLON은 **Ko**rea+**Nylon**의 합성어에서 작명되었다고도 한다. 얌전히 있던 홍게도 억울하지만 캐러더스 입장에서도 더욱 기가 막힐 노릇인 건 분명해 보인다.

 달포 전쯤, 황간 시장통에 떴다방이 들어왔는데, 니 어미도 저녁 먹기가 바쁘게 거길 가더라, 라는 얘기를 그가 슬며시 늘어놓았다. 대체 떴다방이 뭐 하는 곳이에요, 라고 되묻지 않을 수 없었다. 떴다방이라고 하면, 흔히 아파트 모델 하우스 주변에 가건물이나 파라솔을 설치하고 불법 영업하는 이동중개소라는 것쯤은 알고 있었지만, 그러한 떴다방과는 뭔가 다른 냄새가 나는 것 같았기 때문이었다.

 ―그 뭐냐, 빈 점포나 공터 등을 빌려서 무허가 식품을 만병통치약으로 속여 판매하는 곳이지.

 가령 글루코사민을 암이나 각종 성인병에 탁월한 효과가 있다고 속이거나, 홍삼이나 칼슘 보조제 등을 당뇨병이나 치매 예방에 효과가 있는 것처럼, 또는 캐나다산 엘크 뿔을 국산 녹용이라고 속이는 등, 건강 기능 식품을 의약품인 것처럼 허위·과대 광고한 일당들이 불구속 입건되는 사례가 심심찮게 보도되곤 하기에 익히 짐작이 갔다.

— 그런 임시 영업장에서 파는 건강 보조 식품에 속지 말라며 소비자들에게 주의를 주기도 하고, 그런 업자들이 가끔 적발되는 경우도 뉴스 등을 통해 볼 텐데요.

— 첨엔 노래와 춤 등 공연을 열어 사람들을 끌어모으게 되지. 그런 다음, 화장지나 비누, 농산물 등 값싼 물품으로 경품 추첨 행사까지 열어 환심을 산 뒤 본격적인 장사를 시작하지. 또 다른 사람을 끌어와서 일주일 안에 오십만 원 이상 구매하면 순금 반 돈의 금메달까지 주겠다고 현혹하니까 거기에 혹해서 당하고 마는 게지.

— 그들의 수법도 참으로 다양해지는 편이네요. 효능이 입증된 것도 아니고, 또 별다른 약효가 없어도 그들이 떠나 버리면 반품조차 쉽지 않은데, 마음 약한 노인네들 주머니나 노릴 생각이나 하고 있으니…….

— 글쎄, 저 동동구루무를 다섯 통이나 샀지 않냐.

그는 혀를 끌끌 차며 고갯짓으로 문갑 위에 얹어 놓은 유성크림을 가리켰다. 다섯 통씩이나 사게 된 건, 물건을 구매할 때마다 경품 추첨권을 한 장씩 주는 모양이었는데, 그걸 다섯 장이나 받으려고 그랬다는 것이다. 특수 화장품으로 가격 또한 저렴한 편도 아니기에 니 어미가 그걸 다섯 통씩이나 살 위인이 못 된다는 지론을 고수하며 그는 에부수수하다, 라는 표현으로 그녀의 행위를 거론했다. 그렇다면 경품도 탐나는 것이었을 텐데 당첨되진 않았나요, 라고 물으니, 정말이지 당첨됐으면 니 어미가 그걸 숨길 사람이냐, 골백번도 더 자랑질을 했을 거라고 그는 맞받았다. 게다가 그날이 떴다방 마지막 날이었고 각설이팀 공연도 있는 날이어서 과다히 몰리는 바람에, 사람들을 실어 나르던 봉고차 운행도 원활하지 않은 탓에 오밤중에야 집에 도착하였단다. 약장수들이 흔히 하는 멘트처럼 날이면 날마다 오는 공연도 아니기에 그럴 수도 있다고 여겼단다. 비록 무명 가수들이었지만 직접 공연을 접하는 묘미를 느끼는 기회였기에 충분히 그럴 수도 있다고 여겼단다. 그러나 곳간 빈 독 안에 숨겨 놓았던 동동구루무를 우연히 찾아내고 만 것이다. 그는 뚜껑을 다시 덮어놓고 짐짓 모른 척, 그렇게 공연을 댕겼으면 동동구루무라도 하나 사 오지, 그 약장사들은 뭐 손가락만 빨고 사능가, 라며 농을 건넸는데, 그녀는 남들도 다 사기에 안 살 수가 없어서 사실은 한 통만 샀다고 눈꼬리를 다소곳하게 모으며 둘러댔다고 한다. 독 안에 우글거리는 홍게를 기어이 끄집어내지는 않았으나 그녀가 내뱉는 얘기에 기가 차서 헛웃음만 나오더라는 것이었다.

—이솝 얘기에도 그런 게 나오지 않냐. 빚쟁이 등쌀에 못 이겨 유일한 재산인 암퇘지를 팔기로 했는데 흥정이 오가지 않겠냐. 새끼를 잘 낳느냐고 묻자 물론 잘 낳는다고 하는 건 당연한 얘기고. 동네에 잔치가 벌어지면 암놈을 낳고, 환갑잔치가 있으면 숫놈을 낳고, 한술 더 떠서 제삿날에는 염소까지 낳는다고 했다지 않냐. 그렇게 구슬려 삶았는데 암퇘지가 팔리는 거는 두말하면 잔소리지 않겠냐.

키토산으로 만들었다는 유성크림의 케이스엔 홍게가 오종종 그려져 있었다. 한눈에 봐도 조악한 싸구려 티가 났지만, 사실감 있게 묘사된 홍게는 케이스 바깥으로 벗어나기 위해 꿈틀거리는 것 같았다. 게걸음을 멈추지 않고 무던히도 벗어나려는 홍게를 보니, 조만간에 그렇게 흔적 하나 남기지 않고 떴다방 약장사처럼 뿔뿔이 흩어질 것 같은 생각마저 들었다. 홍게는 그녀의 숱한 지청구에 대응하기 위한 방책으로 등장하고 있었다. 그는 곳간 독 안에 든 홍게에 대해 그녀에게 대놓고 추궁하진 않았지만, 짐짓 딴전 부리듯, 저눔의 나이롱 홍게는 왜 저리 날뛰쌌는지, 라며 그녀의 표정을 살피는 걸 은근슬쩍 즐기고 있었다. 왜 애꿎은 홍게를 거들먹대는지에 대해 따져 묻지도 못하고 그녀는 떨잠에 붙어 바르르 흔들리는 떨새처럼 조바심만 할 뿐이었다. 그는 말문이 막힌다 싶다거나 그녀가 비아냥거리기라도 하면 그렇게 유성크림을 흘깃거리며 홍게를 따끔하게 책망하곤 했다. 보험 광고에서 이순재가 '묻지도 말고 따지지도 말고'라는 멘트를 유행시킨 바 있는데,

Don't ask, don't argue —

그렇게 기승전 홍게 전술만 강구하고 있었다. 그녀가 유성크림 통 안에 검지 넣고 싹싹 훑어 알뜰히도 소모시킬 때까지, 그것도 다섯 통 모두, 그는 홍게잡이 어선의 125밀리미터 그물눈 같은 레이더를 가동하며 전술의 지속 가능성을 열어 두고 있었다. 한동안 그렇게 곳간 독 안엔 수심 700미터 깊은 바다에서나 서식하던 홍게가 오종종했다는 것이었다.

— 내는 꽃 같은 거, 안 좋아한다.

앞에서도 언급했지만, 그가 예뻐 몫으로 남기기 위해 생선 가시를 발라내기 시작한 건 아래채 구들을 딸 때쯤이었다. 시골에 들른 어느 날, 마침 점심 전이었고, 그녀는 남새밭에서 갓 따 온 풋고추와 호박잎, 상추, 쑥갓, 깻잎 등으로 한 상 가득 차려 냈다. 대청에 앉아 그녀와 밥을 먹었다. 지연

동양제약 로얄킹
김성환의 만화 「어느 날의 고바우 영감」을 소재로 한 1964년 내복액 광고. 그만큼 고바우 영감은 삶의 희비애환을 대변하는 유형적 캐릭터였다.

이 꽃씨 나눔 행사에 다녀왔다며 갖가지 꽃씨를 시골 남새밭 한쪽에 심으면 괜찮을 거라고 했기에, 챙겨 온 꽃씨 봉투를 그녀에게 내밀자마자 머뭇거림 없이 내놓은 답이, 내는 꽃 같은 거, 안 좋아 한다, 라며 분명한 거부 의사를 보였다.

— 꽃 같은 건 묵을 수도 읎자녀. 메칠 피었다가 금세 사그라지지 않냐. 안 그래도 귀한 땅에…….

그녀가 안 그래도, 라는 표현을 써가며 응수했으나, 그래도, 라며 꽃이 인간에게 주는 정서적 의미를 설명하려다가 그만두는 게 낫겠다 싶었다. 꽃 같은 거 안 좋아한다던 그녀가 그렇다고 남새밭에 꽃을 심을 리 만무했다. 그녀는 늘 남새밭에 꽃이 아닌 갖가지 채소 씨앗을 뿌렸다. 그녀는 채소가 인간에게 주는 정서적 의미를 장황하게 늘어놓곤 했다. 그런 그녀에게 꽃이 인간에게 주는 정서적 의미가 통할 리 없었다.

— 농약 하나도 안 쳤응게 맴 놓구 묵어도 된다. 그러구 화학 비루도 아싸리 안 했다. 이런 게 바로 요즘 한창 테레비에서 떠드는 그 유기농이라는 거 아니냐.

— 그러면 병충해는요?

— 욕심낸다고 총총 심구면 채소들이 공기구멍을 맹글려고 벌거지를 불러들여 자기 몸에 구멍을 내지 않냐. 포기 사이를 벌려 주고 솎아 주고, 그래두 벌거지가 꼬이믄 물조로에 사탕가루 몇 숟가락 타서 해거름쯤에 뿌리믄 된다. 벌거지들은 구불구불 몸을 구부려야 움직일 수 있는데, 사탕가루물을 뿌리면 숨도 못 쉬고 바로 죽어 버리거든. 실한 나물 한 모숨 거두려면 그 정도 수고쯤은 쾌히 해야지.

그녀가 걸친 그레이지Greige 블라우스의 옷주름에서 바쁜 제스처 동작이 고스란히 묻어 나왔다. 회색과 베이지색을 합친 색상이 올해 인기 아이템이라면서 달포 전에 지연이 사다 준 블라우스였다. 그레이지는 패션 디자이너 아르마니Giorgio Armani의 상징적 색상이기도 했다. 그녀가 그레이지나 아르마니에 대해선 '잘알못'이겠지만, 외출할 일도 없는 날에 지연이 선물한 블라우스를 꺼내 입었다는 건, 점심때쯤 들른다는 기별에 기인했다고 볼 수 있었다. 오전 나절의 스케줄은 알 수 없지만, 잠시도 가만히 있지 못하는 성격인데도 불구하고 블라우스 칼라에 땀자국이 전혀 나 있지 않은 걸로 봐선 아마도 급히 차려입은 게 분명해 보였다. 그녀의 손동작 탓인지는 모르겠지만 블라우스의 옷주름이 더욱 유난스럽게 느껴졌다. 우리나라 최초의 패션 디자이너 노라노盧明子는 '옷이 사람보다 먼저 걸어나와서는 안 된다'고 했지만, 그녀의 그레이지 블라우스는 터주처럼 대청마루에서 결가부좌를 공고히 틀고 있었다.

벌레 먹은 이파리가 더러 눈에 띠었으나, 그녀가 차려 준 밥상엔 쌈장 하나만 있으면 그만이었다. 적당량 섞은 된장과 고추장에 풋고추와 다진 마늘과 양파, 그리고 깨소금과 들기름을 넣고 버무린 쌈장은 쌈채소와 기막힌 조합을 이끌어 냈다. 쌈을 쌀 때, 쌈채소의 앞면에 밥을 얹고 젓가락으로 쌈장을 덧얹는 게 보통이지만, 그녀는 쌈채소의 뒷면에 밥을 얹고 숟가락으로 쌈장을 덧얹는 게 다를 뿐이었다. 그녀는 그렇게 먹는 게 더 식감이 부드럽다고 했지만 어떤 방법이든지 별반 차이가 없는 것 같았다. 밥상엔 쌈장과 쌈채소만 덩그러니 놓였을 뿐이지만, 쌈 속에 깃든 남새밭의 볕살과 바람, 영롱한 이슬과 그윽한 달빛, 기웃거리던 벌레와 새들의 지저귐 등으로 풍성하기만 했다. 쌈엔 푸르싱싱한 자연이 숨 쉬고 있었고, 그 쌈 속의 자연을 통째로 쌈 싸 먹는 기분마저 들었다. 그렇게 그녀와 밥을 먹으며 쌈이 인간에게 주는 정서적 의미를 다시금 느낄 수밖에 없었다. 나는 꽃 같은 거, 안 좋아 한다, 라는 그녀의 얘기 또한 긍정적으로 납득될 만큼 보편타당하게 다가왔다.

그렇게 맛있는 쌈이 때론 싸움의 준말인 '쌈'으로 변하는 경우를 접하기도 한다. 정말이지 쌈을 싸 먹은 게 아니라, '개념'을 쌈 싸 먹었다고밖에 설명이 되지 않는 경우였기에 더욱 씁쓰름했다.

여느 때처럼 남성이 이로 끊어낸 상추 자투리를 채소 바구니 위에 수북하게 올리자 여성은 결국 폭발했다. 그는 "결혼하기 전까진 그 버릇 고쳐라"라며 선전포고를 했다. 이에 남성은 "어릴 때부터 습관이라 잘 고쳐지지 않는다"며 "이렇게 해 놓으면 우리 어머니가 다 드셨다"고 말해 여성을 경악시켰다. 남성이 먹다 남긴 상추 끝부분을 그의 어머니가 고추장이나 쌈장에 찍어 먹었다는 것이다.[4]

남자친구가 급하게 쌈을 싸먹고 있는 것을 본 여성은 "자기야 체하겠다. 천천히 먹어"라며 걱정했다. 그러나 남자친구에게서 돌아 온 말은 "너는 지금 쌈 싸 먹을 때 고기 두 점 넣었잖아. 나는 쌈 하나에 고기 한 점씩 먹어"라며 "너랑 맞추려고 그러는 거야. 너는 한 번에 두 점 먹을 때 나는 한 점씩 두 번

---

4) 「상추로 쌈 싸 먹다 파혼한 연인의 사연」 세계일보, 2017. 7. 31.

먹는 거뿐이야"였다. 1원조차 손해 보려고 하지 않는 남자친구의 모습에 질린 그는 결국 이별을 통보했다고 한다.5)

'어처구니없다'라는 형용사가 이러한 경우에 딱 맞닿는 표현이 아닌가 싶다. '너무 엄청나거나 뜻밖이어서 기가 막히다'라는 의미로 쓰이며, 유의어로 '어이없다'라는 말도 있긴 하지만.

어처구니란 말이 나온 김에 참고로 가첨하자면, 이 낱말에 대한 언왕설래가 유독 많다. 어처구니가 사전엔 '엄청나게 큰 사람이나 사물'로 풀이되고 있다. 그러나 회자되는 어처구니는 맷돌의 손잡이라며 통용되고 있다. 이 어처구니가 추녀 위의 잡상 또는 맷돌의 손잡이라는 것은 불명확할 뿐이며 그에 대한 근거 또한 확실치 않다는 게 아직까지의 통설이다. 어디에서 유래되었는지에 대한 문헌 자료조차 없는 데도 맷돌의 손잡이를 지칭한다며 거리낌 없이 유통되는 실정이다. 맷돌의 손잡이를 일컫는 낱말은 '맷손'이다. 사전에도 '맷돌이나 매통을 돌리는 손잡이'로 나온다. 엄청나게 큰 사람이나 사물을 뜻하는 어처구니가 '없다'와 함께 쓰이면서 뜻밖이거나 한심해서 기가 막힘을 이르는 낱말이다. 맷돌의 손잡이를 지칭하는 낱말은 이미 사전에 등록된 맷손으로만 통용되었으면 좋겠다. 확인되지 않은 정보를 마구 어처구니로 둔갑시키는 것 또한 '없다'와 함께 쓰여 어처구니없다는 생각이 들 수도 있기 때문이다.

---

5) 「고기 두 점에 무너진 사랑…남친 '칼더치'에 질린 女, 결국 이별 통보」 동아일보, 2018. 11. 28.

날씨가 갑자기 추워진데다 귀찮아서 어쩔 수 없이 회사 근처 중국집에 갔다. 탕수육 하나와 짬뽕 짜장 볶음밥 등을 시켰다. 탕수육이 먼저 나왔는데 간장 종지가 두 개뿐이다. 우리 일행은 네 명인데 간장은 두 개. 종업원을 불러 "간장 두 개 더 주세요" 했더니 그분이 이렇게 말했다. "간장은 2인당 하나입니다."

간장은 2인당 하나. 대가리 두 개당 하나. 간장님은 너 같은 놈한테 함부로 몸을 주지 않는단다, 이 짬뽕이나 먹고 떨어질 놈아. 그렇게 환청이 증폭되면서 참을 수 없는 상태가 됐다.

여기가 무슨 배급사회인가.[6]

'간장 두 종지' 때문에 뜨거운 논쟁거리가 된 적이 있었다. 이 칼럼은 "나는 그 중국집에 다시는 안 갈 생각이다. 간장 두 종지를 주지 않았다는 그 옹졸한 이유 때문이다."[7]라고 끝맺고 있다.

간장은 2인당 하나라니. 당장 쿠팡이나 위메프에 간장 한 박스를 주문해 이 집에 배달시키고 다음에 와서는 "내가 킵해놓은 간장 있지? 그것 좀 가져와. 대접에 간장을 부어 먹을 테니까 대접도 네 개"라고 말하고 싶어졌다.[8]

칼럼에 위 문장도 웃고명처럼 살뜰히 덧얹어 놓았다. 위 칼럼을 본 불문학자 황현산은 "사람들은 자신이 지닌 힘의 크기를 잘 모를 때가 많다. 모

---

6) 7) 8) 「간장 두 종지」 조선일보, 2015. 11. 28.

르면 남용하게 되는데, 알고나서 악용하는 사람들도 있다"라고 트위터에 남기기도 했고, 칼럼을 읽고 그 중식당을 찾아간 네티즌들이 올린 댓글엔 "이곳이 간장의 메카", "大C일보 기자님을 몰라본 극악무도한 중국집", "여기가 그 2인 1간장하는 곳", "도대체 간장맛이 얼마나 엄청나길래… 3명이 가면 2종지 주나요?" 등, 다양 각색의 반응을 쏟아 냈다.

> 누나만 둘 있는 3대 독자(27세)로, 집에서는 1년에 차례와 제사를 4번씩 지냈지만 한 번도 음식을 만들어 본 적이 없었다.
> 어릴 땐 숙모와 형수님만 부엌을 드나들며 음식을 만들고 삼촌들은 거실에 앉아 이야기를 나눴다.[9]

이에 숙모와 삼촌들, 형수가 있는 3대 독자가 어디 있냐는 지적을 받자, 2차 수정 기사에선 숙모와 형수를 '고모와 외숙모'로 바꿨는데 사돈 관계인 고모와 외숙모가 자기 집 차례를 안 지내고 남의 집 차례를 도와주러 왔냐는 지적을 받았고, 3차 수정 기사에선 외숙모가 빠지고 '고모와 고모부'만 남게 되었다. 이에 J일보 측은 급히 "이번엔 외할머니가 기자의 집으로 오셔서 돌아가신 외할아버지 차례도 별도로 지냈기에 오해가 커졌습니다."는 궁색한 해명을 내놨다. 그렇다면 외할머니가 사돈댁에 차례 지내러 온 것이고, '명절 파업'을 선언한 어머니는 친정아버지 제사를 모시기 싫어 파업했고 외손자한테 한번 해보라고 권했다는 말인가요, 외삼촌과 외숙모

---

[9] 「'명절 파업' 어머니 대신 '3대 독자' 차례상 첫 도전기」 중앙일보, 2019. 2. 6.

가 계시는데 그동안 어머니가 제사를 지냈던 건가요, 라는 댓글이 주렁주렁 달리기 시작했다. 게다가 기사에서 도라지에 다진 파와 다진 마늘을 넣고 볶아 냈다고 하자, 제사 음식엔 향이 강한 파와 마늘은 안 쓰는 게 상식이라면서 성지 순례 왔다는 조롱 또한 풍성하게 맺혔다.

언젠가 소설가 K의 단편을 읽다가도 잠시 고개를 갸우뚱댄 적이 있었다. 비평가들은 빈틈없는 구성이라고 치켜세우면서도 플롯의 하자에 대해선 애써 외면한다. 미처 발견하지 못했을 가능성도 있겠지만.

> 시어머니는 아직 나오지도 않은 6대 독자의 신상에 무슨 일이 생길까 침대 옆에 붙어 앉아 염불을 외고 염주 알을 계속 돌렸다.[10]

> 남편의 큰아버지, 즉 사촌의 아버지는 이름만 대면 모두가 아는 작고한 원로 화가였고, 그의 아들 셋은 그림을 그리거나 화랑을 열어 그림 장사를 하거나 했다.[11]

> 숙모든, 삼촌이든, 형수든, 고모든, 고모부든, 외숙모든,
> 그리고 남편의 큰 아버지, 즉 사촌의 아버지든,
> 또한 간장, 간장, 간장, 간장……

니가 왜 *거기서* 나와

---

10) 권지예, 「퍼즐」, 『깊은 밤 기린의 말』(문학의 문학, 2011), 192쪽.
11) 권지예, 「퍼즐」, 위의 책, 170쪽.

니가 왜 *거기서* 나와[12]

언젠가 막걸리를 같이 마시다가, 그에게 어처구니가 뭘 지칭하는지 혹여 아세요, 라고 물으니 머뭇거리기만 했다. 사전엔 엄청나게 큰 사람이나 사물로 나온다고 하니, 한동안 생각에 잠겼던 그가 고개를 주억대며 입을 뗐다. 그렇다면 열두 살 때 접했던 기관차 데고이치나 관부연락선 곤고마루, 괴이하기 짝이 없던 그런 걸 가리키는 게로구나, 사람으로 치자면 데라봇치 정도쯤 돼야 엄청나다는 표현이 어울릴 것도 같다만, 이라며 어처구니의 정도를 어림짐작하고 있었다. 그가 언급한 데라봇치는 일본 전설에 나오는 다이다라봇치ダイダラボッチ를 일컫는 것으로, 중국 전설에 나오는 마고할미나 제주도를 만들었다는 설문대 할망 정도의 거인이라고 했다. 라블레Rabelais, F.의 소설에 나오는 거인 가르강튀아Gargantua나 보헤미아 숲에 살았다던 정령 뤼베찰Rubezahl 정도로는 그러한 표현을 쓰기엔 그리 어울릴 것 같지 않아 보였다. 역시나 '어처구니'란 표현은 검증을 요하지도 않고 허무맹랑하기 그지없는 민간 설화에서 찾아야 제격일 듯싶었다. 옥황상제의 셋째 딸인 설문대 할망의 빨래 바구니가 성산 일출봉이고 그 앞의 우도가 빨래판이라던.

그녀와 함께 밥 먹는 일은 늘 즐거웠다. 향긋한 쑥갓 향이 입 안을 개운하게 했다. 꽃대 달고 있는 쑥갓도 간혹 있었는데, 꽃 같은 건 묵을 수도 없자녀, 라던 그녀는 원칙에서 어긋나지 않으려는지 호박잎과 상추만 골라

---

[12] 작사 구희상, 지광민, 영탁, 「니가 왜 거기서 나와」, 노래 영탁

서 쌌다. 남새밭엔 토마토 열매가 짙푸른 색깔을 탈색하기 위해 햇볕을 절실히 빨아들이고 있었다. 영화「리틀 포레스트」(감독 임순례, 2018)에서 모녀가 들마루에 앉아 토마토 먹는 장면이 오버랩되었다. 혜원(김태리 분)이 엄마, 연애하고 싶은 생각 없어?, 아빠, 보고 싶어? 라며 속뜻을 내보이자, 엄마 역을 맡았던 문소리가 토마토를 남새밭으로 던지며, "저렇게 던져놔도 내년엔 토마토가 열리더라. 신기해."라며 우회적으로 대꾸한다. 이어 토마토가 싹을 틔우고 열매 맺는 장면은 CG로 빠르게 처리된다. 이윽고 빨갛게 익은 토마토. 혜원이 그걸 똑 따서 한입 베어 물며 하던 독백.

'보고 싶다는 뜻이었어.'

— 니 아버지가 아래채 구들을 손봐야겠다고 하더라. 구새가 막혔는지 불김이 영 안 든다며 메칠 있다가 손볼 모양이더라. 뒷모도할 사람만 구하면 된다고 하믄서.
 토방에 웅크리고 앉아 있던 예삐가 쌈 싸는 모습을 보면서 입맛을 다셨다.
— 제가 사람 들여서 가을쯤 손본다고 했잖아요. 구들 따는 게 보통 일도 아닌데, 아예 건들지 마시라고 하세요.
— 옛날에 니 아버지가 몇 번 구들을 따는 건 봤다만, 내도 힘드니께 놔두라고 해도 막무가내로 손보겠다믄서 아홉 시 뻐스 타고 읍내에 나갔다.
— 읍내엔 왜요?
— 이것저것 알아본다고 나갔는데, 점심때 전엔 들어온다고 하더만, 암

만케도 일찍 오기는 글렀지 싶다. 항시 그렇듯 해가 떨어져야 오지 않겠냐.
― 요즘도 술 많이 드시지요?
― 그 양반, 술 읎으면 무신 재미로 살겠냐. 내기 장기 둬서 맨날 공짜 술 묵었다믄서 자랑하곤 항께.

예뻐는 여전히 맨입만 쩝쩝거렸다.
― 저번 달엔 보통학교 사 학년꺼정 같이 댕겼던 동창하고 다방에 가서 커피를 마셨다는데, 다방 처자 있자녀?
― 아, 다방 레지요.
― 그려, 다방 레지. 그 아가씨한테 만 원을 주고 왔다고 하더라.
― 왜요?
― 뭔, 손을 답삭 잡더니 팁을 달라고 떼쓰더랜다. 커피 파는 집에서 뭔 팁까지 바랜다냐? 원래 허랑방탕히 노는 양반도 아니고 잔망스런 짓꺼리도 할 줄 모르지만서도. 글쎄, 하도 조르기에 천 원짜리라도 주려고 지갑을 꺼냈는데, 글쎄 천 원짜리가 하나도 읎더라지 뭐냐?
― 아버지, 또 순진하게 만 원짜리 꺼냈는가 봐요. 그냥 없다고 둘러대시지.
― 그 양반, 체면 채리다 딱 굶어 죽기 십상팔구인 성질이라 별수 있겠냐. 잔딴 양반도 아니고. 아가씨가 살살 꼬리 칭께 홀랑 넘어간 게지.

예뻐 역시 살살 꼬리를 치면서 옹알이듯 끙끙댔다. 쌈장 바른 밥 한 술 토방으로 던져주니까, 냅다 주워 먹고는 꼬리를 다시 바닥에 토닥거렸다. 그의 그런 행위가 밉지 않느냐고 슬쩍 묻자, 그녀는 토방으로 밥 한 술 던지며 '고수레'를 외치곤 상춧잎의 뒷면에 쌈장을 덧얹고 있었다. 보스락,

상춧잎이 오므라들며 내는 의성어와 수굿이 쌈을 입가로 가져가는 그녀의 천연한 표정을 보면서 문득 든 독백 한 자락.

'밉지 않다는 뜻이었어.'

상을 치우고 그녀가 커피를 내왔다. 밤 깊어 까만데 엄마 혼자서 하얀 발목 아프게 내려오시네, 활짝 열어 놓은 방문 안쪽에서 이은미의 「찔레꽃」이 흘러나오고 있었다. 앙코르 곡인 듯했는데, 꽉 들러붙는 가죽바지에 맨발, 얼굴에 홍건한 땀을 훔치는 이은미는 잔뜩 응축한 감성을 텔레비전 수상기 밖으로 애처롭게 휘발시키고 있었다. 노래가 끝나자마자, 면청 앞 다방에서 커피를 같이 마셨다던 보통학교 동창 김 영감 소식을 그녀가 커피를 홀짝이며 조심스럽게 덧붙였다. 그 김 영감이 저번 주에 그만 급성 폐렴으로 유명을 달리했는데 초상집에 다녀온 후로 그는 수심 깃든 얼굴로 한숨만 쉰다고 했다. 넋 나간 사람처럼 멍때리고 있을 때도 부지기수라고 했다.

— 니 아버지, 요즘 도통 사는 낙이 읎는 것 같더구나. 김 영감이 저시상으로 가버렸응게 맴이 더하다카는 건 알지만.

김 영감의 갑작스런 죽음도 안타까웠지만, 그 죽음을 인정해야만 하는 그의 처지도 여간 가련해 보이지 않는다는 것이었다. 상실의 각도가 여간한 게 아닌 듯싶었다. 그녀 말마따나 어둑해서야 그는 집에 들어섰다. 그가 막걸리를 좋아하기에 미리 도가에도 다녀왔지만, 그의 몸에선 이미 주취가 풍기고 있었다. 그는 마루 한쪽에 놓인 막걸리통을 보곤 같이 한잔하자

제일합섬
1977년 제일합섬 광고, 호롱불 켜 놓고 바느질하는 고전적 이미지와 '한 올 한 올에 모은 정성'이라는 헤드 카피의 당시 세련된 서체가 인상적이다.

며 그녀에게 술상 좀 봐 오라고 일렀다. 술상엔 다시 구들 얘기가 올라앉았다.

― 내가 따믄 돼지. 아직까진 그 정도는 할 수 있다. 요즘 몸이 근지러워 전딜 수가 있어야지.

막걸리를 벌컥벌컥 들이켜는 그는 구들 정도는 딸 수 있다는 얘기로 일관했다. 그렇게 일관하는 중에 '콘디션'이란 단어를 자주 들먹였는데, 그 '콘디션'에 기반해 마지않는 우직한 고집을 꺾는 것보다는 마지못하더라도 동의하는 쪽이 빠를 듯싶었다. 그녀 또한 그 '콘디션' 기류를 감안했으면 좋겠다는 식으로 은근히 거들고 있었다.

― 니 아버지 심경이 요즘 그렇게 유난시리 생각지 않았으믄 좋겠다. 오죽 갑갑하믄…….

예전에는 그가 한다고 하면, 퍽이나 잘 하시겠수, 라며 은근슬쩍 빈정거렸을 그녀가 의외로울 정도로 상당히 고분고분하게 받아들이고 있었다. 유명을 달리한 김 영감 때문에 수심에 차 있기에 위로하고자 함이었을까? 아니면 역시나 홍게 때문이었을까? 그러나 홍게 얘기는 어느 때부턴가 더 이상 튀어나오지 않았고, 문갑 위의 유성크림 홍게도 전혀 '날뛰쌌는' 행동을 하지 않고 있었다. 다방 레지에게 팁 준 얘기를 늘어놓을 때부터 이상하리만치 그의 언행을 차분히 보듬어주고 있었다. 예전처럼 옥신각신하지 않는 모습이 지극히 정상적으로 비쳤지만, 한편으론 뭔가, 고개를 갸우뚱대게 했다. 박완서의 소설에 이런 구절이 나온다. 복숭아 모양의 백자 연적이 아깝게도 끝부분이 깨지자 금으로 때웠는데, 왜 감쪽같이 사기질로 때우지 않았느냐고 물었다.

그랬다가 아무도 이 연적이 깨졌었다는 걸 못 알아보면 어떡하지요. 그건 속임수잖아요. 할 짓이 아니죠.[13]

여하튼 그와 그녀는 서로를 속이지 않기 위한 무언의 약속을 한 게 아닐까, 하는 생각이 들었다. 수평 저울의 두 접시도 안정된 지점에 정착하려면 무수히 위아래로 흔들릴 수밖에 없지만, 균형적 조화를 복원하게 되면 적절한 타협을 통해 그 상태를 고수하고자 하는 경험적 원리가 작동되기 마련인 것처럼.

구들 따는 날, 다시 시골집에 들렀다. 마당 한쪽에는 납작한 구들장과 두 경운기 분량의 황토가 쌓여 있었다.
— 현무암 구들장이다. 현무암은 한 번 열을 묵었기 땜시 잘 깨지지 않는 장점이 있다고 하더라.
먼저 방바닥을 파고, 깔린 구들부터 걷어 냈다. 방진 마스크를 썼는 데도 시커멓게 그을린 구들돌 아래쪽에서 피어오른 구들재가 콧구멍에서 스멀거리는 듯했다. 허튼고래에 쌓인 재도 말끔히 걷어 내야 했다. 굄돌 사이에 쌓여 있는 재는 부삽으로 싹싹 긁어 삼태기에 담았다. 풀풀 날린 구들재와 뚝뚝 떨어지는 땀방울. 풀풀, 뚝뚝, 그 두 개의 부사가 한데 엉겨 흉측한 몰골을 만드느라 여념이 없었다.

---

13) 박완서, 『복원되지 못한 것들을 위하여』(문학과지성사, 2020), 174쪽.

— 개자리에 쌓인 재도 말끔히 퍼내거라.

고래가 끝나는 윗목 쪽에 방고래보다 우묵하게 파 놓은 고랑을 고래 개자리라고 한다. 개자리는 여러 줄의 고래에서 나오는 열기와 연기를 한데 모아 소용돌이치게 해서 차차로 식게 한 다음 굴뚝으로 배출하는 기능을 한다. 그렇게 개자리를 파 놓음으로써 연기의 역류도 막고, 경우에 따라 빗물 등이 고래 속으로 유입되는 것도 방지하는 역할을 하게 된다.

— 함실에서 불 배정을 잘해 줘야 방이 따숩다. 불이 잘 들고 못 드는 것과 방을 골고루 따숩게 하는 것 모두 불목에서 시작되는 게지.

현무암 구들을 옮겨 굄돌 위에 얹어 놓으면 그는 망치로 살살 다독거리며 맞춰 나갔다. 구들을 다 놓고 반죽한 황토를 구들과 구들 사이에 발라 메웠는데, 그는 이 작업을 새침이라고 일컬었다. 구들장 이음 사이 구멍을 완벽하게 새침하고서, 그 위에 석분을 깔고 흙을 고르게 다졌다.

나뭇간엔 장작 서너 강다리가 차곡차곡 쌓여 있었다. 아궁이에 불을 지폈다. 혹여 연기가 올라오는 곳이 없는지 살피려는 것이다. 다행히 연기는 새어 나오지 않았다.

— 마지막으로 들어가는 흙을 알매흙이라고 하지.

그는 알매흙을 바르고 사흘 정도 지나서 그 위에 다시 얇게 덧발라줘야 한다고 했다.

— 보이라 지름값이 올라도 너무 올랐지 않냐. 이번 겨울은 이 아래채에서 나려고 한다. 제재소에서 나오는 피죽도 그리 비싸지가 않다고 하더라.

— 벽도 손봐야겠는데요. 가을쯤 황토 발라 찜질방처럼 꾸미려고 했었는데, 이참에 아예 손보죠.

─ 안 그래도 미장 잘하기로 소문난 토수한테 부탁해 놨다. 해초를 세 시간 정도 끓인 물을 황토에 붓고 반죽하면 찰기를 높여 준다고 하더라.

굴뚝에서는 연기가 몽실몽실 피어올랐고, 그는 뒷짐 진 채 몽실몽실 피어오르는 연기를 바라보고 있었다. 그의 이마에 피어난 땀방울이 음표처럼 통통거렸고, 갓 구운 생강빵을 한 입 베어 문 듯 오달진 표정이었다.

비단벌레

불을 피해 도망가는 다른 동물들과 달리 불을 보면 날개를 펴고 그 속으로 떼지어 뛰어드는 곤충이 있다.
비단벌레는 숲의 불길 속에서 교미와 부화장소, 그리고 다음 세대가 먹을 식량거리를 약속받는다.

— 윤종원, 「불길 속으로 뛰어드는 비단벌레」(병원신문, 2005. 3. 22)

텔레비전 소리가 들리는 것 같기에 안방으로 건너갔다. 그는 잠에서 깨어 있었다. 간밤에 무슨 일이라도 있었느냐는 듯 태연스런 표정이지만, 텔레비전 쪽으로 고개를 돌리고 있지는 않았다. 눈을 흐리멍덩하게 뜨고 천정만 쳐다보고 있었다. 그의 손이 닿는 곳에 리모컨을 놔두었기에 습관적으로 켠 모양이었다.

— 좀 정신이 드세요?

그가 고개 돌려 한참을 쳐다보더니, 고개를 끄덕였다. 어슴푸레하게 보이는 물상을 찬찬히 확인할 시간이 필요한 듯했다. 약간 고개를 갸우뚱대기도 했는데 망막에 맺힌 물상을 확인하는 과정이지 싶었다. 새벽녘에 도착했으니, 얘가 언제 왔지, 어젯밤 잠들 때는 분명히 없었는데, 라는 의중을 표출하는 몸짓 같아 보이기도 했다. 그녀가 날씨 얘기도 빠짐없이 챙겨주기에 엊저녁 잠들기 전에도 눈이 많이 온다는 소식을 들었을 것이다. 암만케도 조짐이 심상찮다, 야심한 시각에 전활 넣으려곤 안 했다만, 니 아버지 상태가 해거름 때부터 보통 각급해 보이는 게 아니구나, 여게는 저녁답부텀…… 눈이 엄청시리 오고 있응께 조심해서 오거라, 라던 그녀의 목소리가 환청처럼 되울리고 있었다.

그가 손을 치켜들어 창문 쪽을 가리키는 제스처를 취했는데 아무래도 바깥 동정이 궁금해서 그러는 것이 아닌지 하는 짐작이 들었다. 이제 그쳤어요, 눈, 이라고 하니 그는 한참 만에 고개를 끄덕였다. 눈이 많이 온다고 했는데 오느라고 고생했을 것이라는 의미로 받아들여도 될 성싶었다.

— 배고프지 않으세요?

이번엔 생기 없어 보이는 눈알을 천천히 굴리기만 하더니, 고개로 좌우로 두어 번 흔들었다. 지난봄 병원에서 MRI를 처음 찍었을 때, 신경외과 과장이 했던 얘기가 떠올랐다. 점차 시력도 나빠질 수 있고, 언어 중추 장애까지 올 수 있다고 했다. 뇌병변 1급 장애 판정을 내리며, 상태가 차차 악화될 수밖에 없는데, 다만 그 진행 속도가 환자의 정신력에 따라 다소 편차가 있을 수 있다고 했다. 그러면서 이 정도로 괴사 현상이 진행되었음에도 환자의 정신력이 흐트러지지 않는 건 드문 경우라고 덧붙였다. 이제 그는 언어를 표현할 수 있는 능력이 상실된 건 아닐까.

— 혹시… 담배 태우고 싶으세요?

멀뚱대던 그가 고개를 주억거렸다. 불을 붙여서 그의 입에 물렸다. 그러나 한 모금 깊숙이 빨아들이더니 푸우, 하고 내뱉었다. 이내 날콩 씹은 듯한 표정을 지었다. 아무래도 담배가 당기지 않는 것 같았다.

— 그만 태우실래요?

그가 고개를 빠르게 주억거렸다. 담배 개비를 받아 재떨이에 비벼 껐다.

자꾸 말을 시키고 하니까 인지하는 속도도 조금 나아진 듯 보였다. 이번엔 그가 치켜든 손으로 좀 전처럼 의사를 표현하려는 손짓을 보였다. 입으론 뭐라고 말하려는 것 같은데, 말소리가 기어 나오지 않기에 손짓까지 동원하는 것 같았다. 리모컨의 음 소거 버튼을 누르고, 침착하게 그의 입 모양을 관찰했다. 휘파람을 부는 듯 입을 잔뜩 오므리며 뭐라고 말하려는 것 같은데, 당최 알아들을 수가 없다. 아니, 들리지가 않았다. 잔뜩 오므린 입 모양을 주시해 보지만, 안타깝게도 언어가 새어 나오지 않았다. 마치 음 소거 버튼을 눌러 볼륨을 완전히 죽여 놓은 텔레비전 화면과 다를 바 없었다. 그의 입 모양에서 그려지는 실상을 해독하지 못하는 것은 순전히 교감 탓이라는 생각밖에 들지 않았기에, 그와 똑같이 입 모양을 잔뜩 오므리고, 그 상태에서 낼 수 있는 발음을 생각해 봤다. 이러한 입 모양에서는 모음밖에 낼 수 없다는 생각에, 그렇게 내보았다.

— 우…….

그가 아니라는 표정을 지으며 고개를 저었다. 모음 위에 자음을 얹어보았다. 구…, 누…, 부…, 수…, 후…, 무….

무…, 하고 발음할 때, 그가 고개를 주억대는가 싶었는데, 약간 안타까운 표정이 섞여 있었다. 자음 '미음', 지구상 모든 언어에서 엄마라는 단어는 'ㅁ'으로 시작된다는 얘기가 설핏 스쳤다. 아마도 인간이 가장 먼저 배우게 되는 자음이 'ㅁ'인 모양이다. 그도 세상에 나와 가장 먼저 배웠을 자음 'ㅁ'을 마중물도 없이 작두샘으로 있는 힘껏 퍼 올리려고 무진히 애를 썼을 것이다. 그러나 힘겹게 끌어 올린 'ㅁ' 발음조차 하염없는 걸 보면, 이제 다시 그 'ㅁ'조차 퍼 올리기 힘들 수도 있겠다는 애잔한 생각이 주마등처럼 스쳤다. 그건 그렇고, 무…, 로 시작되는 낱말이 뭐가 있을까, 생각하려는 찰나, 물, 이라는 낱말이 떠올랐다.

— 물, 요?

맞았다는 듯 빠르게 고개를 주억거렸다. 그의 청각이 상실되지 않은 게 천만다행이라 생각하며 주방으로 향했다. 때마침 일직댁한테 갔던 그녀도 대문 열고 들어서고 있었다. 결명자 넣고 끓인 물을 사발에 따랐다. 일직댁과 노느매기해 빻은 쌀가루를 그녀가 봉지에서 꺼냈다.

— 니 아버지 깼냐?

고개를 끄덕이며, 사발 들고 안방으로 향했다. 한 손으로 그의 어깨를 감싸 쥐고 반쯤 일으킨 다음, 사발 쥔 손을 기울여가며 조금씩 그의 입 안으로 물을 흘려 넣었다. 거의 반 사발 넘게 들이켜더니 손을 거푸 휘저었다. 그를 다시 누이고, 리모컨의 음 소거 버튼을 해제했다. 텔레비전도 애써 참았던 소리를 다시 뱉어 냈다.

— 기저귀 갈아야 하지 않겠어요?

그가 천천히 고개를 끄덕였다. 여름까지만 해도 그나마 성한 오른손으로 문갑 손잡이를 잡고 몸을 일으켜, 방문 앞에 놓아둔 접이식 좌변기에서 볼일을 해결하곤 했었다. 이젠 그마저도 할 수 없기에 성인용 기저귀를 채우고 있다.

여름이 거의 끝나갈 무렵이었다. 그녀는 남새밭에 배추 갈려고 붕사를 고루 뿌린 다음, 삽괭이 들고 이랑 짓고 있는데, 쉬지근하게 토해 내는 매미 울음 속에서 그가 내뱉는 신음이 희미하게 들려오더란다. 급히 달려와 보니, 결구된 모양이 찌그러지거나 잎이 위축되고 트지 않게끔 뿌린 희뿌

비단벌레 237

연 붕사처럼 그의 얼굴이 하얗게 질려 있었다는 것이다. 방문 앞에 놓아둔 좌변기에서 볼일 마치고 자리로 되돌아가려다가 넘어졌는지 일어나지 못하고 있더란다. 그렇게 넘어진 이후로는 스스로는 일어나지 못하고 있다. 억지로 몸을 일으켰다가 또다시 넘어질지도 모른다는 두려움 때문이었는지 아니면 몸 상태가 정말 일어나기 힘들 만큼 악화되었는지 자세한 소이는 불분명하지만, 그 이후로는 줄곧 누워만 있다는 것이다. 그도 도저히, 라는 부사 하나로 곤궁하기만 한 형세를 간단히 종결하려 들 뿐이었다.

뇌졸중 약을 타러 신경외과에 들를 때마다, 비뇨기과에도 들러 전립샘비대증 약도 처방받곤 했다. 요도 내강이 좁아진 상태여서 소변볼 때마다 아주 힘들어했다. 좌변기에 걸터앉아 소변보는 데 십여 분 소요된 적도 있었다. 그렇게 볼일을 다 보고 나서도 시원찮은 표정을 짓곤 했다. 비뇨기과에서 처방해 주는 약도 이제 별 효험을 못 볼 만큼 비뇨 기관이 쇠퇴하지 않았나 하는 생각이 들었다. 비뇨기과 의사도 방광의 기능까지 약해지는 데다 소변에 염증까지 섞여 나오는 상태이기에, 가까운 대학 병원에 가서 요관부 내시경 검사를 받아 보라고 권유할 정도였다. 그런데 문제는 요관부 내시경을 하기 위해서는 전신 마취를 해야 한다고 하자, 그는 곧바로 고개를 내저었다. 전신 마취가 치매 위험을 높인다는 연구 결과를 신문에서 봤다는 얘기를 이내 들려주었는데, 수술하는 것도 아니고 그냥 검사만 받는 것이라고 해도 그는 막무가내였다. 다시 도저히, 란 부사 하나로 모든 상황을 간단하게 종결하려 했다. 하는 수 없이 CT 촬영으로 대신하게 되었고, 뚜렷이 종양이라고 단정 지을 만한 증상이 현재 상태에서는 보이지 않는다는 소견을 들을 수 있었다. 하지만 염증의 양도 줄지 않고 계속 검출되는 상태이기 때문에 약의 강도를 높일 수밖에 없다는 것이다.

소방서에서는 무선 페이징 시스템을 설치해 주었다. 무선 페이징 시스템은 보호자 없이 혼자 있는 상태에서 갑작스러운 질병이나 화재 등 신변에 위급 상황이 발생할 경우 발신기 비상 버튼만 누르면 119 종합상황실로 자동 신고되어 구급대가 출동, 응급조치하는 긴급 호출 시스템이었다. 그리고 목걸이형 리모컨도 보급했는데, 위급한 경우, 목걸이 중간에 장착된 버튼만 누르면 자동으로 상황실로 신고가 접수된다고 했다. 하지만 그 시스템을 딱 한 번 쓴 적이 있었다. 위급 상황이 발생한 건 아니었고, 목에 걸고 있던 그것을 실수로 누른 모양이었다. 솔직히 그도 눌렀는지를 몰랐는데, 119 구급대가 집으로 들이닥치는 사태가 일어났다. 실수로 잘못 누르면 안 된다는 구급대원의 당부에, 그는 그 후부터 목걸이를 아예 떼서 서랍 속에 처박아 두고 있었다. 또 실수로 누를까 봐 부담된다는 이유였다. 목걸이를 뗀 이후부터 그의 일거수일투족을 소상히 관찰해야 하는 부담을 그녀가 떠안을 수밖에 없었다.

— 굳이 목에 걸진 않아도 머리맡이나 아니면 손이 닿을 수 있는 곳에 놔두면 되지 않겠어요?

그는 또 잘못 누를까 봐 겁이 난다고만 했다. 여하튼 좌변기 옆에서 넘어진 이후로 기저귀를 처음 착용했던 날, 귀뚜라미 수컷이 가을을 알리기 위해 울어 대는 창밖에는 먼지잼 같은 빗방울이 가냘프게 떨어지고 있었다.

그동안 중단시켰던 재가 서비스도 다시 신청하지 않을 수 없었다. 몇 년 전, 중풍으로 쓰러져 달포 가까이 병원에서 치료를 받을 즈음, 장기 요양 신청을 하면 재가 서비스를 받을 수 있다는 걸 건너편 병상 문안객으로부터 듣게 되었다. 그닥 호전이 없는 상태에서 퇴원하게 되면 무엇보다 모든 수발을 떠맡아야 할 그녀가 고달플 게 뻔한 터였기에 신청하지 않을 수 없었다. 신체 활동, 인지 활동, 일상생활 지원뿐 아니라 정서 지원 등의 서비스까지 하루 서너 시간가량, 방문한 요양보호사로부터 제공 받을 수 있기 때문이다. 일주일에 한 번씩 목욕차가 들렀다. 요양보호사가 다녀간 날, 그녀로부터 전화가 걸려 왔다. 첫 방문 날이기에 안 그래도 전화를 넣으려던 참이었지만.

— 니 아버지, 아주 신이 났다.

신이 났다니, 그것도 '아주'. 그녀의 말투에서도 신에 겨운 분위기가 감지되었지만, 대체 무슨 이유 때문인지 궁금했다.

— 글쎄, 물여대 정 씨가 요양보호사라며 들렀지 뭐냐. 교회 댕기는 교인들은 그런 자격이 우선 추천된다는가 봐. 그건 그렇다 치구 그 정 씨가 오래전에 저시상으로 간 박 주사 처조카지 뭐냐. 박 주사 얘기로 오전 나절 다 허비하는가 싶더만, 장기나 두자면서 죽치게 맹글더니 저녁까지 먹고 방금 전에야 돌아갔다. 정 씨는 오전 나절만 봉사하믄 되는데, 니 아버지 고집이 워디 보통이어야 말이지, 그나저나 정 씨도 애시당초 장기 같은 거는 못 둔다고 했으믄 점심때쯤 돌아갔을 건디, 니 아버지가 내기 장기나 한 판 두자니까 그 말에 솔깃했는지 저녁까지 맞수 하느라 고생만 했지 뭐냐. 한 판도 못 건졌으믄서.

— 그래도 즐거우셨다니까 다행이긴 하네요.

— 니 아버지만 즐거웠겠지. 정 씨 표정은 영 그게 아니었거든. 뭔 내기를 했냐 하면, 니 아버지가 지는 데엔 만 원을 걸었고, 이기게 되면 한 판을

더 둬야 한다는 조건이었거든. 순진하게 정 씨가 걸려든 게지. 정 씨 입장에선 이왕 돈 나갈 일없으니께 몇 판만 두믄 될 거라고 생각했겠지. 그치만 배추 이파리는 아싸리 구경도 못 하고 한 판을 더 둬야 한다는 벌점 땜시 해가 저물도록 그 고생을 다 했지 뭐냐?
— 아버지도 참, 엔간히 좀 하시지.
그 후로도 정 씨가 들르기는 했으나 장기 두는 일은 더 이상 없었다고 한다. 개춘리 남 씨가 왔을 때도 그랬고, 안골 사는 안 씨가 들렀을 때도 마찬가지로 장기 노역에만 시달리다가 돌아갔다는 것이다. 마지막으로 용촌 류 씨를 상대한 뒤로는 싱겁다는 핑계로 재가 서비스를 접게 되었다. 그가 장기 두는 것도 인지 활동이나 정서 지원 측면에서 합당한 서비스라고 봤기에 그렇게 고집했다고 하지만. 그는 아직까진 홀로 너끈히 몸조리를 할 수 있다는 구실을 대며 나보다 더 힘든 사람들이 요양 혜택을 받아야지, 맨날 오라 가라 하며 성가시게 해야 쓰겠냐, 라고 했으나 장기 둘 사람이 왜 그리도 없냐, 라는 볼멘소리로밖에 들리지 않았다. 제대로 실력 갖춘 적수를 만났으면 그가 그런 소리를 입 밖에 내지 않았을지도 모른다는 의구심마저 자아냈다. 그가 용촌 류 씨를 상대한 뒤로 싱겁다는 핑계를 댔기에 그런 유추 해석이 맞을 것이다. 어쨌든 그가 좌변기 앞에서 쓰러진 후에 다시 재가 서비스를 신청하였고, 주 사흘 정도는 요양보호사의 도움을 받을 수 있게 되었다. 그러나 그가 몸을 제대로 일으키지 못하는 상태였기에 장기의 '장' 자도 꺼내지 않는 게 그전과는 다를 뿐이었다. 한 달 전쯤 다시 입원하면서 재가 서비스를 중단시켰고, 집으로 되돌아온 후엔 그의 상태를 보며 결정하자고 했기에 모든 뒷수발은 그녀 차지가 되고 말았다.

덮고 있던 이불을 한쪽으로 밀쳐놓고 트레이닝 바지를 내렸다. 하루에 몇 번씩 기저귀 가는 일을 그녀가 도맡아 하기에 아무래도 편한 옷으로 입혀 놓을 수밖에 없다. 혹여나 밑에 깐 요가 젖을까 봐 엉덩이 아랫부분에 방수포도 깔아 놓은 상태였다. 여며 놓은 기저귀 접착테이프를 뗐다. 기저귀 앞부분을 젖히니 거뭇한 샅이 드러났다. 고흡수성 수지가 소변을 한껏 빨아들여서인지 샅이 닿는 기저귀 아래쪽이 축축했다. 왼팔로 허벅다리를 거머안아 올려 기저귀를 빼냈다. 새 기저귀를 펴서 엉덩이 밑에 깔고, 거머안아 올린 다리를 천천히 내려놓았다. 처음엔 대형 사이즈가 맞을 것 같아 채웠는데, 너무 낀다고 하여 특대형으로 바꾸게 되었다. 기저귀 내면층의 폴리프로필렌이 뽀송뽀송한 촉감을 자아냈다. 기저귀 앞부분으로 거뭇한 샅을 가렸다. 겉포장 문구를 보니, 기저귀 외부층도 폴리프로필렌으로 만든 구멍이 빼끔빼끔 나 있어 수분이 외부로 증발되는 것은 허용하지만 새 나가는 것을 막는 통기성 재료로 만들어져 있다고 표기되어 있다. 양쪽 날개 부분에 붙은 접착테이프로 단단히 여미고, 무릎 아래까지 내려놓았던 트레이닝 바지를 끌어 올렸다. 빼낸 기저귀는 돌돌 말아 휴지통에 넣었다. 병원에서 집으로 올 때는 복부 팽만 증세를 보였으나 이제 겉으로 보기에도 많이 가라앉은 상태였다.

그를 모로 눕게 도와주었다.

오래도록 누워 지내다 보니 등엔 욕창마저 생겼다. 윗도리와 러닝샤쓰를 걷어 올리고 상처 부위에 댄 거즈를 조심스레 떼어 냈다. 거즈 안쪽은 고름으로 누렇게 물들어 있고, 개갠 자국은 벌건 벌집처럼 부풀어 있었다. 그녀의 일과 중에는 기저귀 가는 것 외에 그의 등에 생긴 짓무른 부위를 드레싱하는 일도 포함되어 있다.

그가 텔레비전으로 시선을 돌리고 있는 걸 보니, 조금 정신을 가다듬은 듯 보였다. 울산 문화방송에서 제작한 다큐멘터리 「천년 불사의 꿈 비단벌레」(연출 박준영, 2006)가 방영되고 있었다. 생전 처음 보는 곤충이 팽나무 잎에 붙어 화려한 날개를 퍼덕였다. 초록빛과 금빛, 오묘하고 영롱한 빛깔을 띠는 곤충이 바로 비단벌레였는데, 희귀종이라고 했다. 열일곱 개의 적층 구조로 이루어진 비단벌레 날개가 순광과 역광에 따라 시시각각 오묘한 빛을 내뿜고 있었다. 딱딱한 겉날개가 구리, 철, 마그네슘 등의 금속성을 띠기 때문이라는 내레이션이 흘러나왔다. 물수건으로 손을 닦으며 화면을 응시했는데, 별 희한한 곤충도 다 있나, 싶었다.

문갑 위에 얹어 놓은, 탈지면과 소독약 등이 담긴 소쿠리를 내렸다. 여전히 차분한 어조의 내레이션이 귀를 달래고 있었다. 그 비단벌레, 라는 놈의 초록빛 날개딱지로 장식물을 만들었다는 이야기였다. 비단벌레 날개 수천 장으로 장식한 황남대총 말갖춤馬具은 일본이 그토록 자랑하는 호류사法隆寺 옥충주자玉蟲廚子보다 이백 년 이상 앞선 것이란다. 옥충은 일본에서 비단벌레를 일컫는 말이다. 세상에, 곤충 날개딱지로 별 걸 다 만드나, 싶었다.

…… 지금껏 보지 못했던 원초적 신비로움을 간직한 빛, 금동판 뒷면에 장식된 비단벌레 날개는 천오백 년의 세월을 이기고 본디 색깔을……

죽어서도 색이 바래지 않는, 비단벌레 날개로 금동 마구 등의 장신구를 만들었다니 놀랍기만 했다. 솜에 소독약을 듬뿍 적셔 상처 부위를 닦아 냈다. 다시 소독한 솜으로 안에서 밖으로 동그랗게 원 그리듯 소독하고서 환부가 마를 때까지 기다렸다. 넌지시 보니, 그도 텔레비전 화면에서 눈을 떼지 않고 있었다. 신비한 곤충을 다루는 다큐멘터리가 상당히 흥미로운 표정이었다.

황남대총에서 발굴된 말안장 뒷가리개는 사진 몇 장만 남기고 국립경주박물관 특수 수장고에 보관 중이고, 비단벌레 날갯빛의 변색을 막으려고 글리세린 용액에 넣어 보관하는 처지란다. 비단벌레가 멸종 위기종이고, 그걸 복원하기 위해 비단벌레 날개 수천 개를 입수하는 것도 불가능한 상황이다. 말안장 뒷가리개에 들어가는 날개만도 최소한 이천 개가 넘기에 천 마리 이상의 비단벌레가 필요하기 때문이다.

소쿠리 안에서 베나텐 연고를 꺼내 뚜껑을 열었다. 비단벌레 천 마리보다 문제가 더 커 보일 만큼 짓무름이 심한 상태였다. 입 안마저 텁텁했다. 연고를 짜려다가 다시 뚜껑을 닫았다. 아무래도 증상이 심한 것 같아 환부에 항생제 분말을 고르게 도포하기로 했다. 소독된 거즈로 살포시 감싼 다음, 저번에 사다 두었던 종이 반창고를 꺼냈다. 비닐 재질의 의료용 반창고는 무른 피부를 자극하여 자칫 벗겨지게 할 수도 있기에 종이 반창고로 거즈를 고정하기 위해서였다. 걷어 올린 윗도리와 러닝샤쓰를 다시 내려주고, 모로 누워 있는 그를 바로 눕게 하려다가 그냥 놔두기로 했다. 여태껏 바로 누워 있었기에 자세를 달리 하는 것도 좋겠다는 생각에서였다.

기저귀와 떼어 낸 거즈 등이 담긴 휴지통을 들고나오다가 텔레비전 화면으로 급히 눈을 돌렸다. 말안장 뒷가리개 복원의 최대 걸림돌인 비단벌레 천 마리를 무상으로 내놓겠다, 는 내레이션이 경쾌한 박자로 뒷덜미를 잡아끌었기 때문이다. 일본 시즈오카 현縣에 사는 아시자와 시치로芦澤七郎가 자신의 필생 연구 업적인 옥충을 제공하겠다는 것이었다. 그는 십칠 년 동안 옥충 연구에 매진한 결과, 양식에 성공하였단다. 이미 국내에선 멸종 위기종으로 법적 보호를 받는 터라 채집 자체가 불가능하고, 자연산은 일본에서도 일 년에 불과 사백여 마리 정도만 채집할 정도라는데, 그 귀한 옥충을 무상으로 기증한다니, 그것도 천 마리씩이나, 참으로 고마울 따름이었다.

휴지통을 가마 부엌 아궁이에 비우고, 얼른 안방으로 들어가 텔레비전 앞에 앉았다. 그 역시, 화면 속으로 금방이라도 빨려 들어갈 듯 눈에 힘을 주고 있었다. 흥미진진한 복원 작업이 진행되었다. 작업은 전통금속공예가 최광웅이 맡았다. 목공, 금공, 옻칠 등의 수공이 총집합되었다. 철저한 실물 분석을 통해 비단벌레 장식의 비밀이 하나씩 파헤치고 있었다.

먼저 소나무로 두 개의 반월형半月形을 각각 만들어 보리풀로 붙였다. 목심 안쪽 면에 삼베 대고 그 위에 다시 가죽을 덧대어 완충 역할을 하게 하려는 것이었다. 바깥 면엔 방수 능력이 있는 자작나무 껍질을 붙였는데, 다듬이질한 자작나무 껍질이 종잇장처럼 유연해지자 얇게 떼어 내 목심에 몇 겹 붙였다. 이번에는 금동 맞새김透彫 문양을 만들기 위해 동판을 오렸다. 점차 맞새김 문양이 드러났다. 용과 봉황을 형상화하는 것은 최고 권력자를 상징한다. 두드려 도드라지게 표현하는 타출打出 기법이 용과 봉황을 입체적으로 살아나게 했다.

그도 서서히 화면 용돌이에 빠져드는 듯했다. 이제 동판에 금빛을 입히는 과정이었다. 금가루에 수은을 섞은 후, 한지로 짜서 수은을 제거하는 아말감Amalgam 기법을 이용했다. 금과 수은의 혼합물을 돼지털로 만든 붓으로 골고루 발랐다. 그런 다음, 숯불에 가열하니 수은 성분이 증발하면서 점차 금빛을 띠기 시작했다. 이렇게 서너 번 반복하면 금가루가 농판과 합금된다고 한다. 그 동판이 제빛을 발하기 위해서는 다시 광쇠로 문질러야 했다. 광쇠가 닳는 만큼 금빛은 더 찬란해졌다. 마지막으로 그 위에 비단벌레 날개를 붙였다. 미리 알코올에 불렸다가 날개 뒷면의 단백질 성분을 긁어내고 도톰한 어깨 부분은 잘라 낸 다음, 가공한 날개를 붙이기 위해 옻칠을 했다. 칠이 마르기 전, 점력이 좋은 상태에서 이천여 개의 날개를 정성 들여 수놓았다. 볼록한 면은 붙이기가 쉽지 않기에 작은 못을 박아 부착했다. 그 위에 금동 투조판을 올려놓고 금동 못으로 고정시켰다.

예부터 비단벌레는 재생과 부활의 상징으로 여겼는데, 드디어 비단벌레 날개 수천 개로 장식된 말갖춤이 부활한 것이다. 은은하면서 오묘한 비단벌레의 날갯빛이 긴 어둠 뚫고 부활의 빛처럼 다가온다는 내레이터의 건 목소리가 뒤울렸다. 화면에 빠져 있던 그도 용소에서 빠져나오기가 쉽지 않은 듯 몸을 뒤척이고 있었다.

날개

> 날고 싶어 잠시 날개를 빌린다는 것,
> 그보다 더한 인간의 비애는 없다.
>
> 바람의 각도는
> 우리 몸속에 흐르는 붉은 피의 기울기와 같다.
> — 이원규, 『벙어리 달빛』(실천문학사, 1999), 138쪽.

바야흐로 그의 날갯빛은 얄팍한 어둠도 뚫을 수 없을 만큼 미미한 빛을 내는 상태다. 게다가 활갯짓의 기억마저 차츰차츰 지워 내고 있다.

지난 초복 즈음이었다. 눈곱 떼며, 시계를 쳐다보니, 시침이 숫자 10을 넘어서고 있었다. 느지거니 일어난 건, 간밤에 그가 요폐尿閉로 고통을 호소하기에, 급히 인근 병원 응급실에 다녀오느라 어슴새벽에야 잠을 청했기 때문이다.

응급실 입구 문등엔 하루살이와 밤나방이 세차게 불빛을 휘젓고 있었다. 극심한 통증을 호소하는 그의 아랫배는 팽팽히 부어오른 상태였다. 심하게 부은 전립선이 요도를 압박하는지라 배뇨 곤란을 느낄 수밖에 없다. 중풍으로 자리보전하는 터였기에 음기가 부족해서 증상이 더 악화된 탓도 있을 것이다. 이번에도 호스를 요도에 삽입하는 배뇨 시술을 해야 한단다.

응급실 당직은 금테 안경을 쓴, 서른 중반 정도로 보이는 여자 전문의였다. 언뜻 봐도 시크해 보였는데 기럭지마저 이기적일 만큼 길었다. 요즘 흔히 일컫는 소위 차도녀의 전형이라 할 만했다. 여자 당직을 본 순간, 그녀가 떠름한 표정을 지었다. 두어 달 전, 요폐로 응급실을 찾았을 때는 전문의가 남자였고 배뇨 시술 과정 또한 줄곧 옆에서 지켜봤던 그녀였기에 못내 꺼림칙한 듯했다. 그러나 여자 당직은 그저 예사롭다는 표정이었다. 이내 의료용 라텍스 장갑의 차가운 마찰음이 다소 경직된 공기를 팽팽하게 끌어당겼다.

삐직, 삐직, 뽀드득, 뽀드득 ——

예기치 못한 상황에서 덥석 깨문 과실이 산 개미 똥구멍만큼이나 시게 느껴졌을 때처럼 깐질깐질한 마찰음에 신경 중추마저 시근거리는 것 같았다.

쯔악, 쯔악, 짜악, 짜악 ——

라텍스 장갑을 끼는 당직의 눈빛은 여전히 도도해 보였다. 가냘프기만 한 손가락 뼈마디가 팽팽하게 켕긴 라텍스 장갑 위에서 꿈틀거렸다. 당직은 머뭇거리지 않고 곧바로 그의 바지춤을 내렸다. 벗겨진 팬티와 바지가 무릎 위에 힘없이 걸렸고 거뭇한 살이 환하게 드러났다. 천정에서 쏟아지는 불빛이 당직의 금빛 안경테에서 날카롭게 튕겼다. 당직은 극도로 팽창된 라텍스 손길로 거뭇한 살을 더듬었다. 차가워 보이는 라텍스 재질처럼 차도녀의 눈빛 또한 차가워 보였다. 그는 잔뜩 긴장하고 있었다. 팽팽하게 부어오른 아랫배의 통증보다도 당직의 거침없는 도발적 손길에 더 당황하는 듯했다. 당직은 능숙하게 마취 젤을 바르고 폴리 카테터Foley catheter를 그의 요도에 집어넣기 시작했다. 찌릿한 통증이 일어날 만한 데도 그는 애써 감정을 억누르는 듯 보였다. 당직 또한 전혀 아랑곳하지 않는 표정이었다. 애잔한 눈빛으로 지켜보던 그녀의 얼굴만 빨갛게 상기되고 만다.

당직의 옆모습을 보다가, 70년대 유명했던 스웨덴 혼성 그룹 아바ABBA의 보컬 아그네사 펠트스코그Agnetha Faltskog가 슬며시 그려졌다. 금발은 아니지만, 옆얼굴에서「Gimme gimme gimme」를 부르던 펠트스코그의 열정적 표정이 언뜻 비치는 듯했다. Gimme가 '누워서 떡 먹기'라는 비유적 의미로도 풀이되는데, 당직에게 이런 시술 따위는 아주 쉬운 일이라는 표정 또한 그득했다. 당직이 겸자鉗子를 풀고 아랫배를 지그시 누르자 카테터로 노란 물줄기가 조르륵, 새어 나왔다. 방광에 잔뜩 고인 그것이 삽입된 카테터를 통해 강제적으로 배출되고 있었다. 웬만하면 연민에 찬 눈빛을 보일 만도 한데, 당직은 끝까지 도도한 눈빛을 흩트리지 않았다. 시술하는 동안, 그저 할 말을 잃고 만 듯 망연한 표정, 아연실색한 표정, 입천장까지 치켜 올라온 말의 싹을 애써 도로 삼키는 등 그녀의 표정은 변화를 거듭했다.

삐드득, 삐드득, 뻐억——

당직이 손에 꼈던 라텍스 장갑을 벗고서 한쪽에 놓아두었던 크래시 카트Crash cart를 끌고 나가자 께름한 표정을 풀지 않던 그녀가 그제야 한마디 했다.

— 저번에 왔을 때는 남자 의사가 참 잘하던데, 어짠 여자 의사가 저런 것도 다 한다냐?

그녀의 표정 변화를 본 터였기에, 그녀의 말에 빠르게 고개를 주억거려 줘야 했다. 다행히 그의 요도 속으로 침투한 호스는 빠르게 노란 물줄기를 뽑아내고 있었다. 눈 지그시 감은 그의 낯빛이 한결 숙져 보였다. 시술할 때는 당황한 낯빛을 보였는데 어느덧 그러한 기색은 말끔히 가라앉아 있었다. 누그러진 낯빛 온도를 유지하기 위해 커튼을 당겨 둘러쳤다. 자판기에서 뽑은 음료를 그녀에게 건네고 밖으로 나왔다.

밤하늘의 별빛이 무척이나 맑게 다가왔다. 응급실 입구 문등에는 여전히 불벌레가 어지러이 활개를 쳤다. 담배 꺼내려 윗주머니를 더듬대다가, 거뭇한 날개에 시선이 고정되고 말았다. 하얀 건물 벽에 붙은 회갈색 벌레 한 마리. 태극나방이었다. 앞날개 중앙쯤에 그려진 태극문太極紋이 도드라져 보였다. 자잘한 시맥翅脈 위의 검은 문양은 물결 모양의 여러 개 가로줄 위에 떠 있었다. 마치 으스레한 상현달이 강물 위에 두둥실 떠 있는 모양새였다. 두 개의 선명한 태극문 때문에 잿빛 날개가 한층 우아하게 보였다.

태극은 만물의 시원始原을 뜻한다. 바로 땅과 하늘이 분리되기 이전의 태초 모습이다. 나방에 나타나는 이러한 문양은 디스탈리스Distalless 유전자 때문이라고 한다. 그 유전자로 인해 날개에 빽빽이 채워진 비늘 모양의 인분鱗粉이 색소와 무늬를 만든다. 나방이 체온을 조절하기 위해 날개를 펼치거나 접는 행위를 반복하다 보면 선 굵은 문양이 나타났다 사라지고, 다시 나타났다 사라지곤 하는데, 그 모양이 순간적으로 커다란 눈을 가진 위협적 존재로 비친다. 이를 본 포식자는 몹시 혼란스러울 것이다. 바로 나방 날개에 그려진 태극 문양은 포식자가 경계하도록 하여 자신을 보호하려는 수단이다.

침대 철제 난간에 매달아 놓은 배뇨 주머니가 제법 불룩했다. 그는 탈피하지 못한 나방처럼 맥없이 누워만 있다. 태극나방은 자신을 보호하기 위해 날개에 커다란 문양을 새기고 있었지만, 그는 체액에 젖은 날개를 형편없이 늘어뜨린 모양새였다. 배뇨되지 못하고 아랫배 짓누르던 소변을 뽑아내서 다소 시원할 것이라 믿었는데 좀 전과는 달리 새무룩한 표정을 짓고 있었다. 심황색 호스만이 바쁘게 굼틀거렸다.

날개가 손상된 나비에게 새로운 날개를 달아 준 의상 디자이너 얘기를 뉴스에서 접했을 때 초콜릿 조각이 입 안에서 달콤하게 녹아드는 듯했다. 한쪽 날개 절반이 찢어진 채 우화한 모나크 나비Monarch Butterfly를 보고, 디자이너 로미 맥클로스키Romy McCloskey는 애벌레에서 번데기가 되는 과정에서 상처를 입었을 것이라고 추정했다. 자수 전문가이기도 했던 그녀는 수건과 옷걸이, 합성 접착제, 이쑤시개, 면봉, 가위, 핀셋, 활석 파우더 등을 활용하여 며칠 전 죽은 나비의 날개를 떼어 그 나비에게 새로 붙여 주는 작업을 시행했다. 비록 수컷 나비에게 암컷 날개를 이식한 까닭에 무늬가 일치하지는 않았지만, 나비가 날아오르는 데는 아무 문제가 없었다는 감명적인 소식이었다. 맥클로스키는 평소 작은 바늘, 실, 구슬, 섬세한 천으로 작업하기 때문에 이 일이 매우 편안했으며 나비에게 새로운 날개를 달아 주는 것은 마치 여성복을 만드는 것과 같았다며 소감을 밝혔다.[1)]

갑자기 주위가 어수선했다. 응급실에 통증을 호소하는 사람들이 연방 들이닥쳤다. 홍고추같이 새빨갛게 익은 응급실 간판이 환자를 불러 모으듯, 창밖에는 불빛에 현혹된 곤충들의 가련한 몸짓이 그치지 않고 맴돌이하고 있었다. 그는 체액에 축축이 젖은 날개만 마냥 말리고 있었다. 그렇게 말려 봐야 활갯짓 따위는 글렀다는 모종의 절망감 또한 그의 표정에서 착잡하

---

1) 「선천적으로 날개 손상된 나비를 수술해준 의상 디자이너」 한국일보 2018. 01. 24.

게 전개되고 있었다.

　해거름이 되니 바람이 살똥맞게 흔들렸다. 서느런 바람의 입자 속에서 무뚝뚝한 어둠의 무늬가 기지개를 켜고 있었다.
　— 아래채에 군불 좀 땔까요? 오늘은 거기서 자려고요.
　— 그러려무나. 한 부석, 모타거라.
　수돗가에서 양동이에 길어 온 찬물을 가마솥에 붓고 아궁이에 불을 지폈다. 잘 마른 나뭇가지가 양껏 불을 품었다.
　구들을 따고 얼마쯤 뒤, 황토를 발라 매끈하게 단장하고부터는 그와 그녀는 아래채에서 겨울을 났다. 제재소에서 나온 죽데기 두 차 정도 분량이면 겨우내 구들을 따끈하게 데우는 데 충분하다고 했다. 벽체 미장은 근동에 사는 토수에게 맡겼는데, 바닷가에서 자생하는 도박을 세 시간 정도 끓인 다음, 그 물을 부어 황토 반죽하면 점성률을 높여 벽의 균열을 막고 강도를 높여 준다고 했다. 바깥쪽은 거섶을 섞어 반죽한 황토를 먼저 바르고 토양개량제를 섞은 황토를 그 위에 덧바르는 정도로 마감했지만, 안쪽 벽은 보드랍게 친 황토에 도박 끓인 물을 붓고 치댄 후 발랐다. 도박에 염분이 조금 남아 있기에 해충이나 곰팡이 서식을 예방하는 효과도 있지만 건조된 후엔 손으로 문질러도 흙이 묻어나지 않았다. 황토 기운을 제대로 받으려면, 방바닥 역시 황토로 마감하는 게 좋을 것 같았다. 황토로 바른 바닥이 마른 다음, 그 위에 콩댐을 덧바르니 매끈해졌다. 벽체도 황토, 바닥도 황토, 황토의 기운이 제대로 흘러나오는 듯했다.
　뒤란으로 돌아가는 처마 밑에 쌓아 놓은 죽데기를 한 아름 안아다가 아

한비 요소
포대 위쪽에 "근면 자조 협동으로 소득증대 이룩하자"라는 새마을운동 구호가 표기되어 있는데, 회사명에서 이른바 '한비사건(1966)'이 연상되곤 한다.

궁이에 집어넣었다. 솥뚜껑 틈새로 몰캉몰캉한 김이 방귀 뀌듯 뿜어져 나왔다. 그가 병원에서 돌아오던 날, 문을 따기 위해 집으로 먼저 들어간 그녀는 안채의 문을 활짝 열어 놓고 보일러 리모컨을 조정하고 있었다. 겨울이면 여태껏 아래채에서 기거했기에 아랫방 문을 열어 놓을 것이라고 가늠했던 터였다. 일단 그녀가 유도하는 안방으로 그를 들였다. 장롱에서 두툼한 솜이불을 꺼내어 가지런히 펴던 그녀의 표정에 깃든 비장함이 새삼 떠올랐다. 다소 충혈되어 보이던 그녀의 눈빛은 속절없이 받아들일 수밖에 없는 숙명의 실체를 직감하는 듯했다. 거역할 수 없는 질서를 순순히 용납하는 듯한 눈빛은 준엄해 보이기까지 했다. 섧지 않을 수 없는 순응이었다.

피지지직, 솥뚜껑 틈새로 삐져나온 울음처럼 암울하고 야생적인 눈물이 솥전을 적셨다. 그녀는 얼마가 될지는 모르겠지만, 남은 여일餘日을 안방에서 보내게 하는 게 마땅한 도리일 것 같다고 했다. 그녀의 속가슴에서 울렁이는 애달픔 또한 솥전을 적시는 울음처럼 애련해 보였다. 무쇠솥의 울음은 징을 만들 때 잡는 울음과 닮아 있는 듯했다. 풋울음은 끊임없는 두드림과 담금질 끝에 잡게 된다. 접두사 '풋'은 '덜 익은'이란 뜻이다. 끊임없는 두드림과 담금질에도 소릿결은 쉬이 익지 않는다. 소리가 그친 뒤에도 깊은 여운이 허공 속에서 파동을 일굴 줄 알아야 한다. 징 끈을 꿰고 나서 다시 재울음 잡듯 쇠가 내는 울음을 잡기란 쉽지 않다. 녹록지 않은 그녀의 삶 자체도 끊임없는 두드림과 담금질의 연속이었다. 풋울음이 끊임없는 두드림과 담금질을 거치고 나서 비로소 잡듯 삶이란 것도 충분히 살아 보고 나서 늘그막에 잡아야 진정한 풋울음이 아닐까, 하는 생각이 들었다. 그동안 글썽글썽, 그렁그렁, 눈물 괸 적이 수도 없이 많았겠지만 제대로 된 풋울음 잡을 일조차 없었을 것이다. 여태껏 살아내면서 곰망치로 골백번도 더 잡아 보려 했겠지만, 그것조차도 용납되기 어려웠다. 아픔은 느끼는 것이지 시근 없이 표출하는 게 아니라고 여기며 견뎌 온 지난한 삶이었기 때문이다. 그녀의 울음은 언제나 너그럽게 감싸는 속울음이었다. 애간장이 줄줄 녹아내린 오방진 울음이었다. 그 깊은 여운의 파상이 그려내는 울음은 이미 익을 대로 익은 울음이었다. 그렇게 제대로 된 맺힌 울음이 속가슴에 태음양太陰陽이라는 나이테 모양의 연륜을 새기는 것이다. 그녀는 그렇게 익은 울음을 이미 잡고 있었는지도 모른다.

스미스, 슈미트, 페라리, 파블, 스메드, 코알스키―

젠장, 양코배기 성은 유독 대장장이 뜻을 가진 게 그리도 많아. 쇠를 뻘겋게 달구던 이른바 야장冶匠, 시우쇠 정도는 눈감고도 다룰 줄 안다는 얘긴데. 예전에 탤런트 신구申久가 CF에서 유행시켰던 말도 떠오르고, 그렇게 애면 잡생각으로 설마른 감정의 변환을 모색해 보지만, 니들이 알아?

'익은 울음' 맛을?

아랫방 문을 열었다. 군불이 방구들을 적당히 데워 놓았는지 확인하기 위해서였다. 아랫목에 손대 보니 매작지근했다. 한동안 불을 넣지 않았기에 쉬이 구들이 데워질 리 없다. 죽데기를 조금 더 아궁이에 집어넣어야겠다고 생각하며 방문을 닫고 나오려다가 우연히 시렁 위에 얹힌 선풍기를 보고 말았다. 십여 년 전에 완전히 맛이 간 선풍기인데, 버리려니 너무 애젖해서 한동안 곳간 안에 보관해 왔다고 한다. 감나무 아래 자리한 곳간은 예전에 벼 건조실로 사용하던 곳이었다. 80년대 벼 건조실 시범 사업으로 짓게 되었는데, 송풍기를 돌려 베니어합판으로 만든 송풍관 위에 부어 놓은 나락을 건조시키던 곳이었다. 그러나 예상과는 다르게 건조가 더뎠고, 송풍기 모터를 며칠씩 돌리려면 전기세 또한 만만찮았다. 한적한 도로 한쪽에 깔개 펴서 널어 말리는 게 효율적일 수밖에 없었다. 그렇게 두 해 정도 사용하다가 송풍관을 걷어 내고 곳간으로 쓰게 되었다. 그 곳집에 처박아 두었던 선풍기를 예전처럼 시렁 위에 다시 얹어 놓으리라고는 전혀 생각지 못했다.

자그마치 사십 년도 더 된 금성 역풍선풍기였다. 날개가 돌든 말든 개의치 않겠다는 듯, 버튼 앞쪽에 표기된 '역풍'이란 서체는 여전히 날렵한 모양새였다. 역풍은 순조롭게 진행되지 못함을 비유적으로 이르는 낱말이다. 바람을 맞닥뜨리고 나가야 할 만큼 험로가 예상되는 사변적 단어를 상품명으로 채택한 금성사의 배짱이 얼핏 비치는 것 같지만, 실은 역풍 버튼을 누르면 날개가 반대로 돌아가기 때문에 그렇게 명명된 것이다.

중학교 다닐 때였다. 당시 가전제품이라고는 17인치 흑백텔레비전, 트랜지스터라디오와 마마전기밥통뿐이었다. 구미공단 섬유 공장에서 근무하던 인희 누나로부터 편지가 왔다. 수화기 들고 드르륵 드르륵, 손잡이를 돌리면 교환원에게 신호가 가던 공전식 전화기조차도 보급되지 않은 때였다. 선풍기를 샀는데, 김천 시외버스정류장에서 돌아오는 토요일 점심때쯤 만나자는 내용이었다.

— 당시 할부로 구입한 선풍기 값이 적은 금액이 아니었지.

그녀는 당시를 회상할 때마다, 그 얘기를 고명처럼 얹곤 했다. 그녀 따라 버스를 타고 김천 시외버스정류장으로 나가니, 인희 누나가 대합실에서 기다리고 있었다. 교통편이 그리 좋지 않은 때였고, 누나가 저녁엔 야간 근무를 들어가야 했기에 그렇게 중간쯤에서 만날 수밖에 없었다.

— 안에 설명서가 있긴 하지만, 날개 꼽고 앞뒤 보호망만 조립하면 될 꺼야.

누나가 시원한 냉면을 사 준다며 손을 잡아끌었다. 쫄깃한 면발과 시원한 육수가 선풍기 바람만큼이나 청랭했다. 임산 가는 버스를 타고 구절양장 같은 괘방령을 넘어오면서도 박스 속에 든 선풍기가 쏟아 낼 바람을 생각하면 뒤설레기만 했다. 집에 도착하자마자 박스 뜯고 조립을 시작했다. 제품을 보호하기 위한 스티로폼은 다시 박스에 넣어 시렁에 얹어 놓았다. 여름이 가면 분해하여 차곡차곡, 원래대로 보관하기 위해서였다. 견고한 철망 속에 장착된 날개가 내뿜는 세찬 바람은 가족 모두를 지남철처럼 끌어당겼다. 그 자기장은 안방 전체에 작용하고도 남음이 있었다.

여름이 오면, 시렁에 얹힌 선풍기부터 꺼냈다. 몸체에 먼저 뒷날개 보호망을 부착하고 날개를 끼운 다음, 그 위에 앞날개 보호망을 덮어 고정했다. 그런 다음 작동 버튼을 누르면 선풍기는 시원한 바람을 일궈 주었다. 깨끗이 손질한 까닭에 겉보기에도 멀쩡했으며 시간 조절 레버 외엔 별 탈이 없었다. 시간 조절 레버는 언젠가부터 헐거워져 자주 이탈되고 헛도는 바람에, 하는 수 없이 레버를 떼어 내고 공구 통에서 얇은 철판을 찾아 덧끼워 놓은 상태였다.

—선풍기 새 것도 많은데, 그 구식 선풍기는 뭐 하러 놔두세요. 그런 구닥다리 쓰는 거 남들이 보면 욕할지도 몰라요.

—씰데 옶는 소리 하들 마라. 엊적에도 잘만 돌아가더라.

그녀가 뭐 하나라도 허투루 여기지 않고 손질하고 관리하기에 선풍기는 검질길 만큼 오랜 수명을 유지할 수 있었다.

이제 활갯짓 탐욕의 기억을 말끔히 지워 낸 날개는 철망 속에 덩그러니 갇혀 옴짝달싹 못 하는 신세로 전락했다. 파란색 날개가 더운 열기를 몰아내려 버둥질치다가 얻은 시퍼런 멍처럼 보였다. 어쩌면 안방에서 옴짝달싹 않고 누워 있는 그가 시렁 위에 얹힌 선풍기 같다는 생각마저 들었다. 활개 치지 못하고 타이머 기능만 겨우 작동되는 역풍선풍기처럼.

십여 년 전쯤, 여름휴가를 맞아 촌집에 들렀는데, 당시만 해도 역풍선풍기의 활약을 기대할 때였다. 쪼갠 수박을 한뎃마루에 내어놓은 지연이 건넌방으로 들어가더니, 선풍기를 들고나왔다. 건넌방에 다른 선풍기도 있을 텐데, 지연의 손에 뒷덜미를 잡힌 것은 하필 역풍선풍기였다. 선풍기 전압이 백십 볼트이기 때문에 변압기에 연결해야만 했다. 드르르륵, 뒤꽁무니에서 코드 뽑아 변압기에 꼽고, 미풍 버튼 옆의 약풍 버튼을 눌렀다. 다시 힘껏 눌러도 반응이 없다. 차례대로 파란색 강풍 버튼까지 눌러 보지만 소용이 없었다. 역풍 기능을 담당하는 오렌지색 버튼을 혹여나, 슬그머니 눌러 보았으나 역시 퍼덕일 낌새는 보이지 않았다. 그저께까지만 해도 활짝 날개 펴고 쉼 없이 바람을 공급해 주느라 식식, 숨 몰아쉬던 놈이라고 그녀가 거들었지만, 단단한 스테인리스 쇠테 속에 갇힌 날개는 시름맞은 표정만 지을 뿐이었다. 손바닥으로 날개 보호망을 두어 번 두들겨 보다가 뒤쪽 전동기 부분을 툭, 쳐 봤다. 예전에 트랜지스터라디오도 그렇게 툭 치니까 작동된 적이 있었기 때문이다. 그러나 전혀 요동 없이, 애꿎은 요동 장치만 푹, 꺾일 뿐이었다. 더는 대꾸하지 않겠다는 듯, 꺾인 고개조차 들지 않았다. 부지런히 파닥거려 소용돌이 일구던 날개는 단단한 철망 속에 갇혀 착 까부라진 상태였다. 더이상 날갯짓하려는 의지마저도 찾아볼 수 없었다. 다른 선풍기를 내오려고 했지만 그녀가 부채만으로도 충분하다며 손사랫짓을 했다. 그녀와 지연이 들고 있는 부채는 종묘상에서 얻은 듯 부챗살에 수박과 참외가 아주 탐스럽게 익어 있었다.

― 니 아버지가 강원도 인제에서 군 복무하던 때다. 니 아버지는 편지를 한 달에 한 통씩은 꼭 부쳤다. 글귀는 또 얼매나 맴을 다독거리게 하던지. 암튼 당시 니 누야는 배 속에서 크고 있었지. 달이 차서 배가 몹시 불러오는지라, 몸을 풀기 위해서 친정에 가 있을 쩍이었다. 툇마루에 앉아 봄볕을 씌고 있는데, 웬 군복 입은 청년이 사립짝 밀치며 들어서더라. 니 아버지와 같은 부대에서 근무하던 고향 사람이라더라.

― 혹시 장 하사란 사람 아닌가요?

― 아니다. 예전에 가마니 매상 돈 갖고 서울로 튀었던 장 머시기도 있었지만, 그때 들른 사람은 사리안 박 씨였지. 니 아버지보다는 예닐곱 살 아래였을 게다. 마침 휴가 나왔다며 그 박 씨가 편지 한 장과 미역 한 오리를 건네주더구나. 동향 사람이 휴가 간다는 걸 알고, 니 아버지가 미리 미역을 준비했다고 하더라. 산촌에서 미역 구하기도 쉽지 않은 때라, 읎는 사람들

은 출산하고 미역국 대신에 호박국을 끓여 묵던 시절이었지. 니 아버지가 구구절절 쓴 편지에서도 짭조름한 미역 냄시가 풍겨 오더라. 그 미역으로 그렇게 첫국밥을 받았지.

부채질할 때마다 희끗한 그녀의 앞머리가 팔락거렸다. 파마머리도 많이 풀린 상태였다. 내일쯤 지연과 미장원에 가서 염색도 하고 머리도 손질하면 어떻겠냐고 했더니, 아즉까진 괘안타, 라며 허연 귀머리를 가볍게 쓸어 넘길 뿐이었다.

— 해산을 하믄, 방 서남쪽 구석 자리에 쌀밥과 미역국을 시 그릇썩 장만해서 삼신상부터 채리게 된다. 그케 삼신에게 먼저 바친 다음에야 미역국을 묵게 된다. 그 미역이 말이다, 하나두 안 풀어지고 억쑤로 좋더구나. 니 아버지가 빔히 알아서 보냈겠냐만, 해산 미역은 넓고 질게 붙은 것으로 고르고, 또 값을 깎지 않아야 하고, 미역이 질더라도 꺾지 말고 사 와야 한다. 니 아버지두 꺾이지 않게 새끼줄로 칭칭 묶어서 보냈더구나. 불편하다고 미역을 꺾어 들고 오믄 산모가 애 낳을 쩍에 난산으로 고생한다는 속신이 있다. 또 첫국밥을 지은 뜨물은 지붕과 굴뚝에 찌얹어야 산모가 젖이 잘 나온다고 하더구나. 애기도 물에 적신 풀솜으로 닦아 내고 들지름 달인 물, 시 숟갈을 입에 넣어 줘야 잡병을 앓지 않는 뱁이다.

첫국밥 얘기도 그렇지만, 그녀는 오래전부터 풍속에 따른 먹거리 문화에 대해 조곤조곤 얘기해 주는 걸 즐길 정도였다. 물론 현준과 현아 낳을 때도 지연에게 소상하게 당부하곤 했다. 애를 낳으면 잇몸이 들떠 있기 때문에 무나 사과같이 찬 것은 피해야 하고, 짠 것과 매운 것도 피해야 한다, 또 산모가 있는 집에서는 거지가 동냥 와도 주는 게 아니다, 닭을 잡아 배

속에 상추씨를 넣어 삶아 먹으면 젖이 잘 나온다, 포도덩굴이 동쪽으로 뻗은 것을 한 움큼 끓여 사흘 안에 먹어도 괜찮다, 라며 손수 구해 올 정도였다. 그리고 백일엔 백설기와 수수팥떡을 하는데, 백설기는 아기의 장수를 뜻하고 수수팥떡은 부정과 살을 제거한다는 의미가 있으며, 특히 송편은 속을 넣은 것과 넣지 않는 두 가지를 하는데, 속을 넣은 것은 속이 차라고 만들며, 속이 비게 한 것은 뜻이 넓어지라고 만들어 준다는 것이다. 또 백일 떡을 돌리면, 받은 집은 자기 집 그릇에 비우고 그릇을 돌려주는데 물에 씻지 않고 그냥 되돌려주어야 아이한테 좋은 것이라고 덧붙이기도 했다. 그녀의 이러한 얘기는 질병이나 액 같은 부정한 것이 범접하지 못하도록 하는 습속에서 비롯된 것이지만, 터부의 질서에 순응하는 하나의 방식이기도 했다.

―이제 이 선풍길 틀 일이 읎으니…….

그녀가 끌끌 혀를 찼다. 이 선풍기를 틀 때마다 이내 인희가 떠오르고 첫국밥으로까지 생각이 전이되곤 했다는 것이다. 활갯짓의 기억을 말끔히 털어 내고 옆에서 짯짯이 훑어보던 선풍기가 몹시 풀 죽은 기색을 지었다. 삼가 선풍기의 침묵은 은폐를 은폐로만 정제하고픈 이율배반적인 은폐의 현실로 지각되고 있었다.

코드를 뺐다. 차지고 끈덕지게 무엇을 자꾸 요구하는 것처럼, 역풍 버튼은 여전히 꾹 누르고 있는 상태였다. 그리고 보니 바로 젓지도 못하는 활개, 거꾸로 저으라는 황당한 주문을 한 것 같기도 했다. 아무래도 빨간색 정지 버튼을 눌러 비윤리적 주문에서나마 풀어 주어야 했다. 마치 눌러 달라고 조른 것처럼 순간적으로 역풍 버튼이 탁, 하며 튀어 올랐다. 역풍 버튼이 부담에서 벗어난 듯 편안해 보이지만, 도리어 역풍 버튼을 해방시켜 준 빨간색 버튼은 꾹 눌러져 있는 상태였다. 다시 한번 더 눌러, 빨간색 버튼을 튀어 오르게 하려다가 그만두기로 했다. 모든 기능이 정지되었으니까, 정지 버튼은 마지못하더라도 그 윤리적 의무를 계속 져야 한다는 생각에서였다. 지주 옆의 동그란 버튼을 눌렀다. 드르르르륵. 전원을 끌어당기는 걸 순종적 소임으로 여기던 전선이 쭈뼛쭈뼛하더니 요란한 소리를 내며 뒤꽁무니로 빨려 들어갔다. 납작한 코드는 원래 꼬리가 달려 있었다는 걸 증명이라도 하는 듯 뒤꽁무니에 턱, 걸렸다. 긴 전선을 다 잡아먹은 몸체는 아무 일 없었던 것처럼 멀뚱한 표정을 고수했다.

　물놀이 갔던 아이들이 튜브를 들고 대문 밀치며 들어섰다. 애들이 어릴 때 사 줬던 튜브인데, 여름휴가 때만 잠깐 사용해서인지, 튜브에 그려진 기동전사 제타 건담은 여전히 건재함을 과시했다. 커다란 눈망울을 껌뻑대는 왕후 심청이 걸친 남스란치마 자락 직금織金에 수놓은 봉황문 또한 요동치듯 볕살을 튕겨 냈다. 오래전에 사 줬던, 건담과 심청 캐릭터가 그려진 튜브가 진부해 보일 수 있지만, 여름휴가 때만 잠깐 쓴다고 생각했기 때문인지 크게 개의치 않는 듯했다. 제타 건담의 위용을 보니, 유년 시절에 열광했던 「마징가 Z」(원작 나가이 고, 1975)가 슬며시 그려졌다. 지극히도 '뻔함'이라는 성질을 지녔지만 마징가 Z는 유년의 얄팍한 심성을 자릿하게 저며 놓을 줄 아는 마력이 있었다. 그 '뻔함' 때문에 오래전 PC통신에 떠돌던 마징가 Z의 불가사의 또한 곰살궂게 떠올랐다. 항상 약한 무기로 공격을 시작하다가 처절히 대미지Damage를 입은 후에야 고성능 무기를 꺼내곤 했다. "으윽, 이렇게 된 이상 레이저포를 쓰는 수밖에"라는 쇠돌이의 자탄 또한 매양 비슷했다. 그 '뻔함'은 프로레슬러 김일의 박치기 기술에서도 충분히 엿볼 수 있었다. 수세에 몰리거나 고전을 면치 못하고 있으면 관중은 하나같이 '박치기'를 연호했고, 그제야 김일은 예외 없이 '으윽, 이렇게 된 이상 박치기를 쓰는 수밖에'라는 비장의 표정을 지었다. 마징가 Z 또한 수리비가 장난 아닐 정도로 당한 후에야 상대를 통쾌히 제압할 무기를 꺼내곤 했기 때문이다. 뒤늦게 나타난 마징가 여자친구 비너스는 광자력 가슴 미사일만 '슉슉' 쏴 댔으나 여지없이 깨지는 바람에 수리비만 가중시킬 뿐이었다. 그러나 한편으로는 의리의 비너스가 제대로 터지는 와중에 마징가는 기력을 회복할 시간을 벌었는지도 모른다. 결정적 '한 방'은 팽팽히 부푼 긴장 후에 비로소 터져야 극적 효과가 가일층 배가될 수 있다. 그렇게 보는 사람의 마음을 간단없이 훔칠 수 있다면 비록 지독한 '뻔함'일지언정 당당할 수 있다.

애들이 입술이 파래진 상태로 쪼갠 수박을 집어 들었다. 다슬기는 많이 잡았냐고 하니까, 한낮이라 돌 속에 숨어 있는지 별로 보이지 않는다면서, 이따가 해거름쯤에 다시 잡으러 갈 거라고 했다. 참 담배가 어디 있더라, 건넌방에 놔둔 것 같다는 생각에 마루에서 일어섰다. 지연은 홑이불과 요를 빨려고 고무장갑을 끼고 있었다.

감나무가 다시 매미 울음을 틀려고 주파수를 맞추는 것 같더니, 스피커 볼륨 조절 레버를 급격히 올리고 있었다. 들마루에 걸터앉아 담배를 꺼내 물었다. 불붙이며, 옆에 있는 선풍기를 다시 내려다보았다. 맥없는 선풍기를 보고 있자니 마음만 심란했다. 비록 날개는 파닥이지 못하더라도 기운 잃지 말라고, 시간 조절 레버를 한 바퀴 돌렸다. 숨이 덜 죽은 배추 같은 싱싱한 소리를 들으니 한결 마음이 편했다.

 타다다다다다다다 ──

 연기를 휘이 내뿜었다. 연기가 나른한 오후 속으로 파고들었다. 배 속에서 듣는 어미 심장 소리 같은 타이머 소리가 연기 타고 뭉게뭉게 퍼졌다. 청명한 하늘에서는 크루아상을 쏙 빼닮은 낮달이 권태로운 표정을 지으며 오후 풍경을 찬찬히 내려다보고 있었다.

 희끗하게 센 머리도 점차 늘어나, 백설처럼 새하얗게 변해 있다. 그는 마흔 전후쯤부터 반백斑白현상이 나타났고, 그렇게 줄곧 해끗한 모양새를 고수하고 있다. 늘 누워 지내기에, 눌린 뒷머리 부분이 약간 덥수룩해 보였다.

 넉 달 전에 마지막으로 이발을 해주었던 것 같다. 그가 기저귀를 차기 보름 전쯤이었다.

 ─ 점심도 드셨으니 소화도 시킬 겸 바깥바람 좀 쐬면 어떻겠어요?

 그가 문갑을 짚더니 잠시 비틀비틀했다. 어질어질한 모양이었다. 얼른 어깨를 안아 부축했다. 이발소에 거동하기가 힘들기에 촌집에 들를 때마다 이발을 해 주곤 했다. 처음에는 미덥지 않은지 손거울을 이리저리 대보며 옆머리를 흘깃거리는 편이었다. 예쁘게 깎았으니까 걱정 마세요, 그렇게 얘기해도, 그는 손거울을 돌려가며 재차 점검하곤 했다. 아마도 직접 확인해야 직성이 풀리는 듯했다. 그러던 그가 언제부턴가 예쁘게 깎았다고 하면 믿는 듯, 더는 손거울로 점검하는 행동 따위는 하지 않았다. 썩 마음에 들진 않겠지만 대체로 수긍하는 눈치였다. 애니메이션 「브레드 이발소」(감독 정지환, 2016)의 조수 윌크Wilk보단 낫겠다는 생각까진 절대 아니었겠지만.

가운 두르고, 스프레이 뿌려 뒷머리부터 치켜세웠다. 빗으로 빗어 내리며 가위로 간초롬히 자르기 시작했다. 귀 옆머리 깎을 때는 가위 소리가 자그러운지 귀를 쫑긋대기도 했다. 이렇게 머리를 매만지면, 대쪽 같은 그의 성정性情을 비다듬는 느낌이 들기도 했다. 그도 눈 지그시 감고 깊은 감회에 젖어드는 듯했다.

들마루 한쪽에 놓인 채그릇엔 그녀가 남새밭에서 꺾어 온 옥수수가 가득했다. 누런 옥수수염에 밀잠자리 한 마리가 살포시 앉았다. 그가 채그릇 쪽을 응시하자, 잔잔한 일상을 응시하던 잠자리도 눈을 말똥댔다.

잠자리는 두 개의 겹눈과 세 개의 홑눈으로 되어 있어, 위아래는 물론 앞뒤도 동시에 볼 수 있는 눈을 가졌다. 잠자리는 그 겹눈으로 이발하는 모습을 예의 주시하며, 여차하면 날아오를 준비를 하는 것 같았다. 말똥하니 올려다보는 모습이 순진하기 그지없지만, 전진 후퇴가 자유로울 뿐만 아니라 공중에서 정지한 상태에서 갑자기 시속 오십 킬로미터 가까운 속도를 내기도 한다. 무엇보다 가슴 근육이 잘 발달되어 있어 일 초에 십 미터나 날 수 있다. 잠자리 날개는 한 쌍으로 이루어졌지만, 한꺼번에 움직이는 게 아니고 앞뒤 날개를 교대로 파닥댄다. 한 쌍의 날개를 효율적으로 움직이기 때문에 정지 비행, 재빠른 회전, 순간적 고속 비행이 가능한 것이다. 그도 눈을 떼지 않고 있었다. 아마도 그런 비행 능력을 지닌 잠자리가 무척이나 부러울 수도 있겠다는 생각이 들었다.

다가오는 물체를 눈치챘는지, 잠자리 날개가 파들파들했다. 급기야, 재바르게 날아올랐다. 그녀가 옥수수 담긴 채그릇을 집어 들고 주방으로 향했다. 귀밑머리를 면도하면서, 지연에게 고무 함지에 떠 놓은 물이 좀 미지근한지 물어봤다. 펌프에서 방금 길은 물은 너무 차갑기에, 미리 큰 고무 함지에 물을 떠 놓아 서서히 온기 돌게 해야 했다. 지연이 땡볕에 간 맞춘 물을 대야에 담아 왔다. 높다란 탁자 위에 올려놓고 그의 머리를 감겨 주었다. 지연이 입은 트로피칼Tropical 원피스 위로 잠자리가 저공비행을 하고 있었다. 사근사근 지압하듯 머리를 감겨 주는 지연의 샴푸 묻은 하얀 손을 보다가, 병원에서 봤던 MRI 사진을 떠올렸다. 뇌연화가 급속도로 진행 중인 그의 머릿속처럼 하얀 거품이 희읍스름하게 일었다. 뇌혈관 폐색이 짙어지고 걷잡을 수 없는 괴사 현상이 나타나고 있는 그의 머릿속처럼, 하얀 거품이 부풀어 오르고 있었다. 그의 머리는 그렇게 하얗게 번졌고 대야 바깥으로 몽글한 거품이 사정없이 튀었다.

톡.

햇살에 부서지는 샴푸 거품이 아찔, 현기증을 일으켰다.

톡톡.

마치 부서져 내린 뇌의 파편처럼 새하얗게 터지고 있었다.

톡톡톡.

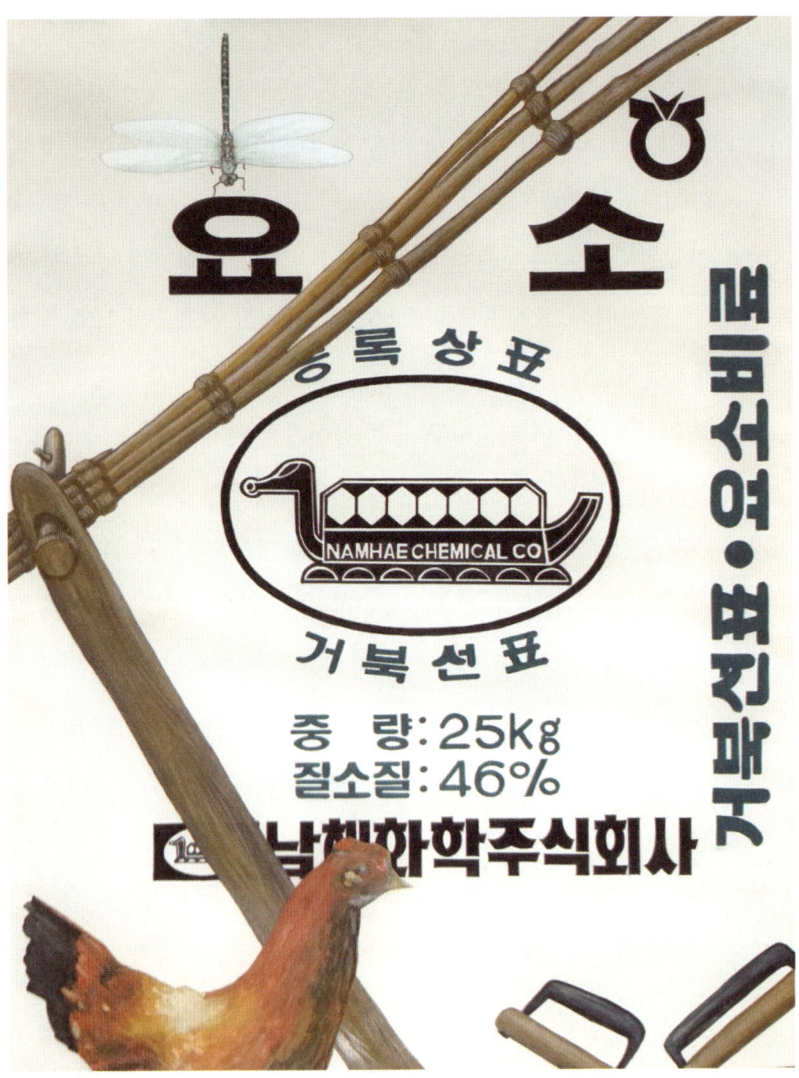

거북선표 요소
1977년 설립된 남해화학 여수공장에서 생산하던 비료로 거북선은 전라좌도 수군절도영(전라좌수영) 본영인 여수를 상징하는 트레이드마크.

지연이 수건으로 가볍게 두드리며 그의 머리를 닦았다. 그의 안색은 한층 사뜻해 보였다. 지연이 머리 헹군 물에 발을 담글 것을 종용했다. 지연이 그의 발을 씻겨 주었다. 녹을 한 꺼풀 벗겨낸 방짜처럼 그의 구릿빛 이맛살이 환해지고 있었다.

방금 찐 옥수수 냄새가 나른한 공간 속으로 구수하게 퍼졌다. 큼직한 놈을 골라 한 움큼 떼어 그의 오른손에 쥐어 주었다. 그는 조금씩 입 속에 틀어넣으며 호물거렸다.

― 오래 앉아 있었더니 피곤하구나. 좀 들어가 누워야겠다.

그가 힘들어하는 기색을 보였다. 일어나 부축했다. 한 걸음씩 뗄 때마다 자꾸만 주저앉으려고 했다. 그만큼 기력이 쇠한 탓일 것이다. 서두르지 않고 다시 힘이 장착될 때까지 기다려 보지만, 도통 다리에 힘이 실릴 것 같지 않았다. 그만 주저앉을 듯, 체중이 아래로 급격히 쏠렸다. 그 바람에 범속한 풍경마저 잠시 휘청거리는 듯했다. 어깨를 껴안아서 간신히 방으로 인도했다. 이발하는 사이, 그녀가 요를 새로 깔아 놓았다. 요에 그려진 옅은 꽃무늬가 소담스러워 보였다.

그녀가 미숫가루 타 놨다고 부르기에 들마루로 나왔다. 훗훗한 날씨에 이발하느라 욕봤는데 요런 특별스런 써비스라도 있어야 하지 않겠냐, 라며 팔각 소반을 마루 한가운데 내려놓았다. 소반에 그려진 짙푸른 아칸서스 잎사귀 문양이 사발을 떠받치고 있었다. 미숫가루 탄 사발엔 냉동실 아이스 큐브에서 꺼낸 얼음이 동동 떠 있었는데 속이 다 시원해지는 느낌이었다.

그는 리모컨을 쥐고 왼쪽으로 고개를 돌린 채 잠들어 있었다. 이발하고 머리를 감겨 줘서 개운해서일까. 부드러운 낯빛이었다. 대개 왼쪽으로 고개를 돌리고 있다는 조각상에 관한 에피소드가 문득 떠올랐다. 해부학적 특징 때문에 왼쪽으로 고개를 돌리는 게 더 자연스러워 보이며 왼쪽에 위치한 심장의 압박 또한 덜하다는 게 그 이유라는 것이다. 살며시 리모컨을 손에서 빼내 텔레비전을 껐다. 머리맡에 놓인 부채로 슬근슬근, 부쳐 주었다. 그의 표정은 영화 「아마데우스Amadeus」(감독 밀로스 포만, 1984) 시그널 음악Symphony No. 25 in G minor, K. 183을 차분히 감상하듯 안온감에 젖어 들고 있었다.

보르르, 부채질할 때마다 그의 앞머리가 바람에 날렸다. 날리는 하얀 머리털이 마치 새 깃털 같았다. 깃털 역시 새가 떠오르는 데 도움을 준다. 날개 위쪽에 더 무성히 있음으로써 날개의 곡률을 크게 해 양력을 증가시킨다. 하지만 그는 이제 날 수 없다. 날아갈 힘도 없겠지만 날개도 제대로 펼 수조차 없는 지경이다. 환경에 의해 날개가 퇴화한 곤충처럼. 아니 타조 다음으로 크다는 에뮤Emu처럼. 왼팔 역시 심하게 옥은 상태다. 번데기가 되기 전, 다 자란 애벌레처럼 그렇게 누워 있다. 이틀 정도 잠을 잔 후 번데기로 탈바꿈하듯, 세상모르고 잠에 취해 있다. 표정에서는 어떤 동물적 갈구가 감지되고 있었다. 조금 전 이발할 때, 들마루에 날아든 밀잠자리를 유심히 관찰하더니 혹시 그 꿈을 꾸는 걸까.

요에 그려진 엷은 꽃숭어리 위에서 애벌레 한 마리가 꿈틀거린다. 드디어 우화를 시작한다. 등이 쫙 찢어지며 머리와 가슴 부위가 먼저 나오고 뒤이어 꼬랑지마저 빠져나오면 꼬깃꼬깃한 날개를 펴야 한다. 구겨진 날개를 펼 수 있게 동력이 전달되는 곳이 날개에 있는 그물 모양의 구조물이다.

그물 모양으로 미세하게 뻗은 가지의 속은 비어 있지만, 탈피 직후 그물 구조 속으로 체액을 높은 압력으로 보내어, 날개가 펴지게 도와주는 역할을 한다. 날개돋이가 끝나면, 그물 구조는 단단하게 굳어져 비행 중에 날개가 구겨지는 일이 없도록 지지대의 역할을 하게 된다.

그러나 날개는 형편없이 우므러졌고 체액에 축축이 젖어 있다. 애벌레의 눈언저리가 파르르, 떨린다. 요에 그려진 꽃무늬가 말리기 시작한다. 아무래도 날개 펼 힘이 부족해 보인다. 날개 편다는 시도 자체가 무리였을까. 기진맥진, 축 늘어지고 만다. 다시 깊은 잠에 빠진다. 요에 그려진 꽃무늬에서 풍겨 나오는 은은한 꽃향내가 잠든 그를 폴폴 감싼다. 그만 부채 내려놓고 조용히 일어났다. 꽃향내에 취한 애벌레가 혹여 깰까 봐, 뒷걸음질 치며 밖으로 나왔다.

그의 표정에서 슬며시,

모차르트의 심포니 25번 G 마이너, 작품 번호 183의 장중함이 다시 그려지고 있었다. 기형도는 시「鳥致院」에서 낮잠을 '질 나쁜 성냥'이라 표현했지만, 질이 나쁘든 뭐든, 간대로 꺼지질 않기만 바랄 뿐이었다.

낙인

> 가슴을 데인 것처럼 눈물에 패인 것처럼
> 지워지지 않는 상처들이 괴롭다
> 내가 사는 것인지 세상이 나를 버린 건지 하루가 일 년처럼 길구나
> — 임재범, 「낙인」(작사 김종천, 2010, 「추노」 OST)

그의 왼쪽 옆구리 부분엔 검붉은 흉터가 있다. 손바닥만 한 크기인데, 바로 전기 고형의 흉이다. 예전에 등목 쳐 달라고 할 때 검붉은 흉에 대해 여쭤봤지만, 그저 싱긋이 웃기만 했다. 나중에 알게 된 사실이지만, 검붉은 흉보다도 더 검붉게 물든 가슴속에선 피가 슬금슬금 배어 나오는 듯한 느낌을 받았다.

1946년 4월, 그는 고국으로 돌아오는 관부연락선에 몸을 실었다. 날은 여지없이 맑았지만 검푸르기만 한 현해탄 물결은 더없이 차가워 보였다. 하늘은 부시도록 환했으나 마음속은 검푸르기만 한 해면처럼 불명료하기만 했다. 풀무 집게를 마구 휘저어 철화같이 서늘히 흩어지던, 아물지 않은 벌건 살갗을 야멸차게 파고드는 아키타에서의 마지막 밤 별빛처럼 현해탄 물결 위엔 에츠코가 들고 있던 히가사에 그려진 **보라색 나비** 떼만 부질없이 날아다녔다.

— 허나 막상 돌아오니, 무정부 상태에 빠진 이 나라는 좌·우익 싸움으

로 엄청 시끄럽기만 했지. 신물 돌 것처럼······.

미군정은 일본의 패퇴와 더불어 이미 조직되어 있던 건준朝鮮建國準備委員會이 손쉽게 권력을 인수할 것이라고 분석하며, 군의 창설이 소련을 자극하리라는 경고에도 불구하고 남조선국방경비대南朝鮮國防警備隊를 창설하게 된다. 일본군의 배경을 가진 장교들을 주축으로 운영하게 되면서 미군정과 좌익계는 그렇게 적대적 관계에 놓이게 된다. 미·소 공동위원회의 협상이 결렬될 때부터 이미 예견된 일이었다. 남조선경비대는 이후, 5개 여단 15개 연대로 성장한다. 뭐든 해야겠다는 생각에 그가 경비대에 자원할 때만 해도, 좌익이나 우익에 크게 관심도 없었을 뿐더러 정상적인 나라가 세워지기를 바라는 마음뿐이었다. 그러나「사의 찬미」노랫말 속에 나오는 '험악한 고해苦海'처럼 그가 헤쳐 나갈 인생길은 순편하지 않게 전개되고 있었다.

― 솔직히, 당시 대다수가 뭔지도 모르고 설쳤지. 좌가 뭔지도 우가 뭔지도. 줏대 없이 하루는 이쪽으로 쏠렸다가, 아니다 싶으면 다시 저쪽으로 우르르······. 한마디로 꼭두군사나 다름없었지. 바람 빠지는 풍선처럼 씁쓰레한 바람만 가슴에서 새어 나오더구나.

날아오른 새가 활강할 때는, 날개 펴서 양력을 최대한 받으며 서서히 내려온다. 만약 먹이를 발견하여 급강하할 때면, 활짝 편 날개를 접으면서 항력을 줄여야 한다. 그런데 날개를 펴고 접고 할 여가도 없이 억지 춘향으로 옥죄면 이내 추락하고야 만다. 추락하는 것은 날개가 있다고 했던가.

1948년, 제주도에서 4·3항쟁이 터진다. 승자도 패자도 없는, 오직 피해자뿐인 기나긴 싸움이었다. 1945년 9월, 건준建準 지방 조직들과 각종의 자생적 조직들이 인민위원회人民委員會로 개편되었다. 인민위원회는 치안과 행정 안정에 주력하면서 미군정의 탄압이 있기 전까지 대체 권력을 형성하였고 전국적으로 상당한 지지를 받고 있었다. 그러나 미군정은 민간 자치 기구였던 인민위원회를 공산주의 조직망으로 오판하고, 일제 강점기 때 활동했던 군, 경찰, 관료들을 대거 등용하여 인민위원회를 탄압했다. 미군정과 이승만은 그들을 이용하여 인민위원회를 제거하고 싶었던 것이다. 게다가 '부일협력자·민족반역자·전범·간상배에 대한 특별조례법률'이 1947년 3월 13일 국회 본회의에 상정되었는데 그것 또한 비위난정脾胃難定할 수밖에 없었다. 끝내 미군정은 반민족행위특별조사위원회反民族行爲特別調査委員會의 인준을 거부했고, 이승만은 눈엣가시 같은 반민특위를 해체시키려는 술책을 꾸미게 된다. 특경대가 수도관구 경찰청 수사과장 노덕술, 사찰과장 최운하 등을 구속하자 반민특위의 활동에 불만을 품은 친일 경찰들이 특경대를 습격하는 테러를 자행했다.

    본회의 도중 반민특위 습격사건을 보고받은 국회는 대통령과 전 국무위원의 출석을 결의하고 신익희 등 의장단과 내무, 국방 두 위원장 등 5명의 대표가 경무대를 방문했다. 이승만은「특경대 해산은 내가 지시한 것」이라고 하고,「내가 몸이 불편해 국회에 나갈 수 없다. 특경대를 해체했다 해서 특위 임무에 지장은 없을 줄 안다」며 국회 대표의 입을 막아 버렸다.[1]

---

1) 吉眞鉉,『親日派와 反民特委』(삼민사, 1984), 179쪽.

이렇게 친일 세력과 결탁한 이승만의 방해 공작, 특위 소속 국회의원 암살 음모, 파고다 공원에서 국회의원 테러 사건, 특경대 습격 사건, 백범白凡 선생 암살, 그리고 반민특위법의 개정으로 반민특위는 아쉬움을 남긴 채 해체되고 말았다.

공소시효가 끝난 9월부터 반민특위 해체와 반민법 폐지는 신속히 추진되었다. 1949년 9월 5일 중앙청 제1회의실에서 이승만 대통령, 국무총리, 국회의장, 특위위원 등의 토의과정을 거쳐 도조사부는 1949년 9월말까지 폐쇄하기로 결정했다. ……
그리고 10월 4일부로 반민법은 폐지되었다.[2]

죽음을 무릅쓰고 독립을 위해 힘썼던 사람들은 해방된 조국에서 박해를 받아야만 했고, 일제에 편승하여 악랄한 만행을 서슴지 않았던 친일 분자들은 미군정과 결탁한 이승만의 비호 아래 득세하고 있었다. 모든 관료 체계가 그렇게 역사의 수레바퀴를 거꾸로 돌리느라 여념이 없었다. 첫 단추를 잘못 끼우면 뭔 일이든지 순탄치 않은 법이다.
1947년 3월 1일, 북제주 도민 3만여 명이 삼일절 기념식에 참가했다.

말을 탄 경관의 말발굽에 한 어린이가 채어 쓰러진 것은, 시위 대열이 관덕정 광장을 벗어난 시점인 2시 45분께였다. 그런데도 기마경관은 마치 아무

---

2) 이강수, 『반민특위 연구』(나남출판, 2003), 317쪽.

일 없다는 듯이 유유히 가려 했다. 성난 군중은 "저놈 잡아라" 쫓아갔고, 당황한 경관은 군중에 쫓기며 관덕정 옆 경찰서 쪽으로 말을 몰았다.

바로 그 순간이었다. 하늘이 내려앉았던 것은. '팡팡' 몇 발의 총성이 하늘을 찢었다. 총소리에 놀란 군중은 와당와당 동요하기 시작했다. 총소리는 관덕정 앞에 배치됐던 무장경관과 경찰서 내 꼭대기 망루 위 어딘가로부터 일제히 울려 퍼졌다. 관덕정이 날아갈 듯한 총성과 함께 구경하던 6명의 주민이 외마디 비명과 함께 그 자리에서 쓰러졌고 8명은 중상을 입었다.[3]

이것이 모든 비극의 출발이었다. 이 사건을 시발점으로 3월 10일, 민·관 총파업이 일어나자 미군정은 2,500명을 검거하고 총파업에 강경 대응하는 학정虐政을 자행한다. 미군정 경무부장 조병옥은 서북청년단西北靑年團을 보내 양민 학살의 주동적 역할을 수행하게 한다. 1년 가까이 그들의 무차별적 도살에 참다못한 의혈 청년들이 1948년 4월 3일, 봉기를 일으킨다.

제주놈들은 모조리 죽이시오.(이승만)

대한민국을 위해 전 도에 휘발유를 부어 30만 도민을 모두 죽이고 모든 것을 태워버려라.(조병옥)

제주도의 40만 도민이 없어지더라도 대한민국의 존립에는 아무렇지도 않

---

3) 허영선, 『제주 4·3을 묻는 너에게』(서해문집, 2014), 50쪽.

다.(신성모)

이에 따라 방화, 초토화, 소개작전을 구사해 유격대의 근거지를 완전히 빼앗는 삼광작전, 불태우고 죽이고 굶겨 없애는 삼진작전, 하나하나 골라서 사살하는 것이 아니라 무조건 집단 학살하는 가공할 토끼몰이식 투망살육작전, 빨갱이 색출을 명목으로 한 집 한 집 샅샅이 쓸어버리는 롤러작전, 최대한의 살상을 작전의 지상목표로 삼는 몰살작전 등등 갖가지 작전방식이 총동원되었다.[4]

4·3 항쟁에 대해 대통령 노무현은 국정 책임자로서 최초로 공식 사과하기도 했다.

여하튼 4·3 항쟁을 진압하는 과정에서 여수와 순천에 주둔하던 14연대는 동족을 학살하라는 명령을 단연코 거부하게 된다. 도올 김용옥은 "이것은 항명이 아니다, 군인으로서 해서는 안 될 일을 안 했을 뿐이다"[5]라고 「도올 말하다! 여순민중항쟁」에서 항변하기도 했다. 그 후, 대구 6연대 사건도 터지면서, 불순분자를 색출한다는 미명 아래 마구잡이식 검거를 자행하기에 이른다. 그때부터 '빨갱이'란 말이 공공연하게 나돌게 되었다. '근거 없이 반대편을 매도·억압하는 행위'라는 의미로 보통명사가 된 매카시즘McCarthyism처럼. 그 '빨갱이' 불똥이 그가 복무하던 청주 7연대까지 튀

---
4) 박세길, 『다시 쓰는 한국현대사 1』(돌베개, 2015), 191쪽.
5) 김용옥, 「도올 말하다! 여순민중항쟁」(여순사건 70주기 여수 MBC 강연, 2018)

고 말았다. 대구 6연대와 여수 14연대와는 하등의 관계가 없음에도 공포를 느끼게 하는 숙군肅軍 작업이 이루어진다.

여순사건을 계기로 대대적인 숙군이 시작되었다. 이승만은 군법무관 김완용을 불러 "한 달 내로 빨갱이들을 다 잡아 죽이고 오라"면서 숙군 작업을 몰아붙였다. 남로당 세력뿐만 아니라 광복군 계열까지 제거대상으로 삼은 숙군 작업은 48년 10월부터 49년 7월까지 진행돼 전 군의 약 5%에 달하는 4천749명을 숙청하였다. 이 중 2천 명 이상이 총살형을 당했다.
숙군은 증거주의에 의해 이뤄진 것이 아니라, 고문을 가해 자백을 받아내는 식이었고, 다른 좌익을 대라고 또 고문을 가하는 식으로 이루어졌기 때문에, 무고한 사람들이 억울하게 당한 경우가 많았다. 이런 식의 고문수사를 통한 숙군 작업에 탁월한 면을 보여 나중에 이승만의 총애를 받아 특무부대장이 된 인물이 바로 김창룡이었다.[6]

급기야 그도 그들이 쳐놓은 그물망에 걸려들고야 만다. 일본에서 상업학교를 다녔던 식자識者라는 이유, 소셜리스트Socialist도 아니었고 코뮤니즘Communism에 빠진 적도 없었지만, 뭔가 그런 냄새가 난다는, 이유 같지 않은 이유를 들이댄 것이다. 그가 고국으로 돌아온 후, 남조선국방경비대에 자원하기 전까지는 고향에서 야학당을 차려놓고 한문을 가르치며 문맹퇴치에 힘을 쏟은 것밖에 없었다. 당시 글을 배운 사람들이 술자리라도 펼

---

6) 강준만, 『한국 현대사 산책, 1940년대 편』(인물과사상사, 2004), 186쪽.

쳐지면 스승이라며 늘 그를 치켜세우는 모습을 어렸을 때부터 적지 않게 목도하곤 했다. 그들은 1946년 결성된 민청朝鮮民主靑年同盟이라는 단체에 대의원으로 등재되어 있다는 누명부터 덮어씌웠다. 그 단체 강령에 문맹 퇴치사업 또한 버젓이 적시되어 있다면서 생청붙이듯 추궁했다. 애당초 야학당에 대해 소상히 해명하는 게 아니었다는 생각만 들었다. 남소선성 비대는 1948년 정부가 수립되고 정식으로 국군에 편입되고서부터 징병제를 채택하였다. 그렇게 엮일 줄 알았으면 모병 공고를 보고 지원해서 갈 리 만무했을 것이라고 그는 술에 취하면 피력하곤 했다.

— 그 남조선경비대에 입대하고 보니 죄다 일본군이 남겨놓고 간 것들이었지. 군복도 그렇고 모포도 그렇고, 발목만 덮는 편상화도 그렇고, 반합과 식기마저도 일본군이 쓰던 것이었고, 뭐든 제대로 된 건 없었고 허접스러웠지. 국방부, 당시는 통위부統衛部라고 일컬었다만 그 모병 공고를 허투루 넘길 순 없었지. 나라를 위해 뭔가 해야 한다는 신심뿐이었지.

그들은 일신의 영달에만 급급하여 망나니처럼 설쳐 댔고, 찍어내리려고 마음만 먹으면

빨갱이란

올가미부터 먼저 씌웠다. 무차별 검속檢束에, 빨갱이라는 당치 않는 꼬리표를, 쇠귀에 인식표 박듯 채워 버린 것이다.

찰칵—

영화 「넘버 3」에서 송강호가 하던 대사가 다시 떠오르지 않을 수 없다.

— 니, 니들, 내 말 자, 잘 들어. 내, 내가 하늘 색깔이 빨간색! 그때부턴 무조건 빨간색이야. (계란을 들고) 이, 이, 이건 노리끼리한 색이지만 내가 빨간색! 하면, 이것도 빨간색이야.
— 내가 현정화라면 현정화다, 내 말에 토, 토, 토, 토 다는 새끼는 전부 배반형이야.

좌익분자를 박멸할 목적으로 제정, 공포된 국가보안법은 1949년 한 해에 걸쳐 118,621명을 검거, 투옥시켰고, 정당과 사회단체 132개를 해산시켰다. 민청民靑 또한 미군정에 의해 해산 명령을 받고 대외적 활동이 봉쇄되고 말았다. 그 당시 우익 청년 단체였던 대한민청大韓民主靑年同盟도 있었다. 그러나 대한민청의 활동은 김두한 직계의 별동대를 중심으로 좌익 정치 행사장 습격, 용산역 철도 파업장 습격, 좌익 단체 간부 납치 등 미군정의 하수인 노릇을 하며 무자비한 폭력을 휘둘렀다. 종로, 명동 일대에서 활약하던 조직폭력배들이었던 이들은 "장택상으로부터 넘겨받은 경찰전문학교 실습용 총 300여 정과 수류탄 3상자를 가지고 합동작전을 수행"하였으며, 적나라한 테러를 주도한 김두한은 "나는 사실 백색테러리스트다"[7] 라고 회고한 바 있다.

---

7) 류상영, 『解放前後史의 認識 4』(한길사, 1989), 91쪽.

낙인 279

구리 머리에 쇠 이마를 한 치우蚩尤처럼 행세했던, 포악하기 그지없었던 니네들.

니네 꼭 그랬어야 되냐? 꼭 그렇게 다 가져가야만 속이 후련했냐!⁸⁾

― 해방…… 조국은 해방된 게 결코 아니었다. 일제에서 미군정으로 권력만 이동됐을 뿐이었지. 일제의 악랄한 만행과 진배없이 저들은 권력을 위해 백성들을 극악무도하게 짓밟았지. 일본 놈들과 하나도 다를 바 없었다. 해방된 조국엔 그렇게 주구走狗 노릇을 자처하는 자들로 넘쳐났지. 요즘 같으면 가까스로 직장 잡아 비로소 업무를 알아갈 나이 때인 서른 안팎에 장군이 되고, 의원이 되고, 자치 단체장, 경찰서장, 교장이 되던 시기였으니까, 한자리 꿰차려고 양아치처럼 설쳐 대는 자들로 온통 득시글거렸지.

그 민청의 강령이 대체 뭐냐, 그리고 규정에 뭐가 어긋나는 것이냐, 문맹퇴치가 뭐가 잘못된 것이냐, 그리고 동명이인도 있을 수 있는 것 아니냐, 라고 거듭 반박했으나 그들은 애당초 원하던 답안만 요구할 뿐이었다. 아니라고 하는 데도 그의 말에 전혀 귀 기울이지 않았다. 오로지 그들이 내민 서류에 서명하기만 다그칠 뿐이었다. 게다가 1946년 4월은, 국내 정세에 대해 전혀 알지 못하던 그가 관부연락선 타고 현해탄을 건너오던 시기였

---

8) 영화「해바라기」(감독 강석범, 2006)에서 오태식(김래원 분)이 오라클로 찾아가서 절규하며 내뱉는 말.

다. 그렇다면 남조선노동당南朝鮮勞動黨이 조직된다는 지령을 받고 입국하지 않았느냐, 또 세포 조직 강화를 도모하려던 계교計巧에 의한 것 아니었느냐, 라며 몰아세웠고, 뭔가 불모不毛의 저주가 파 놓은 함정에 빠져든 것만 같았다. 얼토당토않은 조사에 연일 시달리게 되자, 죽음의 공포에 대한 본능적 심리가 슬슬 작용했다. 탈주는 방어 기제로 작동되고 있었고, 그렇게 그는 졸지에 군무 이탈자로 전락하고 말았다.

고향 집에도 경찰들이 수시로 들이닥쳐 감시하곤 했기에 며칠에 한 번 오밤중에만 잠깐 들러야 했다. 할머니가 챙겨 준 간단한 식량만 들고 다시 산속으로 급히 피신해야 했다. 그런 도피 생활을 이어가다가, 겨울이 다가오자 당골 고모 집으로 은신처를 옮기게 된다. 그러나 두어 달 후에 누군가의 밀고였는지는 불분명하나 경찰에게 발각되고 만다. 정지 한쪽에 움을 파서 무나 감자 등을 저장하던 큰 구덩이가 있었고 입구는 거적 등을 덮어 가려 놓았는데, 총을 겨누고 거적을 헤집는 경찰에게 손을 머리에 얹고 순순히 응해야 했다.

체포된 그의 오른손엔 곧바로 수갑이 채워졌다. 그가 도망가지 못하도록 수갑 한쪽은 경찰의 손목에 채운 탓이었다. 이인삼각, 그는 그렇게 경찰과 짝이 되어 연행될 수밖에 없었고, 같이 온 경찰 한 명은 총을 들고 혹여 그가 취할 허튼 수작을 철저히 차단하며 뒤따랐다. 군감대軍監隊에 인계시키기 위해 경찰들은 그와 함께 열차에 올라 이동하게 되었고, 이대로 끌려가면 개죽음이 될 수도 있겠다는 생각뿐이었다. 열차는 굉음을 내며 달리고 있었고, 풍전등촉風前燈燭, 누란지위累卵之危 등의 낱말만 머릿속에서 굉음처럼 곤두섰다. 어찌 됐든 이대로 피검被檢되어 2연대 군감대에 넘겨지기 전에 허술한 틈을 노려야 했다. 용변이 급하다는 핑계를 댔다. 그의 낯빛에 드러난 조급함이 납득이 되었는지 수갑을 같이 찬 경찰과 화장실로 향했다. 요즘 열차는 객차와 객차 사이 통로에 화장실이 위치하지만, 당시는 객차 내부 뒤쪽 편에 화장실이 자리했고 맞은쪽엔 배선반 등이 설치되어 있었다. 화장실 앞에서 경찰은 자신의 손목에 채워진 수갑을 풀었다. 그의 오른 손목에 채워진 수갑은 그대로였다. 일단 화장실에 들어가서 볼일 보는 척해야 했다. 당시 화장실 변기는 비산飛散식이어서 볼일을 보면 오물이 고스란히 선로로 흩어졌다. 화장실 창문은 고정창이었고 위쪽에 담배 연기 등이 빠져나갈 수 있게끔 조그만 통창이 비스듬히 열려 있었는데 사람 머리도 빠져나가지 못할 만큼 좁은 상태였다. 객차 통로로 나가면 양쪽에 자리한 출입문은 발판을 올리고 수동으로 열 수 있는 구조였다. 바깥 날씨가 썰렁한 편이어서 발판을 젖혀 놓고 계단에 걸터앉아 있는 사람도 아마 없을 것이고, 바닥에 내려진 발판을 재빠르게 들어 젖힌 후 출입문을 당겨 열어야 한다, 라는 차질 빚지 않을 계산만이 필요했다. 화장실 문을 열고 나가니 동행했던 경찰도 수갑을 풀어 준 경찰 뒤에 떡 버티고 서 있었다. 뭔가 수포로 돌아가는 듯했지만, 그는 다시 수갑을 채우기 위해 손을 내미는 척하면서 경찰의 팔목을 기민하게 낚아채는 동시에 그의 몸을 비틀듯 돌리면서 상체를 한껏 낮췄다. 그의 엉덩이 부위에 경찰의 복부가 닿았다는 생각이 들자마자 순식간에 둘러메치는 업어치기 기술을 걸었다. 그는 상대가 나동그라지는 것을 볼 틈도 없이 문을 열고 잽싸게 객차 통로로 뛰쳐나갔다. 출입문은 다행히 열려 있었지만 뒤돌아볼 틈조차도 없었다.

丹鶴 바사쓰
한국화장품에서 만든 남성 화장품으로 1979년 CF에서는 '한 등의 전기도 아껴 씁시다'라는 시대적 분위기에 충실한 캐치프레이즈로 끝마감하고 있다.

그대로 열차 밖으로 몸부터 날려야 했다. 만약 계산대로 행하지 않고 잠시라도 미적거렸거나 상대가 쫓아오는지 뒤를 돌아다보는 찰나의 틈이라도 지체시켰다면 총알이 그의 몸을 관통할 수도 있는 상황이었다. 열차 밖으로 몸을 내던졌을 때, 두어 번의 총소리가 귓전에 요란히 스쳤기 때문이었다. 일본에서 학교 다닐 때 유도부에서 배웠던 낙법을 최대한 활용했다. 선로 바깥쪽에 어떤 지형지물이 있는지도 파악이 안 된 상태였지만, 좀 전 화장실에 있을 때, 너른 들이 창밖에 스쳐 갔기에 아마도 구릉이지 않겠느냐는 짐작에 땅에 닿는 부분의 충격을 분산시킬 필요가 있었다. 떼구루루 구르면서 충격량을 최대한 줄여야 했지만, 등과 어깨 등이 떨어져 나가는 듯한 통증이 온몸을 얽어맸다. 살얼음 낀 개골창에 처박힌 그가 몸을 추슬렀을 땐 온몸에 오싹하게 들러붙은 찬기가 찐득찐득 휘감고 있었다. 수갑이 채워진 오른손을 잠바 주머니에 집어넣고 발을 절며 다시 산을 타기 시작했다. 마을이 있는 아래쪽으로 내려가면 위험 부담이 클 수도 있기에 깊은 골짜기로 향할 수밖에 없었다.

    그렇게 산속에서 이틀을 보낸 후, 어스름이 깔릴 무렵 외딴 인가를 발견할 수 있었다. 배가 무척이나 고팠기에 헛기침부터 하며 주인장을 찾으니, 털벙거지를 눌러쓴 노인이 한쪽 돌쩌귀가 덜렁거리는 방문을 열었다. 당골벽에선 거무스름한 흙덩이가 금방이라고 떨어질 듯 요요함을 자아냈다. 여전히 오른손을 잠바 주머니에 숨긴 채, 아무것이라도 괜찮으니 먹을거리가 있으면 줄 수 없겠냐고 했더니, 몹시 의심쩍은 눈초리로 짯짯이 노려보는 것 같았다. 뭔가 잘못 들렀다는 생각에 되돌아 나오려고, 사립짝을 나서려는데 노인이 불렀다. 헛간채에서 꺼내 온 고구마 두어 개를 건네며 이게 요기가 될지 모르겠다고 했지만, 고개를 꾸벅이며 덥석 받아 쥐었다. 노인은 열댓 번의 서리가 내리도록 홀로 살고 있다고 했다. 그렇게 십여 년째 홀로 지내고 있기에 젊은 사람이 집에 찾아오면 마치 자식 같다면서 건넛방이 비어 있다는 얘기까지 꺼냈다. 노인의 너그러운 호의에 건넛방에서 묵을 수 있었다. 노인이 군불까지 지펴 줬기에 한없이 고마울 따름이었다. 뜨뜻한 방에 누우니 잠이 절로 쏟아졌다. 곤한 잠에 빠졌던 그가 얼핏 깨어난 것은 봉당마루에서 슬금슬금 들려오는 발자국 소리 때문이었다. 뒤쪽 봉창은 댓살을 설게 대고 종이로 발라놓은 상태였다. 몸을 일으킨 그는 유도부에서 배웠던 장애물 낙법 하듯 봉창을 향해 몸을 던졌다. 재고 말고 할 틈조차 없었다. 뒤쪽엔 말라비틀어진 수수 대공 같은 게 삐죽삐죽한 밭이었다. 칠흑을 가르며 내달렸고 등 뒤에선 총소리가 낭자하게 들려오고 있었다. 더 이상의 추격은 없었지만, 그는 절대로 그 노인이 밀고했을 리 없다고 여기고 있었다. 그렇지만 그로부터 이삼일 뒤, 토굴 속에서 잠에 취해 있다가 추격한 경찰에 잡히고 말았다.

그는 2연대 군감대에 연행되어 군사 재판에서 3년 형을 언도받고 공주형무소에 수감되었다. 두어 달 뒤 다시 영등포형무소로 이감되었는데 사상범으로 옭혀들었기 때문이었다. 당시 남로당 군사부 책임자였던 이재복과 김영식이 특무대에 검거됐고, 박정희도 남로당 가입 혐의로 체포되어 고등군법회의에서 무기징역을 선고받던 시기였다.

  김창룡은 박정희 체포조도 지휘했다. 수사관들이 박정희의 신당동 지하방을 급습했을 때, 박정희는 줄톱으로 45구경 권총에 새겨져 있는 총번을 줄톱으로 지우고 있었다. 나중에 박정희는 암살용으로 사용할 권총을 제공하라는 윗선의 요구 때문에 그랬다고 진술했다.

김창룡은 설득했다. "박 소령은 직접 사람을 죽이거나 부대 물품을 빼돌린 게 아니잖소? 전향하세요. 군 내부 조직에 대해 말해 주시오. 함께 나라를 살립시다."

김창룡을 아는 이들은 그가 먼저 피의자에게 진술 방향까지 제시하면서 전향을 설득하는 것은 드문 일이라고 했다. 박정희는 자신이 아는 군내 남로당 조직을 불었다.[9]

그는 남로당에 가입한 적도, 또한 여순 사건과도 하등의 관련조차 없었지만, 앞에서 거론했다시피 남조선국방경비대 탈영, 경찰에게 체포되어 이송 중 도주 등의 전력까지 가중되는 바람에 모진 고문에 시달려야만 했다.

벌겋게 달군 인두가 그의 날개깃을 마구 문질렀다. 묶인 틀 위에서 꼼짝달싹할 수 없었다. 그들은 장작개비 같이 거친 각목으로 온몸을 마구 때려대기도 했다. 귀청을 찢을 듯한 비명이 음침한 지하실에서 출렁거렸다. 그렇다고 순순히 그들의 요구에 응해줄 수도 없었다. 기절한 그가 정신을 차릴 때마다 고문이 이어졌다. 그의 정신도 차츰 흐려져만 갔다. 몽몽한 안개 속에서 살기 위해 이를 악물고 더듬거렸다. 그러다가 그는 한동안 깨어나

---

9) 배진영, 「〈기무사(機務司) 비록1〉 박정희가 특무대에 체포돼 군내 남로당 조직을 불게 된 것은」 〈조선pub, 2016. 07. 14.〉

지 못했다. 그때의 진저리나는 각인이 평생 동안 좀체 지워질 리 없다. 바로 왼쪽 옆구리에 있는 검붉은 자국은 당시 고형苦刑의 불도장이다. 그때의 고문 후유증으로 걸음걸이 또한 약간 절름댈 수밖에 없었다. 결국 그는 징역 20년 형을 선고받고 복역해야만 했다. 이현령비현령耳懸鈴鼻懸鈴식 재판이었으나 추호의 불복조차도 용납 않던 서슬 퍼런 시절이었다.

1950년 한국전쟁이 터지고, 6월 28일 새벽, 요란한 폭발음이 영등포형무소 철창살을 뒤흔들었다. 한강에 있던 교량을 폭파시키던 소리였다. 당시 한강 방어선을 구축하고 인민군의 남하를 저지하려는 작전이었다고 하지만, 전술적 고려조차 없이 서둘러 교량을 폭파시키는 바람에 모두가 우왕좌왕했을 뿐이었다. 좌익 관련 재소자에 대한 처리 지침에 따라 군인과 경찰을 동원하여 형무소의 재소자들을 모조리 사살하라고 했지만 형무소 직원들 또한 이미 도망가고 없는 터였다. 이런 입소문이 재소자들 사이에서 급속히 퍼졌고 집기 등으로 철창을 부수려는 행위가 이어졌다. 영등포형무소 재소자들은 서울을 점령한 인민군에 의해 타율적으로 풀려날 수 있었다.

공주CIC분견대는 재소자들을 넘겨받아 형무소 특별경비대와 공주경찰, 공주파견헌병대, 그리고 청년방위대까지 동원해 정치사상범과 보도연맹원들을 트럭에 실어 왕촌 살구쟁이로 이송, 집단 살해했다. 형무소 재소자 등은 50여 명씩 형무소 트럭에 실렸으며, 총살 현장으로 가는 동안 머리를 숙여 양 무릎 사이에 넣은 상태로 있어야 했다. 고개를 들면, 트럭 네 귀퉁이에 서 있던 이송 담당자들의 소총 개머리판 세례를 마구잡이로 받아야 했다.

당시 유엔한국위원단UNCOK의 야전관측조로 유엔과 한국군의 연락장교로 복무한 호주군의 피치 소령Major Peach과 랜킨 공군중령Wing Commmander Rankin은 이송 과정과 학살 장면을 목격했다. 피치 소령은 "바로 내 눈 앞에서 2~3명이 죽는 것을 보았다. 그들은 소총 개머리판으로 얻어맞아 머리가 계란처럼 으깨졌다"라고 증언했다.(주28)

28) Gavan McCormack, 『Cold war, hot war: An Australian perspective on the Korean War』, Hale & Iremonger, 1983, 129~132쪽; 진실화해위원회, 위의 보고서, 246쪽.10)

이처럼 각지의 형무소에 수감되어 있던 사상범은 물론 미결수까지 군경을 동원하여 학살을 자행했다. 그가 공주형무소에 그대로 수감되어 있었다면 여지없이 왕촌 살구쟁이로 끌려갈 수밖에 없었다. 영등포형무소로 이감되고 터무니없는 혐의를 덧씌워 모진 고문은 받긴 했지만, 만약 공주형무소에 수용되어 있었다면 여태껏 생명을 부지할 수 없었다는 푸념을 늘어놓았다.

— 영동포형무소로 이감되지 않고 공주에 있었다면 그야말로 불귀객이 될 뻔했지. 공주에서 3년이, 20년으로 형량이 늘긴 했지만 영등포로 옮겨온 게 여간 다행이 아니었지. 지금 생각하면······.

서울은 인민군이 급히 들이닥치는 바람에 우왕좌왕 갈피를 못 잡고 퇴

---

10) 임영태, 「형무소 재소자 학살 사건(1) - 중부와 대전·충청지역」(통일뉴스, 2016. 09. 21.)

각하느라 정신이 없었지만, 지방의 형무소는 관련 지침에 따라 무자비한 학살을 감행하고 있었다. 영화 「태백산맥」(감독 임권택, 1994) 마지막 신, 굿을 끝낸 소화(오정해 분)에게 김범우(안성기 분)가 건네던 대사가 명징하게 살아났다.

"산 자들의 목숨조차 이렇게 가벼이 여겨지는 때에 죽은 자의 넋을 그리 정성스레 다루는 것이 우리가 잃어버린 세상을 보는 기분이었소."

파괴된 현실은 회귀되지 않는다. 망인의 천도薦度를 기원하는 굿판으로도 신랄한 핏빛 색조의 암울은 절대로 치유될 수 없다. 당시 정부가 저지른 낡아빠진 야만성은 그렇게 불모의 저주로 기록될 수밖에 없는 것이다.

― 6월 28일, 점심때쯤이었을 게다. 인민군들이 나가도 좋다며 철창문을 열어 줬지. 당시 수감 생활을 했던 사람들도 전쟁이 터진 걸 알고 고향 소식이 무척 궁금할 수밖에 없기에 내려가 봐야겠다고 부산을 떨더구나. 피난 떠나고 아무도 없는 민가에 들러 갈아입을 옷부터 챙겨야 했지. 누런 죄수복을 입고 돌아다닐 수야 없지 않냐. 버릿짚모자를 눌러쓰긴 했지만 머리를 박박 민 사람들이 수백 명씩 몰려다니니까 뒤늦게 피난길에 오른 사람들마저 대놓고 경계하더구나. 그렇게 여차여차 안양까지 내려왔는데, 이대로 피난민에 섞여 따라가다간 남측, 북측 모두의 군인에게 신변이 위태로울 수 있다며 신중히 행동하자는 의견이 대두되었지. 그때는 정말 남측 군경에게 발각되는 게 더 위협적일 수도 있었지.

다시 영화 「웰컴 투 동막골」(감독 배종, 2005)이 떠올랐다. 명분 없는 이념의 폐해는 고스란히 민중에게 전가될 수 있다, 이념은 대체 무엇이고 누구를 위해 존재하는가, 경직화된 이념에 대해 솔직한 물음을 던진 영화였다.

― 그때 다시 서울로 되돌아가자는 흐름이 우세했지. 남측 군인이나 경찰에게 들키면 젯날이 될 수도 있다는 얘기에 모두들 수긍할 수밖에 없었지. 오경생 씨, 그 양반이 주도했지. 그렇게 오 씨의 선도 아래 일단 서울로 회귀하게 되었지. 다리가 폭파됐기에 한강에서 배를 얻어 타고 간 곳이 용산철도병원이었다. 거기서 묵고 있었는데, 그다음 날인가, 오 씨가 전시동원령이 선포됐다고 전하면서 술을 얻어 왔더구나. 날 밝는 대로 종로경찰서로 수송할 트럭이 속속 도착할 것이라며 사람들을 부추겼지. 이른바 의용군에 편성된다는 얘기였다. 그것만이 우리가 할 수 있는 유일한 길이라면서……. 허나 회의적으로 받아들이는 사람들도 적지 않았지. 그날 저녁, 스무 명 남짓 되는 사람들이, 이대로 의용군에 편입되기 보다는 고향으로 돌아가는 게 좋겠다는 데 공감했고 야밤을 틈타 결행하게 되었지. 나룻배를 훔쳐 타고 한강을 건너서는 두세 명씩 흩어져서 행동했지. 많은 사람이 한꺼번에 이동하는 게 오히려 이상해 보일 수 있었으니까. 지도가 없으니 철로를 표점으로 삼고 방향을 잡았는데, 민병대인지 의용군인지, 주요 길목을 지키고 있는 바람에 주로 산을 타야 했고 되도록 밤에만 움직였지.

그렇게 이십여 일 만에 달골까지 내려오긴 했는데, 모두 피난길에 나섰는지 집은 텅 비어 있었다. 장닭 한 마리가 집 뒤꼍에서 땅을 헤집고 있을 뿐이었다. 급히 옷가지를 챙기고 있는데 탁탁거리는 소리가 들리기에 급히 몸을 낮추고 문틈으로 바깥의 동태부터 살펴야 했다. 다행히도 다리가 불편한 집안 아저씨가 지팡막대를 짚고 마당으로 들어서고 있었다. 설마

뭔 일이야 있겠냐, 라며 아저씨는 의연함을 잃지 않은 표정을 애써 지었다. 식구들은 이미 보름 전에 피난길에 올랐다고 전해 주었지만, 노심하고 초사하는 마음이 아저씨의 표정에서 여실히 읽히고 있었다. 엊그제만 해도 신우재 너머에서 기관총 소리가 두어 시간 넘게 요란하게 났다면서, 그에게 어서 빨리 피하라고 부추기던 아저씨의 말투는 급기야 가느다랗게 떨리고 있었다. 일단 대구로 내려가 봐야겠다는 생각에 그는 질매재 쪽 산을 타기 시작했다. 대구에 사는 친척이 고물전을 해서 돈 좀 벌었다는 소식을 당골 고모로부터 들은 적이 있기에 아랫녘으로 피난길에 나섰다면 아마도 대구 쪽으로 가지 않았겠냐는 생각에서였다. 질매재를 거쳐 수도산을 넘고 성주 방면으로 향했다. 곳곳에서 교전이 이어지는 통에 산으로만 달라붙을 수밖에 없었다. 주요 길머리를 통제하고 있었기에 대구로 들어가는 것도 만만하지 않았다고 했다.

— 당시 신천동에서 고물전을 하던 친척을 어렵사리 만날 수 있었는데, 그동안의 사정을 전하니, 면벌을 받을 수 있다며 경찰 시험을 보라고 권하더구나. 틈틈이 고물전 일을 도우며 시험 날짜만 공시되길 기다렸지. 당시 치안국이 대구로 옮겨갔을 때였는데, 대구경찰학교에서 합격했다는 통지는 받았다만, 신원이 수형자로 확인됐다며 대구형무소에 곧장 투옥시키더구나. 정말이지 호랑이 굴에 제풀로 찾아든 격이라는 생각만 들더구나. 그나마 경찰 시험이라도 안 봤다면 전시 상황이기 때문에 처형당했을 지도 모를 일이지만. 거기서 서너 달 수감 생활을 할 수밖에 없었는데, 삼일절 날, 형 집행 정지 소식을 접했지. 특별 사면시켜주는 댓가로 즉시 모 부대로 가야 한다는 조건이 붙긴 했다만……

형무소 정문엔 군용 트럭 서너 대가 도착해 있었다. 그와 같이 특사 대상에 포함된 사람들을 가득 태운 트럭은 먼지를 심하게 일으키며 내달리고 있었다. 카빈총Carbine銃을 겨누고 있는 군인들이 고개조차 들지 말라고 했기에 어디로 가는지도 전혀 알 수가 없었다. 트럭은 그렇게 한참을 달렸고, 면청으로 보이는 건물 앞에서 잠시 볼일을 보게끔 포승을 풀어줬을 때, 벌컥거리며 들이켠 물 한바가지가 그날 유일하게 섭취한 음식이었다. 어디로 가느냐고 누군가 물었더니, 교관인 듯 보이는 사람이 대뜸 반도호텔로 데려간다는 것이었다. 농담조가 아닌 진지한 어투로 얘기했지만, 소공동에 있던 특급 호텔로 데려갈 리는 만무하다는 생각만 들 뿐이었고 어디론가 끌려간다는 느낌을 지울 수 없었다. 게다가 반도호텔이 있는 서울 쪽으로 가는 것 같지도 않았다. 어느 학교 강당에서 하룻밤 묵은 뒤, 또다시 트럭에 실려 누런 황토 먼지만 뒤집어쓴다. 어스름이 깔릴 무렵에야 트럭이 멈춰 섰다. 예전에 일본인이 별장으로 쓰던 건물이라고 했다. 피곤한 심신을 편하게 다스리는 데 더할 나위 없을 만큼 경치 좋은 계곡 옆에 자리했지만, 끌려온 사람들의 심신은 피폐할 대로 피폐해진 상태였다. 게다가 피폐해진 심신이 재차 망가질 대로 망가질 수도 있겠다는 생각만 들 뿐이었다.

도착한 곳은 육군 첩보부대, 이른바 HID Headquarters of Intelligence Detachment였다. 여기서 대북 침투 및 공작 활동에 관한 훈련을 받게 된다. 교관은 육·해·공, 삼군에서 오열五列을 최고 잘 잡는 부대라고 소개했다. 그에게 부대 숫자 중 9가 어떻게 '최고'로 해석될 수 있는가 물었더니, 갑오 아니냐, 라면서 싱거운 미소를 지었다. 갑오는 화투 석 장으로 만든 아홉 끗을 일컫는다. 각 조에 여섯 명이 배정을 받았으며, 조원 외에는 알려고도 하지 말고 신경 쓰지 않는 게 철칙이었다. 교관이나 부대 관계자의 이름조차 알 수가 없었고, 계급이나 군번 또한 없었다. 당시 조장이 방 씨였으며 이북 사람이었다는 것밖에 알지 못했다. 오로지 조장의 통제 아래 이루어졌으며 모든 것을 비밀이라는 불문에 부쳐야만 했다. 주로 어떤 훈련을 받았느냐고 물었더니, 그는 몇 번 손사래를 치더니, 하나만 얘기해 주겠다며 어렵게 말문을 열었다.

— 양발에 모래주머니를 차고 생활해야만 했지. 모래주머니를 차고 있어도 어느 누구보다 더 기민하게 움직여야 한다는 교육이었지. 나중에 습성이 생기니, 모래주머니가 있는지 없는지도 모르겠더구나. 습성이란 게 그렇게 무서울 수도 있는 거지. 한번은 짐승이든 여자든 뭐든, 산 채로 날이 새기 전에 잡아 오라는 시험이 떨어졌지. 그것도 누구한테 들켜서도 안 되고, 또 소란을 일으켜서도 안 되고, 감쪽같이 수행하라는 것이었지. 저녁 먹자마자 조별로 움직였는데, 황량한 겨울 산속에 살아 있는 게 드물 수밖에. 토끼나 노루도 있을 수 있지만, 총을 쏘거나 해서 소란을 일으키면 안 된다는 지시가 있었기에 답답할 노릇이었지. 그런 걸 도구조차 쓰지 않고 열 시간 안에 산 채로 잡아가야 했으니. 동네로 내려가 보자는 제안에 그렇게 움직였지. 닭장에 닭이 네댓 마리가 있었는데, 조장이 마루 한 귀퉁이에 닭 값을 얹어 놓더니 재주껏 잡아보라고 하더구나. 슬며시 닭장 문을 열고, 울지 못하도록 닭의 부리부터 잽싸게 움켜쥐고 날갯죽지를 감싸 안아서 빠져나왔지. 닭 값을 계산한 건, 다음 날 누군가 자기 닭을 훔쳐 갔다는 소문이 동네에 퍼질 수도 있다는 판단에서였지. 그렇게 모든 일을 감쪽같이 수행해야 한다는 시험이었지.

교육을 마친 후, 모처로 이동 명령을 받고부터는 조원끼리 자급자족으로 해결해야 했다. 동물을 잡거나 약초를 캐면, 인근에 장이 서는 날, 다른 물건과 교환하는 식으로 해결했다. 그 외에는 무조건 야간에만 움직여야 했다. 만약 임무 수행이 불가능할 정도로 부상을 입거나 하면 다른 조원들에게 피해가 가지 않게끔 스스로 처신할 줄도 알아야 했다. 군적軍籍이 없으니, 공작조인지 민간인인지 식별해 낼 수도 없었다. 종전이 결정되고, 부대에서 발급해 준 귀향증歸鄕證을 받게 되었다. 이제 고향으로 돌아가도 된다는 증서였다.

그렇게 고향으로 내려온 후, 그녀를 만나 백년가약도 맺었다. 그러나 볼일이 있어 읍내에 다녀오는 길에 경찰 검문에 걸리게 되었다. 부대에서 써준 귀향증도 별무소용이었고, 육군 모 부대에서 근무했었다는 해명도 받아들여지지 않았다. 공작 활동 자체를 비밀에 부쳤기에 군역으로 인정받지 못했고, 그 활동에 대해서도 일체 함구해야 했지만, 경찰 또한 그런 부대가 있다는 것을 전혀 모르고 있었다. 얘기하면 할수록 거짓으로 둘러대는 것이라고 여길 뿐이었다. 호병계장이 작성해 준 입대 영장을 들고 집결지인 영동경찰서로 가기 위해 새벽부터 서둘렀다. 그날이 바로 그의 생일이었지만, 그녀가 끓여 준 미역국을 먹을 시간조차 없었을 정도로 부산을 떨어야 했다. 영동경찰서에서 다시 호송되어 도착한 청주 교동국민학교 교사校舍에는 강제 징집된 사람들로 득시글거렸고, 신검도 속결로 이루어졌다. 그리고 논산에 있는 육군 제2훈련소에 입소하였다. 8주간의 훈련을 마치고, 다시 전남 장성의 포병학교에서 교육 이수를 한 후, 강원도 인제 12사단 포병 95대대에서 5년 동안의 긴 병역 의무를 수행해야만 했다. 그는 임무를 부여받으면 철두철미하게 수행했고 우수한 성과를 획득케 한 덕분에 6군단장으로부터 특진과 함께 표창장을 받기도 했다. 당시 6군단장은 중장 백인엽이었고 부군단장은 소장 박정희였다.

그리고 비록 늦었지만, 2004년 제정된 〈특수임무수행자 보상에 관한 법률〉에 의해 특수임무수행자로 인정받을 수 있었다. 국가를 위해 일했지만 당시의 임무 수행을 군인으로서 한 행위로 전혀 인정해 주지도 않았고, 그들의 존재 또한 부정하기에 급급했다. 만약 그런 임무를 수행했다고 하더라도 민간인 신분이었을 뿐이라고 선을 그었기에 끝내 재입대할 수밖에 없었던 그는, 반백 년이 넘어서야 비로소 승인된 그 소식을 듣고도 담담한 반응만 보였다. 그동안 마음고생도 이만저만이 아니었을 텐데, 그 또한 삭이고 삭여 더 이상 삭일 근덕지조차 말끔히 털어 낸 표정이었다. 그가 내뿜는 담배 연기 또한 몹시 건조해 보였다.

제2조 (정의)
1."특수임무"라 함은 특별한 내용·형태의 정보수집 등을 목적으로 하는 국가를 위한 특별한 희생이 요구되는 활동을 말한다.
2."특수임무수행자"라 함은 1948년 8월 15일부터 1994년 12월 31일 사이에 대통령령이 정하는 기간 중 군 첩보부대에 소속되어 특수임무를 하였거나 이와 관련한 교육훈련을 받은 자로서 제4조 제2항 제1호에 의하여 특수임무수행자로 인정된 자를 말한다.

새가 도움닫기 하는 건 날개에 양력을 발생시키기 위해서다. 부지런히 퍼덕여, 날개 아래쪽 공기를 밀어냄으로써 양력을 얻는다. 그러나 날개가 꺾이면 가슴에 응어리진 울분만 들어찰 수밖에 없다. 질곡의 세월은 비상의 기억을 차츰 지워 내고 있었다. 원래 날개가 있었으나 환경에 따라 퇴화한 조류가 있는 것처럼. 유능한 날개를 인위적으로 퇴화시킨 기록을 떠안을 수밖에 없는 격동의 현대사, 그 슬픈 단면이 옆구리 흉처럼 검붉게 배어 나고 있었다. 해방되고 고국에 돌아온 후, 한시도 편한 날이 없었으며, 서른이 넘어서야 맘 편하게 고향에 돌아올 수 있었다.

바로 오지 못하고 빙 둘러 올 수밖에 없었던 고향 땅. 누명 쓰고 졸지에 쫓기는 신세가 되어 야음을 틈타 잠시 찾아들었던 고향 땅, 경각을 지체할 틈조차 없었어도 어머니 품속처럼 늘 포근하기만 했던 고향 땅, 신혼살림을 차리자마자 새색시 놔둔 채 다시 떠날 수밖에 없었던 고향 땅. 낯선 이국에서 조센징이라 놀림을 받으면서도 꿋꿋이 참아내고 꿈에만 그려보던 정든 고향 땅, 그가 어릴 적 살던 '꽃 피는 산골, 복숭아꽃 살구꽃 아기 진달래, 울긋불긋 꽃대궐 차리인' 고향은 그렇게 너무나 멀리에 있었다. 한때는 가고 싶었지만 갈 수 없었던 적도 있었고, 몇 천 리 길이나 되는 듯 멀기만 했던 고향 땅이었다.

그에게 고향에 대한 질문은 그렇게 각별한 의미로 다가왔다. 그렇기에 그가 병원에서 집으로 가자고 할 때도 그의 뜻에 따르지 않을 수 없었다. 그녀가 늘 옆에서 '니 아버지가 그리 마음 먹었다믄 원대로'란 말을 동원하여 그의 저의에 동조할 때마다 '원대로'란 말 속에 뼈가 담겨 있을 거라고 여겼는데, 그만큼 그의 심중에 고향에 대한 애착이 무섭도록 강하게 작용하지 않았나, 생각될 뿐이다. 누구에게나 고향은 실존적 뿌리의 형상화이며

협화 규산질비료
소의 등에 얹어 물건을 운반하는 도구인 길마. 짚으로 짠 언치를 먼저 얹고 길마를 뱃대끈과 가슴걸이(馬鞅), 뜸새끼, 껑거리끈 등으로 고정했다.

결코 허물 수 없는 배냇적 숨결이 고스란히 저장된 준엄한 영토이기 때문이다.

새알

> 알 껍질은 삼각형의 금속염 결정으로 이루어져 있다. 그 결정들의 뾰족한 끝은 알의 중심을 겨누고 있다. 그래서 외부로부터 압력을 받으면 결정들이 서로 끼이고 죄이면서 알 껍질의 저항력이 한결 커진다.
> 이렇듯, 알 껍질은 밖으로부터 오는 힘에 대해서는 알을 품는 어미의 무게를 견딜 수 있을 만큼 단단하고, 안으로부터 오는 힘에 대해서는 새끼가 쉽게 깨고 나올 수 있을 만큼 약하다.
> ― 베르나르 베르베르, 『쥐의 똥구멍을 꿰맨 여공』(열린책들, 2001), 80~81쪽.

그녀가 쌀가루를 양푼에 붓더니 소금을 손가락으로 두어 번 집어넣었다. 엄지와 검지로 살짝 집어 올린 양을 그녀는 한 꼬집이라고 일컬었다. 그 낱말을 처음 들었을 때, '꼬집'이란 낱말이 참 예쁘다는 생각을 했다. 그렇게 엄지와 검지로 살짝 꼬집듯 집으니까, 꼬집이라고 했을 것 같다. 분량이 그리 많지 않음에 초점을 둔 낱말로, 사전에 등록된 자밤이 있다. 양념 따위를 손가락을 모아서 그 끝으로 집을 만한 분량을 세는 단위가 '자밤'이다. 또 손가락 끝에 잡힐 만한 분량으로 잇따라 집는 모양을 '자밤자밤'이라고 일컫는다. 물론 자밤도 예쁜 말이긴 하지만 꼬집이 더 앙증스럽단 생각이 든다. 대체적으로 꼬집이 엄지와 검지, 단 두 개의 손가락 끝으로 한정하는 편인데, 자밤은 엄지, 검지, 장지 세 손가락 끝이라고 특정되는 경우도 볼 수 있다. 어떻게 보면 꼬집이 자밤보다는 약간이라도 더 적은 분량을 가리키는 낱말일 수도 있다는 것이다.

여하튼 그녀가 방금 손가락으로, 두어 번 집어넣었으니까, 양푼에 두 꼬집 분량의 소금을 넣은 게다. 그리고는 뜨거운 물을 쳐 가며 익반죽을 시작했다. 손으로 꾹꾹 치댈수록 반죽이 차지게 된다.

— 내일 끓일 거 아니에요?

— 미리 맹글어서 냉장고에 넣어 둬도 괘안타. 낼 아직에 쑥다리 제재소에서 개피쪽 한 차 오기로 안 했냐. 암만케도 바쁠 것 같애서 미리 맹글어 놓는 거다.

주물럭주물럭 반죽을 치대는 그녀의 손길을 물끄러미 바라보고 있는데, 그녀가 한숨을 내쉬며 말을 꺼냈다.

— 니한테는 이런 얘길 안 했다만, 아래께 저녁엔 니 아버지 정신이 아예 나간 것 같더구나. 목욕간에 있는데 빨리 옷 좀 달라구 하는 거야. 그래서 무슨 옷이냐고 했더니, 글쎄 목간 타이루 바닥이 너무 차서 앉아 있을 수가 읎다고 하더구나. 증말 그땐 정신이 나갔나 싶더라.

— 의사도 그러더군요. MRI 사진에서도 허연 부분이 자꾸만 늘어나잖아요. 그 허연 덩어리가 기억을 서서히 잠식한다더군요. 그렇게 들어차면 찰수록 기억이 흐릿해질 수밖에 없는 거라구요. 치매가 와도 벌써 왔을 건데, 정신력으로 버티고 있다고밖에 볼 수 없다고 하더군요. 보통 사람 같으면, 지금 저 상태에서는 가족이고 뭐고 아무도 몰라볼 거라고 하잖아요.

그녀는 대꾸 없이 반죽만 치댔다. 그의 머릿속처럼 허연 반죽. 그녀는 그렇게 허연 덩어리를 치대고 있었고, 그 또한 허연 덩어리와의 치열한 싸움을 하고 있었다.

그녀가 치댄 반죽을 조금씩 떼어 동글동글하게 빚었다. 그녀가 빚은 새알의 크기는 한결같았다. 먼산바라기하며 반죽 떼어 내어 손으로 궁굴리는데도 새알의 크기는 일정했다. 소쿠리에 담긴 그 새알들이 소곤닥거리는 듯했다. 중국 화첩을 보면 새들은 알에서 태어나기 때문에 그 형태는 머리, 꼬리, 날개, 두 발을 덧붙인 모습을 닮았다고 나오는데, 알의 형태로부터 새를 전개하고 있다. 그녀가 빚는 새알에서도 모름지기 새가 전개되고 있었다.

 그가 다시 손짓으로 의사를 전달하려는 신호를 보였다. 여전히 언어는 입 밖으로 새어 나오지 않고 있었다. 입을 크게 벌리고 후두에서 어렵게 끌어낸 언어의 싹눈을 공기 중에서 소리로 변환시키려고 무던히도 애써 보지만, 안타깝게도 발아할 기미가 보이지 않았다. 가망 없다는 걸 알아챘는지, 이번엔 그가 치켜든 손을 두어 번, 입으로 가져가는 제스처를 취했다. 그녀에 의하면, 그저께부터 밥 한 술 뜨지 않았다고 했다. 아무래도 배고플 때가 됐겠다, 싶었다.

 ─ 식사, 요?

 손을 입 쪽으로 가져가며 먹는 시늉을 내보였더니, 그가 천천히 고개를 주억거렸다. 밤 열한 시가 가까워지고 있었다.

 보시시, 그녀가 방문을 열었다. 소반엔 묽게 쑨 죽 한 사발과 간장 종지, 마늘장아찌와 계란장조림, 그리고 고등어조림이 찬그릇에 단출하게 차려져 있었다. 고등어조림은 평소 쓰던 전골냄비가 아닌 뚝배기에 담겨져 있었다. 아마도 그녀는 고등어조림을 적당량 뚝배기에 덜어 내 데웠을 것이다. 뚝배기에 담긴 음식은 숟가락을 놓을 때까지 쉬이 식지 않는다. 고등어를 좋아하는 그가 음식을 섭취하는 속도가 예전만 못하기에 조금이라도 배려하는 의미에서 뚝배기에 덜어 데우지 않았을까 하는 생각이 들었다. 언젠가 설렁탕집에 그와 그녀를 데리고 간 적이 있었다. 이 집이 음식 솜씨 좋다고 소문도 났고, 방송에도 몇 번 나왔고, 하는 순간, 주문한 설렁탕이 탁자 위에 놓였다. 턱 놓이자마자, 오랜만의 식사 대접이기에 괜찮은 식당에 모시고 올 수밖에 없었다고 우쭐댄 게 민망스러울 만한 장면이 이어졌다. 그는 탁자 위에 놓인 설렁탕을 보고선, 아니 설렁탕 담은 용기를 보고선 일갈했다.

그렇게 음식 잘한다는 집이 스덴 그릇이 뭐냐?

자고로 설렁탕은 뚝배기에 담겨야 제맛을 낸다, 라는 일설을 설파했다. 그의 천부당만부당한 얘기를 듣곤, 설렁탕에 스테인리스 용기는 좀 아니다, 싶은 생각이 폐부에 미세 먼지처럼 깊숙이 파고들었다.
계속 누워서 지내다 보니, 소화가 잘 안 되는 편이어서 근간엔 죽만 찾는다고 그녀가 첨언했다. 앉아 있는 것도 힘들지만, 누워서는 죽을 섭취하기가 더 힘들 수도 있기에 억지로라도 앉혀야 했다. 자꾸만 뒤로 자빠지려 하기에 등 뒤쪽에 앉아 그를 지탱했다. 수저든 그의 오른손이 심하게 떨렸다. 아직 사발에 담긴 죽을 뜨지도 않았지만, 저런 상태로 수저질하기는 무리인 듯싶었다. 그녀가 수저를 건네받으며 바투 다가앉았다. 그녀가 수저로 죽을 떠, 그의 입으로 가져갔다. 그는 입을 벌려 죽을 끌어당겼다. 이틀이나 음식을 섭취하지 않아 배가 고팠던지, 입 안으로 끌어당긴 죽을 오물거리지도 않고 목구멍으로 넘겼다. 그녀는 죽을 뜬 수저 위에 마늘장아찌와 계란장조림을 번갈아가며 얹었다. 그리고 그가 좋아하는 고등어도 젓가락으로 발라 수저 위에 얹었다. 그는 수저를 입 가까이 갖다 대는 대로 한입에 총망히 끌어당겼다. 몹시 시장했다는 의미였다.

왼팔은 편마비偏痲痺로 펼 수 없을 정도로 옥은 상태였다. 가슴팍 근처로 가져간 왼손은 마치 탁구공 하나를 살포시 움켜쥔 듯했다. 왼 팔뚝을 부드럽게 주무르다가 앙가조촘 오므린 손가락을 살살 펴 보았다. 손에 쥔 탁구공을 절대 빼앗기지 않겠다는 듯 그의 눈언저리가 일그러졌다. 이미 뻗두룩하게 굳은 터라 손가락 펴기도 쉽지 않았다. 그녀가 떠 준 죽을 입 안으로 끌어당길 때마다 그는 왼팔을 조금씩 추어올리는 모양새를 취했다. 이미 추진력을 잃어버린 날갯죽지에 동력이 생길 리 없지만, 그 푸덕거리는 모양새가, 마치 부러진 날개를 추스르는 듯 보였다. 그렇게 기억을 잃어버린 날개를 허망하게 추어올리며, 씁쓸히 먹이를 쪼고 있었다. 슬프도록 먹이를 쪼는 그를 보고 있노라니, 퇴화가 진행되고 있는 날갯죽지는 고래 뒷다리 뼈처럼 흔적만 남을지도 모른다는 애달픈 생각마저 들었다.

그는 죽 한 사발을 싹 비웠다. 그녀가 싹싹 긁어 주는 마지막 수저까지 입 안으로 끌어당겼다.

— 더 드실래요?

그만 됐다는 듯, 고개를 갸웃댔다. 그는 평소 끼니에 욕심을 내지 않았다. 많이 먹는 걸 보기라도 하면 미련하다며 혀를 차는 편이었다. 그러나 그가 그날 먹은 죽 한 사발은 이생에서의 마지막 식사이기도 했다.

— 그럼, 담배 태우실래요? 소화 좀 되게…….

그가 다시 고개를 갸웃댔고, 그렇게 밤은 깊어만 갔다. 속을 가늠할 수 없을 만큼 깊숙한 곳으로 밤이 마냥 빠져드는 것만 같았다. 하염없이 빠져드는 밤을 어쩌면 다시 건져 낼 수 없을지도 모른다는 생각이 얼핏 들었다. 그러나 개의치 않겠다는 듯, 하냥 그랬듯, 담담하게 밤은 깊이 빠져들고 있었다.

 밤바람이 몹시 차가웠다. 화장실에 다녀온 후, 주방으로 향했다. 안방 귀 갑창살엔 십오 촉짜리 백열전구가 내뿜는 빛이 은은하게 드리워져 있었다. 취침 시간엔 늘 십오 촉짜리 등을 켜 놓는 편이다. 불빛이 꽈리 열매처럼 익어 있었다. 그 십오 촉짜리 백열전구가 야금대며 소릿결까지 빨아들였는지 기척조차 새어 나오지 않지만, 그의 타이머 기능은 여전히 작동되고 있을 것이다.

 목이 마르기에 냉장고 문을 열었다. 랩에 싸인 고등어 한 손이 노려보고 있었다. 꼭 뭔 짓을 하다가 들킨 것처럼 눈꼬리가 새치름하게 들려 있었다. 꽁냥꽁냥. 늘 그랬듯, 살가운 포즈를 풀 생각이 전혀 없는 듯했다. 집에서는 지연이 물병을 늘 냉장실 문 쪽 칸에 넣어두기에 습관적으로 냉장고 문을 연 것이다. 싱크대 위를 보니, 결명자 넣고 끓인 물이 담긴 주전자가 얌전히 놓여 있었다. 그녀는 웬만하면 물을 냉장고에 넣어 두지 않는다. 여름에도 미지근한 물을 마실 정도로 찬 것을 좋아하지 않기 때문이다. 냉장고 문을 도로 닫으려다가 소쿠리에 담긴 새알을 보고 말았다. 동글동글 빚어 놓은 새알은 싱싱한 냉기를 잔뜩 머금으며 부화를 도모하기라도 할 듯 바동거렸다.

 탁란托卵. 덩치 큰 냉장고는 친절히도 알을 품어 주고 있었다. 괴이쩍기만 한 뻐꾸기는 그러한 규칙을 악용하는 편이지만, 재갈매기는 다른 알도 기꺼이 품어 준다고 한다. 리처드 도킨스Richard Dawkins가 쓴 『지상 최대의 쇼』(김영사, 2009)를 보면 갈매기에게 있어 알의 인지가 크게 중요하지 않다고 하는 대목이 나온다. 재갈매기는 자기의 알을 구별하지 못하기 때문에 다른 알을 기꺼이 품어 주며, 가짜 나무 모형과 바꿔 놓아도 그 모형을 품어 준다고 할 정도다. 그러나 바다오리는 자기가 낳은 알을 표면의 반점 모양으로 구별하고, 알을 품고 있는 도중에는 그것들을 차별적으로 아낀다고 한다. 이렇게 자기 알만 구별하여 품으려고 애쓰는 걸 보면, 대체적으로 이타적 행동은 취하지 않는다는 걸 알 수 있다. 그리고 뻐꾸기 알을 대신 품는 명금류는 자기 알의 겉모양을 터득한 것이 아니라 자기 종의 특유한 표식이 있는 알을 본능적이고 차별적으로 보살핌으로써 속임수에 대항한다. 그렇기에 뻐꾸기의 알은 대개 발각되기 마련인데, 운 좋게 발각되지 않은 알만 뻐꾸기라는 얄미운 종족의 보존을 담당하게 된다는 것이다.

   초등학교에 취학하기 전, 찬물배미에서 종다리 알을 집으로 가져온 적이 있었다. 14호 태풍 베티가 몰고 온 집중호우로 논두렁이 터지고 말았는데, 두렁을 보수하려는 그를 따라 찬물배미로 향했다. 그는 톱을 들고 밤나무를 자르기 시작했다. 밤나무가 잘 부식되지 않고 야물기 때문이기도 했지만, 논 옆에는 밤나무가 유독 많이 자생하고 있어서 간벌해 줄 필요 또한 있었다. 어지간히 잘랐다 싶었는지 그가 너럭바위에 걸터앉아 담배를 꺼내 물었다. 당시 그가 피우던 담배는 필터가 없고 타르 함량이 20mg이나 되는 누런 포장의 새마을 담배였다. 그가 잠시 쉬는 틈을 타, 톱을 들고 베어 놓은 나무를 반으로 자르기 위해 톱질을 시작했다. 그러나 톱질이 시원찮은 탓에 톱날이 왼손 검지 위를 스치고 말았다. 이내 검붉은 피가 빠르게 손등을 적셨다. 그가 급히 담배 한 개비를 꺼내더니, 종이 벗긴 담뱃가루를 상처 부위에 얹고 러닝셔츠 아래쪽을 조금 뜯어 왼손 검지를 감싸주었다. 애쑥을 찧어서 상처 부위에 바르곤 했는데, 이른 봄이어서 쑥이 아직 싹을 틔우지 않았을 때였는지라, 급한 김에 담뱃가루로 지혈한 것이었다. 당시 머리에 생긴 기계총頭部白癬에도 빨부리에 묻은 담뱃진을 상처 부위에 바르곤 했다. 불결한 이발 도구로 인하여 두피가 감염되는 증상을 '기계독'이나 '기계총'으로 부르기도 했는데, 길창덕의 만화 『꺼벙이』(1969)의 기계총 땜통 자국은 당시 그닥 별스럽지 않은 모습이었다. 그리고 오적골烏賊骨이라 부르는 참갑오징어 뼈에서 나온 가루를 민간요법으로 사용하기도 했고, 아까징기라고 일컫던 빨간약을 상처 부위에 쓰곤 했는데 수은이 함유되어 있기에 80년대 이후 퇴출되고 말았다. 그는 조금만 참으면 아픈 것도 나아질 것이라며 어깨를 토닥여 주고는 베어 놓은 나무를 두렁으로 옮기기 시작했다. 함마 든 그가 두렁에 군데군데 말뚝을 박는 걸 너럭바위에 앉아 지켜보았지만, 상처 부위는 성가실 만큼 깔쭉거렸다.

너럭바위 뒤쪽에 핀 노란 민들레꽃이 바람에 살랑였다. 무료하기에 그리로 향했다. 민들레 옆에는 둥지가 있었고, 다섯 개의 알이 봄볕을 받으며 쌔근거리고 있었다. 알 하나를 집어 들고 그에게 가져가서 무슨 알이냐고 물으니, 종다리 알이라고 했다. 종다리는 둥지를 나무 위에 짓지 않고, 보통 두렁이나 풀밭 등에 짓는 편이다. 당시 집에서 키우던 토종닭의 알 색깔과 흡사한 종다리 알을 잠바 주머니에 살며시 집어넣었다. 그리스 신화에 나오는 켄타우로스Centauros를 닮은 구름이 짯짯이 노려보고 있었다.

집으로 돌아와, 윗목에 놓아둔 책상 서랍 속에 솜뭉치를 깔고 알을 고이 얹어 놓았다. 앉은뱅이책상은 제재소에서 켜 온 가죽나무 판재로 그가 만

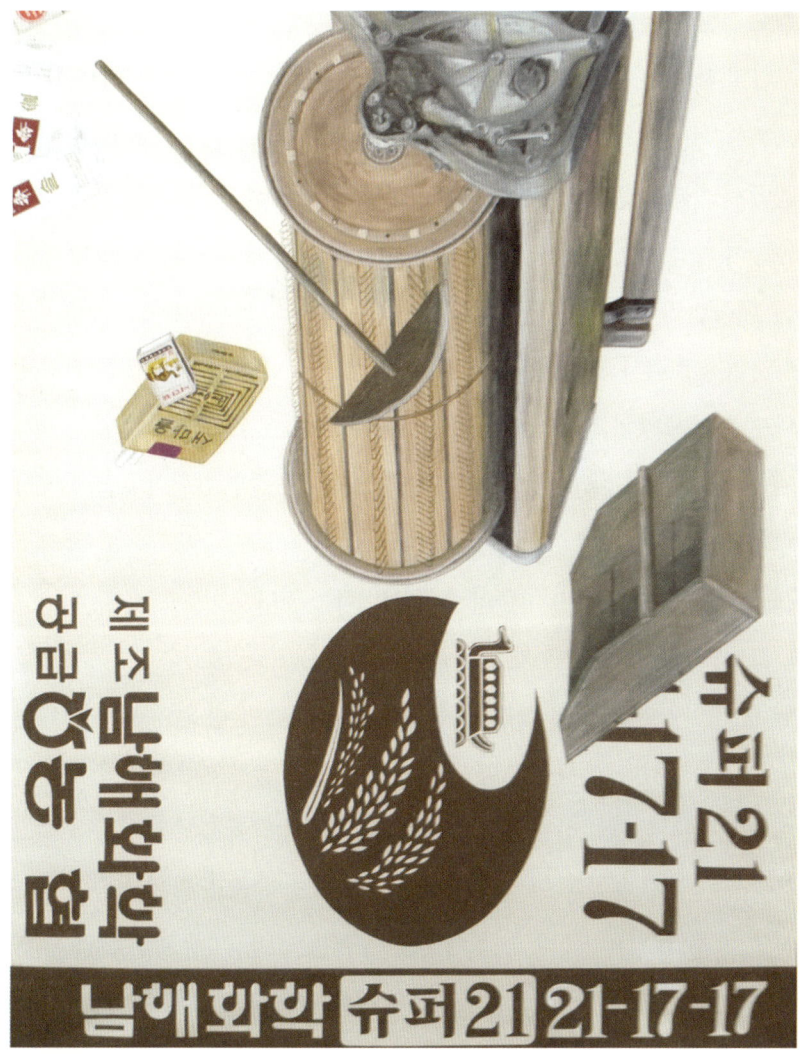

남해 슈퍼21
굴통을 발로 밟아 돌리면서 낟알을 떨어내던 족답 탈곡기(足踏脫穀機)와 필터가 없어 타르가 20mg이나 되던 '새마을' 담배(1966년 출시, 당시 가격 10원)

들어 준 것이었다. 아래쪽을 쥐고 열 수 있게 송편 모양의 앙큼한 손잡이를 부착한 책상은 가죽나무의 고운 결 때문에 은연한 멋이 묻어 나왔다. 발그스름한 색상의 책상엔 작은 책꽂이까지 놓여 있었는데, 달골에 사는 친척 집에서 가져온 만화책 등이 꽂혀 있었다. 그중에서 만화 『손오공』(한성학, 1968)이 가장 기억에 남아 있다. 신통력을 지닌 손오공이 거는 유명한 주문은 '우랑바리 다라랑'이었다. 정확히는 '우랑바리 다라나 바로웅 무따라까 따라마까 쁘라냐'였는데 '우랑바리 다라랑'으로 줄여서 부르곤 했다. 틈만 나면 송편 모양의 앙큼한 손잡이를 열고 서랍 속에 있는 종다리 알을 향해 '우랑바리 다라랑'을 외치곤 했다. 그러나 꼬리가 길면 잡힌다고 그에게 발각되고 말았다.

— 개똥아. 알은 어미가 품어 주어야만 하는 거다.

그때까지만 해도 종종 개똥이로 불릴 때가 많았다. 예전부터 반상班常 구별 없이 아명을 천하게 짓는 게 상례였는데, 그래야 병 없이 오래 산다는 속설 때문이었다. 개똥이로 부를 때면 이맛살이 절로 찌푸려졌고, 친구들이 있는 데서는 창피하니까, 절대 그렇게 부르지 말아 달라고 했음에도 그는 아랑곳하지 않았다. 조선 고종의 아명도 개똥이였고, 황희 정승의 아명은 도야지였다는 것이다. 그렇게 누구나 개똥, 소똥, 말똥으로 불릴 수 있는 것이고, 귀할수록 천박하게 아명을 짓는 경우가 비일비재하다면서 너무 서운하게 듣지 말라고 타일렀다. 그러나 그가 얘기한 '귀하다'란 형용사가 어벌쩡한 말눈치처럼 느껴질 뿐이었다.

— 개똥아. 아무래도 알을 제자리에 갖다 놓는 게 좋지 않겠니?

결국 찬물배미에서 가져온 종다리 알은 사흘 만에 서랍 속에서 벗어나게 되었다. '지게에 쟁기 얹고 소 몰고 나서는' 그를 따라 찬물배미로 향했다. 방천길을 따라 내려가며, 손오공이 외는 주문 '우랑바리 다라랑'도 결국 별수 없다는 생각만 했다.

> 새는 알에서 나오려고 싸운다. 알은 곧 세계다. 태어나려고 하는 자는 하나의 세계를 깨뜨려야 한다.[1]

알은 '알다'라는 동사에서 파생되었다고 한다. 알은 새가 어둠을 몰아내며 만든 결과물이다. 그렇기에 알은 옅 또는 깨어짐이란 의미도 있다고 한다. 그리고 불교에서의 알은 무지無知의 껍데기를 깨고 시공을 초월한 깨달음을 얻는 과정을 상징한다. 새가 어둠을 몰아내듯 냉장고 둔중한 소음 속에서 오늘 밤 새알도 기어이 어둠을 뚫을 것처럼 느껴졌다. 냉장고가 새알 품고 있듯 십오 촉 백열전구의 안온한 빛깔, 주렁주렁 달린, 윗니로 깨물고 후우 불면 뽀드득 소리를 내던 그 꽈리 열매가 그를 포근히 품어 주고 있는 안방을 흘깃거리며 마루에서 내려섰다. 삐거덕, 역시나 마룻바닥이 삐걱거렸다. 오후 참에 손본다는 걸 깜빡했다. 내일은 꼭 손봐야겠다는 다짐을 두고 아래채로 향했다. 밤바람이 사뭇 찼다.

심한 도리질 때문이었던지 베갯잇이 쓸리는 소리에 급히 눈을 떴다. 머리맡에 놓아둔 주전자 주둥이에 입을 갖다 대고 물을 벌컥벌컥 들이켰다.

---

[1] 헤르만 헤세, 『데미안』(미래타임즈, 2019), 138쪽.

꿈이었다.

　소 몰고 가는 그를 따라 두렁길을 걷고 있었다. 지게엔 끙게가 실려 있었다. 뉘엿뉘엿 떨어지는 해는 금세라도 산잔등에 올라탈 듯했다. 잔양殘陽에, 지게 진 그의 그림자가 구부렁한 두렁길 위에 길게 출렁거렸다. 나락 타작 끝낸 논은 이미 쟁기로 갈아 놓은 상태였지만, 보리나 밀을 파종하기 전에 끙게로 땅부터 한번 삶아야 했다. 그는 가을걷이를 끝내면 토꼬머리 밭은 보리, 싱거이 밭은 밀, 웃란들 논엔 마늘, 이렇게 정해 놓았고, 어느 정도 햇수가 됐다 싶으면 돌려짓기하곤 했다. 나락 밑동을 뒤엎어 놓은 쟁깃밥 사이를 얕은 바람이 주무르고 있었고, 여름내 땅에 뱄던 누기는 바람 타고 굽이진 쟁깃밥 위에서 너울거렸다.

　그는 멍에 메운 소 등에 등바를 적당하게 늘어뜨려 끙게의 양쪽을 고정시켰다. 등바를 너무 길게 늘여놓으면 끄는 소가 거북스러웠고, 너무 짧으면 소의 뒷발굽이 끙게 앞쪽에 채여 거치적대기에 합당한 간격을 맞춰야 했다. 끙게는 통목 네댓 개를 뗏목처럼 엮어 논을 썰 수 있게끔 만든 것으로, 밑 쪽은 자귀로 다듬지 않고 한 뼘 정도 거친 가지를 남겨 두었다. 그 들쑥날쑥한 부분이 땅을 훑으며 흙덩어리를 잘게 부쉈다. 논을 삶다 보면 가지가 부러지거나 닳아버리기에 해마다 끙게로 쓸 나무를 준비해 놓곤 했다. 끙게 위에 무거운 돌을 얹어 끌 때도 있으나, 그는 끙게질을 할 때면 태워줄 테니 같이 가자며 꼬였다. 그 끙게 위에 앉아 있으면 호시타는 기분이었기에 두말 않고 따라나서곤 했다. 어렸을 때, 무엇을 타거나 어디에 얹혀 기분 좋은 상태를 사투리로 '호시타다'라고 표현했다.

　소가 끌 준비를 하자마자 끙게 위에 올라탔다. 그가 고삐를 가볍게 흔들자 소가 쟁깃밥 위로 나아가기 시작했다. 밑 쪽에 남겨 놓은 뻬주룩한 가지가 덩이진 쟁깃밥을 쪼갰기에 끙게가 지나간 자리는 노글노글해졌다. 그는 고삐로 조정하며 소의 방향을 설정했고, 소는 고삐의 당김 정도에 따라 나아갈 방향을 알아차렸다. 끙게 위에 앉아 그가 고삐를 당기거나 느슨하게 푸는 낌새를 맡을 수는 없었으나, 두렁 끝에 다다르면 왼쪽 또는 오른쪽으로 틀어야지, 하며 속으로 주문을 넣곤 했다. 손오공이 외던 우랑바리 다라랑이 아닌, 수리수리 마수리. 물론 그가 쥔 고삐에 의해 조정되는 거였지만, 소는 주문에 성실했고, 원하는 쪽으로 방향을 틀었다. 마치 마법사들이 쓰는 아브라카다브라Abracadabra 같은 술법이 통하는 듯했다. 그렇게 몇 바퀴 오가다 보면, 소가 두렁 끝에 다다를 때쯤 스스로 방향 틀 준비를 하고 있었다. 그쯤 되면 소도 순리로움을 알아차렸다는 뜻이다.

　소를 부릴 때, 무엇보다 중요한 것은 소와의 교감이다. 앞으로 나아가고자 할 때는 '이랴, 이랴', 멈추고자 할 때는 '워, 워', 왼쪽으로 돌 때는 '나로', 바른쪽으로 돌 때는 '일 나로', 소가 전혀 다른 방향으로 틀거나, 가고자 하는 라인을 벗어날 때는 '어뎌, 어뎌', 라는 소리로 일러준다. 소도 말귀를 알아먹기에 그 구령에 맞춰 방향을 설정하고 그러한 병존 방식을 쿨하게 수용하기에 이른다. 그러나 진정한 교감이 이루어지면, 소도 방향을 틀기 전에 이쯤에서 그가 구령을 곁들이라는 것을 내심 기다리는 듯한 제스처를 보인다. 일단 멈칫거리며 반 박자 쉬게 된다. 그가 구령을 붙이지 않아도 소는 알아서 방향을 틀겠지만, 그는 빠뜨리지 않고 추임새 넣듯 구령을 곁들였다. 교감은 소가 품고 있는 야성과 화해해 나가는 과정이었다.

　추임새는 상대방을 추어올리다, 라는 말에서 유래되었다고 한다. 그렇게 추어올리기 위해 추임새를 넣는다. 판소리꾼이 관객의 추임새를 먹고 살듯, 소도 추임새를 먹고 산다. 얼씨구, 잘한다, 그렇지, 하고 추임새를 해 주면 더욱 신명이 나는 법이다. 그는 이랴, 하며 고삐로 재촉할 때도 세게 후려치지 않는다. 살살 흔들면 고삐가 너울을 타면서 소의 배 부분만 건드렸다. 그의 손에서 전해진 나풀거림이 고삐를 통해 이어지지만, 소는 이랴, 하는 추임새에 벌써 걸음 뗄 준비를 끝낸 상태다. 고수가 북채로 북통의 끄트머리를 살짝 치며 장단 짚듯, 고삐로 살짝 퉁겨주어야만 소도 장단을 맺고 푸는 정도를 몸으로 받아들이게 된다. 추임새는 소리로만 하는 게 아니라 때로는 사소한 장단 한 가락에도 요량할 수 있게 되는 것이다. 그건 소뿐만 아니라 모든 동물이 가지고 있는 본능 의식이며 그 수용 방법도 별반 다르지 않다.

유년 시절, 집에서 키우던 개에게도 그는 그랬다. 당시 텔레비전에서 인기리에 방영되던 바이오닉 우먼Bionic Woman「소머즈」(연출 케네스 존슨, 1976)에 나오던 셰퍼드가 맥스였다. 키우던 개가 셰퍼드 품종은 아니었지만, 맥스라고 부르면 쏜살같이 달려왔다. 마치 제이미 소머즈로 분한 린제이 와그너Lindsay Wagner가 맥스라고 부르면 어김없이 달려오는 것처럼. 맥스는 그가 부르면 더 반가워하는 것 같았다. 꼬리를 살랑대면 그는, 아이고 예쁘지, 배고프지, 아이고 착해라, 라는 추임새를 빠뜨리지 않았다. 맥스도 머리를 들이대고 쓰다듬어 달라는 아양스런 행동을 내보였다. 그가 뒷덜미를 살살 쓰다듬으면, 맥스는 재빨리 벌렁 드러눕는 동작을 취했다. 녀석은 정해진 수순을 알고 다음 동작을 선보이는 것이다. 배를 손으로 쓸어달라는 제스처인데, 그 요구에 응해 주기라도 하면 이내 오줌을 찔끔거릴 정도로 좋아했다.

 그가 술에 취해서 집에 들어오는 날이면 맥스는 마루 위까지 올라오곤 했다. 사실 맥스에게 마루 위, 라는 위치는 어림도 없는 곳이었다. 맥스도 그걸 알고 순응했지만, 그는 마루 위, 라는 곳의 범접을 이따금 허용했다. 그의 무릎에 맥스의 머리를 뉘게 하고 살살 쓰다듬어 주었다. 어느 날, 그가 맥스를 끌어안고 마루 끝에 앉아 막걸리를 들이켜던 적이 있었다. 오봉에 안주가 차려져 있어도 맥스는 탐내지 않았고 침을 삼키지도 않았다. 오로지 맥스가 원하는 건 그의 변함없는 손길이 전부인 듯 보였다. 그녀는 그런 그를 아주 못마땅하게 여겼지만, 그는 아랑곳하지 않고 맥스를 살살 어루만져 주었다. 심지어 맥스의 입에다 뽀뽀할 때도 있었다. 이쯤 되면, 보다 못한 그녀가 빨랫방망이를 집어 들게 된다. 입맞춤 끝낸 맥스는 그의 품에서 벗어나 재바르게 도망쳐야만 했다. 그녀의 강짜 아닌 강짜를 맥스도 인식하고 있었기 때문이었다.

 그는 원체 동물을 좋아했고, 또 동물과 교감하는 걸 즐겼다. 소가 그의 말에 성실히 따르는 것도 그러한 교감에서 나온 것일 수 있는데, 동물들의 감각적 능력을 충분히 인지하고 있었기에 가능한 것이었는지도 모른다. 오래 전부터 그가 즐겨 시청하는 TV 프로그램이 「동물의 왕국」(KBS 1TV, 1969년 첫 방송)이었는데, 그건 어쩌면 필연적 판단이었다고 생각지 않을 수 없었다.

 끙게로 두 번 정도는 삶아야 땅이 만만해졌다. 처음엔 대충 썰지만, 두 번째 썰면 한층 노글노글해졌다. 그래도 부서지지 않은 흙덩이는 곰방메를 들고 다니며 깨뜨려야 했다.

 끙게를 타고 다니면서 주의해야 할 점은 무엇보다 소의 동태를 잘 살피는 것이었다. 소가 오줌 누거나 큰 걸 쏟아 낼 때면 꼬랑지를 쳐들곤 한다. 오줌 눌 때는 살짝 쳐들지만, 큰 거라면 그보다 더 쳐들었다. 터벅터벅, 움직임에 따라 꼬랑지를 부드럽게 살랑이다가, 조금이라도 쳐들 기미를 보이면 잽싸게 끙게에서 내려야 했다. 어김없이 소는 안반짝만 한 엉덩짝 사이로 배설물을 와장창 쏟아 냈다. 뒷다리 바로 밑에 쏟아 내는데, 질퍼덕한 그것은 끙게 위까지 튀기도 했다. 소가 꼬랑지를 쳐들 기미를 보이면 그는 소의 진행을 다그치지 않았다. 그 다그치지 않음으로써 끙게는 멈추었고, 그 정지한 틈을 노려 끙게에서 피신할 수 있게끔 배려했다. 소가 물추리막대 사이로 배설물을 쏟아 낼 때는 진득했다. 그렇게 한참을 쏟아 내더라도 천천히 기다려야 했다. 그 배설물이 작물의 성장을 돕는 밑거름이 되기도 했지만, 소가 진득하게 쏟아 내는 그 시간은 숭고해 보이기까지 했다. 그도 고삐를 느슨하게 늦추고 경건한 자세로 기다렸다. 목가적인 풍경을 많이 그렸던 밀레Millet, Jean Francois가 만약 한국 풍경을 그릴 기회가 있었다면 아마 이런 그림도 그리지 않았을까, 추정될 정도로 그 광경은 숙엄하게 느껴졌다.

　기도를 끝낸 듯, 그가 한마디 했다. 그러고 보니, 오늘따라 그는 유독 말이 없었다.

　개똥아. 잘 살아.

　다시 끙게에 올라타며 갸우뚱댔다. 왜 저런 얘길 갑자기 하지, 라는 생각이 들었지만 되묻지 않았다. 그도 다시 고삐 잡고 소를 몰았다. 그렇게 두

풍년표 요소
멍에와 끙게 그리고 충주 제6비료공장(한국종합화학, 1973년 준공)에서 생산된 비료.
아래쪽에 '너도나도 유신주체 번영위해 앞장서자'가 문구가 표기.

어 바퀴 더 돌았을 때, 그가 다시 잘 살아, 라고 하는 것 같기에 뒤돌아보지 않을 수 없었다. 그러나 그는 아무 말 없이 소의 움직임만 주시하며 고삐를 조정할 뿐이었다. 엇들을 수도 있겠다, 싶었다.

끙게가 지나간 자리마다 서서히 어스름이 깔리기 시작했고, 얼쩡거리던 바람도 그 위에 깐깐하게 스며들고 있었다. 어둑해지기 전에 끙게질을 끝내야 했지만 그는 서두르지 않았다. 소는 일정한 보속을 유지하고 있었고, 끙게의 속도도 그에 따라 고르게 진행되고 있었다. 끙게에 느긋하게 앉아 흐름을 따르는 도리밖에 없었다.

제법 어두워졌는데도 소의 보폭은 한결같았다. 어서 끝내려면 좀 서둘러야 하지 않겠느냐고 생각했으나 잠자코 있었다. 소는 묵묵하게 앞으로 나아갔다. 얼마나 지났을까. 자세히 보니, 소의 고삐가 바닥에 질질 끌리고 있었다. 그가 고삐를 놓친 게 틀림없었다. 재빨리 뒤돌아보았다. 그는 없었다. 어디로 갔지, 생각하며 끙게에서 폴짝 뛰어내렸다. 아무리 둘러보아도 그는 보이지 않았다. 목청껏 불러보았으나 답이 없었다. 소는 묵묵히 끙게를 끌고 논을 휘젓고 다니고 있었고, 쌀쌀맞은 바람만 시근 없이 나부낄 뿐이었다. 애타게 그를 부르는 소리는 앞산에 부딪쳐 반향이 되어 돌아왔고, 땅거미는 퍼드러지게 내려앉고 있었다. 마냥 무서웠고, 눈시울도 뜨거워졌다.

꿈에서 '지게에 쟁기 얹고 소 몰고 나서는' 오래전의 풍경이 연상 작용으로 작동되지 않았을까. 찬물배미에서 가져온 종다리 알을 도로 가져다 놓았을 때의 기억과 내재되어 있던 무의식적 소망이 질서적 연계 고리로 작용하지 않았을까, 하는 생각이 들긴 했다. 어쨌든, 꿈이긴 했지만.

III

진흙 위의 **발자국**

설니홍조 雪泥鴻爪

        人生到處知何似(인생길 이르는 곳은 어떠할까)
        應似飛鴻踏雪泥(기러기가 진흙 밟는 것과 같으리)
        泥上偶然留指爪(진흙 위에 우연히 발자국 남았어도)
        鴻飛那復計東西(날아가면 어찌 다시 방향을 헤아리랴)
                    — 소동파, 「和子由澠池懷舊」

  그는 쌔근쌔근 잠들어 있었다. 엊저녁에도 아론 정 두 알과 천심액 한 병을 챙겨 먹은 터라 아무래도 약발이 오래갈 것 같았다. 원래 아론 정 두 알만 주려고 했는데, 두 알을 삼킨 그가, 약봉지에서 꺼내 놓은 천심액까지 넌지시 손으로 가리켰기에 뚜껑을 비틀지 않을 수 없었다.

  그녀가 커피 탄 머그잔을 건네주었다. 그리고 나서 팥 넣은 양은솥에 물을 자작하게 붓더니, 가스레인지 레버를 돌렸다.

  — 이따가 햇기 나면 리어카 끌고 가서 큰 버드낭구 앞에 부려 놓은 개피쪽 좀 실어오너라.

  — 벌써 가져다 놨대요.

  찬장에서 체를 꺼낸 그녀가 고개를 끄덕이고는 쳇불을 툭툭 털었다. 삶은 팥을 으깨서 앙금을 가라앉히기 위해 미리 찾아놓는 것이다. 천천히 커피를 마시며, 엊저녁 꿈 얘기를 하려다가 슬그머니 후두 속으로 밀어 넣었다. 아침 댓바람부터 꿈 얘기는 하는 게 아니라고 그녀가 수도 없이 했던 말이 떠올랐기 때문이다. 커피만 홀짝거리고 있는데, 다름 아닌 그녀가 그 카드를 넌지시 꺼내 들고 있었다.

― 엊적엔 꿈자리가 몹시도 시끄럽더구나.

아침 댓바람부터 그런 얘기는 하는 게 아니라면서요, 라고 하려다가 꾹 눌렀다. 그녀 또한 꿈자리가 분명히 뒤숭숭했기에 그 카드를 뽑아 들지 않았겠느냐는 생각 때문이었고, 당최 꺼내 들지 않는 카드를 꺼낼 정도였다면 필시 꿈자리가 몹시도 사나웠다는 얘기였다. 커피를 들이켜면서도, 눈길은 어느새 식탁 중앙에 세로로 길게 깔린 쟈가드 러너Jacquard Runner의 하얀 색사色絲가 짓는 문양을 따라다니고 있었다. 그렇게 따라가다 보면, 마치 그 문양의 끄트머리쯤에 구하고자 하는 실마리가 있기라도 한 것처럼.

― 뭔 꿈을 꾸었는데요?

솥에 물이 끓자, 그녀는 행주로 솥전을 감싸 쥐고 개수대에 말끔히 따랐다. 다시 솥에 새 물을 붓고 레버 돌려 불을 댕겼다.

― 아니다.

뭔 말을 할 듯 말 듯 하더니, 아니다, 라고 아주 짧게 맺음을 했다. 그녀가 아침부터 생전 않던, 그런 얘기를 꺼냈다면 틀림없이 연유가 있을 것이라고 여길 수밖에 없다. 궁금증이 시나브로 차올랐다. 머그잔을 싱크대에 올려놓고, 다시 식탁 의자에 앉았다. 혹여나 그녀가 뭔 말을 할지도 모르기 때문이기도 했고, 엊저녁에 내가 꾼 꿈 얘기도 해야 하나, 말아야 하나, 갈피 또한 정리할 필요를 느꼈기 때문이다. 다시 끓어오르자, 뚜껑 열고 찬물 반 대접을 부었다. 조금 지나서 다시 끓어오르려고 하자 수도꼭지를 틀어 미리 대접에 물을 받아 놓았다.

― 그렇게 물을 조금씩 부어 줘야 하는 거예요?

예전에 지연이 국수 삶을 때도 이와 같은 방법으로 끓인다고 알려 줬기에 익히 알고 있었지만, 그 말 외에는 별다른 말이 떠오르지 않았고, 그렇게 약간 뜬금없는 대화라도 이어가다 보면, 그녀도 할 듯 말 듯 했던 얘기를 조심스레 꺼내지 않겠느냐, 하는 생각도 들었기 때문이다. 대접에 받아 놓은 물을 마저 붓더니 레버 돌려 불의 세기를 낮추며 그녀가 답했다.

― 그래야 팥이 부드럽게 익는다. 빨리 익기도 하구.

그녀에게 몇 마디 더 건넸지만, 뒤숭숭하다던 꿈자리 얘기는 꺼내지 않을 성싶었다. 어느 정도 예상했지만 역시 정석에서 비껴가지 않았다. 그녀의 행위를 눈여겨보면서, 쟈가드 러너 문양 또한 놓치지 않고 꾸준히 쫓았지만 하얀 색사는 와문渦紋만 빙빙 그리고 있을 뿐이었다. 의자에서 일어나 밖으로 나왔다.

금방이라도 눈이 쏟아질 듯 잔뜩 흐려 있었다. 상고대樹霜 허옇게 핀 감나무에서 참새 몇 마리가 조잘대고 있었다. 큰 버드나무 밑에 부려 놓은 죽데기를 실어 나르기 위해 리어카를 끌고 나갔다. 리어카로 예닐곱 번 정도 날라야 할 정도로 많은 분량이었다. 뒤란으로 돌아가는 처마 밑에 재어 놓고, 담배를 꺼내 물었다. 엊저녁 꿈에서 잘 살아, 라고 그가 두어 번 얘기한 것 같았는데 곱씹어 봐도 미심쩍었다. 감나무 쪽으로 시선을 돌리니, 그렇게 조잘대던 참새도 떠나고 없었다. 연기를 길게 내뿜으며 하늘을 올려다보았다.

솔개 한 마리가 우중충한 허공 위에서 어슬렁거렸다. 죽데기를 실어 나를 때 아랫골목에서 애들이 조잘대는 소리가 나는 것 같았는데, 솔개 한 점을 공중에 찍어 놓고는 시시덕거리고 있었다. 문구사에서 흔히 살 수 있는, 솔개가 그려진 비닐 연이었는데, 예전에 신문을 잘라 만들었던 연보다 가벼워서 그런지 훨씬 바람을 잘 품었다. 그렇게 허공으로 솟구친 솔개가 한 점이 되어 있었다. '한 점이 되어라 한 점이 되어라 내 마음속에 한 점이 되어라'라는 라이너스Linus 노래처럼. "날갯짓도 없이, 한동안, 꿈쩍도 않는, 새"를 보고 시인 손택수도 "점 하나를 공중에 찍어놓았다 점자라도 박듯 꾸욱 눌러놓았다"[1]라고 표현한 바 있는데, 그렇게 솔개 한 마리가 바람을 읽고 구름을 읽으면서 골똘할 표정을 짓고 있는 듯했다. 연은 한자로 '솔개 연鳶'자를 쓴다. 공중 높이 떠올라 빙빙 돌며 먹이를 찾는 모습이 마치 연이 떠 있는 모습과 비슷해서 붙여진 듯하다.『훈몽자회』엔 '쇠로기 연'이라고 나오는데, 옛말 '쇠로기'는 음운 환치에 의해 '소리개'로 변했다. 그러나 표준어 규정을 보면, 본말인 소리개보다 준말인 솔개를 더 널리 쓰므로 솔개만 표준어로 삼는다고 나온다. 재밌는 것은 영어 Kite도 연이라는 뜻 외에 솔개를 가리키기도 한다.

  연을 띄울 때, 연이 잘 올라가도록 연을 잡고 있는 사람을 말똥지기라고 불렀다. 어렸을 때, 큰 꼬리 달린 가오리연을 만들어 띄울 때면, 그 말똥지기 역할을 참으로 많이도 한 친구가 준성이었다. 종종 토끼털 귀마개를 하고 다녔던 준성이가 가오리연의 멱살을 잡고 적당한 곳까지 가서 바람의 흐름을 파악하고 멱살을 놓아주면 스르륵스르륵 헤엄치기 시작했고, 이내 연은 하늘 속으로 급격히 빨려 들었다. 준성이가 그 역할을 도맡아 하게 된

---

[1] 손택수,「새」,『나무의 수사학』(실천문학사, 2010), 22쪽.

건, 순전히 신문을 얻기 위해서였다. 가오리연을 만들려면 신문이 필요했고, 꼬리를 길게 늘이면 늘일수록 더욱 멋들어지게 하늘에서 헤엄치는 것 같았기 때문이다. 말똥지기 역할을 부러 부탁하지 않아도 준성이는 그 역할을 자처했고, 바람의 방향, 세기 등을 가늠하며 어느 정도 거리에서 연을 놓을 것인가까지 기막히게 조절할 줄 알았다. 간혹 그 역할을 다른 아이가 할 때면 연이 날아오르다가도 갑자기 곤두박질치곤 했는데, 준성이가 나서면 그런 일은 거의 벌어지지 않았다. 그리고 보면 준성이는 말똥지기 역할에 일가견이 있는 듯했다. 준성이가 움켜쥔 멱살을 놓는 순간 가오리연은 방생한 물고기처럼 허공 위를 힘차게 헤엄쳐 나갔다. 꼬리지느러미를 생기롭게 파닥이며 허공으로 빠져드는 물고기를 보며 준성이는 귀마개에서 팔락대는 토끼털처럼 깜찍스러운 표정을 짓곤 했다.

얼레 머리를 높직이 쳐들고 줄을 계속해서 풀려나가게 하는 걸 통줄 준다고 하는데, 연은 그렇게 멀리 날아가서 별박이가 되곤 했다. 그렇게 한동안 한 점이 되어 있던 연은 바람 때문인지 저절로 연줄이 끊어지곤 했는데, 그걸 '머지다', 라고 일컬었다. 그러면 액厄이 연과 함께 멀리 날아가는 것이라 여겼다. 다시 연기를 길게 내뿜었다.

죽데기에서 묻은 탑새기를 탁탁 털고 마루로 올라섰다. 안방에서는 아직 기척이 없다. 주방 문 틈새로 팥죽 끓는 냄새만 솔솔 새어 나오고 있다. 흠흠, 기척을 하며 안방 문을 열었다. 그는 가만히 누워 있었지만, 자는 것 같기도 하고, 눈을 흐리멍덩하게 뜨고 깨어 있는 것 같기도 했다. 옆에 앉아, 손으로 그의 눈앞을 두어 번 휘저어 봤다. 그가 어른거리는 손을 인지했는지, 고개를 이쪽으로 천천히 돌렸다. 깨어 있었던 모양이다.

―아침, 드실래요?

그가 힘겹게 고개를 가로저었다.

―물이라도 드릴까요?

―담배는?

―기저귀를 갈아드릴까요?

그렇게 몇 마디를 더 건넸지만, 언어중추 장애 때문에 그는 여전히 소리를 내지 못하고 손을 펴서 휘젓거나, 또는 고개를 끄덕이거나 가로젓거나 하며 그가 낼 수 있는 표현 방법을 최대한 동원하고 있었다. 생각했던 대로 조짐이 심상찮았다. 무슨 말을 하고 싶음이 너무 간절해 보였다. 그의 표정에서도, 그가 휘젓는 오른팔에서도 그 낌새가 흥건하게 묻어 나왔다. 그가 손을 휘젓거나 고개를 가로젓거나 할 때, 묘한 떨림이 새어 나왔지만 제대로 읽어 낼 수가 없었다. 청각 장애를 가졌던 마림바Marimba 연주가 이블린 글래니Evelyn Glennie는 살갗에 전달되는 진동과 리듬, 파장만으로도 소리를 경험한다고 했지만, 그가 표현하는 잔파동에서 의향조차 읽어낼 수 없다는 게 무척이나 안타깝기만 했다.

엊저녁 꿈이 다시 떠올랐다. 언어 중추 장애 때문에 의사를 제대로 전달할 수 없었기에 묵시를 위한 진공의 시간을 의도적으로 설정하고, 잘 살아, 라고 했던 게 아닐까, 하는 어림짐작이 들었다. 달리Salvador Dali의 그림 「코끼를 비추는 백조」에서 물 위에 뜬 세 마리 백조와 수면에 드리운 그림자, 그것은 놀랍게도 코끼리 형상이었다. 그림을 뒤집어봐도 똑같은 이미지였다. 쪽매맞춤Tessellation이 정교한 수학적 원리 속에서 삐까뽀 불빛처럼 도는 듯했다. 이내 엊저녁 꿈이 맞을 것만 같은 불길한 예감이 뇌리 속을 강하게 지배하기 시작했다. 눈시울이 뜨거워졌다. 그에게 안심되는 말과 염려 놓을 말을 하니, 역시 고개를 주억거렸다. 그렇게 한동안 속이 바짝바짝 타들어 가는 절절한 소통이 이어졌다.

안 되겠다, 싶어, 기저귀를 갈기 위해 그가 입고 있는 트레이닝 바지를 내렸다. 좀 전에 기저귀를 갈아드릴까요, 라고 물었을 때, 그는 고개를 갸웃거렸지만, 기저귀 안쪽 고흡수성 수지가 잔뜩 요尿를 머금고 있었다. 축축한 기저귀를 벗겨 내고, 새 것으로 채웠다. 등에 난 혹심한 등창도 치료하기 위해 약이 담긴 소쿠리를 꺼냈다. 드레싱 끝낼 때까지 그는 고분고분했고, 의식 치르듯 정성을 들였다. 장롱 열어 새 옷도 꺼내 입혔다.

갈아입힌 옷가지를 들고 마루로 나오니, 허공을 빙빙 돌던 솔개 한 마리가 우듬지 근처에서 얼쩡거리고 있었다. 앙상한 가지를 달고 있는 나무는 박수근朴壽根의 그림에 나오는 겨울나무와 무척이나 닮아 있었다. 박수근의 그림은 온통 그런 나무들 뿐이다. 가지가 잘리거나 심하게 뒤틀리거나 세월의 무게에 짓눌리거나, 또는 죽은 나무들. 텅 빈 하늘조차 떠받치기 힘들 만큼 버거운 나무들. 격풍이 불어오면 존재의 무게를 홀가분히 던져버릴 것만 같은 나무들. 그런 나무들을 부둥켜안고 있는 화강암 표면 같은 공간의 비애.

애들이 연실 끊어 액운을 멀리멀리 날려 보냈으면 좋겠다는 생각도 들었지만 좀 전과는 달리 솔개가 저공비행만 거듭하고 있었다. 여전히 주방문 틈새로는 팥죽 끓는 냄새가 솔솔 새어 나오고 있다. 어쩌면 솔개가 달콤한 팥죽 냄새를 맡고 저렇게 얼쩡대는 건 아닐까, 하는 생각마저 들었다.

안방 상인방上引枋 위엔 그와 그녀의 사진이 나란히 걸려 있다. 영정으로 쓰려고 십여 년 전에 찍어 놓은 사진이다. 그가 마흔 후반쯤, 동네마다 돌아다니며 초상화를 그려주던 사람에게 부탁하여 초상 사진을 제작한 적이 있었다. 쉰도 안 된 터라, 아무래도 초상 사진을 벽에 걸어 놓기가 뭐 했는지 줄곧 트렁크 속에 넣어두긴 했지만, 그는 그게 액땜이 된 것 같다고 여기고 있었다. 초상 사진을 장만하게 된 건, 그가 쉰도 못 살 것이라는 얘기가 공공연하게 나돌았기 때문이기도 했다. 당시 오래도록 병마에 시달리고 있었기에 어쩌면 그런 쑥덕공론이 나도는 것도 그리 유별나 보이지 않았다고 한다.

  개찰구에서 승차권 개찰용 가위를 든 역무원이 표식하듯, 스무 살 때의 기억이 찰칵, 독특한 금속음을 내며 뇌리에서 되살아났다. 대구 사는 친구를 만나러 비둘기호를 타고 내려가게 되었다. 동대구역에서 내려 공중전화로 연락하니, 파티마병원 옆에 자리한 문전약국 앞으로 오라는 것이다. 행인들에게 물어 가며 병원 쪽으로 발걸음을 옮겼다. 병원 앞 횡단보도에서 신호를 기다리는데, 건너편 돌담길이 강렬하게 시선을 끌어당겼다. 정문 앞 성모 마리아상과 백 미터 남짓 되는 돌담길이 무척이나 낯익은 풍경으로 다가오는 것이었다. 그동안 대구에 들르긴 했으나 파티마병원 근처에 오기는 처음이었다. 그러나 언젠가 이 길을 스쳐 지나간 적이 있을 거라는 묘한 생각이 뇌리를 지배하기 시작했다. 이러한 감정을 데자뷰Deja vu라고도 하지만, 돌담길과 성모상은 분명히 처음 대하는 장면이 아니라는 생각이 강하게 작용하고 있었다. 혹여 성모상은 면 소재지 공회당 앞에 세워져 있던 조각상과 비슷해서 착각할 수도 있지만, 돌담길은 와 본 적이 있는 곳처럼 친숙하게 다가오고 있었다.

  집으로 돌아와 그녀에게 그 소회를 털어놓으니, 내가 돌 무렵, 파티마병원에 간 적이 있다는 거였다. 당시 그는 늑막염으로 고생하고 있었는데, 복수가 차오르는 바람에 파티마병원으로 급히 전원하여 치료를 받게 되었다는 얘기를 들려주었다. 그렇게 그녀는 어린 나를 업고 황간역에서 동차를 타고 대구 파티마병원으로 네댓 번 내려간 적이 있다고 했다. 그녀의 등에 업힌 채 바라봤던 돌담길, 그 기억의 단편이 완전히 지워지지 않고, 친구를 만나러 간 날, 불쑥 떠오르게 된 것 같았다. 비록 돌 무렵에 희미하게 인지한 광경이었지만, 돌담길이 지각 작용에 상당한 영향을 끼쳤기 때문에 신경 화학적인 요인이 뇌리에서 다시 강하게 되살아난 게 아닌가, 생각될 수밖에 없었다.

  돌 무렵의 기억 단편이 세월이 한참 흐른 뒤에 불쑥 작용하는 건 다소 의외라는 생각이 여전하지만, 여섯 살 때, 그와 통도사에 들른 기억은 아직도 어렴풋이 떠오르곤 한다. 그 기억 필름이 다시 작동할 수 있었던 건, 아무래도 그때 찍었던 사진 때문이 아닌가 생각된다. 통도사 일주문과 삼층석탑 앞에서 그와 찍은 흑백사진 몇 장이 앨범에 꽂혀 있는데, 긴 반바지를 추어올리며 걷고 있다. 예전에는 아이들에게 꼭 맞는 옷을 사 주는 것보다 몇 년 더 입을 수 있게끔 이왕이면 좀 큰 것을 사 입히곤 했기에 새로 장만한 반바지의 바짓단을 그렇게 양손으로 추켜든 것 같다. 실소를 자아내는 그 사진 때문에 통도사에서의 기억이 더욱 각인되었는지도 모르겠다. 그리고 통도사는 불상이 없는 사찰로도 유명한데, 그 사진 얘기를 꺼낼 때면, 그는 어느 절에 불상이 있고 없고의 문제는 이야깃거리도 되지 않는다고 했다.

— 극락이 있다고 하는 사람들은 잠잘 때 꿈속에서 잠꼬대하는 소리와 같다고 하더구나. 죽어서 극락이나 가려고 염불하고 기도를 올리고 하는데, 사람이 맹글어 놓은 부처는 허수아비에 불과하다고 성철 스님이 얘기한 적이 있다. 그는 일생 동안 부처 앞에 절하거나 목탁 두들기며 염불한 적이 한 번도 없다는 게지. 그 성철 스님도 통도사에 머무른 적이 있다고 하더구나.

그렇게 통도사는 기억 속에 아직도 잔존해 있고, 그가 들려줬던 얘기는 그 기억 회로를 더욱 말랑거리게 했다. 여하튼 돌 무렵 접했던 돌담길에 대한 단편은 오랜 시일이 지난 뒤에 묘한 기시감既視感으로 되살아났기에 그렇게 경험적 대상으로 조심스레 단정지을 수 있었다.

여하튼 그가 쉰도 못 넘길 것이라는 얘기가 공공연하게 나돌 즈음 작정하고 장만한 초상 사진은, 통도사에 들렀을 때 찍은 모습과 흡사했다. 일주문 앞에서 찍은 사진에서는 허름한 잠바 차림이지만, 초상 사진 속에서의 그는 당초무늬가 그려진 말쑥한 넥타이를 매고 있는 게 다를 뿐이었다. 당시 시골에서 넥타이 맬 일도 없었고, 사진 찍을 때도 물론 넥타이를 매진 않았겠지만, 그의 성격으로 볼 때, 어쩌면 그런 부자연스런 모습이 왠지 쑥스러워 벽에 걸어 놓지 않았는지도 모를 일이었다.

— 뭣보다, 니 에미가 참으로 고생 많았지.

그는 오래전 늑막염으로 투병하던 시절을 회상할 때마다 그녀의 고생담을 양념감으로 덧얹었다. 그가 파티마병원으로 전원하여 치료를 받기 전에는 직지사역 근처에 있는 조그마한 의원에서 가료 중이었다. 정 의사가

여섯 살 때 그와 통도사에서 찍은 사진(1971년).

침도 놓아주고, 간단한 시술도 하며 환자를 돌보던 곳이었다. 시설이 괜찮은 도시의 병원에 입원해야 했지만 비싼 병원비 때문에 엄두가 나지 않기에 정 의사가 운영하던 의원은 늘 환자들로 북적였다. 또 큰 병원에서 수술 등을 받은 후, 비싼 입원비를 감당하지 못하는 환자들이 병후 조리를 위해 찾기도 했다. 큰 병원에 며칠만 입원해도 나락 한 포대가 나갈 정도였다고 하니, 당시 상황이 충분히 짐작되고도 남았다. 하지만 말이 의원이지 외양은 일반 살림집과 별다르지 않았으며, 아래채에 딸린 방에서 기거하며 치료를 받았다. 아래채엔 그렇게 몇 개의 방이 있었고, 공동으로 사용하는 부엌이 딸려 있었다. 물론 식사도 보호자들이 직접 해야 했기에 식기와 양은 솥 등도 각자 챙겨야 했다. 늦가을이라 온돌방에 군불도 넣어야만 했기에 땔감 또한 직접 준비해야 했다. 괘방령 재를 넘을 때마다 리어카를 끌고 다녔는데, 비포장도로인 데다가 요즘보다 더 심한 구부렁길이었기에 리어카에 짐을 잔뜩 싣고 그 재를 넘나드는 게 보통 일이 아니었다. 그녀가 그렇게 괘방령 재를 넘으면서 가쁜 숨을 몰아쉴 때도 등 뒤에 업혀 있었고, 그가 파티마병원에서 치료 받을 때도 등 뒤에 업혀 있었다. 가마니 짤 때 아랫목에 재워 놓으면, 바디 내리치는 소리에도 잘 깨지 않았다고 한 얘기가 떠올라, 언젠가 그녀에게 물어보았다. 천장에 매달려 있던 꿀단지를 쳐다보고 까르르 웃기도 했다던데, 괘방령 재를 넘을 때도 등에 얌전히 업혀 있었느냐고 물었다. 자갈이 수북한 경사진 도로에서 리어카를 끄는 것만도 힘들었기에, 심하게 보채기라도 했으면 그녀를 더 힘들게 하지는 않았을까, 하는 노파심이 발동된 물음이었다.

— 한번은 몹시 칭얼거리기에 그케 자꾸 아망떨면 괘배이(괘방령) 재에 내

려놓고 간다 했더니 울음을 뚝 그치더구나. 당시만 해도 괘배이 재에 호랭이가 돌아댕기곤 했거든. 등에서 치근댈 쩍마다 호랭이 얘기를 꺼냈는데 그게 약발이 있었능가 보더구나. 말끼를 그리 들어먹을 때도 아니었는데 말이다.

그러면서 그녀는 눈웃음을 환하게 흘렸다. 예전에 '곰쥐' 또는 '망태 영감'을 끄집어내어 어린애를 달래곤 했지만, 그녀는 오래전에 멸종된 호랑이까지 천연덕스레 소환하고 있었다. 일제의 마구잡이 사냥이 한국의 호랑이와 표범 멸종의 원인이라며 일본대사관 앞에서 호랑이 영정을 들고 1인 항의 시위를 했다는 기사[2]를 휴대 전화로 검색하여 그녀에게 보여주고는 그녀의 반응을 조심스레 살폈다. 그녀는 눈을 가볍게 흘기더니 주먹으로 뒤 허리만 두드려 댔다.

— 참, 일기예보 봤냐? 베랑간 허리가 이땀시 들쑤시는지.

그녀의 능청맞은 동작이, 예전에 그렇게 널 업고 다니느라 허리가 요 모양 요 꼴이 됐다, 는 무언의 행위로 비쳤다. 그녀는 먼산주름을 바라보며 뒤 허리를 툭툭 두드렸다. 소견머리 없이 객쩍은 얘기만 꺼냈다는 생각도 들었지만, '곰쥐'나 '망태 영감'처럼 호랑이 담배 먹고 곰이 막걸리 거르던 시절이 어쩌면 유효한 실체로 작용했겠다는 생각 또한 들었다. 참고로 도깨비의 원형이 사자獅子라는 글을 오래전에 읽은 적이 있다. 사자를 친근한 이미지로 빚어낸 도깨비는 벽사초복辟邪招福의 피조물이라는 것이다. 해태獬豸도 사자를 본뜬 것으로 상상 속의 동물이 아니라 한반도에 서식한 적이

---

[2]「한국호랑이 멸종원인 일제통치 항의」 연합뉴스, 2004. 2. 26.

없었을 뿐이라는 것이다. 그 사자가 석등이나 부도, 기와 등 실생활에 다양한 형태로 변형되어 등장했다는 그럴듯한 얘기였다.[3] 좀 더 고증이 필요하다는 생각이었지만.

어쨌든 십여 년 전, 초상 사진을 다시 찍게 되었고, 사진 속 그와 그녀는 상인방 위에서 편안한 표정으로 안방을 굽어보고 있었다.

그가 다시 뭔 말을 하려고 입술을 굼틀거렸다. 좀 전보다 더 절절한 표정이었다. 입 모양으로는 도무지 알 수 없었고, 손짓 또한 힘이 많이 빠진 상태였다. 그가 버겁게 오른손을 치켜들었다. 바투 다가앉아 그 오른손이 가리키는 방향을 주시하며 곤두서는 긴장을 애써 억눌렀다. 손가락 끝을 보니, 아마도 천장에 달린 형광등을 가리키는 것 같았는데, 보름 전쯤 그녀가 해 준 얘기가 떠올랐다.

─ 천장에 달린 형광등을 보구, 글쎄 야구용품이라고 하더구나. 지다란 형광등이 야구 빠따로 보였던 모양이더구나. 낭중에 정신 채렸을 쩍에 다시 물어보니, 언제 내가 그캤냐구 박박 우기더라만.

─ 그렇게 정신을 놨다, 다시 잡고 할 수밖에 없겠지요. 그래도 정신 줄을 끝까지 안 놓고 버티는 건 대단하다고 볼 수밖에 없는 거지요.

설마 이번에도 기다란 형광등을 보고 야구 배트로 생각하는 게 아니기를 바랐다. 몸이 성할 때만 해도 그는 텔레비전에서 중계되는 야구 경기를 빼놓지 않고 시청할 정도였다. 예전 그가 다녔던 아키타상업중학교秋田商業

---

[3] 이재열, 『불상에서 걸어 나온 사자』(주류성, 2004)

中學校에도 야구부가 있었고, 육상 연습을 하면서 운동장에서 열리는 경기를 흥미롭게 지켜보곤 했단다. 그렇기에 일본식 발음에 익어 있을 수밖에 없었다. 프로야구가 시작될 무렵엔 베어스를 응원했는데, 베어스가 연고지를 서울로 옮기고부터는 자연스레 이글스 팬이 되어 있었다. 이쯤에서 장종훈이 호무런을 쳐주야 할 텐데, 발 빠른 이정훈이 요번에도 포볼을 골랐네, 라며 눈을 부릅뜨고 화면을 응시하곤 했다. 홈런을 호무런 또는 호므랑이라 했고 볼넷으로 순화되었어도 포볼을 고수했다. 몸에 맞는 공 또는 히트바이피치Hit by pitch도 여전히 데드 볼이었다. 때론 김태균이 호므랑 때렸다, 송진우의 맛스구는 역시, 라고 일컬으며 흥분할 때도 적지 않았다.

— 장마철엔 피차들이 야구할 맛이 나지. 공이 손에 착착 감기거든.

습도가 높은 탓에 소가죽으로 만든 야구공의 표면도 눅눅해지고 탄력 또한 떨어져 맑은 날보다 타구의 비거리가 줄게 되고, 게다가 공기 저항도 많다고 한다. 그리고 9회 말 투 아웃까지 비록 지고 있더라도, '끝날 때까지 끝난 게 아니다It ain't over till it's over'라고 한 양키스New York Yankees 포수 요기 베라Yogi Berra의 말을 들먹이며 투 스트라이크 이후까지 지켜보자고 할 정도였다. 그렇게 열렬히 시청하곤 했는데, 몸이 안 좋아진 후부터는 야구 경기도, 「가요무대」도, 「아침마당」도, 「전국노래자랑」도, 「인간극장」도 크게 흥미를 느끼지 못하고 있었다.

그가 형광등을 가리킨 의미가 뭔지 곰곰이 생각해 보았다. 아무래도 형광등이 야구용품이라고 유추되지는 않았을 텐데, 그럼 뭘까. 그 오른손으로 취한 행위의 의미를 도통 짐작할 수 없었다. 순간, 멜빌Herman Melville의

『백경Moby Dick』이 떠오르긴 했다. 보통 캄캄한 암흑을 두려워하는 편이지만, 실제로 더 두려운 건 하얀 빛일 수 있다, 라며 흰색에 대한 공포를 묘사한 부분이 있다. 창백한 흰색의 심오한 이념 속에 있는 포착하기 어려운 그 무엇, 어떤 색보다도 사람에게 더 공포를 주는 그 무엇. 보이지 않는 두려움보다는 보이지만 어쩔 수 없는 두려움이 진짜 공포일 수 있기 때문이다. 혹여 산화마그네슘처럼 환한 형광등 불빛을 두려워하는 건 아닐까, 해서 묻지 않을 수 없었다. 심신이 나약해진 상태에서는 별 대수롭잖은 사물도 문득 두려움의 대상이 될 수 있다는 생각에서다. 잘 끼워져 있는 형광등이 떨어질 리 없겠지만, 형광등 한 개에는 토끼 한 마리를 죽일 수도 있는 수은이 평균 25mg이나 들어 있다고 하는 걸 신문에서 본 적이 있다. 물론 그가 보던 신문에 나온 기사였으니, 그 또한 그 기사를 읽었을 것이다.

─혹시 형광등 불빛이 너무 부셔서 그런 거예요?

아무런 표정의 변화가 없기에 그런가 보다, 생각하며 벽 쪽에 붙은 스위치로 향하려 할 때, 그가 힘없이 고개를 저었다. 아무래도 그게 아닌 모양이다. 그러면 뭐예요, 라고 물어도 선뜻 답할 수 없으니, 그의 애타는 심정이 이해되지 않는 바는 아니지만, 그걸 지켜보는 것 또한 곤혹스럽긴 마찬가지였다. 다시 그의 오른손이 굼틀거리더니 서서히 치켜들었다. 예의 주시했다. 아울러 입 모양도 언어를 내뱉으려는 행위를 취하고 있었다. 힘겹게 치켜든 손이 얼굴로 다가왔다. 오른손이 얼굴을 두어 번 쓰다듬었지만, 그의 입에서는 여전히 어떠한 말도 새어 나오지 않았다. 그렇게 그가 손을 치켜든 것은 마지막으로 자식의 얼굴을 쓰다듬고 싶다는 의미였는지도 모르겠다, 쓰다듬었다기 보다는 그냥 두어 번 스쳐가는 듯했지만, 그 행위는 쓰다듬으려는 의지를 지니고 취한 동작임이 틀림없다고 믿고 싶어졌다. 그만큼 그의 오른손이 헤친 허공은 오래도록 봉합되지 않을 성싶었다.

정말이지, 「드래곤 볼」(토리야마 아키라, 1984)에 나오는 최강의 필살기 원기옥元気玉이라도 있었으면 싶었다.

이제 때가 된 듯싶었다. 그를 보내야 할지도 모른다는 생각이 지배적으로 작용하고 있었다. 이렇게 하루하루 고통 속에서 견뎌야 하는 무의미한 삶보다는 편한 곳으로 떠나는 게 더 낫겠다는 생각마저 들었다. 그렇게 별의별 생각이 빠르게 교차했다. 현실과 비현실의 경계가 쿨렁쿨렁 흔들렸다. 여전히 누선淚腺이 뜨거웠지만, 억지로 밀어 넣었고, 울컥 치밀어 오르는 미묘한 기운도 도로 삼켰다. 그에게 그런 모습을 보이고 싶지 않았다. 나약한 모습을 보이면 떠나는 그도 마음이 편치 않을 것 같았기에 다시 입술을 옥깨물었다. 의연함을 잃지 않으려고 눈에 힘도 주었고 목구멍 힘줄 또한 조였다.

— 이제, 편하실 거예요. 아버지가 이곳에서 할 수 있는 일은 다 하셨어요. 그러니 마음 편히 잡수셔요.

그가 힘없이 고개를 주억거렸다. 그는 자식에게 '잘 살아', 라는 그 한마디를 건네려고 간밤의 꿈에 나타났던 게 맞을지도 모른다는 생각이 다시 팽팽 스쳤다. 대신 꾸어주는 꿈을 대리몽이라고 하는데, 어떤 심적 표상을 전달하고 싶은 간절함이 그런 식으로라도 신호를 보내게 한 건 아니었을까. 자식에게 마지막 말이라도 건네고 싶은데, 자기 입으로는 도저히 발음

할 수 없으니, 잠재의식의 표상인 꿈을 통해 의식 속에 존재했던 심상, 그러니까 '지게에 쟁기 얹고 소 몰고 나서는' 오래전의 풍경과 접목하려 했던 건 아니었을까. 여하간 그의 옥은 왼팔을 쥐고, 다시 한번 또박또박 얘기해야만 할 것 같았다.

―잘·살·게·요.

고개를 주억거리던 그가 다소 마음이 놓이는 듯한 표정을 보였다. 이발하고 머리 감겨줬을 때처럼 안온한 표정 지으며, 치켜들었던 오른팔을 가만히 내려놓았다. 현실과 비현실이 마구 뒤엉키고 겹쳐지는 거대한 모순의 나락으로 빠져드는 기분이었다. 들숨이 멈추기 직전, 지나온 역정들이 시간의 순서와 배열에 상관없이 눈앞에서 그려진다고 한다. 그걸 '전경화'라고 일컫는다. 오랫동안 그의 눈빛에서 그런 기미가 감지되었다. 얼마나 지났을까, 이상하다 싶어, 그의 얼굴 가까이에 대고 숨소리를 들어보려 했지만 희미한 숨소리조차 새어 나오지 않았고, 그의 가슴에 손을 얹고 심장의 고동을 느껴보려 했지만 역시 허사였다. 이미 모든 기능이 멈춰버린 상태란 걸 알 수 있었다. 어렴풋이 잠든 것처럼 보이는, 그의 반쯤 감긴 눈을 가만히 감겼다.

그녀는 주방에서 끓인 팥죽을 그릇에 퍼 담고 있었다. 그가 운명했다고 전하니, 팥죽도 넉넉히 끓여 놓았는데 못 드시고 갔다, 며 허허탄식했다.

편마비로 펼 수 없을 정도로 옥은 왼손과 팔을 부드럽게 주물렀다. 바르게 펴는 수시收屍을 해야 하는데, 아무리 펴려고 해도 옥은 왼손과 팔은 도저히 펴지지 않았다. 되도록 펴야 하지만, 억지로 펴지 않았다. 아니, 억지로도 펼 수 없었다. 그냥 놔두고 싶었다. 고통을 내지르지 않겠지만, 내지를 수조차 없겠지만, 억지로라도 펴는 순간, 그가 고통스러울 것 같다는 생각 때문이었다. 굳기 전에 바로 잡는 것도 중요하나, 그렇다고 부러뜨리면서까지 펼 순 없었다. 바로 잡으려면 옥은 만큼 반대쪽으로 부러뜨려야 하는데, 차마 그럴 수 없었다. 더 이상 고통을 주고 싶지 않았다. 그는 이미 어떠한 표현 기능도 상실한 상태지만, 떠나는 그를 더 이상 아프게 하고 싶지 않았다. 뭐든지 바로 잡는 것만이 능사가 아니라는 생각만 들었다. 가만히 두는 게 결례가 될 수도 있으나, 그 어떠한 것도 믿고 싶지 않았고, 바르게 펴 드리는 게, 떠나는 그에 대한 범절이라고 할지라도 이번만큼은 거부하고 싶었다. 그렇기에 더더욱 미안했다.

장례식장에 연락하고, 마당으로 나와 담배를 꺼내 물었다. 억지로 꾸역꾸역 삼켜야만 했던 뜨거운 기운이 그제야 복받치듯 쏟아졌다. 복받친 기운은 눈, 코, 입 등 뚫린 부분을 통해 줄줄 쏟아져 내렸다. 한껏 토해 낸 후, 아래채 곳간으로 들어가서 수의를 챙겼다. 열세 번째 달인 여벌달 들었을 때 장만해 두었던 것으로, 혹여 곰팡이가 슬거나 쥐가 건드릴까 봐, 들보에 높이 매달아 놓았다. 그녀가 왼쪽 께 니 아버지 꺼다, 라고 했던 얘기가 떠올라 나무 상자를 디디고 올라서서 수의 보따리를 끌렀다.

동네 사람들이 하나둘 모여들었다. 옆집 곽 노인이, 그가 입던 두루마기를 왼손에 들고 마당에 서서 초혼을 했다. 북쪽을 향해 선 곽 노인이 두루마기를 지붕으로 던지며 복復을 세 번 불렀다.

복!

복!

복!

그는 돌아올 기미조차 없었고, 안방 상인방上引枋 위에 걸린 그의 초상 사진을 내려야 했다. 남아 있는 그녀의 사진만이 썰렁한 안방을 내려다보고 있을 뿐이었다.

감나무 가로수의 가지마다 핀 상고대가 바닷속 산호같이 곱다. 가슴 시리도록 곱다. 운구차에 실려 병원으로 가는 그는 더 이상 창밖 풍경을 보지 못하지만, 다시 눈발이 날리고 있었다. 편한 잠을 자면서도 차창 밖에 흩날리는 눈발을 분명히 느낄 것만 같았다. 저번에 병원에서 되돌아오는 날에도 눈을 뽀드득 밟고 싶은 마음이 간절해 보였듯, 여전히 눈 위를 사뿐사뿐 걷고 싶을 것이다. 그 달뜬 가슴은 콩닥콩닥 뛰어야 하건만, 그는 조용히 잠만 잤다. 운구차가 눈 펑펑 날리는 쾌방령을 힘겹게 넘고 있었다.

소동파蘇東坡 시에 나온 설니홍조雪泥鴻爪가 머릿속에서 지근댔다. 녹기 시작한 눈 위에 남겨진 기러기의 발자국을 뜻하는 말이다. 저 멀리 날아가는 기러기가 다시 돌아오기 위해 눈 위에 새겨 놓은 흔적, 조만에 가뭇없이 사라지고야 말.

다시, 적막 속에서 끊임없이 울컥대는 뜨거움 한 꼭지.

속절없는 뜨거움 한 꼭지.

별의 노래

> 혼자만 잘 살믄 별 재미 없니더.
> 뭐든 여럿이 노나 갖고,
> 모자란 곳을 두루 살피면서 채워 주는 것,
> 그게 재미난 삶 아니껴.
> ― 전우익, 『혼자만 잘 살믄 무슨 재민겨』
> (현암사, 2002) 서문

   병원에 도착하니, 검안서 작성을 위한 필수 절차라며 흉부 X선 사진부터 찍었다. 응급실 한쪽에 마련된 커튼을 젖히고 침대를 밀며 들어가니, 천정에 달린 X선 기계가 눈을 부릅뜨고 잔뜩 긴장하는 눈치였다. 그렇게 마지막으로 찍은 흉부 X선 사진에서도 그는 능동적 수면 상태를 고수하고 있었다. 깊이 든 한잠에서 깨어나고 싶지 않으려는 듯했다. 안치실은 지하에 있었다. 직원으로 보이는 남자가 이동식 침대 가드를 밀면서 엘리베이터 버튼을 눌렀다. 안치실에 들어서자마자 잘 굴러가던 캐스터Caster 바퀴도 긴장한 듯 머뭇거렸다. 남자는 햇솜으로 그의 코와 귀를 막고, 부드러운 베를 아래턱에서 귀 뒤로 감아올리더니 머리 위에서 매듭지었다. 발도 가지런히 모으고 베로 묶었다. 차가워 보이는 스테인리스 서랍관 속으로 밀어 넣을 때까지도 그는 세상모르고 잠만 잘 뿐이었다. 남자가 망자명과 안치번호를 적은 종이를 건넸다.

   장례식장 사무실로 올라가니 출상일, 장례법 등을 세세하게 물었다. 빈

소는 특1호실로 정했다. 안내하는 남자를 따라 빈소로 향했다. 남자가 스위치를 올리자 휑뎅그렁한 공간 속에서 꾸무럭대던 공기 입자가 흠칫거렸다. 갑자기 들어온 불빛에 공간을 유영하던 느즈러진 공허가 도드라져 보였다. 얼핏 공허한 늪같이 보이기도 했는데, 늪 속으로 꾸역꾸역 빠져들고 싶다는 충동마저 들게 했다. 털버덕 주저앉아 텅 빈 제단에 호랑이처럼 어슬렁거리는 공허를 물끄러미 바라만 봤다. 착잡함이 파도처럼 출렁거렸다. 시퍼런 눈빛을 가진 공허가 밀물처럼 밀려왔다. 몸집을 키운 공허는 속절없는 현실적 술어로 환치되고 있었다. 나도 모르게 담배에 불을 댕기고 있었다. 뿜어져 나오는 연기마저 힘겹게 버둥거렸다.

다시 남자가 들어오더니, 착잡하게 떠도는 연기를 보곤 금연이라고 지적하면서 관, 수의, 부속물 등 장례용품에 대해 설명했다. 집에서 챙겨 온 수의를 남자에게 내밀었다. 남자가 건네줬던 장례 절차가 적힌 소책자를 펼쳤다. 부고 서식 옆에는 가정의례 준칙이 항목별로 자세히 적혀 있었다. 신문에까지 부고 낼 형편은 아니었지만, 그러할 경우 행정기관이나 기업체 기타 직장이나 단체의 명의를 사용하지 못한다고 적시되어 있었다. 관혼상제를 간소화하자는 취지에서 법제화한 건 알겠는데, 이러한 명의를 쓰지 않고 부고를 내는 사람도 있을까, 하는 생각이 들었다. 신문 부고란은 공공연하게 가정의례법 시행령 제14조를 위반하고 있다는 얘기가 된다. 신문학 원론을 보면 오비튜어리Obituary(사망 기사)에 많은 관심을 갖는다고 한다. 그 오비튜어리를 어떻게 쓰느냐에 따라 신문의 판매 부수가 늘어나기도 하고 그 기사의 질이 바로 신문의 품격을 결정한다는 것이다.

꽃집에서 제단 장식을 시작했다. 그의 영정 주위로 하얀 국화가 촘촘히 피어났다. 꽃 같은 거 안 좋아한다던 그녀가 꽃 속에서 수줍게 웃고 있는 그를 시무룩한 표정으로 바라다보고 있었다.

지연이 어느 책에서 읽었다며, 음의 꽃과 양의 꽃에 대해 들려준 적이 있었다. 청색, 자색, 백색 등 차가운 계통의 색깔과 연하고 자그마한 꽃은 음의 꽃이라 했다. 반대로 적색, 황색 등 따뜻한 계통의 색깔과 크고 화려하며 향기가 강한 꽃은 양의 꽃이란다. 음의 꽃은 진정 작용이 있고, 양의 꽃은 불안을 느낄 때 긴장을 완화시켜 준다고 했다. 그래서 거실에는 양의 꽃, 침실에는 음의 꽃이 적당하다는 것이다. 제단을 촘촘히 장식한 국화는 바로 음의 꽃이다. 밖에 내리는 눈꽃처럼 하얀 국화 색깔이 차갑게 다가왔다. 진정 작용이 있다는 음의 꽃이 심란하기만 한 마음을 차분하게 가라앉히는 것 같지만, 한편으론 슬픔을 뭉게뭉게 피어오르게 하는 것 같았다. 여하튼 청초한 빛깔을 자아내는 꽃 속에서 그는 따뜻한 미소를 잃지 않고 빈소를 내려다보고 있었다.

밖엔 눈발이 여전히 펑펑 쏟아지고 있다. 근조 화환이 복도에 하나둘 장승처럼 도열하기 시작했다. 꽃은 그렇게 조문객보다 더 빨리 도착하여 짙은 향내를 풍길 줄 알았다. 식당에서 올라온 여자가 일반식과 주문식, 상식, 제사상 등에 대해 숙달된 멘트를 늘어놓았다. 명세서엔 삶은 돼지고기, 고추장전, 무침회, 진미무침, 삼색전, 완자튀김, 문어, 송편, 귤, 방울토마토, 육개장 등이 일목요연하게 적혀 있었다. 꼼꼼이 훑어보며 체크하고 사인을 해주자, 여자는 접객실 한쪽에서 웽웽거리며 대기하고 있는 냉장고의 자물쇠를 풀어 주었다.

제단에 예찬禮饌이 진설되었다. 냉장고에서 캔 커피를 꺼내 뚜껑 젖힌 다음 그녀에게 건넸다.

― 너도 뭐 하나 꺼내 묶지 그러냐?

―저 는 맥주나 한잔할래요.

꺼내 온 캔 맥주를 잔에 따라 그에게 먼저 올렸다. 꽃향내에 취한 그가 환한 웃음을 띠었다. 불붙인 담배도 향로 위에 얹어 두었다. 이젠 고개를 갸웃대지도 않고 손사래도 치지 않고 너그럽게 모든 걸 받아들이는 그를 보며, 캔 속에 남은 맥주를 들이켰다. 그는 담배를 아주 천천히 태웠다.

상조 도우미가 한쪽에 착착 쌓아놓은 상을 끌어다가 줄 맞춰 펴고 비닐 식탁보를 깔기 시작했다. 어두운 낯빛의 지연이 현아 손을 잡고 들어섰다. 지연이 무릎 꿇고 앉아 분향했다. 환하게 웃고 있는 영정 사진만 물끄러미 쳐다보던 현아는 눈물을 글썽였다. 재배 끝낸 지연과 경아에게 상복을 건네주었다.

― 현준인 실기 시험 때문에 점심 일찍 떠먹고 상공회의소로 갔는데, 좀 늦게 도착할 거예요. 두 시부터 시험이라……. 시험이나 편히 보라고 일부러 연락하지 않았는데, 또 폰도 꺼놨을 게 분명하고. 시험 끝나고 확인할 수 있도록 문자는 넣어 놓았으니까…….

지연과 현아가 상복을 들고, 그녀가 쉬고 있는 안쪽 내실로 향했.

네 시쯤, 연희가 손수건으로 눈가를 닦으며 허겁지겁 들어섰다. 연희 머리에 내려앉은 눈꽃 두어 송이가 삼파장 불빛에 번들거렸다.

날이 어두워지기 시작하자 문상객들이 들이닥쳤다. 접객실 한쪽에는 동네에서 온 일흔 넘은 노인 몇 명이 진을 쳤다. 해거름쯤 조문을 왔었으나, 눈이 많이 내려 괘방령으로 넘어가기가 힘들다는 소식에 그만 발이 묶이고 말았다. 그들은 화투짝을 쥐고 짓고땡을 하느라 왁자했다.

도리짓고땡은 똥과 비, 그리고 피를 뺀 스무 장으로 끗수를 맞추는 게임이다. 화투 석 장으로 짓는 끗수의 합은 언제나 10의 배수지만, 끗수를 맞추지 못하면 오야Oya가 돈을 가져간다. 이른바 경음화된 표현을 써서 패를 맞추지만, 10이면 망통, 그리고 10의 배수를 만들지 못하면 황이라 일컫는다. 높은 패를 동시에 든 경우에는 베팅도 길어지고 판이 점차 커질 때도 있다. 자신이 어떤 패를 들고 있는지 상대방에게 들키지 않기 위해 무표정한 얼굴빛을 유지하는 심리적 기술을 포커페이스Poker face라고 한다. 또 좋지 않은 패를 들고서도 상대를 기권하게 할 목적으로 마치 기막힌 패를 들고 있는 것처럼 능청스레 연기하며 강하게 베팅하는 걸 블러핑Bluffing 전략이라고 한다. 상황에 따라 적절한 생존 기술로 대응해 나가는 전략이 때론 필요한 법이다.

─장기를 둘 줄 안다는 건 상대를 속일 수 있는 능력을 가지고 있다는 게야. 장기도 알고 보면 상대를 속이는 게고, 또 속이기 위해서 먼저 상대의 수를 읽어버리는 게지.

그가 간혹 들려주던 얘기가 떠올랐다. 상대를 속이기 위해 수를 먼저 읽어버리는 것과 상대에게 들키지 않기 위해 능청스런 연기를 펼치는 것, 불확실성과의 맞대면에서 어쨌든 수를 빠르게 읽을 줄 아는 사람만이 밀려나지 않고 존속할 수 있다는 의미였다. 마치 영화 「007 카지노 로얄Casino Royale」(감독 존 휴스턴, 1967)에서 제임스 본드James Bond가 치열한 블러핑 대결을 펼치는 것처럼. 그러나 한편으로 상대를 속이기 위한 계략은 장기 등의 게임에서나 활용했을 뿐이지, 그는 실생활에서 그런 계교 따위는 부리지도 않았다. 삶에는 나아가는 일만 있는 게 아니고 잠시 멈추는 법도 알아야 한다며, 나아감과 멈춤의 상호 보완을 강조하는 편이었다. 그가 족足이라는 글자를 종이에 써 놓고, 족이라는 글자야말로 필요한 만큼의 양과 정도에 달해 있다는 의미를 품고 있다고 한 적이 있다. 때로 멈춤은 퇴보나 일탈이 아닌 능동적인 사람만이 가질 수 있는 덕목이며, 족이라는 글자는 그 필요한 정도를 가늠케 해 준다고 덧붙였다.

지연이 도리짓고땡을 하는 동네 사람들에게 야식이라도 시켜 줘야 하지 않느냐고 물어 왔다. 해거름쯤에 일찌감치 저녁을 먹은 데다가 시각이 자정이 가까워지고 있으니, 다들 출출할 때도 됐지 싶었다. 장례식장 앞에 있는 GS25에서 담배 댓 보루를 사 가지고 오던 현준에게 배달 가능한 야식집을 알아보라고 시켰다. 좀 늦게 들른 조문객들은 생각 없다며 손사래를 치기도 했지만, 대충 서른댓 그릇 정도는 주문해야 할 것 같았다. 현준이 장례식장 사무실에서 가져왔다는 장우동 스티커를 내밀었다. 밖엔 여전히 눈이 폭폭 내리고 있었다.

고등어가 한껏 벌린 입으로 차가운 불빛을 야금야금 빨아먹고 있다. 위로 젖혀진 위턱, 싸늘하게 식은 아가미에서 미적지근한 맥이 배어났다. 균일 냉각이 가능하도록 설계되었다는 냉장고 도어 쪽에서도 냉기가 슬금슬금 흘러내렸다. 아가리를 크게 벌린다는 것이 짙은 냉기를 깊숙이 빨아들이려는 의지적 행위로 느껴진 탓이었을까. 냉장고 안에 감도는 냉기류에 단연 오들거렸을 텐데도 그리 못마땅한 기색이 아니다. 그리고 위턱을 지지하는 주상악골, 그리고 아가미뚜껑을 지지하는 전새개골 부위쯤에 쉬엄 쉬엄 내질렀을 밭은소리 한 자락 정도 말라붙어 있을 줄 알았는데 매끈하기만 하다. 몰랑몰랑함 또한 잃지 않고 있다. 배의 스크루처럼 쏜살같은 추진력을 내게 했을 꼬리자루에 내려앉은 불빛이 고등어를 차분하게 다독거렸다. 한 손이 된 고등어의 가지런히 내뻗은 꼬리지느러미에서도 얌전한 맛이 배어 나왔다. 방향을 바꾸거나 멈춤의 역할을 담당하던 가슴지느러미도, 몸의 평형을 유지하던 등지느러미와 뒷지느러미도 고분고분한 모양새였다. 냉장고 안의 불빛에 순응하며, 그렇게 정연히 보조를 맞추는 듯했다. 좀 전까지만 해도 얄짤없이 파닥였을 법도 한데, 이제 작정하고 새침 떨어보기 위해 몽롱하게 취해 있는 척하는 건 아닐까, 싶기도 했다.

짧은 파장을 가진 파란빛에서는 햇빛의 산란이 잘 일어나기 때문에 바다는 늘 파랗게 보인다. 등에는 아직도 바다의 검푸른 물빛이 선명히 흐르고 있었다. 바다의 싱싱한 근육 빛깔을 빼다 박은 등에서 짙은 물빛이 미끈둥하게 흘렀다. 고등어 등이 짙푸른 진짜 이유는 자신의 몸을 보호하기 위한 것이란다. 해류를 따라 이동하는 고등어는 곧잘 바닷새의 표적이 되기에 등은 짙푸른 바다 색깔을 닮게 되었고, 밑에서 올려다보면 바닷물이 햇빛 때문에 온통 은백색으로 보이기 때문에 배 쪽은 은백색을 띤다는 것이다. 그렇게 보호색으로 단장한 고등어가 숨을 고르며 노란 불빛을 끌어안고 있고, 흘러나온 냉기는 고등어 피부를 한층 매끄럽게 손질하느라 여념이 없다. 입체 냉각 방식의 냉장고가 덩치만큼이나 육중한 소리를 내기 시작했다. 그르릉 그르릉.

고등어를 냉장고에서 꺼냈다. 냉장고 안에서 꾸역꾸역 빨아들인 냉기 때문에 고등어 피부는 한껏 탱탱해진 상태였다. 고등어 몸이 얇은 비닐에 닿는 순간, 끈적끈적한 냉기가 찰싹 감기면서 얕은 소리를 내는 비닐봉지의 아랫도리를 부풀어 오르게 한다.

— 아빠. 열 시 반까지 지하 염습실로 내려오라는 데요.

현준의 목소리에 눈을 비비며 시계를 쳐다보니 여덟 시가 가까워지고 있다. 새벽녘에 안쪽 내실로 들어와 잠깐 눈 붙인다는 게 그만 곯아떨어졌던 모양이었다.

겉저고리와 바지를 정결하게 갖춰 입고 두루마기 매듭을 오른쪽으로 단정하게 여민 그는 여전히 잠에 취해 있었다. 안치실 차가운 스테인리스 관 속에서 하룻밤을 잤는 데도 낯빛이 가량가량했다. 밤새 서늘한 냉장실에서 달팽이처럼 웅크리고 있진 않았을까. 얇디얇은 홑이불 한 장 달랑 덮고 어찌 밤을 지새웠을까. 염습사가 웅크리고 있었을 그를 바로 펴 놓았겠지만, 날밤을 고스란히 지새우다가 느지막이 잠든 탓인지 여태 잠에서 깨어날 줄 모르고 있었다.

장례식장 사무실 남자가 어제 건네준 수의를 살펴보니, 몇 개가 빠졌다며 보충해야 한다고 했다. 옥양목으로 된 행전 등이 빠졌다는 것이다. 보통 속설에 따라 윤년이나 윤달이 들 경우 수의를 구입하는데, 아래채 곳간 들보에 매달려 있던 수의를 그대로 꺼내 온 터라, 그게 빠졌는지 알 길이 없었다. 평소에 그녀가 큰일이 터지면, 왼쪽 게 니 아버지 꺼니까 침착하게 챙기거라, 라고 했기에, 잘못 가져온 건 아닐 것이다. 만약 빠진 게 있으면 보충하라고 남자에게 전했다. 수의는 산 사람과 같이 겉자락이 오른쪽으로 향하도록 입힌다. 다시 깨어날지도 모른다는 여망을 쉬이 버릴 수 없는 상주의 심정을 고려한 까닭이다. 두루마기 매듭을 오른쪽으로 단정하게 여민 그는 여전히 잠에 취해 있었다.

달팽이가 추위에 가장 강한 동물이라는 걸 책에서 본 적이 있다. 얇은 껍질을 가진 달팽이가 무려 영하 120도에서도 견딘다니 의외라는 생각이 들 수밖에 없었다. 게다가 남극에 사는 펭귄보다도 내한성이 더 높다고 한다. 초저온에서는 움직이지도 못하는 딱딱한 냉동 달팽이였다가 원래의 온도를 맞춰주면 아무 일도 없었다는 듯 느릿느릿 움직인다는 것이다. 어제부터 차가운 스테인리스 관 속에서 견딘 그에게도 따스한 숨결을 쏘이면 혹여 달팽이처럼 꿈틀거리지는 않을까, 그렇게 아무 일도 없었다는 듯 잠에서 깨어나 툭툭 털고 그만 단 위에서 내려왔으면 좋겠다는 생각마저 들었다.

염습사가 지연을 나직이 부르더니 시아버지께 마지막 인사를 드리라고 권유했다. 지연이 검버섯 돋은 그의 이마에 손을 얌전히 얹고 부디 정온한 잠을 주무시라는 이령수를 곰살갑게 드렸다. 지연이 지금 샴푸 묻은 손으로 사박사박 지압하면서 그의 머리를 감겨 주고 있다면 얼마나 좋을까, 하는 생각도 해보지만, 끝내 멱목幎目이 야속히 드리워졌다.

염습사가 관 안에 창호지를 깔고 그 위에 칠성판과 베요를 깔았다. 그의 몸 아래로 가로질러 놓은 소창을 쥐고 천금天衾으로 감싼 그를 오동나무 관 속에 안치했다. 보공補空 하기 위해 두루마리 휴지로 사우四隅를 여물게 채우더니 관 뚜껑을 덮고 명정銘旌을 씌웠다. 붉은 천에 쓰인 하얀 글자 '學生'이 큰줄흰나비처럼 팔랑거렸다. 단장을 끝낸 그를 다시 스테인리스 관 속으로 밀어 넣었다. 염습실에 버거워 보이는 실안개가 찰랑거렸다.

― 『명심보감明心寶鑑』에 욕속부달欲速不達이라는 말이 있는데, 뭐든지 바삐 하려고 욕심을 부린 사람은 도달하지 못한다는 뜻이지.

그는 언제나 서두는 법이 없었다. 느긋했다. 그러나 세상 돌아가는 걸 보면, 빨리하려고 욕심을 부린 사람은 도달하기가 훨씬 쉬웠던 것 같고, 욕속부달이란 처세 지침을 깊이 새긴 사람일수록 목표한 곳에 늦게 도달하거나 아예 도달하지 못했던 경우도 많을 만큼 아이러니할 때도 적지 않다. 이렇게 극복하지 못한 도식성에서 피어난 보편의 싹이 익숙지 않을 때도 있는 것이다. 그 보편이란 입맛도 지독한 보수성을 기반으로 삼기에 고리타분한 껍질을 벗겨 내기가 쉽진 않다. 참됨이 전제된 열림은 애써 가꾸지 않아도 건강한 생명력이 있기에 시들지 않는 법이지만. 그리고 자주 언급했던 소욕지족少慾知足이란 용어가 그의 생활 철학과 일맥상통할 수도 있다는 생각이 들 때도 있었다. 만족을 얻을 수 있는 가장 빠른 지름길은 욕심을 적게 갖는다는 의미였다. 실존주의 창시자 키에르케고르Kierkegaard 또한 욕심은 마실수록 갈증이 나는 소금물 같은 것이라고 했지만, 노마駑馬의 잔두지련棧豆之戀처럼 하잘것없는 마구간 얼마 안 남은 콩에 대한 미련조차 쉬이 버리지 못하는 경우를 볼 때도 적지 않다.

― 다석多夕 선생이 농삿일을 여름질이라고 했지. 그렇게 순우리말을 발굴했는데, 함석헌 선생의 사상 요체인 씨알이나, 광주를 빛고을이라고 부른 것도 모두 다석 선생에 의해서였지. 그 류영모柳永模 선생의 별호에 저녁 석夕이 세 개나 모여 있는 것도 하루 세 끼 먹을 것을 한데 몰아 저녁에만 먹었기 때문이라고 하는구나. 탐욕을 버리기 위해서 하루 한 끼一日一食만 먹은 게지. 함석헌咸錫憲 선생, 김홍호鋐齋 목사도 평생 그에 영향받아 한 끼

만 고집했지. 한 끼로 충분히 낮밤을 튼다던 일식주야통一食晝夜通. 그리고 가야산 대쪽이라 불리던 혜암慧菴 스님도 한 끼로만 버텼다고 하더구나. 그리고 농사 농農 자를 알지. 바로 별辰과 노래曲를 섞어 맹근 글자지. 농부가 새벽별을 보고 들에 나가면 어스름밤이 되어야 돌아오곤 했는데, 그래서 별의 노래를 듣는다는 의미에서 맹글어진 글자거든.

　농사꾼 눈에는 초승달도 숫돌에 간 낫처럼 보인다 했듯, 어쩌면 그는 그만의 별의 노래를 부르며 살고 싶었는지도 모른다. 비가 오면 비에 젖어 풀벌레처럼 서걱거리던 별의 노래, 자욱한 밤안개가 깔리면 침침한 달빛에 흔들리던 별의 노래, 초승달 아래서 아장대며 길을 트는 소슬바람 같은 별의 노래, 여린 열사흘 달빛이 몸집을 키우는 밤이면 숫돌에 간 낫날에서 튕겨 나온 광채 같은 별의 노래, 그렇게 그만의 애틋한 여운을 가진 별의 노래를.

> 그토록 사무치던 지난 날들은
> 이제는 쓸쓸히 아쉬움 남기며
> 나에게 손짓하네
> 당신은 별을 보고 울어 보셨나요[1]

　— 비약일진 몰라도, 딱딱한 껍데기를 고수했던 암몬조개는 멸종되었지만, 거추장스런 껍데기를 버린 오징어는 살아남았지 않냐?

---

1) 박인수, 「당신은 별을 보고 울어 보셨나요」 (작사 김기표, 1980)

고등학교 1학년, 첫 중간고사 때였다. 자전거 타고 면 소재지에 볼일 보러 간 그는 땅거미 짙도록 돌아오지 않았다. 출타를 서두를 때면 늘 자전거부터 찾았다. 면 소재지에 가면 대폿집에 들르거나 내기 장기 두느라 늦어지는 일도 잦았다. 그래서 늦을 것이라 짐작하고 전짓불 비추며 집을 나섰다. 그믐께여서 사위는 칠흑빛으로 물들어 있었다. 툭툭, 돌멩이가 차이는 신작로에 전짓불의 가는 빛줄기가 이리저리 더듬댔다. 능말기 고갯마루에 지어 놓은 상엿집이 으스스 몸을 죄었다. 상엿집 녹슨 양철 지붕을 꽉 물고 있던 못이 느슨해졌는지 바람에 몹시 땡가당거렸다. 상엿집 뒤쪽으로는 공동묘지였다. 해 떨어진 후에 공동묘지 옆을 지날 때면 머리카락이 쪼뼛쪼뼛 서곤 했다. 저 멀리 아래쪽에선 도깨비불 같은 불빛이 깜빡댔다. 가슴이 연방 콩닥콩닥 뛰었다. 반딧불만 한 불빛이었지만 황덕불만큼이나 이글대는 것 같았다. 무섬증이 도꼬마리 가시처럼 뒷자락에 달라붙기 시작했고, 발걸음은 어느새 빨라지고 있었다. 전짓불 든 손엔 힘이 잔뜩 들어갔다. 더욱 신경이 곤두섰고, 이빨마저 덜거덕댔다. 가까이 다가가니, 신작로 옆 큰 감나무 아래에서 조그만 불빛이 나풀댔다. 그 불빛은 담뱃불이었다. 오르막길이라 끌고 오던 자전거를 옆에 받쳐 놓고 그는 길가에 앉아 잠시 쉬고 있었다. 약주를 많이 한 탓인지 불콰한 낯빛으로 반겼다.

사흘째 학교에 가지 않았다. 나흘 전, 중간고사 문제로 담당 교사들과 의견 대립이 있었다. 시험 범위를 고지하면서 무슨 참고서와 문제지를 거론하며 몇 쪽에서 몇 쪽, 어느 부분을 소상히 알려주는 것이었다. 대학 입시에 내신 성적이 중요한 요소로 작용한다지만, 시험 보는 목적은 등급을 정하고 내신 성적을 인위적으로 끌어올리는 게 아니다. 모르는 것을 새로 배

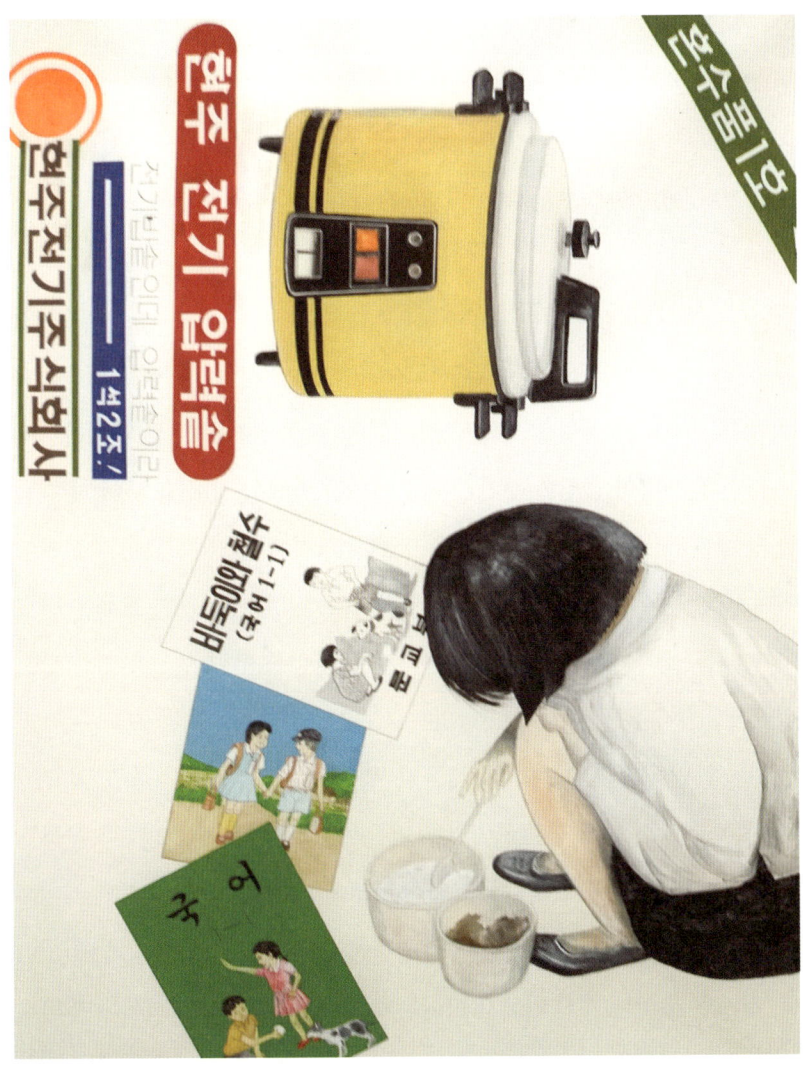

현주 전기 압력솥
1981년 현주전기에서 출시한 제품으로 '혼수품 1호'라는 문구가 당시 시대상을 반영하고 있다. 『바둑이와 철수』는 초등학교 국어 교과서(1948)

우는 과정의 일환이다. 네 시간 동안, 네 과목 모두 그런 식으로 시험 범위를 고지하는 걸 지켜봐야 한다는 게 무척 곤욕스러웠다.

됐어, 됐어, 됐어, 됐어, 이제 그런 가르침은 됐어

라고 시작하는 '서태지와 아이들'의 「교실 이데아」(작사 서태지, 1994) 가사처럼. 참고 또 참다가 교무실로 담당 교사들을 찾아가서 그 문제를 집중적으로 제기하며 다시 검토해 달라고 건의했다. 시험 날짜를 조금 연기하더라도 다시 출제하여 공정한 평가가 이루어지길 바랐던 것이다. 두어 시간 동안 언왕설래가 오갔지만 별무소용이었다. 사실 이 문제는 우리 학교만이 아니고 인근 타 학교에서도 똑같이 벌어지고 있었다. 이러한 교육을 받고 이에 따른 스펙 계단을 착실히 밟은 사람들일수록 학력 우선을 거품 물고 설파하는 경우를 종종 보기도 한다.

"'똥'을 앞에 두고 침묵하는 이들과 '똥'을 기어이 '대변'이라고 부르고자 하는 이들에게 '똥'을 '똥'이라는 것을 시는 시원스레 말하고자 한다"[2] 던 안도현의 얘기가 떠오른다. 고매한 척하지 마라, 똥을 똥이라 부르는 게 더욱 진실성에 부합한다는 얘기다. 대변이란 말도 가식적 냄새가 배어 있다. 진정한 품위는 가식 위에서 피어나지 않는다. 가식 위에 피어난 품위로 우쭐대며 폼을 잴 수는 있다. 그러나 격에 맞지 않음을 표현하는 낱말로 두찬杜撰이란 게 있다. 뭔가 어설프다는 의미다. 준절한 격은 그에 맞는 어울

---

[2] 안도현, 「메모」, 『사람』(이레, 2002), 154쪽.

림이 뒤따를 때 가장 빛나는 법이다.

솔제니친A. Solzhenitsyn이 쓴 『이반 데니소비치, 수용소의 하루』를 보면, 밀림의 법칙에 대한 이야기가 나온다. 밀림이 다른 개체들이 각자 가진 순수한 힘의 크기에 의해서 작동한다면, 수용소는 외적인 체제가 힘의 크기를 조작해서 강제로 정해주는 곳이라는 이야기다. 당시의 답답한 교육 기관이 그 수용소의 밀림처럼 느껴졌고, 그곳을 통제하는 선생이 가진 고루한 사고방식은 대반석大盤石처럼 완고하기만 했다.

― 모든 선조들이 그렇게 알고 있었어. 해가 가장 높이 떠 있을 때가 정오라는 것을 말이야.

― 그건 그 사람들의 이야기야! 법령이 있은 다음부터는 오후 한 시가 되었을 때, 해가 가장 높이 떠 있단 말이야.

― 아니, 그따위 법령을 누가 만들었단 말이야?

― 소비에트 정부지!3)

상급 학교 진학의 발판일 뿐인 교육 시스템에 진저리가 들었다. 집으로 돌아와, 그에게 이 문제와 이런 방식의 교육을 계속 받아야 하는 것에 대한 심한 회의감도 아울러 전했다. 헨리 포드Henry Ford, 모딜리아니Amedeo Modigliani, 알 파치노Al Pacino, 스티브 맥퀸Steve McQueen, 프랭크 시나트라Frank Sinatra, 심지어 히틀러Adolf Hitler와 라이트 형제Orville and Wilbur Wright

---

3) 알렉산드르 솔제니친, 『이반 데니소비치, 수용소의 하루』(민음사, 2000), 80쪽.

도 고등학교를 중퇴했지만 자기만의 삶을 개척하지 않았느냐는 조금 당돌할 만한 얘기까지 덧붙였다. 심각하게 고민하던 그는 천천히 겨를을 갖고 숙고해보자, 고 했다. 그렇게 사흘이 흘러갔고, 그는 번울한 가슴을 달래보고자 약주를 과하게 한 모양이었다.

―강한 자가 살아남는 게 아니라 살아남는 자가 강한 거란 걸 알아야 한다.

그 말뜻을 바로 알아차리지 못하고 고개를 갸웃거렸다. 비록 사도師道가 존경받지 못할지라도 일단 따르는 게 순리일 수 있다, 설령 정도에 어긋나는 경우를 보더라도 되도록 학생으로서의 본분은 지켜야 한다, 아무리 자기주장이 올곧더라도 제대로 인정받지 못하는 현실이 어디 한두 군데냐, 그 답답한 교육 제도를 타파할 혁신적 사고로의 전환이 없는 한 모든 게 힘들다, 지금 네 혼자 힘으로는 무리이며 살아남기는커녕 자칫 도태될 수도 있다, 고 했다. 자전거 끌고 고개를 넘어오면서, 그가 들려준 생존 법칙이 선뜻 이해되지 않았으나 그렇다고 거부할 수도 없었다. 그는 세간에 너무 얽매이지 않고 생각은 늘 깨어 있으라는 간곡한 충고도 덧붙였다. 그러나 모파상Guy de Maupassan의 단편「비계 덩어리」가 어른거렸다. 바로 '볼 드 쉬프(비계 덩어리)'라는 별명을 가졌던 엘리자베스 루세Elisabeth Rousset의 만목처량한 생각 한 조각이.

여태껏 살아오면서 그가 들려준 생존 법칙을 곧잘 떠올려 보곤 했다. 살아 보니, 모진 세파 속엔 정도에서 벗어나는 일이 비일비재하다는 것을 느꼈다. 그래서 예로부터 많은 이가 곧은 뜻을 제대로 펴지 못했으며, 다소 졸렬하더라도 누군가를 밟고 살아남는 자들이 많았던 게 아닐까. 하지만 그가 준 처세 지침은 불합리하고 모순된 세상을 살아가면서도 정도를 거스르지 않는 삶의 법칙을 나름대로 가꾸어가라, 는 뜻이었다. 그렇게 얘기하면서도 그 삶의 법칙을 고수하기가 녹록지 않다는 걸 아마 꿰뚫고 있었을 것이다. 바로 황현梅泉의 「절명시絶命詩」에 나오는 '인간으로 선비 노릇 하기 정히 어렵구나難作人間識字人'라는 구절이 떠오를 수밖에 없었다.

0.917

'빙산의 일각'이란 관용구가 있다. 빙산 전체를 1로 볼 때, 빙산에서 물 위에 떠 있는 부분이 12분의 1이고, 물 아래에 잠겨 있는 부분이 12분의 11이다. 이를 소수로 나타내면 물 위로 드러난 부분은 0.083. 물속엔 여전히 0.917 부분이 잠겨 있다.

다수가 표면적으로 드러내 보이는 0.083
위선과 허위에 찬 0.917을 애써 숨겨야만 할 때도 있는.

비록 그것이 정도에서 벗어나더라도 단연코 드러내선 안 되는 게, 삶이라는 놈일지도 모르겠다. 모두가 그게 잘사는 길이라고 믿어 의심치 않고 있고, 또 그렇게 살아가는 게 바른길이라고 입바른 소리를 귀에 젖도록 해대는 세상이니까.

어쩌면 세상은 뿌연 안개 자욱한 밀림과 같다. 그렇게 한 치 앞도 모르는 게 세상사다. 무척이나 힘겨웠을, 그 고단한 밀림을 그는 여태껏 헤쳐 온 것이다. 마치 초연탄우硝煙彈雨와도 같은 속세의 삶. 그 어디에도 아리아드네Ariadne의 실타래 같은 건 존재하지도 않았다. 나훈아의 노래 한 구절이 얼핏 스쳤다.

아, 테스 형,
세상이 왜 이래, 왜 이렇게 힘들어.

여전히 웃음 잃지 않고 그는 사람들을 맞았다. 어제부터 꽃향내에 잔뜩 취한 탓인지 더없이 행복한 표정이었다. 현준이 촛대에 새 초를 꽂았다. 불 붙이고 촛대에서 빼낸 토막 초를 치웠다. 짤막한 토막 초를 보니, 알뜰히도 태웠다. 몇 년 전, 제사를 끝낸 후, 그가 초에 대한 얘기를 꺼낸 적이 있었다. 그때 현준도 눈을 말똥거리며 할아버지의 얘기에 귀 기울이고 있었다.
— 제사 지낼 적마다 매양 새 초를 사용해야 한다는 속설도 있지만, 그냥 쓰던 초로 불을 써도 상관없단다. 초에서 나오는 불꽃이나 빛을 신의 위광威光으로 삼기도 하고, 세상과 사람의 영혼을 밝게 비치는 청신한 힘을 가졌다고 여기기도 하지. 또 초를 두 개 꽂는 건 영적 세계와 이승의 매개로 생각하기 때문이란다. 법정 스님이 그런 얘기를 한 적이 있다. 법당 안 불전에 이미 초가 켜져 있을 때는 초를 가져갔더라도 다시 바꾸어 켜지 않고 탁자 위에 놔두는 게 법당 예절이라고 했는데, 근데 사람들은 남이 먼저 써 놓은 촛불을 기어이 꺼 버리고 자기가 가져간 초를 써 놓아야 직성이 풀리듯 어리석은 행동을 한다고 꼬집었지. 그런 걸 보면 사람들이 여간 유별스러운 게 아니야. 때론 변통도 가능해야 법고창신法古創新 아니겠느냐.

초에 불이 옮겨붙자, 공기 중에 떠돌아다니는 미세한 입자들이 불꽃 속으로 서서히 빨려 들기 시작했다. 불꽃의 내부에선 탄화수소가 산화하며 탄소의 미립자가 상승 기류로 인해 불꽃의 정점에서 밖으로 빠져나가는 작용이 끊임없이 이루어진다. 불꽃 모양은 바뀌지 않지만, 불꽃의 내용은 시시각각으로 변한다는 것이다. 그렇기에 노비코프Novikov는 이러한 현상을 보고 생명의 실상이라고 말한 바 있다. 졸린 눈을 비비는 현준이 안쓰럽기 그지없다. 빈소 안쪽 내실에 들어가 눈 좀 붙이라고 해도 괜찮다고만 하는 걸 보면, 한층 의젓해 보이기만 했다.

상헌 형이 농협 장례지원단에 연락하여 석관과 꽃상여, 상여 줄, 잔디 그리고 대메꾼들에게 나눠 줄 수건과 장갑 등을 신청했다고 얘기했다.

— 뗏장은 한 육백 장이면 안 되겠냐. 가묘를 해 놨으니, 그 정도면 충분하지 싶다. 하지만 한겨울이라 떼가 잘 살아날지가 의문이다만.

— 만약 떼가 잘 살아나지 않는다면 내년 한식쯤에 사초莎草를 함 해야죠.

— 그리고 예전에는 대메꾼들에게 운동화나 장화 등을 지급했지만, 요즘은 상품권을 나눠 주더구나. 상품권은 농협 마트에서 각자 필요한 물품을 살 수도 있으니까 선호하는 편이지.

— 한 몇 장 정도 필요하죠?

— 암만케도 상품권, 서른 장은 준비해야 되지 않겠냐. 수건과 장갑도 그에 맞춰 주문해야 하고.

그렇게 준비하라고 요청한 후 로비 쪽으로 나왔다. 상주 대기실에도 화장실이 있지만, 로비에 있는 화장실로 가기 위해 천천히 계단을 올랐다. 볼

일을 본 후, 밖으로 나가서 담배라도 피울 요량이었다. 로비 오른쪽 휴게실에 설치되어 있는 텔레비전에서는 중부지방에 대설주의보를 발령했다는 기상예보가 흘러나왔다. 이렇게 눈이 많이 오면 내일 장사치를 일이 걱정이 되지 않을 수 없다.

— 여기 계시네요.

식당 여자가 계단으로 내려가려다가 슬쩍 뒤돌아보더니 다가왔다. 여자가 손에 들고 있던 영수증 서너 장을 건넸다.

— 제단에 올릴 문어 그리고 낙원떡집에 송편 세 되를 시켰고요. 우주청과에 귤 두 박스와 방울토마토 십 키로, 또 고센슈퍼에선…….

영수증을 대략 훑어보면서 고개를 끄덕이니, 여자가 죽 늘어놓던 말꼬리를 급격하게 흐렸다.

— 혹시 더 필요한 거 있으면 미리 준비 좀 해주시고요.

— 아무래도 완자튀김과 무침회도 더 필요할 것 같애요. 그리고 정종도 더 필요하지 않나요?

다시 고개를 끄덕이니, 여자가 가볍게 목례하고는 계단으로 향했다. 밖으로 나와 담배를 꺼내 물었다. 새끼에게 젖을 먹이기를 거부하는 어미 낙타의 눈가에 마두금馬頭琴 현의 울림이 눈물을 맺히게 하던 KBS 다큐(몽골고원 2편-「낙타의 노래」)를 본 적이 있다. 새끼 낙타의 울음소리를 닮은 마두금 가락이 휘부는 설한풍에 끈끈이 배어 있는 듯했다.

뾰족한 꼭짓점을 가진 촛불이 텁텁한 공기를 쪼아 댔다. 그에게 술 한 잔을 다시 올렸다. 식은 술을 퇴줏그릇에 붓고, 다시 가득 채운 술잔을 향불 위에서 시계 반대 방향으로 세 번 돌린 다음 올렸다. 예전에 그에게 왜 술잔을 향로 위에서 돌려야 하느냐고 여쭌 적이 있었다. 그렇게 술잔을 돌리는 것이 경망스러워 보이고 예의에도 어긋나기 때문에 삼가는 집도 있다고 들었기 때문이다.

― 잔대를 세 번 돌리는 걸 거한去寒이라고 하는데, 온기가 있는 향로 위에서 술을 뜨뜻하게 데운다는 의미도 있는 게다. 물론 예서에는 나오지 않는다마는 조상이 먹을 음식에 부정한 기운을 쫓기 위한 거라고 보면 된다. 향을 피우는 것도 마찬가지다. 향이 부정한 잡귀를 쫓기 위한 것이듯 헌작獻酌할 때에 잔대를 돌리는 것도 정결히 한다는 의미에서 비롯된 게지. 또 예부터 신명은 향을 좋아한다고 믿었지. 그 신명이 향을 맛보는 걸 흠향歆饗이라고 하는데, 술과 함께 향내도 맡으시라고 그렇게 잔대를 돌리게 되었단다.

보통 제사 때는 시계 방향으로 돌리는 편이지만, 초상을 치를 때는 시계 반대 방향으로 돌려야 한다는 얘기도 덧붙였다. 아무래도 시간을 거꾸로 돌리고 싶어 하는 상주들의 간절한 염원으로 보면 된다는 것이다. 이제 다시 돌아오기 힘들다는 걸 어쩔 수 없이 납득할 수밖에 없는, 평토제를 지낼 즈음엔 다시 시계 방향으로 돌리면 된다고 했다.

그는 예전부터 겨울이 되면 술을 따끈하게 데워야 술맛이 난다고 했다. 그래서 주전자 채로 쇠죽솥에 넣고 데웠다. 그리고 주전자도 '술 주酒'와 '데울 전煎'이 결합된 말이라고 했다. 다시 말해서 주전자는 술을 데우는 용기란 의미였다는 것이다. 그렇게 데우면 알코올 도수도 낮아질뿐더러 한층 부드러워지기에 그런 방법을 선호하지 않았나, 싶다. 그리고 제상에서 술잔을 향불 위에서 돌리는 것도 그러한 행동 방식에서 파생된 것이 아닌가, 하고 조심스레 유추해 봤다.

> 두 사람이 마주 앉아 술잔을 나누면 산에는 꽃이 피네
> 한잔, 한잔, 또 한잔
> 내 취해서 잠들고자 하니 그대는 돌아가시라
> 내일 아침에 생각이 있거든 서문고 안고 오시게

그는 술기운이 거나하게 돌면, 「산중대작山中對酌」이라는 이태백의 시를 즐겨 읊조릴 때도 있었고, 조지훈薰趙芝의 주도유단酒道有段에 대해 설명하기도 했다. 학주學酒의 경境이 최고라고 보던 조지훈을 그는 '동탁 선생'이라며 본명으로 불렀다. 학주는 술의 진경을 배우는 사람을 지칭했는데, 동탁 선생이 K대에 재직할 때 안암동 자택에 찾아가서 술잔을 기울인 적도 있다며 들려주었다. 동탁 선생이 이순신 영정을 그렸던 월전月田(장우성)과 고무신에 술 따라 마셨다는 일화를 들려줄 때는 흥미롭기도 했지만, 시 「낙화」에 나오는 '꽃이 지는 아침은 울고 싶어라'를 읊으며 동탁의 조사早死를 설워할 때 그의 표정은 자못 진지하기만 했다.

— 일본의 주류 광고Suntory whiskey에 '신神이 마셔 버린 5분의 1'이란 표제가 달린 걸 본 적이 있다. 신을 본 사람은 아무도 없지만, 매일 밤 주고酒庫에 신이 나타나서 잠자는 술통의 술을 조금씩 마시고 간다는 게지. 그렇게 15년 정도 되면 5분의 1가량이 줄어든다는 게지. 그 5분의 1이 신이 마신 몫이라는 광고지.

그는 주전자 채로 쇠죽솥에 데운 술의 양이 줄어들기라도 하면, 신도 와

서 잡쉬야 되지 않겠느냐, 라며 넉덕을 부렸다. 그리고 취기가 오르면 알 수 없는 콧노래를 흥얼거릴 때도 많았다. 그렇다고 그가 노래를 잘한 건 아니었다. 동네잔치나 관광 갈 때면 사회를 맡은 사람이 버스 안을 차례대로 돌며 노래를 시키곤 했는데, 그에게 마이크를 들이밀면 손사래부터 치며 주머니를 뒤지곤 했다. 노래에 자신이 없으니, 돈으로 해결하려는 심산이었지만 사회자도 그냥 덥석 받지 않고 성가시게 굴곤 했는데, 결국 그의 완강함에 사회자도 고집을 꺾을 수밖에 없는 편이었다. 그렇게 옥신각신이 있기 마련이었는데, 그만 사회자의 집요한 부추김에 넘어간 적이 딱 한 번 있다. 하는 수 없이 마이크를 쥔 그가 어렵게 한 소절을 불렀다.

아~ 으—악—새 슬피—우—니 가을—인—가—요.

고복수高福壽의 노래였다. 사람들이 손뼉 치며 서서히 박자를 맞췄지만, 그의 노래는 그 한 소절로 끝이었다. 다들 못내 아쉬워했지만, 그는 마이크를 넘겨주며 다시 주머니를 뒤적였다. 만약 벌금을 내라면 응당 내겠다는 제스처였다. 이러지도 못하고 저러지도 못하고 사회자도 난감해 하긴 마찬가지였는데, 마이크를 다시 잡은 그가 덧붙인 얘기는 이런 것이었다.

— 내가 노래는 못하지만, 대신 노랫말에 얽힌 얘기로 갈음하려는데 괜찮겠는지요. 예전에 썩은새를 내리고 새로 엮은 영개를 얹곤 했지요. 그 썩은새의 '새'가 벼과 식물을 통틀어 일컫는 순우리말이지요. 으악새는 바로 억새를 일컫는 겁니다. 또 박재홍朴載弘이 불렀던 「울고 넘는 박달재」(작사 반야월, 1948)란 노래에 금봉金鳳이란 여자가 나오지요. 그 금봉이는 작사가

반야월半夜月이 평소 좋아하던 이광수 소설 『여자의 일생』에 나오는 주인공 이름을 딴 것이라고 합디다. 또 「청포도 사랑」(작사 이화촌, 1956)에 파랑새 노래하는 청포도 넝쿨 아래, 라는 구절이 나오지요. 하지만 파랑새는 포도밭이나 인가 부근의 야산이 아니라 깊은 산중에 살기에 그 표현은 틀린 것이지요. 일본에서는 그 새를 승려새로 부르지요. 포도 넝쿨이나 녹두밭에 앉는 새는 파랑새가 아니라 방울새지요. 몸빛깔이 파랑새와 비슷해서 그렇게 착각을 했다고 볼 수도 있지요.

　이 밖에도 '찔레꽃 붉게 피는 남쪽 나라 내 고향'(「찔레꽃」, 작사 김영일, 1942)이란 노래에서 찔레꽃은 붉은빛을 띠지 않는다고 지적했다. 그렇지만 붉은빛은 일제 강점기 시절, 북간도에서 "자주 고름 입에 물고 눈물 흘리며 이별가를 불러주던 못 잊을 사람"을 그리면서 복받쳐 오르는 서러움을 상징적으로 투영시킨 색깔인지도 모르겠다. 그리고 「물방아 도는 내력」(작사 손로원, 1954) 가사를 보면 '낮이면 밭에 나가 길쌈을 매고'라고 불리는데, 맨 처음 노래가 나왔을 때는 '낮이면 밭에 나가 기심을 매고'라고 되어 있었다고 한다. 그러면서 '기심'은 논밭에 난 잡풀을 일컫는 '김'의 토음土音이라고 덧붙이면서 기심이 어떻게 길쌈으로 와전됐는지는 알 길이 없다고 했다. 마치 목욕탕 안에 써 붙인 냉탕冷湯 표찰처럼. 냉탕이 사전에도 '찬물이 들어 있는 탕'이라고 나오지만, 탕湯 자가 '끓일 탕'이기에 바른 풀이가 아니다. 차게 끓일 수도 없거니와 아예 끓이지도 않았기에 냉탕은 바람직스럽지 못한 표기라고 할 수 있다.

　그는 노랫말에 얽힌 사연에 관해서는 잘 알면서도 남 앞에서 부르는 건 극구 사절하는 편이었다. 아프리카 속담에 노래가 없으면 낯이 무뎌진다,

미디어 TM-100
〈原音이 얼마나 생생하게 살아 울리는가?〉로 質이 결정된다던 1978년 테이프 광고. 이후 공테이프에 원하는 음악만 선별 복제하는 게 유행.

는 얘기를 평소 안주 삼아 꺼내던 그였지만 정작 노래엔 자신감이 없다고 했다. 그렇게 남 앞에서 노래 부르는 건 한사코 꺼렸지만, 일할 때나 술에 취하기라도 하면 남을 의식하지 않고 콧노래를 흥얼거릴 때가 많았다. 그렇게 흥얼흥얼 콧노래로 장단을 맞추면서 낮이 무뎌지지 않게 다그치는 것 같았다.

여전히 술잔을 코앞에 둔 그는 감미로운 웃음을 잃지 않고 빈소를 내려다보고 있다. "청명하니 한 잔, 날씨 궂으니 한 잔, 꽃이 피었으니 한 잔, 마음이 울적하니 한 잔, 기분이 창쾌하니 또 한 잔 등등의 구차스러운 변명이나 이유를 붙이는 것은 자고유지自古有之나 엄밀히 말한다면 그네들은 정통주도正統酒徒나 순수주배純粹酒輩는 아닐지 모른다"[4]던 수주水榮魯의 수필 한 구절이 그려졌다. 아무래도 콧노래라도 흥얼거리고 싶은 눈치였다.

— 출마 신청 현황이 끝나면 상대 말을 분석하는 게 조교사의 일이거든. 처음부터 선행先行을 할 것인지, 선행 뒤를 따르며 선행마를 추월하는 걸 선입이라고 하는데, 그렇게 할 것인지, 아니면 뒤따라가다 마지막에 추월하는 추입을 할 것인지 등의 작전 지시를 분석하고 기수와 의논하는 게지.

경주마의 훈련을 지휘하는 조교사인 용태가 경마장 풍경을 술상 위에 올려놓고 친구들에게 들려주었다. 친구들은 한결같이 용태의 직업이 타고난 것이라고 한마디씩 부추겼다. 주周 목왕穆王의 팔준마八駿馬, 항우項羽의 오추마烏騅馬, 그리고 원래는 여포呂布 것이었지만 관우關羽가 타고 다녔던 적토마赤兔馬도 그것을 알아보는 사람이 있었기에 세상에 나타날 수 있었다.

---

4) 변영로, 「나의 음주변(飮酒辯)」, 『에세이 술』(보성출판사, 1989), 153쪽.

그렇지 않았다면 용태의 말마따나 수레나 끌던 범상한 말로 일생을 마감했을지도 모를 일이다.

― 마음은 늘 장안소에 있는 기분이야.

경주마가 장비 착용 및 출주 준비를 하는 곳을 장안소라고 하는데, 용태는 늘 자기가 그곳에 있는 것처럼 느껴진다고 했다. 장안소는 늘 긴장감이 돌기 마련인데, 출주 앞둔 기수들도 흥분한 말을 진정시키느라 애를 먹기도 한단다. 용태도 예전에는 기수로 활약했지만, 낙마 사고로 허리와 경추를 다친 후로는 마방에 들어온 말을 훈련시키는 일을 하고 있다. 경주가 끝난 말은 모래를 맞기 때문에 식염수와 안약으로 눈 주위를 닦아 주고, 깨끗이 씻겨 주고, 또 영양제도 주고, 충분히 쉬게 해주어 한다. 용태는 마주馬主에게 위탁받은 말을 훈련시키는 일을 천직으로 여기고 있는 듯했다. 잘 훈련시켜 주행 검사에 합격해야 경주마가 될 수 있는데, 일 분 칠 초 안에 천 미터를 뛸 수 있어야만 한다는 것이다. 그렇게 훈련시킨 말이 일 등을 하면 마주와 통화할 때도 그렇게 기분 좋을 수가 없다고 한다. 그렇기에 용태는 장안소에 있는 기분이 든다고 했지만, 어쩌면 경주마와 더불어 발주대에 서 있는 기분일지도 모른다는 생각도 들었다.

예전에 용태네 집에 놀러 가면 사립짝 옆에 매어 놓은 검정말이 '히힝' 소리를 내며 앞발질을 하곤 했는데, 그 말의 위엄스러운 동작에 주눅 들 수밖에 없었다. 용태네는 소를 키우지 않았기에 말을 부려서 밭도 갈고 논도 삶곤 했다. 말은 성질이 급한 편이기에 소처럼 우직한 데는 없었지만, 말을 부리는 용태 아버지의 솜씨는 유다르게 보였고, 구레나룻도 말의 시커먼 털빛처럼 위세가 있어 보였다. 그러한 용태 아버지의 풍채가 『삼국지』에 나오는 장비와 흡사하다는 생각도 들곤 했다.

— 병법에 표리表裏와 허실虛實이 있지. 관우도 화용도華容道에서 조조를 기다리지 않냐. 병서에 씌어 있길 허虛할 때는 실實이며 실할 때는 허라고.

그를 『삼국지』에 등장하는 걸출한 인물 중 누구와 딱히 비슷하다고 생각해 본 적은 없지만, 그는 『삼국지』를 무려 여섯 번 이상이나 읽었을 만큼 독서를 즐겼다. 국민학교 다닐 때, 그는 책 심부름을 자주 시켰다. 몇 학년 선생님을 찾아가면 책을 줄 것이다, 라는 부탁을 받고 교무실을 들락날락 해야 했다. 당시 교무실 출입이 그리 내키지 않은 게 사실이었지만, 그가 읽고 난 책을 갖다주고 다시 새로운 책을 받아 와야 했다. 자식들 육성회비 챙겨 주기도 버거울 때인지라 책을 사 본다는 건 엄두도 못 낼 형편이었지만, 그의 부탁이 지독히 싫어 투정 부리기도 했었다. 그렇게 그는 늘 책을 끼고 살았다.

그리고 『삼국지』에는 너무나 많은 계책이 나온다. 굶주린 두 마리 호랑이 사이에 먹이를 던져 놓으면 곧 본성을 드러내며 서로 물어뜯게 되는데, 힘들이지 않고 두 호랑이 가죽을 벗길 수 있다는 양호경식兩虎競食, 그밖에 호랑이를 몰아 늑대를 잡는다는 구호탄랑驅虎吞狼, 사슴을 잡는 것과 같은 작전을 이르는 기각지계掎角之計, 내버려진 군수 물자가 고기를 낚는 미끼 구실을 한다는 살이책撒餌策, 또 위격전살僞擊轉殺 수법에는 허유엄살虛誘掩殺이라는 계략으로 대항하기도 한다. 그리고 모사재인謀事在人, 성사재천成事在天이란 말이 있다. 꾸미는 건 사람이되 이루는 건 하늘이라는 뜻이다. 공명諸葛亮이 중달司馬懿을 호로곡으로 유인하여 퇴로를 막고 화공으로 공략했지만 중달은 마침 내린 소낙비로 가까스로 목숨을 건지게 되는데, 이를 가리켜 큰 뱀을 놓쳤구나, 라며 공명은 탄식하기에 이른다. 그래서『삼국지』를 세 번 이상 읽은 사람과는 논쟁하지 말고『삼국지』를 읽지 않은 사람과는 상종도 하지 마라, 는 말이 생겨났는지도 모른다. 그러나 그는 팍팍할지언정 삶의 방식은 늘 정공법만 썼다.

— 이름이 잘 생각나지 않는다마는 희랍 철학자가 그런 말을 했지. 누구나 필요 이상의 부富는 물이 흘러넘치는 물동우에 부어지는 물맨큼이나 무용한 것이라고 했지 않냐.

그가 언급했던 그리스 철학자는 에피쿠로스Epicouros였다.

빈소 입구에 준성이가 들어서고 있었다. 예전 연을 날릴 때, 말똥지기 역할을 참으로 잘했던 준성이는 천문과학관에 근무하고 있다. 준성이가 방생한 연은 허공 위를 힘차게 헤엄쳐 나가곤 했는데, 그리고 보면 준성이가 천문의 현상과 법칙에 대해 뭔가를 터득하고 있지는 않았을까, 하는 생각이 들기도 했다. 준성이가 불붙인 향에서 피어오른 연기가 꽁지별처럼 긴 꼬리를 드러내고 있었다.

별의 노래 367

소풍

> 나 하늘로 돌아가리라
> 아름다운 이 세상 소풍 끝내는 날,
> 가서, 아름다웠더라고 말하리라……
> — 천상병, 「歸天」, 『저승 가는데도 여비가 든다면』(일선기획, 1987) 82p

　복도로 향했다. 도열한 근조 화환에서 여전히 짙은 향내가 뿜어져 나왔다. 독한 향불내에 물든 지하 공기가 약간 매캐하게 느껴졌지만, 꽃은 풍성한 향내를 발산할 줄 알았다. 고운 빛깔과 향으로 인간의 마음을 끌어당기지만, 꽃은 인간의 마음을 정화시키는 매력도 지니고 있다. 그리고 꽃의 아름다움에서 평화를 배우고 신비로움을 느끼기도 한다. 그래서 꽃은 인간이 치르는 여러 의식에서 늘 신성시되곤 했고, 인간은 자연 속의 꽃을 인간의 삶 안으로 끌어들였다. 그런고로 기쁠 때나 슬플 때나 꽃으로 축복하고 꽃으로 위로하는 것이다. 꽃은 그렇게 단순한 식물 차원을 넘어 유기적 관계로서의 매개체 역할을 충실히 해내고 있다. 어쩌면 꽃은 강렬한 은유가 중첩된 태곳적부터의 기호였는지도 모르겠다.

　밖으로 나오니, 바람이 으슬으슬 징그럽게도 감싸 안으려 들었다. 손을 잔뜩 움츠리고 담배에 불을 댕겼다. 얌통머리 없는 바람이 입술 끝에 매달려 있는 연기를 잽싸게 낚아챘다. "국경의 긴 터널을 빠져나오자, 눈의 고

장이었다."[1]는 가와바타 야스나리川端康成의 『설국雪國』 첫 구절이 문득 떠오른다. 진짜 밤의 밑바닥까지 하얘졌다. 길 건너 대형 마트 간판만 잘 익은 단무지 빛깔을 쏟아 내고 있었다.

 이 도시에 대형 마트가 처음 들어섰을 때, 함께 장을 보러 간 적이 있었다. 다음 날 가족 모두 소풍을 가기로 한 날이었다. 그와 그녀는 오랜만에 들어보는 '소풍'이란 낱말을 아주 흡족하게 받아들였고, 대충 목록을 추려 봐도 챙길 게 너무나 많았다. 새로 생긴 마트도 구경시킬 겸 그와 그녀에게 같이 가자고 종용했다. 그는 가기 싫다고 했지만, 억지로 꾀어 동행하게 되었는데, 할아버지를 살살 부추긴 현아의 역할이 지대했다. 요즘은 젊은 사람들은 남자 혼자서도 장을 본다고 했으나 그는 마뜩지 않은 표정만 지었다.

 마트 주차장 입구에서 노란 유니폼을 입은 주차 도우미가 깜찍이도 반겨주었다. 천천히 철제 쇼핑 카트를 끌었다. 둘레둘레 훑어보던 그와 그녀는 휘황한 불빛에 잔뜩 주눅 든 듯했다. 현아는 물 만난 고기처럼 시식 코너를 돌아다니기 시작했다. 군만두, 불고기, 크림빵, 갈치구이, 양다래 등을 이쑤시개에 꿰어 와 그와 그녀의 입에 넣어 주었다. 그와 그녀는 뻘쭘한 표정을 지으며 손사래 치기도 했으나 음식을 맛볼 때는 부리 잔뜩 내민 어린 새처럼 보였다. 남세스러운 듯 자꾸만 주위 눈치를 살폈지만 현아는 아랑곳하지 않고 어미 새의 역할에 충실하기 위해 부지런히 뛰어다녔다.

 지연은 뭉게뭉게 냉기가 피어오르는 진열대 속을 찬찬히 훑어보며 저울

---

[1] 가와바타 야스나리, 『설국雪國』, 유숙자 역(민음사, 2009), 7쪽.

질했다. 미심한 눈길로 진열된 식품을 들었다 놨다 하는 걸 보면, 그 밑에 표시된 가격표에 내심 신경을 쓰는 눈빛이 역력했다. 별반 차이가 없어 보이는데도 온당치 않은 눈빛이었다. 생선 코너에선 아가미의 색깔도 보고, 비늘의 선명함도 체크하고, 정육은 비계가 많은지 마구리 따위의 잡뼈가 섞이지 않았는지 꼼꼼히 챙겼다. 그와 그녀는 거의 반값에 판다고 왁자지껄하게 외쳐 대는 '떨이세일'이 있는 곳을 기웃거리고 있었다.

지연이 어지간히 쓸어 담은 찬거리와 주전부리를 계산대 위에 차근차근 올려놓는 걸 보고, 입구 쪽에 쌓아 놓은 빈 박스를 챙기러 갔다. 컨베이어에 올라탄 물품들은 캐셔의 손놀림 속도에 맞춰 차츰차츰 이동했다. 깐깐하게 물품에 부착된 바코드를 읽는 기계음이 삑삑댔다.

집으로 돌아오는 길에 그와 그녀는 이게 무슨 장 구경이냐며 불평을 슬슬 늘어놓았다. 전통 재래시장처럼 끈끈함과 훈훈함이 전혀 없어서 너무 싱겁다는 것이다. 요즘의 쇼핑 라이프Shopping life는 필요한 물품의 목록을 미리 작성하여 쇼핑 수레를 끌고 한 바퀴 돌면 모든 것의 구입이 가능한 원스톱 쇼핑One stop shopping을 추구하는 편이라고 설명해야 했다. 그 양이 많을 때는 배달이라는 편리한 서비스까지 받는 실정이며, 그렇게 적은 시간과 노력으로 계획적이고 합리적인 구매를 지향하고 있다고 해도 그와 그녀는 결탁한 듯 동시에 고개를 저었다. 오랜만에 함께 장 구경을 나왔지만, 무미건조해 보이는 기계 미학적인 세상살이가 그들이 여태껏 겪어 온 생리와는 맞지 않을 수도 있다는 걸 미처 계산하지 못했구나, 하는 생각이 들었다. 전통 재래시장 풍경이 할인점의 휘황찬란한 불빛에 차츰 녹아 버렸다. 그와 그녀의 눈엔 한 줌 더 얻고 싶고, 한 푼이라도 더 깎고 싶었던 지독한 흥정조차 찾아보기 힘든 풍경이기만 했다.

— 거품 빠진 삐루ビール처럼 밍밍하구나. 장사치들의 노독을 풀어 주던 아삼삼한 멋도 없고 그들의 투박한 삶이 녹아든 걸쭉한 맛 또한 없고…….

어렸을 때, 면 소재지 한복판에 서던 장터에 가곤 했다. 물론 닷새장이었다. 잔자갈이 이리저리 차이는 비포장 신작로를 한 마장 정도 걸어가면 냇둑 옆에 자리한 장터가 있었다. 장날이면 그녀는 콩이나 팥, 보리쌀 되가웃, 또는 말린 고추 엳아홉 근 등을 들고 장터로 향했다. 보따리 하나는 거들어 줘야 큼지막한 댕구알(눈깔사탕)이나 구름송이 같은 솜사탕을 얻어먹을 수 있다는 것쯤은 알고 있는 터였다. 그것이 팔려야 고깃근도 끊고 줄줄이 엮어 놓은 양미리 꾸러미, 그리고 그가 좋아하는 간고등어도 살 수 있기 때문이다. 장터에 들어서면 우선 눈요기부터 즐거웠다. 꽃무늬가 아롱다롱한 담요를 펴 들고 약장수만큼이나 걸쭉한 입심을 자랑하는 아저씨, 리어카에 실린 옷가지를 열두 번도 더 들었다 놨다 하는 아주머니, 너부죽한 가위를 쩌렁쩌렁 주저리는 엿장수, 풍요의 뿔Cornucopia처럼 생긴 망 안으로 펑펑 튀밥을 쏟아 내는 뻥튀기 장수, 참빗과 바늘 따위 등을 팔던 방물장수, 뼈오징어가 볕에 미끄덩한 몸을 말리고 있는 생선전, 운두가 높고 중배가 불룩한 항아리들이 가지런히 놓인 옹기전, 멍석 깔아 놓은 싸전, 옷감 팔던 드팀전, 땜장이 등등.

해가 중천에 떠오르면 국밥집 포렴을 들추고 허기를 채우려는 장꾼들이 모여들기 시작한다. 시래기와 콩나물에 내장 넣고 끓인 해장국은 이마에 땀을 송골송골 맺게 했다. 술청에선 뚝배기가 들썩이도록 대폿잔을 내리치며 찌든 넋두리 한 자락을 풀어냈다. 양지바른 곳에서 장기 두는 영감님

들의 노발대발 다투는 소리, 아이의 행방을 몰라 장바닥을 샅샅이 톺는 아주머니의 발걸음, 바쁜 햇살이 짧은 꼬랑지를 감추려 들면 하나둘 사람들이 빠져나간다. 한몫 잡지 못한 장꾼들은 꼬랑지 짧은 햇살을 탓하지만, 이내 저잣거리는 텅 빈 겨울 들판처럼 휑뎅그렁해지고 만다. 운동화를 품에 안고 장터를 빠져나오면 기분이 갈포葛布 공장의 높다란 굴뚝만큼 치솟아 올랐다. 돌아오는 길에 돌멩이가 차여 타이야ヤ 고무신 앞코에 아픔이 느껴져도 한껏 들뜸에 비하면 고깟 것쯤은 대수도 아니었다.

─ 세상살이에는 풋풋한 인정이 끼어 있어야 제맛이 나는 게다. 물건값이 싸다는 건 장차 비싸질 조짐이며, 값이 비싸다는 건 반대로 싸질 조짐인 게다. 그렇기에 싸다고 또 편리하다고 좋은 것만은 아니다. 물건이란 것도 살아 굼틀거리는 생물처럼 맥이란 게 있다. 그 맥도 제대로 짚어 보고 해야 물건이 좋고 나쁨을 알 수 있는 게다. 맥도 짚을 수도 없고 침통만 요란하게 흔들리는 것 같아 영 심산하더구나.

참고로 그가 언급했던 '물건 값이 싸다는 건 장차 비싸질 조짐이며, 값이 비싸다는 건 반대로 싸질 조짐'이라는 얘기는 사마천司馬遷이 2천 년 전에 『화식열전貨殖列傳』에서 밝힌 이론이다. 화식은 바로 재테크財tech다. 그가 언젠가 이런 얘기도 들려준 적이 있다. 어니스트 톰슨 시튼Ernest Thompson Seton이 쓴 『인디언의 복음』에 나오는, 양파를 파는 인디언 노인 얘기였다.

─ 인디언 복음이란 책에 모두 스무 줄의 양파를 파는 노인 얘기가 나오지 않냐. 한 백인이 스무 줄 양파를 전부 사면 얼마냐고 묻자, 전부를 팔 순 없다고 하지 않냐. 다 팔고 나면 자신의 하루가 끝나지만 그건 자기가 즐기고 사랑할 삶을 잃어버리는 것과 같기에 그런 일을 자초할 수 없다는 이유

라지 않더냐.

만약 그도 양파를 팔고 있었다면 인디언 노인처럼 한꺼번에 전부를 팔지 않을 것 같다는 생각이 들었다. 여태껏 살아온 그의 삶이 그랬으니까 말이다. 천칭에 의해 정확한 그램 수가 표시되고 깔끔하게 포장되어 보기에는 좋으나 옅은 맛이 날 수밖에 없기에, 복고적 향수에 깊이 젖어 들고 싶은 것이다. 켜켜이 친 굵은 소금이 나무 궤짝 틈새로 줄줄 흘러내리던, 그렇게 비린내 제대로 풍기던 예전의 풍경이 더욱 간절한 것이다. 지독한 센티멘털리스트Sentimentalist처럼.

소풍에 필요한 물품을 사기 위해 들렀던 예전 기억이 잘 익은 단무지 빛깔을 자아내는 마트 간판을 보고 있으니 그렇게 새록새록 살아나고 있었다. 내일은 그가 멀리 소풍을 떠나는 날이다. 꽃가마 타고 멀리 떠나는 날이다. 음식도 넉넉히 준비해 놓았다. 그걸 축하하기 위해 손님들도 많이 모였다. 그는 어제부터 술을 넙죽넙죽 받아 마셨지만, 여태껏 취한 기색 하나 보이지 않았다. 참새 턱밑의 흰빛 솜털같이 기분 또한 가벼울 것이다. 째지게 좋을 것이다.

아버지, 내일 소풍 가는 길에 스카브로우 시장에도 들를까요? 파슬리, 세이지, 로즈마리와 타임, 거기 사는 사람들에게도 소식 좀 전해주려고요.

Dad, do you want me to stop by the Scarbrow market tomorrow on my way to a picnic? I'm going to give you some news to Pasley, Sage, Rosemary and Time, and the people who live there.

사이먼&가펑클Simon & Garfunkel이 불렀던 「스카브로우 페어Scarborough Fair」, 그 감미로운 선율이 칠흑 같은 공간 속으로 파고드는 듯했다. 칠흑 같은 밤, 칠흑에서 칠漆은 옻칠을 의미한다. NASA美國航空宇宙局에서 시행한 '우주의 색' 이름 공모전에서 '코즈믹 라떼Cosmic Latte'가 선정되었다는 뉴스를 본 적이 있다. 우윳빛이 감도는 갈색Milky Brown, 일명 카페라떼색이라는 것이다. 그 연구자가 광택과 투명도가 있는 옻칠에 대해 좀 안다면 라떼는 거론조차 않았을 것이라는 생각이 들었다.

암튼 라떼 색깔은 아니고 미지근한 광택이 겉도는 하늘 아래, 나트륨등이 어깨를 구부정하게 꺾고 설경을 응시하고 있다. 흐트러짐 없는 구도자의 몸짓 같았다. 그렇게 빛을 뿜어, 밑바닥까지 하얘진 풍경을 세세하게 비추고 있다. 행위 미술가 요셉 보이스Joseph Beuys가 죽은 토끼를 세 시간 동안 끌어안고 벌였던 퍼포먼스가 별안간 떠올랐다. 얼굴에 금가루 칠을 한 구도자는 여전히 풍경을 꼭 껴안고 있다. 구도자는 팔을 풀 생각이 전혀 없는 듯했고, 죽은 토끼도 어쩔 수 없이 구도자의 체온을 조심스레 끌어당기는 듯했다. 구도자의 체온이 죽은 토끼에게로 사부작사부작 전이되고 있었지만, 죽은 토끼는 더 이상 그 무엇도 할 수 없음을 무척 안타까워하는 것 같았다. 말 그대로 '어쩔 수 없는 것은 어쩔 수 없는 것'이었다.

忘憂草 태산 같고 술이 억만 잔인들 한없는 운명의 이 설움 어찌하며 어이하랴.[2]

---

[2] 이승하, 「짝 잃은 거위를 곡하노라」, 『진정한 자유인 공초 오상순』(나남, 2020), 284쪽.

공초空超 선생의 수필 한 구절을 읊고 나서 다시, 시름을 잠시나마 잊게 해 줄 망우초에 불을 댕겼다.

그녀의 눈시울이 촉촉했다. 복받쳐 오는 슬픔을 애써 눌렀건만, 서서히 동네가 가까워지자 더 이상 애상의 정서를 제어하기 힘든 것 같았다. 바로 뒤에 앉은 인희 누나와 연희도 소맷부리로 눈물을 찍어 냈다. 장의 버스가 느린 속도로 능말기 재를 넘고 있다. 간밤에 내린 눈으로 도로가 미끄러운 탓에 거북이걸음을 했다.

능말기 고갯마루에 올라서니 동네 어귀가 한눈에 들어왔다. 선영으로 가기 전, 동구 앞에 들러 노제路祭를 지내기 위해 서두르는 길이다. 앞에서 영구 실은 리무진이 비상등 켜고 천천히 선도했다. 그는 편히 잠든 채 능말기 재를 넘고 있다. 마지막 고갯길이다. 다시는 들리지 못할 고갯길이다. 눈가장에 뜨거운 기운이 뭉치기에 슬며시 창밖으로 눈길을 돌렸다. 새하얀 설경이 새그랍게 달라붙었다. 꼬불꼬불한 두렁길과 좁고 긴 논배미가 정겨워 보이기만 했던 샛구렁엔 오금드리 눈이 쌓여 있다. 마치 개장 준비를 막 끝낸 활강장같이 완만한 기울기를 갖춘 설면 위로 등마루에서 어슬렁이던 바람이 표표하게 미끄러지고 있었다.

능말기를 내려선 차가 동네로 들어섰다. 대문 앞에 영좌靈座가 설치되고 제 지낼 준비를 했다. 마당 한가운데 피워 놓은 불무더기에서 불꽃이 일었다. 대문 귀퉁이엔 사잣밥이 소반 위에 정갈하게 차려져 있다. 그 앞에 그가 신던 흰 고무신도 방금 전에 벗어 놓은 것처럼 가지런히 놓여 있다. 골목 쪽으로 향한 고무신 방향이 출타 중임을 감지케 했다. 그는 출타 중이었다. 까대기 아래 세워 놓은 자전거 안장 위에도 날아든 눈이 고스란했다. 외출할 때면 늘 자전거를 손보곤 했는데, 이젠 멀리 떠날 채비를 하면서도 자전거를 찾지 않는다. 그동안 거동이 불편해서 바깥출입조차 못했기에 오래도록 세워져 있었다. 자전거도 시름시름, 많이 야윈 상태다. 짐받이와 바퀴살엔 녹이 돋아났고 타이어는 파리하게 시들었다. 안장에 쌓인 눈을 손으로 쓸었다. 레자 재질 안장에 그만의 부들눅진한 촉감이 탁본되어 있는 듯했다.

장의 버스에서 내린 그녀의 어깨는 처질 대로 처져 있었다. 빙판 진 골목길 탓에 비틀거리자 연희가 급히 그녀를 부축했다. 예부터 남편상男便喪일 경우, 미망인은 산역山役에 참여하는 게 아니라며 동네 사람들이 만류했다. 상주들과 달리 상여 뒤를 밟지 않도록 한 것은, 예부터 전해져 오는 세심한 배려에서 나온 것이다. 그녀는 마루에 걸터앉아 마당 한가운데 피워 놓은 불무더기에 눈길을 주고 있었다. 애련한 눈빛에 화르르 이는 불꽃이 어른거렸다.

장독대 옆 수돗가 펌프엔 동파 방지를 위해 짚단을 터줏가리처럼 둘러쳐 놓았는데, 그 위에도 눈이 소복이 쌓여 있었다. 못 쓰는 이불이나 헌 옷가지로 동여매곤 했는데, 어디서 짚단을 얻었는지 마치 터주를 모신 것처럼 꾸며 놓았다.

어렸을 때, 그녀가 장꼬방에 버선 하나만 그려 달라고 한 적이 있었다. 까닭을 묻지도 않고 장독대로 향했다. 잔뜩 신이 나서 하얀 물감으로 버선 모양을 그려 놓았는데, 버선이 거꾸로 향하도록 그려야 한다고 했다. 벌레

들이 제일 겁을 먹는 게 사람의 발인데, 그 발 모양을 거꾸로 그려 놓으면 벌레들의 접근을 차단할 수 있다는 것이었다. 국민학교 입학하기 전부터 그림 그리는 걸 즐겼는데, 마땅한 종이조차 귀한 터라 꼬챙이 또는 사금파리나 이징가미[3]를 주워 들고 흙 마당에 그릴 때도 있었지만, 남몰래 크레파스로 벽지에 그리던 기억도 언뜻댔다. 주로 해바라기처럼 생긴 큰 꽃, 그 위에 앉아 있는 나비, 벌 등을 그리곤 했다. 벽엔 하루가 다르게 꽃이 망울을 열었고 벌과 나비는 향기가 있건 없건 가리지 않고 꽃을 찾아들었다. 그 주위를 새가 재재거리며 맴돌았다. 그렇게 꽃밭으로 난장이 된 벽지를 본 그녀는 시근이 그렇게도 없냐, 며 타박을 늘어놓기 일쑤였다. 그렇기에 장독에 버선을 그려달라고 했을 때 잔뜩 신이 날 수밖에 없었다.

　당시는 온통 신문으로 바른 벽이었다. 지물포에서 파는 도배지는 비싼 편이었기에, 구독하던 신문을 벽지 대용으로 발랐다. 추운 겨울날, 연희와 방에 나란히 누워 글자 놀이를 하곤 했다. 눈보라가 심하게 치는 날엔 고뿔 든다고 밖에서 노는 걸 그녀가 말렸기에, 방 안에서 하는 글자 놀이가 쏠쏠하기만 했다. 벽에 발라 놓은 신문에 인쇄된 글자를 찾는 놀이인데, 표제와 하단 광고에 있는 글자를 제시하면 상대는 시간 내에 찾아내야 했다. 제시하는 글자의 크기가 일 센티미터는 넘어야 했기에 헤드라인Headline이나 서브 헤드Sub headline까지는 괜찮지만, 자잘하게 인쇄된 본문이나 광고의 바디 카피Body copy, 캡션Caption 등에서 추출하는 건 곤란하다는 규칙이 있었

---

3) 사금파리: 잿물을 입혀 다시 구운 사기그릇의 깨어진 조각.
　이징가미: 잿물을 입히지 않은 질그릇의 깨어진 조각

다. 또 문제를 내기 위해 방 안을 휘둘러볼 때는 상대가 눈을 감고 있는지부터 확인해야 했다. 그 룰을 서로가 지켜주어야만 공정한 게임이 되기 때문이다. 그러나 정해진 시간 안에 쉽게 찾아내기 위해, 눈을 어렴풋이 뜨고 상대가 어느 쪽에서 오래도록 머무는지 확인할 때도 가끔 있었다. 하지만 눈을 꼭 감고 있어도, 상대의 발바닥과 장판이 마찰하는 소리의 정도를 듣고도 낌새를 맡을 수 있었다. 그걸 역이용하여, 숨겨진 글자가 없는 반대편에서 일부러 오래 머뭇거리면서 상대를 현혹하는 재미도 있었는데, 주로 연희가 헷갈리게 하려고 반대편에서 오래도록 꼼지락거리는 경우가 많았는데 몹시도 어설펐다.

— 에릭사.

연희가 제시한, 진로에서 만든 인삼 위스키 에릭사를 찾으러 어림잡는 쪽으로 향하면 연희의 눈초리는 미심쩍이 여기는 표정이었다. 게다가 에릭사를 금방 찾아내면 여태 눈을 뜨고 모든 걸 지켜봤다며 반칙이라고 박박 우길 것만 같았다. 그래서 연희가 제시한 낱말이 어디 있는지를 찾아내고도 이쪽저쪽을 돌아다니며 시간을 끌어야 했다. 일희일비하는 연희의 표정을 넌지시 지켜보는 것도 재밌었다.

— 보일 듯이 보일 듯이 보이지 않는, 보일 듯이 보일 듯이 보이지 않는.

고개를 갸웃대면서 동요 「따오기」를 부르며 다시 에릭사 쪽으로 향하면, 건드리면 잎이 오므라드는 미모사처럼 연희는 잔뜩 움츠렸다. 끝내 찾기 힘들다는 표정을 지으며 만만하게 여기다가 그만 정해진 시간을 넘겨 버릴 때도 있었는데, 그럴 때면 연희의 얼굴에선 해맑간 미소가 청초하게 피어올랐다. 윤극영尹克榮이 곡을 붙인 「따오기」는 시인 한정동韓晶東의 동아일

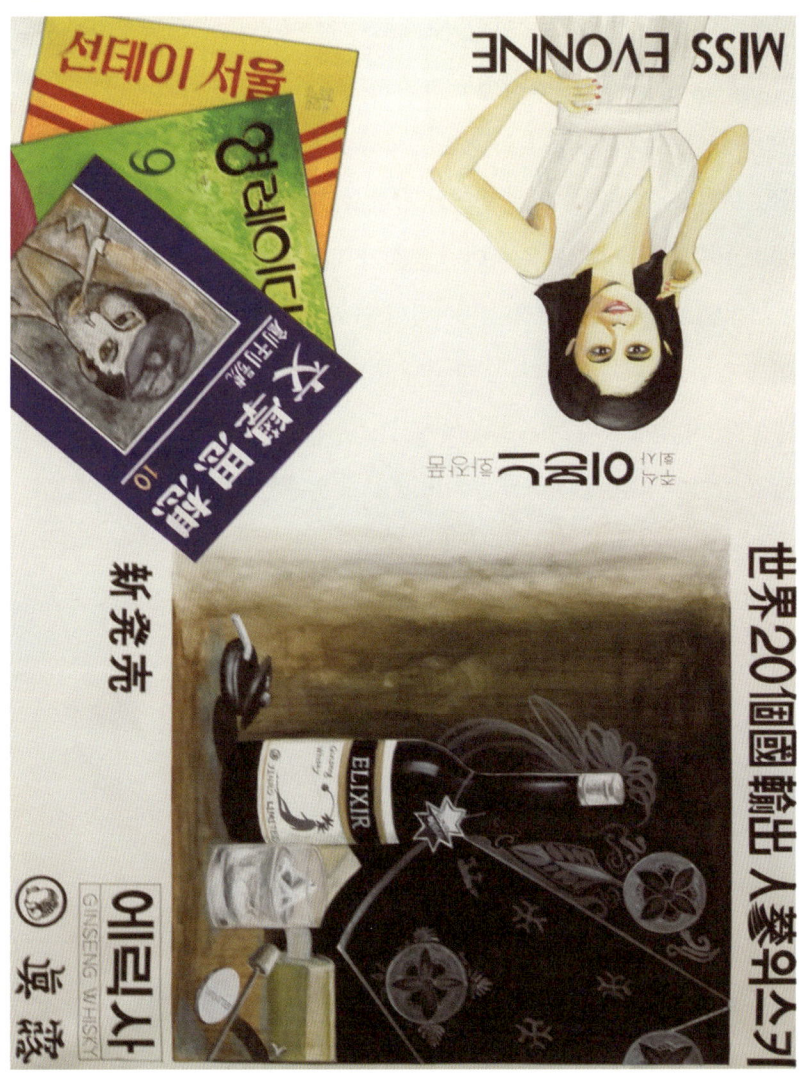

진로 에릭사
인삼 위스키 에릭사(ELIXIR, 1975년), 연금술에서 '불로불사의 영약'을 일컫는 말이다.
대한산업의 이본느 화장품 광고(1977)와 《문학사상》 창간호(1972).

보 신춘문예 당선작으로 《어린이》(1925년 5월호)에 발표할 땐 따오기가 아니라 「당옥이」였다고 한다. 황해도 방언엔 '당오기'라고 나오는데, 아마도 그 지방에서는 '당옥 당옥' 울어 쌓는 걸로 들렸기에 그렇게 불렀던 모양이다. 찾아보니, 한정동의 고향은 평안남도 강서였다. 여하튼 보일 듯이 보일 듯이 보이지 않게 '당옥 당옥'해야만 연희가 '당혹 당혹'하지 않을 수 있었다.

그녀를 건넌방으로 데리고 들어갔던 연희가 마루에서 내려섰다. 연희의 어깨 또한 축 처져 있었다. 노제 끝내고 장지로 향하기 위해, 다시 버스로 향했다. 마당에 피워 놓은 화톳불에서 모락거린 연기가 하늘로 휘감아 오르고 있었다. 마치 승천하는 용처럼 힘차게 솟구치는 듯했다.

천지에 눈이 가득했다. 백설의 요정들이 나부대던 하얀 날개를 살포시 접고 가만가만 숨을 고르고 있다. 하얀 눈밭에 알록달록 고운 꽃상여가 화려하게 너울지고, 상두꾼들의 만가가 괴괴한 기운을 깨뜨렸다.

어허야, 어허야, 너화 넘자 너어허야.

요령잡이가 구슬프게 선창을 하면 상두꾼들이 구성지게 뒷소리를 받았다. 눈을 밟아 뽀드득 소리가 나면 영하 5도보다 높다고 하고, 영하 5도부터는 밟는 소리가 그보다 높아진다고 한다. 상두꾼들이 눈 밟는 소리가 다소 경쾌하게 들리는 걸 보니, 아마 영하 5도 이하로 내려가지 않은 듯했다. 상여 타고 선영으로 향하는 그도 폴짝, 뛰어내려 나뭇가지에 핀 설화를 한 움큼 꺾어 들고 천진스럽게 눈밭을 뛰어다니고 싶을 것이다. 세상 온갖 고뇌를 덮어 버린 고고한 설원 위에서 간고했던 세상의 그을음을 깨끗이 씻어내고 싶을 것이다. 데굴데굴 눈 위를 뒹굴기도 하고, 요정의 하얀 날개를 얻어 타고 훨훨 날아보기도 했으면 좋겠다, 는 간절한 기원을 해 보지만, 상장喪杖의 흔적만 상여 뒤에 모도록이 남겨질 뿐이었다.

굴삭기가 굉음 내며 땅을 헤집었다. 상두꾼들이 그가 편히 쉴 구덩이를 돌널로 꾸미기 시작했다. 차가워 보이는 돌널 안에 그를 뉘어 보았다. 이만하면 됐다, 생각했는지 돌널 안에 누워 있는 그는 불평조차 늘어놓지 않았다.

구덩이 안엔 더 이상 작동되지 못할 시간이 빠르게 침전되고 있었다. 개똥아, 알은 어미가 품어 주어야만 하는 거다, 자네, 장기는 둘 줄 아나, 원래 눈알이 젤 맛있단다, 쥬우이치 파이팅, 글쎄, 저 동동구루무를 다섯 통이나 샀지 않냐, 그리고 어떠한 말도 뱉어낼 수 없었던 그의 오른손이 휘저은 허공, 봉합조차 어려울 만큼 짓찢겼던 그 허공,

허공 속에 묻어야만 될 슬픈 옛 이야기[4]

'아서라, 말어라.'
그러면요?
'라면 하나면 족하다, 라며 니 어미에게도 수없이 했을 텐데, 웬, 쓸데없는 생각을 자꾸……'
지난 풍상이 주마등처럼 스쳤고, 그가 남긴 모든 언어가 의미 있는 형태

---
[4] 조용필, 「허공」, (작사 조용필, 1985)

들로 돌아나는데도 그는 모두 부질없다는 식으로 타이르고 있었다.

'개똥아, 날이 영하로 떨어지질 않았냐, 그만······.'

당신과 함께 했던 소중한 시간에서 착발신이 가능할 만한 의미를 찾고 있고, 그 의미는 더없이 진실할 수밖에 없겠지만······.

"가장 중요한 것은 눈에 보이지 않아."[5]

상두꾼들은 그가 자리를 잡았다고 생각했는지, 살포시 결관포結棺布를 빼냈다. 고운 흙을 상복 자락 위에 받아 차례대로 뿌리는 취토를 했다. 맨 위에 한 번, 가운데 한 번, 아래쪽에 한 번씩. 상두꾼이 광중壙中을 메우고 널 위에 명정을 고르게 폈다. 다시 굴삭기가 석회 넣고 버무린 희끄무레한 흙을 쏟아부었고, 멀찌감치 서 있는 장송 우듬지에서, 달구소리가 구성지게 휘감아 돌고 있었다.

어허어— 달구우우——

볕기가 뗏장 입힌 봉분 주위로 몰려들기 시작했다. 그에게 술을 올렸다. 사흘 동안 그는 무던히도 술잔을 받았지만, 결코 마다하는 법이 없었다. 한 잔 더 드릴까요, 묻기라도 한다면, 그러자꾸나, 라며 빈 잔을 내밀 태세였다. 그렇게 마셨으니 취할 만도 한데 아직까지 취한 기색도 없다. 그저 환하게 웃기만 했다. 그의 환한 웃음을 보니, 독한 리큐어Liqueur 압생트Absinthe를 몇 잔 거푸 들이켠 듯 식도 끝이 싸해지고 있었다.

---

5) 생텍쥐페리, 『어린 왕자』, 고종석 역(삼인, 2021), 107쪽.

영정과 혼백을 챙겨 천천히 산길을 내려오면서, 몇 년 전, 그와 이 길을 오르던 때를 생각했다. 바로 뒤에 따라오는 줄 알고 뒤돌아보면 저만치 쳐져서 따라오고, 또 쳐다봐도 여전히 거리가 좁혀 들지 않았다. 일부러 천천히 걷는 데도 뒤돌아보면, 마찬가지로 그는 힘에 부친 기색이 역력했다. 먼저 올라가거라. 내 뒤따라가마. 그는 지팡이에 두 손 얹은 채 거친 숨을 고르잡으며 서 있었다. 이젠 다 왔는 걸요. 천천히 올라오세요. 주위 풍경을 훑어보며 한참을 망설였다.

― 당신, 빨리 안 내려오고 뭐해요?

지연이 저만치 아래쪽에서 불렀다. 걸음을 옮기면서도 자꾸만 뒤쪽으로 눈길이 돌려졌다. 거친 숨을 고르잡으며 서 있는 그가, 먼저 내려가거라, 내 뒤따라가마, 라며 손짓으로 내려가라는 시늉을 하는 것 같았다. 이젠 다 왔는 걸요. 천천히 내려오세요. 다시 고개를 뒤로 돌렸다. 길옆에 핀 하얀 눈꽃이 창백하게 부서지는 소리를 냈다.

큰 밤나무 아래까지 내려와 담배에 불을 댕기려다가, 문득 뒤를 돌아보았다. 눈밭의 적막을 마구 휘젓는 바람 소리 속에서 그가 흥얼거리는 콧노래가 들리는 듯했기 때문이었다. 그는 남 앞에서 노래 부르는 건 한사코 꺼렸지만, 일할 때나 술에 취하기라도 하면 콧노래를 흥얼거렸는데, 그저께부터 한정 없이 술을 들이켠 그가 사뭇 흥흥거리는 듯했다. 드디어 칠정七情(喜, 怒, 哀, 懼, 愛, 惡, 欲) 없는 절대적 세계로 접어든 걸 흡족해 마지않는 걸까.

'괜히 서성대지 마라, 어여 내려가거라.'

베케트Beckett의 부조리극不條理劇에 나오는 종잡을 수 없는 고도Godot,가 별안간 떠올려졌다. 그가 다시 한마디 덧붙이는 것 같았다.

'오지 않을 고도를 하염없이 기다리는 블라디미르와 에스트라공이 얼마나 부질없어 보이더냐.'

"가장 슬픈 일은 마음속에 의지하고 있는 세계를 잃어버렸을 때"라던 헤겔Georg Wilhelm Friedrich Hegel의 언어가 에돌고 있었다. 손을 오므려 쥐고 담배에 불을 댕겼다.
 아버지. 이 노래, 참 분위기 있죠? 그에게 재즈 보컬 말로Malo가 리메이크한 「동백아가씨」(작사 한산도, 1964)를 들려준 적이 있었다.

그리움에 지쳐서 울다아 지쳐서 **꼬온닢은 빠알갛게 머엉**이 드으러쏘, 우—우—우——— 우—우—아—아—아—아—이—야—아.

애절한 음색으로 재해석한 노래는 말로 특유의 화려한 스캣이 질펀하게 녹아 있었다. 정말이지 말로의 스캣은 타의 추종을 불허할 만큼 독보적이라는 생각이 들 때가 많다. 말로는 노래를 확실히 주무를 줄 알았고, 그렇게 확실히 주무르는 그 리듬 위에서 능청맞게 작두를 타는 듯했다. 말로의 화려한 스캣이 가미된 노래를 들을 때마다 그 느낌은 질펀하게 되살아나곤 했다.
 — 이미자하고는 전혀 다른 느낌이 드는구나, 뭐랄까, 참으로 가락의 고

삽을 능청스럽게 짚어 낼 줄도 알고 슬그머이 애도 긁어낼 줄 아는 게.

　시나브로 쌓인 눈을 털어 내는 큰 밤나무 가지 사이로 들려오는 콧노래의 곡조도, 분명 말로의 음빛깔을 닮아 있는 듯했다. 아늘아늘 음빛깔 부스러기는 슬슬한 바람 속에서 시근 없이 나부꼈고, 길옆에 핀 창백한 눈꽃은 그리움에 지쳤는지, 울다 지쳤는지, 그만 '**빠알갛게**' 부서져 내리고 있었다.

해후

> 꽃들이 죽는다
> 예쁘게, 조용하게 죽는다
> ―영화『조제』(감독 김종관, 2020) 마지막 내레이션

　동네에 도착하니, 아주머니가 빈 수레를 끌고 골목으로 들어가고 있었다. 방천 옆에서 생전에 그가 입던 옷가지들을 태우고 들어가는 길이라고 했다. 마당엔 여전히 화톳불의 열기가 얼쩡거렸다. 건넌방에선 산역을 마치고 돌아온 상두꾼들의 술판이 왁자지껄하게 벌어지고 있고, 바깥주인이 출타하고 없는 안방 문은 활짝 열려 있었다. 그가 떠난 안방엔 아직도 치울 게 많아 보였다. 떠나면서 이것저것 챙겨 갈 게 아직도 많은 모양이다. 건넌방으로 들어가서 상두꾼들에게, 궂은 날씨인데도 불구하고 이만저만 애쓴 게 아니라며 사례부터 표했다.
　현아가 아무리 찾아도 텔레비전 리모컨이 보이지 않는다고 했다. 아마도 그가 챙겨 간 건 아닐까. 아니나 다를까, 둘둘 말린 이불 뭉치 채로 싣고 나가 방천 옆에서 태웠는데, 뻥하는 소리도 들렸다고 아주머니가 전했다. 그 속에 라이터나 그런 폭발력 있는 너부렁이도 섞여 있었던 모양이었다. 병세가 악화되어 신문을 보지 못하게 된 때부터 텔레비전은 그에게 유일

한 낙이었다. 빠뜨리지 않고 리모컨까지 챙겨 들고 갔으면,

그리 적적하지는 않겠다,

오히려 잘 됐다, 싶었다.
— 어머니는 어디 계세요?
안방에서 잡동사니가 담긴 박스를 들고나오던 아주머니가 아랫방을 가리켰다. 아랫마루 앞에서 신발을 벗으려는데, 그녀가 나왔다. 마루 한쪽엔 커다란 스티로폼 박스가 놓여 있었다. 초립 쓴 간잽이 캐릭터가 그려 있는 걸 보니, '안동간고등어'였다. 도대체 누가, 이렇게 많이 사 온 걸까. 문득, 그가 고등어를 굉장히 좋아했다는 기억이 씁쓸하게 뇌리를 훑었다. 그녀가 고생 많았다며 눈시울이 젖어 있는 연희의 어깨를 다독거렸다.
아랫방에는 '그'가 와 있었다. 선배 H가 겨를이 날 때마다 수소문했다면서, 올봄, 그로 추정되는 사람의 소재를 파악했다는 전갈이 왔다. 여러 정황상 그가 틀림없다고 여겼으나 신중할 필요도 있었다. 일본어를 할 줄 모르기에 그에게 직접 전화 넣어 물어볼 수도 없었다. 일단 H의 메일로 의문을 표하는 내용을 전송하면, H가 사실 여부를 확인한 다음, 그 여부를 다시 소상하게 전해 주곤 했다. 예전에 일본 큰아버지가 하던 장사를 이어받은 줄 알고 있었는데, 오래전에 그만두고 다른 사업을 하고 있었다. 한국에 한번 들어올 수 없느냐고 했더니, 적당한 때에 일정을 잡아보겠다는 긍정적인 답을 받았다고 H가 전해주었다. 그저께 일본에 있는 H에게 급히 전화하면서도 그에게 조심스레 의사를 타진해 봤으면 한다는 부탁도 덧붙였지

만 크게 기대할 수 없었던 게 사실이다. 그러나 찾아왔다.

― 아니키 하지메마시떼ぁにき はじめまして.

 기본 인사 정도는 알고 있었기에 정중하게 인사를 하자, 침울한 표정으로 앉아 있던 그가 반갑게 맞았다. 일흔이 훨씬 넘은 나이임에도 그는 많아 봐야 예순 정도로밖에 보이지 않을 만큼 정정한 편이었다. 하지만 자세한 얘기를 나눌 수 없으니 답답했다. 그가 담배를 꺼내 내밀었다. 일본의 담배 문화는 유교적 색채가 강한 우리나라와는 달리, 부자지간에도 서로 담배를 나눠 피울 정도로 상당히 개방적이라는 건 알고 있었다. 주머니에서 라이터를 꺼내려는데 그가 불까지 댕겨 주었다. 현준을 불러 차 뒷좌석에 있는 일본어 교본 좀 가져오라고 시켰다. 어색하리만큼 긴장감이 돌았지만, 담배 태우며 그 간극을 잠시 메울 수 있었다.

― 와타시와 니홍고가 해따데쓰ゎたし、にほんごがうまくないです.

 일본어 교본을 펼치고, 일본어에 서툴다는 문장부터 급히 찾았다. 그도 감색 가죽가방에서 한국어 교본을 꺼냈다. 그가 손으로 짚으면서 말을 건네면, 교본에 쓰인 한글을 보고 무슨 얘기인지 알 수 있었지만, 선뜻 답을 주기는 곤란했다. 다시 교본을 뒤적거려 그에 합당한 문장을 찾아서 그에게 보여주고 몸짓 언어까지 섞어야 했다. 그는 고개를 주억거릴 때도 있고, 일본어로 뭐라고 쏟아 낼 때도 있었다. 그렇게 대화는 더디게 진행될 수밖에 없었으나 사뭇 진지했다. 찾아오느라 고생했을 거라고 하니 H의 전화를 받고서 주소를 문자로 전송해 달라고 부탁했다는 것이다. 그가 휴대 전화에 찍힌 한글로 된 문자를 보여 주었다. 역에서 매표원에게 보여 줄 문자, 역에서 내려 택시 기사에게 보여 줄 문자 등을 구분하여 세세하게 전송

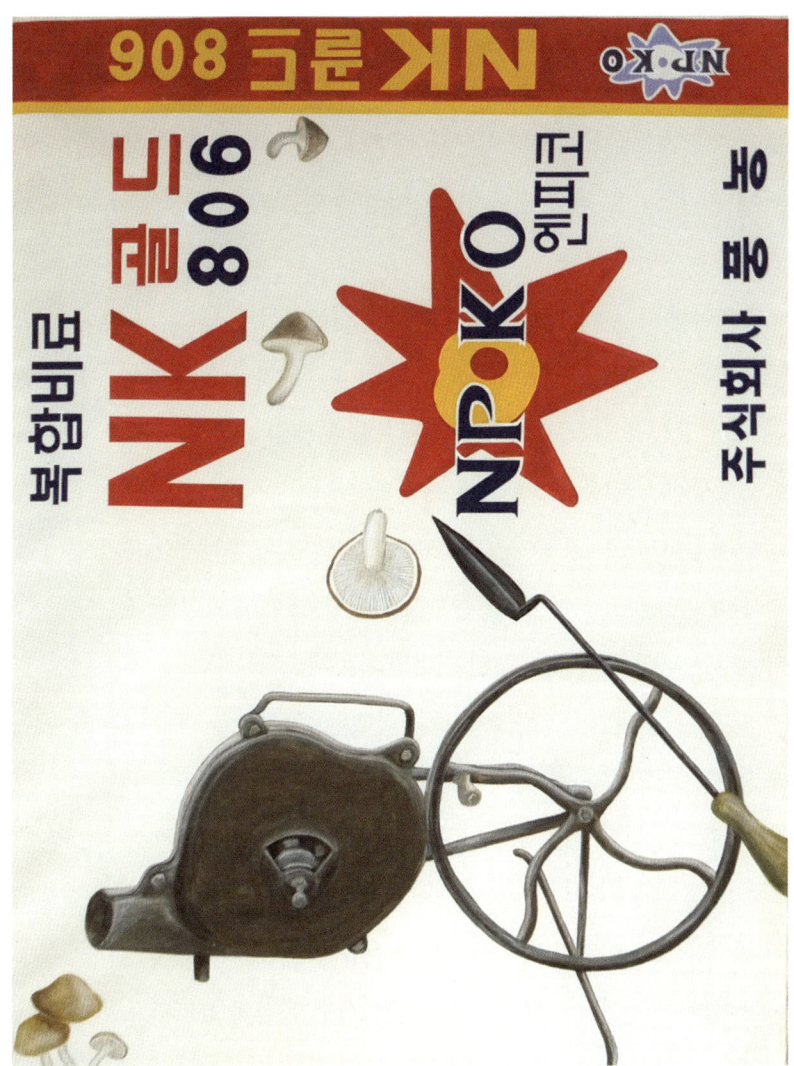

풍농 NK
아궁이에 불을 피울 때 바람을 일으키는 환선식 송풍기(丸宣式 送風機)로 풍구라고도 하는데, 곡물 쭉정이를 거르는 풍구와는 형태와 용도가 다르다.

해 준 H가 더할 나위 없이 고맙기만 했다.

— 술이라도 한잔하면서 얘기 좀 나누거라. 한 시간 전에 도착했는데, 내 보고 자꾸 오까아상이라고 하면서 뭔 말을 하는데, 당최 알아들을 수가 있어야지. 겉짐작을 봉께 니 오기만 기다리는 거 같더라. 좀 전에 아주머니가 커피는 타주더라만.

오까아상ぉかぁさん은 어머니를 뜻하는 일본말이다. 연희가 술상을 들고 뒤따라 들어왔다. 여동생이라고 소개했더니, 그가 연희에게 악수를 청했다. 다시 교본을 펼치고, 이 상황에 필요한 문장을 찾았다.

—오사케 스키데스까?お酒好きですか？

술을 좋아하느냐고 묻자, 그가 고개를 끄덕였다. 주전자를 들어 앞에 놓인 잔에 따르려고 하자, 그가 손사래를 쳤다. 고개를 끄덕일 때는 술을 좋아한다는 의미 같았는데, 잠깐 기다리라는 제스처를 내보였다. 교본을 넘겨 가며, 두 군데의 문장을 손으로 가리켰다. 그 문장을 대충 정리해 보니, 오늘은 손님으로 온 게 아니니, 먼저 예를 갖출 수 있게 해달라는 것이었다. 무슨 의미인지 알 것 같았다.

어느 정도 정돈된 안방에는 초우제初虞祭를 지내기 위한 준비가 진행되고 있었다. 고등어자반 냄새가 코끝을 간질였다. 그가 사 온 고등어를 올릴 모양이었다. 아무래도 생전에 그가 좋아하던 음식을 올리기로 한 생각은 썩 괜찮은 처사라고 여겼다. 어떻게 고등어를 사 올 생각을 다 했느냐고 하자, 사십여 년 전에 한국에 왔을 때도 사바さば를 사 왔었고, 다들 맛있게 먹었던 기억이 나기에, 잊지 않고 공항 복합매장에 들러 구입하게 되었다고 답했다.

무릎 꿇고 앉은 그가 향을 피우고, 두 손으로 술을 조금 받아 모사에 세 번 따라 부었다. 강신降神을 마친 그가 술잔을 내밀자, 주전자를 들어 가득 따랐다. 그가 일어나 재배再拜했다. 절을 마친 그가 무릎 꿇고 앉아 영정을 물끄러미 바라보았다. 현준이 축문을 펼쳤다. 장례식장에서 우제虞祭 시에 쓸 축문을 챙겨 주었는데, 다행히 한자 옆에 한글로 토가 달려 있었다.

— 유세차維歲次 경신庚申 십일월 정해丁亥 이십일 무술삭戊戌朔…….

현준이 상향尙饗, 하며 축문을 끝냈는데도 그는 계속 고개를 숙이고 있었다. 그가 일어나지 않으니 계속 무릎 꿇고 앉아 있을 수밖에 없었다. 슬며시 보니, 그의 어깨가 몹시 흔들리고 있었다. 그렇게 한참이 흘렀고, 엉거주춤하고 있던 현준은 눈치만 살폈다. 선뜻 말문조차 떨어지질 않았다. 아헌亞獻도 해야 하고, 종헌終獻도 해야 했지만, 흐느적거리는 그를 제지할 수는 없었다. 일본의 제법祭法은 우리나라와 많이 다르다고 들었고, 그가 한국식 제례에 대해 세세히 이해하지 못했을 수도 있겠지만, 환하게 웃고 있는 영정 속의 '그'도, 주저앉아 흐느적거리고 있는 '그'를 너그러이 받아들일 것만 같았다. 이따금 오또우상おとぉさん, 이라고 내뱉으며 울먹거렸다. 오또우상은 아버지란 뜻이다. 제사가 더 진행될 것 같지 않은 분위기였다. 가만히 일어나 밖으로 나왔다. 현준도 슬금슬금 뒤따라 나왔다.

— 제사, 다 지냈냐?

마당에 서 있던 그녀가 물었다. 고개를 절레절레 흔들었다. 열린 문으로 흐느끼고 있는 그를, 그녀가 착잡한 심경으로 쳐다보고 있었다.

— 여간 침심한 게 아닌 것 같구나. 니 사촌 형이……

사촌 형, 이라는 그녀의 또박또박한 언어가, 다시 바싹 마른 풀대를 밟는 소리처럼 바스락, 뇌리에서 밟혔다. 오래전 큰아버지와 함께 그가 한국에 들어왔을 때가 떠올랐다. 그녀는 뒤란에서 갱지미에 김치를 담아 나오고 있었고, 일본에 사는 니 사촌 형이다, 라며 소개했었다. 하지만 지금, 그녀에게 그 어떤 얘기도 꺼낼 수 없었다. 여태껏 그녀가 사촌 형으로 알고 있다면 그렇게 놔두는 것이 차라리 나을 것 같았다. 새삼스레 혼란을 줄 필요까지 없을 듯했고, 그녀의 가슴에 더 이상의 세파를 차마 일으키게 하고 싶지 않았기 때문이었다.

터줏가리처럼 둘러쳐 놓은 수돗가 쪽으로 가서 담배를 꺼내 물었다. 오래전 달골 산소에 들렀을 때, 그래, 니·형·이·다, 라고 했었던 그의 카랑카랑한 언어가 다시 방점 찍듯 두둥실, 박자를 고르는 듯했다. 제를 지내기 전, 활짝 열어 놓았던 대문으로 바람이 들랑거렸다. 횡횡, 바람 소리가 몹시도 애틋하게 느껴졌다.

다시 눈발이 날리기 시작했다.

에필로그

어머니의 죽음을 슬퍼하는 것은 잃어버린 어린 시절을 그리워하는 것이다.
인간은 누구나 자신의 어린 시절을 원하고 그 시절로 되돌아가고 싶어하기 때문에,
나이가 들수록 어머니를 더욱 사랑하게 되고,
그것은 어머니가 자신의 어린 시절이기 때문이다.
— 알베르 코엔, 『내 어머니의 책』(현대문학, 2014), 36쪽.

산고곡심山高谷深 무인처無人處 춘림春林 비조飛鳥 뭇새들이 농춘화답濃春和
쏨에 짝을 지어 쌍거쌍래雙去雙來 날아든다

상체를 일으켜 세운 그녀가 '저 아줌마가 최우수상 탔다'라며 손가락으로 창가 쪽에 설치된 텔레비전을 가리켰다. 보조 침대에 걸터앉아, 읽고 있던 델핀 드 비강Delphine de Vigan의 장편소설에 책갈피를 꽂아 두고 그녀가 가리키는 화면으로 시선을 돌렸다. 「전국노래자랑」이 끝나가고 있었고, 새가 날아들긴 날아드는 것 같은데, 친절한 해석을 곁들여야 하는 「새타령」 가사의 낯선 표현 탓인지 날갯짓이 물먹은 솜처럼 무겁게 내려앉는 듯했다.

간호사가 말초정맥용 수액을 바꿔 달면서 당수치가 157이라고 일러주었다. 초콜릿 한 알이 132였던 당수치를 끌어올린 것이다. 옆구리 뚫고 담즙 염증 빼는 PTBDPercutaneous transhepatic biliary drainage 시술을 받은 터지

만 마냥 침대에 누워 있기도 지겨운 모양이다. 「전국노래자랑」은 끝났지만, 왼갖 소리를 모른다 하여 울어 울어 울어 울음 운다, 그녀가 고개를 끄덕대며 나지막한 목소리로 가락을 잡고 있다. 그렇게 부지런히 쑥국새가 웅얼거리듯 박자를 잡던 그녀가 정색하며 입을 뗐다.

— 미련한 소보다 뒷골 여시가 낫디야.

뭔 얘기냐고 물어보니, 손가락으로 링거 폴대를 가리켰다. 좀 전에 병실을 나간 간호사를 보고 하는 얘기인지 불분명했으나 되묻지 않았다. 다시 델핀 드 비강의 소설을 펼쳤다. "그들은 진실을, 진짜를 기다리고 있어."라며 따져 묻는 L에게 델핀은 자신만의 생각을 풀어헤친다.

"네 말대로 사람들은 책 속 이야기가 그저 '사실처럼 보이기'를 원할 수도 있어. 정확한 음정을 내게 하는 음표처럼. 어차피 글쓰기의 수수께끼는 바로 그거니까. 사실처럼 보이느냐 아니냐, 우리가 쓰는 것 가운데 완전히 낯선 것은 없다는 점을 사람들도 알 거야. 그들은 알고 있어. 언제나 하나의 끈, 하나의 동기, 하나의 균열이 있고, 그것들이 우리를 텍스트와 이어준다는 것을. 하지만 작가가 순서를 바꾸고 간결하게 압축하는 걸, 다른 자리로 옮기고 변장시키는 걸 다들 받아들여. 작가가 그걸 지어내는 것도."[1]

건너편 병상에서 수납장에 디펜드 기저귀를 정리하는 보호자를 보고도 그녀는 뜬금없는 얘기를 꺼냈다. 그 보호자가 쓴 머스타드Mustard 빛깔 병

---

[1] 델핀 드 비강, 『실화를 바탕으로』, 홍은주 역(비채, 2016) 88~89쪽.

거지를 보곤 야쿠르트 아줌마냐고 묻기에 아니라고 했지만, 그녀는 골똘한 표정으로 기저귀를 착착 정리하는 행위를 지켜보고 있었다.

— 저래 채려 놓고 파는구먼.

그녀의 대뇌 신경 세포도 급격히 기능을 잃어가고 있다. 몇 년 전, 콩팥에 이상이 생겨 병원에 입원했을 무렵, 의사는 치매 검사를 조심스레 권유했다. 나이에 비해 인지 능력도 그만하면 괜찮은 편이었음에도 미리 예방약을 복용하면 차차 일어나는 치매 증상을 늦출 수 있다는 소견이었다. 사회 문제로 대두된 노인성 치매가 그녀에게도 서서히 찾아들고 있다는 소식이 영 못마땅할 수밖에 없었으나 신중히 받아들여야 했다. 심장 수술도 했고 이것저것 먹는 약이 많다고 하니까, 엑셀론 패취를 처방해 주었다. 의사는 패취를 팔이나 다리 등에 붙이기만 하면 24시간 약효가 유지된다고 덧붙였다.

그녀는 기억을 그렇게 지워 내고 있다. 전에는 서서히 탈색시키는 듯했는데, 갑작스러운 고열에 급히 병원을 찾은 날부터는 표백의 속도를 강화하고 있었다. 독감 주사를 맞은 지 한 달이 채 못 되었지만 열이 쉬이 떨어지지 않는 것은 췌두부 쪽에 이상이 생겼기 때문이라고 했다.

두어 달.

의사는 두어 달이라고 못을 박았다. 본관 1층에 자리한 6내과에 혼자 내려가서 들었기에 그녀는 그 '두어 달'이라는 현상적 속성에 대해 파악한 바 전혀 없을 테지만, 그녀는 마치 두어 달 내에 말끔히 지워 내고자 안달하는 것처럼 하얗게 하얗게 기억을 표백시키고 있었다. 기억의 유한성, 그 궁극의 한계를 그녀는 전혀 두려워하지 않고 있었다. 지독한 덫에서 빠져나오고 싶은 의식적 조작이 두어 달 만에 가능할까 싶기도 하지만, 그녀는 보편의 바깥에서 보편의 작동 원리를 느긋하게 검토하는 듯했다. 그럴수록 그녀가 무척이나 얄밉기만 했다. 두어 달이라면 보편의 본성과 화해해 나가기도 벅찬 시간이기 때문이다. 그녀는 태곳적 보편과의 화해의 장으로 나서길 완강히 거부하고 있었다. 그렇게 그 두어 달은 온전히 '그녀만의 시간'일 수밖에 없었다.

God could not be everywhere, Therefore he made Morther's

유대 속담에 나오는 얘기다. '신은 모든 곳에 있을 수 없기에 어머니를 만들었다'라던.

차림옷을 입은 그가 바깥나들이를 가려는지 마당으로 나왔다. 예사롭지 않은 행색이었다. 신발을 챙겨 신은 그녀마저도 툇돌에서 내려서고 있었다. 실바람에 낭창낭창 응답을 보내며 무료함을 덜던 감나무가 별안간 짓부릅뜬 눈으로 대문을 나서는 그와 그녀를 쏘아보고 있었다.

이내 감나무는 낯선 환영의 침운에 축축이 젖어 들었다. 감나무의 속울음이 바람을 타고 빠르게 空間을 휘돌았다. 가장귀까지 오른 물고기의 속 또한 시커멓게 타들어 갔다. 대문 옆에서 꽃망울을 터뜨린 목단이 시린 관절을 힘겹게 추슬렀다. 목단꽃의 망울에 맺힌 진물은 늘 아프게 했다. '상처가 아문 흉터'가 꽃이었기에.

꼬리지느러미의 몸짓에서 고독이라는 시어 Poetic diction가 물큰 풍겼다. 어쩌면 그것은 여태 찾지 못했던 은폐된 고독의 슬픈 참모습이었는지도 모르겠다.

.
.
.

그와 그녀는 영천호국원에 새살림을 차렸다. 그녀가 외출 채비로 부산을 떨던 날, 달골에 계시던 그를 급히 호국원으로 모시지 않을 수 없었다. 어쩔 수 없는 선택이었다고 변명하고 싶지 않지만, 그녀의 완고한 선택을 저버릴 수는 없었다. 그 또한 너그러이 받아들일 것만 같았다.

개똥아! 니 에미가 그리 마음 먹었다믄 '원대로' 해 주는 것두 안 좋겠냐.

辛丑年,
가을이 새초롬히 피어나던 날,
이슬 맑은 華笑軒에서
자칫 멈출 뻔했던 기억을 새로이 형상하다.

그
리
고

華笑軒을 거쳐간 따뜻한 사람들의 가슴이 이 책의 형상화를 완성하다.
지극히 고마울 뿐이다.

설니홍조

2021년 9월 1일 초판 1쇄 발행

지은이	윤남석
펴낸이	유정환
펴낸곳	도서출판 고두미

등록 2001년 5월 22일(제2001-000011호)
충북 청주시 상당구 꽃산서로8번길 90
Tel. 043-257-2224 / Fax. 070-7016-0823
E-mail. godumi@naver.com

ⓒ윤남석, 2021
ISBN 979-11-91306-09-5 03810

값 20,000원

※ 이 책은 충청북도, 충북문화재단이 후원하는 우수창작활동지원 사업의 일환으로 지원을 받아 발간되었습니다.
※ 지은이와 협약에 따라 인지를 붙이지 않습니다.
※ 잘못 된 책은 구입한 곳에서 바꾸어 드립니다.